КЛАССИЧЕСКАЯ
КАББАЛА

БААЛЬ СУЛАМ

Учение десяти сфирот

с комментариями М. Лайтмана

МЕЖДУНАРОДНАЯ
АКАДЕМИЯ
КАББАЛЫ

УДК 130.12
ББК 87
Б18

Все права защищены. Никакая часть данной книги не может быть воспроизведена в какой бы то ни было форме без письменного разрешения владельцев авторских прав.

Бааль Сулам

Б18 Учение десяти сфирот. Часть 1. / Бааль Сулам, под ред. Михаэля Лайтмана. – 5-е изд. – М.: НФ «Институт перспективных исследований», 2020. – 416 с.

ISBN 978-5-91072-088-0

«Учение десяти сфирот» – фундаментальный труд, соединяющий глубочайшие знания двух великих каббалистов – АРИ (XVI в.) и Бааль Сулама (XX в.). Это основной учебник по науке каббала, раскрывающий полную картину мироздания.

Вы встретите здесь полный перевод оригинального текста первой части «Учения десяти сфирот», включая приводимые Бааль Суламом точные определения каббалистических терминов, его всесторонний анализ рассматриваемого материала в разделе «Внутреннее созерцание», а также понятный нашему современнику комментарий М. Лайтмана с чертежами и ответами на вопросы учеников.

Оригинальные тексты классической каббалы подготовлены группой переводчиков Международной академии каббалы, основателем и главой которой является Михаэль Лайтман.

УДК 130.12
ББК 87

ISBN 978-5-91072-088-0 © Laitman Kabbalah Publishers, 2020
© НФ «Институт перспективных исследований», 2020

ОГЛАВЛЕНИЕ

УЧЕНИЕ ДЕСЯТИ СФИРОТ. ЧАСТЬ 1

- Глава 1 ... 13
- Глава 1 (с комментариями) ... 29
- Глава 2 ... 101
- Глава 2 (с комментариями) ... 108
- Таблица вопросов и ответов по толкованию терминов ... 140
- Таблица вопросов и ответов по выяснению понятий ... 148
- Таблица вопросов и ответов по толкованию терминов (с комментариями) ... 158
- Таблица вопросов и ответов по выяснению понятий (с комментариями) ... 197

ВНУТРЕННЕЕ СОЗЕРЦАНИЕ

- Внутреннее созерцание ... 247
- Глава 1 ... 249
- Глава 2 ... 257
- Глава 3 ... 260
- Глава 4 ... 261
- Глава 5 ... 267
- Глава 6 ... 269
- Глава 7 ... 273
- Глава 8 ... 274
- Глава 9 ... 278
- Глава 10 ... 279
- Внутреннее созерцание (с комментариями) ... 281
- Глава 1 (с комментариями) ... 289
- Глава 2 (с комментариями) ... 319
- Глава 3 (с комментариями) ... 330
- Глава 4 (с комментариями) ... 333
- Глава 5 (с комментариями) ... 357
- Глава 6 (с комментариями) ... 366
- Глава 7 (с комментариями) ... 377
- Глава 8 (с комментариями) ... 378
- Глава 9 (с комментариями) ... 382
- Глава 10 (с комментариями) ... 383

- Ответы на вопросы читателей ... 385
- Приложение ... 400

ВВЕДЕНИЕ

«Учение десяти сфирот» (ТЭС[1]) — это основная книга по каббале. В течение многих тысяч лет каббалисты описывали нам явления высшего мира, объясняли, каким образом войти в него, как изучать его, как работать с ним, двигаясь к цели творения, к Творцу, к слиянию с Творцом. Все это было изложено в тысячах книг, на протяжении тысяч лет, начиная с «Книги Создания» *(Сéфер Ецирá)* и до наших дней, до самых последних книг Бааль Сулама[2]. Но не было такой книги, которая бы подытожила, вобрала бы в себя всю емкость каббалистических знаний и в то же время нисходила бы со столь высокой ступени их постижения, как ТЭС. А нам важно не столько то, что мы изучаем и как мы изучаем, сколько то, что мы получаем в результате изучения.

Ведь смысл изучения в том, чтобы самим взойти на те ступени, о которых рассказывается нам в каббалистических книгах: увидеть, ощутить их и достичь самостоятельного включения в управление высшими мирами — в этом наше предназначение. Говорится, что каббала — это наука управления судьбой, то есть всем мирозданием. Поэтому самое важное, что мы требуем от изучения каббалы, — это свет исправления, духовную силу, духовный разум, которые могут войти в нас, исправить и поднять до уровня Творца. Тогда мы будем такими, как Он желает, наше научное каббалистическое постижение станет действенным, и с помощью каббалы мы сможем влиять на мироздание и на себя, брать на себя управление вместо Творца.

Хотя Бааль Сулам и является автором многих уникальных книг, статей и писем, в том числе комментария на книгу

---

[1] Талмуд Эсер а-Сфирот — так называется эта книга в оригинале.
[2] Рав Йегуда Лейб Алеви Ашлаг (Бааль Сулам, 1885—1954) — великий каббалист, создавший современную каббалистическую методику для человечества.

«Эц Хаим» («Древо жизни») великого АРИ[3] и комментария «Сулам» на «Книгу Зоар», после издания которого он и получил свое имя — Бааль Сулам, то есть «обладатель духовной лестницы», — главной его работой остается «Учение десяти сфирот». Своими книгами он прежде всего старается подвести нас к правильному пониманию высшего мира.

Бааль Сулам объясняет, как надо изучать ТЭС: сначала мы должны читать приводимый вверху страницы отрывок из книги «Древо жизни» АРИ, комментарием на которую и является ТЭС.

Что характерно для изучения каббалистических книг вообще, и ТЭС в частности? При изучении ТЭС Бааль Сулам стремится всевозможными пояснениями вывести нас за рамки материального мировосприятия, чтобы мы научились понимать духовный мир по-настоящему — без искажения нашей животной сутью, вне рамок времени, перемещения, пространства.

Поэтому эта книга построена особым образом: вначале идет текст АРИ, затем комментарии Бааль Сулама, а в конце каждой части ТЭС дается словарь каббалистических терминов: что подразумевается под каждым словом, как объясняются духовные состояния, события, явления. Без правильного, четкого понимания каждого термина, встречаемого нами в тексте, мы не сможем вообще понять то, о чем хочет рассказать нам автор. Поэтому попытайтесь к каждому слову, с которым вы сталкиваетесь, находить четкое определение. А затем с этим определением снова возвращайтесь к тексту — так, чтобы никогда у вас не возникало какого-то земного, вольного толкования каббалистических терминов. К этому Бааль Сулам подводит нас своими комментариями. В тексте рядом с терминами и понятиями проставлены номера в скобках. Ниже он объясняет, что подразумевается под словом или явлением, тем самым постепенно выводя нас за пределы восприятия на-

---

[3] Рабби Ицхак Лурия Ашкенази (1534—1572). Один из величайших каббалистов, адаптировавший древнюю каббалистическую методику для последующих поколений.

Введение

шего мира к правильному ощущению и осознанию духовных процессов.

Для чего это нужно?

В пункте 155 статьи «Предисловие к ТЭС» Бааль Сулам пишет, что окружающий свет, нисходящий на человека во время изучения ТЭС, действует в меру его желания познать изучаемое. «Познание изучаемого» не означает привычное приобретение знаний нашими приземленными ощущениями и представлениями. Так мы ничего не сможем сделать. Так мы можем только исказить истинный смысл духовных книг. Все духовные книги говорят нам о высшем мире, поэтому они и называются духовными. Именно в этом истинном смысле мы и должны стремиться их понять.

Стремление человека расшифровать, правильно прокомментировать для себя текст в том виде, в каком автор хотел его нам передать, желание слиться с автором, идти с ним в одной мысли, в едином понимании каждого слова — это и есть стремление понять изучаемый материал. Следовательно, истинное понимание заключается не в том, чтобы понять нашим разумом, — для этого нам достаточно хороших земных мозгов. Но тогда выходит, что тот, кто более развит умственно, обладает и большей способностью к духовному, чем тот, кто менее развит, — а это совершенно неверно.

Каббалу, духовный мир, постигают стремлением узнать, а стремление узнать — не в том, что я знаю материал и стремлюсь еще больше узнать его. Стремление узнать выражается в том, как правильно воспринять, расшифровать этот материал в его истинном, каббалистическом, духовном смысле.

Поэтому при использовании таких терминов, как «линия», «точка», «перемещение», «движение», «окружность», «пустота», «наполнение», мы должны стараться воспринять их так, как они воспринимаются в духовном мире. Вот это наше стремление прокомментировать, осознать, понять и воспринять эти слова в их духовном смысле и есть стремление узнать. Именно это стремление и вызывает излучение, нисхождение свыше духовной силы, называемой *«ор макиф*» (окружающий свет). И тогда этот окружающий свет будет исправлять нас согласно мере нашего устремления понять и исправиться. Исправиться — это значит сопоставить себя с той истинной картиной, которую мы изучаем.

Таким образом, когда мы пытаемся правильно охарактеризовать слова и явления, использовать их правильные определения, мы поневоле устремляемся к тому духовному состоянию, которое описывает автор, и это наше стремление вызывает в ответ излучение на нас окружающего света. Поэтому самое главное — не стараться механически понять нашим земным разумом то, что написано, а даже наоборот: отречься, отвлечься, оттолкнуться от этого, чтобы начать воспринимать текст именно в каббалистических понятиях.

Самое главное для меня — пытаться «втиснуть» каждое слово в его правильный каббалистический смысл. Внутри меня будет происходить революция, я запутаюсь и перестану понимать, как складывать слова, — неважно, это совершенно неважно. Попытка сложить слова — это работа земным разумом, а когда я буду пытаться облачить каждое слово в эти каббалистические определения — это и будет моим устремлением к высшему, которое вызовет на меня окружающий свет. Это и будет взаимодействием с той высокой ступенью в мире Ацилут, откуда на меня должен снизойти свет. Не своим земным разумом я подключаюсь к этой ступени, а стремлением ее понять в истинном, каббалистическом смысле.

Поэтому еще до начала своего комментария в первой части ТЭС Бааль Сулам дает небольшое введение в разделе «Ор пними»[4]:

Следует помнить, что вся наука каббала основывается на понятиях духовных — что значит «духовных»? — **которые не занимают ни места, ни времени, и совершенно нет в них исчезновения и замены...**

Иными словами, в духовном мире процессы протекают совершенно не так, как в нашем мире. Времени не суще-

---

[4] Один из разделов ТЭС, представляющий собой комментарии Бааль Сулама к тексту АРИ. «Ор пними» в переводе с иврита означает «внутренний свет».

ствует. Что же такое «течение» процесса, если не существует времени? В чем выражается протекание духовного процесса, если нет исчезновения одного и появления вместо него другого?

Вы мне можете возразить: «Как же тогда мы вообще можем понять эти вещи»? Не можем. Я с вами полностью согласен. Мы в нашем состоянии не можем правильно понять духовные процессы. От нас этого и не требуется. От нас требуется к ним стремиться и тем самым притягивать высший свет. Ведь мы находимся в абсолютно противоположном высшему миру состоянии. И у нас нет с этим высшим миром никакого контакта. Единственный контакт — через окружающий свет. Он существует вокруг нас, но внутрь нас он войти не может.

Так вот, вызвать на себя как можно более сильное его излучение снаружи, чтобы он издали на нас светил и таким образом нас изменял, исправлял, — только это и возможно. Мы находимся в абсолютно изолированных друг от друга состояниях: я, раскрытая передо мной книга, и автор, находящийся где-то там, на высшей ступени. Единственное, что он мне передал, — это какие-то значки. Если я пытаюсь всем своим существом как-то расшифровать эти значки, то именно это мое стремление и вызывает излучаемый свыше свет.

Следует помнить, что вся наука каббала основывается на понятиях духовных, которые не занимают ни места, ни времени, и совершенно нет в них исчезновения и замены, а все изменения, о которых говорится в этой науке, не означают, что первое состояние исчезает и принимает иной вид. Но изменение в каббале **означает только добавление формы, а первоначальная форма не сдвигается со своего места, поскольку исчезновение и изменение происходят только в материальных объектах.**

Если нет перемен, то мы можем говорить только о Творце и о том, что Он создал творение — то одно-единственное постоянно существующее состояние, которое находится в определенной связи с Ним. И так это на самом деле. Творец создал творение, и не говорится, каким образом.

Сказано: «из ничего», «мгновенно», — то есть времени нет. Это состояние творения и есть единственно существующее.

В каком виде оно существует — это нам и нужно раскрыть. Все наши постижения — это и есть постепенное-постепенное раскрытие состояния, в котором мы существуем. То есть можно представить себе творение, которое вдруг начинает раскрывать себя и из себя раскрывает того, кто его создал.

Эти постепенные стадии прозрения, раскрытия, постижения и изучаются в каббале. Они-то и являются движениями. На самом деле никакого движения нет: это движение в моем постижении — как я проявляю для себя все существующее. А все существующее абсолютно стабильно и никуда не движется. Для него вообще не существует понятия «движение», поскольку в нем не происходит никаких изменений. Для него нет понятия «изменение». Нет в нем ничего, что бы замещалось другим, перемещалось. Это просто творение и Творец. И мне надо понять изнутри, потому что я — это творение: «Что же я такое?»

Поэтому, если мы говорим о каких-то перемещениях, изменениях, мы имеем в виду то, что происходит внутри нас. Эти изменения внутри меня и являются движением в духовном.

Кроме того, поскольку все эти движения являются постепенным прозрением, то, естественно, все предыдущие мои ощущения и опыт не исчезают, а просто присоединяются к последующим, наслаиваются на них. Таким образом, я все больше и больше раскрываю мир, в котором нахожусь. Поэтому мы говорим только о ступенях постижения. Только в них есть движение. И поэтому в них же происходит накопление восприятия. Если мы будем из этого исходить, мы поставим себя в правильное отношение к Творцу, к происходящему.

Итак, ничего не меняется. «Я», находящееся внутри объекта, называемого «творением», постепенно раскрывает себя: кто я, что я, где я нахожусь.

В этом вся сложность для начинающих (воспринимать в истинном смысле место, пространство, перемещение, движение, процесс), **поскольку они воспринимают слова в их материальном значении, в рамках времени и места, замены и подмены, тогда как авторы** каббалистических книг **пользовались ими** (земными терминами — названиями, существующими в нашем мире, в нашем сегодняшнем толковании) **исключительно в качестве символов для обозначения их высших,** духовных, **корней.**

Нет другой возможности у автора, находящегося на духовном уровне, описать мне то, что он ощущает, кроме как с помощью тех слов, которые я могу в своем состоянии понять. И, безусловно, Бааль Сулам прав, когда говорит, что мы не в состоянии правильно понять эти термины, не можем никоим образом их ощутить или осознать. Тот, кто пытается понять эту науку, подходит к ее изучению совершенно неверно, нереально, неразумно. Ее невозможно понять — она вся предназначена только для того, чтобы возбудить окружающий свет. Только после того, как окружающий свет, исходящий из определенного корня, поднимет меня в этот корень, и я увижу, начну ощущать эти явления по-настоящему, как и сам автор, тогда я пойму, о чем же он написал мне в своей книге.

Потому, — пишет Бааль Сулам, — **я постараюсь истолковать абсолютно каждое слово в его духовном аспекте, абстрагированном от места, времени и подмены.**

То есть и ты пытайся это делать — правильно истолковывать каждое слово, и только в этом залог твоего правильного отношения к книге. Через нее ты начнешь входить в высший мир. Если ты правильно начнешь ее изучать, то с каждым словом, с каждой страницей ты будешь привлекать на себя все больше окружающего света. Ты начнешь чувствовать, не в голове, а вот где-то изнутри чувствовать, приближаться к тому, что описывается.

А на изучающих возложено отпечатать в памяти объяснения этих слов наилучшим образом (запомнить их просто механически), **потому что невозможно каждый раз возвращаться к ним.**

На последней странице «Предисловия к ТЭС» описан порядок изучения. Это всего лишь небольшой абзац, следующий за 44 страницами текста, и только в этом абзаце говорится о том, как надо изучать ТЭС. Он пишет, что самое главное — это правильное, механическое, твердое запоминание смысла слов. И только после этого следует читать текст, постоянно пытаясь правильно его истолковывать.

Ну а теперь приступим к самому тексту.

ЧАСТЬ ПЕРВАЯ[5]

«Сокращение и линия»
(включает две главы)

Глава 1

Выясняет понятие «первое сокращение», когда сократился свет Бесконечности, чтобы создать создания и сотворить творения

До сокращения Бесконечность наполняла всю реальность

* *1) Знай, что* (1) *прежде, чем были созданы создания и сотворены творения,* (2) *простой высший свет* (3) *заполнял всю реальность. И не было никакого* (4) *свободного места в виде* (5) *пустого воздуха и* (6) *пространства, а все было* (7) *заполнено этим бесконечным простым светом, и не было в нем* (8) *ни начала, ни конца, а все было* (9) *этим одним простым,* (10) *совершенно однородным светом, и он называется* (20) *светом Бесконечности.*

Ор пними

Следует помнить, что вся наука каббала основывается на понятиях духовных, которые не занимают ни места, ни времени, и совершенно нет в них исчезновения и замены, а все изменения, о которых говорится в этой науке, не означают, что

---

5 Весь текст данной книги построен следующим образом: жирным курсивом приводятся слова АРИ, а прямым жирным шрифтом — текст Бааль Сулама. Бааль Сулам поделил текст АРИ на пункты, и внутри этих пунктов перед каждым комментируемым термином поставил номер в скобках. Нумерация терминов соответствует численным значениям букв иритского алфавита — сначала следуют числа от 1 до 10, после 10 следует 20, затем 30, и т.д., а после 100 следуют 200, 300 и 400.

* АРИ, «Эц хаим», шаар 1, анаф 2.

первое состояние исчезает и принимает иной вид. Но изменение означает только добавление формы, а первоначальная форма не сдвигается со своего места, поскольку исчезновение и изменение происходят только в материальных объектах.

И в этом вся сложность для начинающих, поскольку они воспринимают слова в их материальном значении, в рамках времени и места, замены и подмены, тогда как авторы пользовались ими исключительно в качестве символов для обозначения их высших корней.

Потому я постараюсь истолковать абсолютно каждое слово в его духовном аспекте, абстрагированном от места, времени и подмены.

А на изучающих возложено отпечатать в памяти объяснения этих слов наилучшим образом, потому что невозможно каждый раз возвращаться к ним.

(1) Форма духовного времени подробно рассматривается далее, во «Внутреннем созерцании» в конце.

(2) То есть свет, распространяющийся из сущности Творца. Знай, что все имена и описания, используемые в науке каббала, не говорят ничего о сущности Творца, но лишь о свете, распространяющемся из сущности Творца.

Однако о сущности Творца нет у нас вообще ни слова, ни звука. Ибо таково правило: «То, что не постигаем, не определяем по имени». Помни это и не ошибайся.

(3) На первый взгляд кажется очень удивительным — ведь говорится здесь: «прежде, чем созданы миры». И какая же в таком случае имеется здесь реальность, которую высший свет должен заполнять? А дело в том, что все миры и все души, которые есть и которым предстоит создаться в будущем — со всем, что произойдет в них до конечного их исправления, — все они уже включены в Бесконечность во всем их великолепии и совершенстве.

Таким образом, нам необходимо различать две основы во всей предстающей перед нами действительности.

Первая основа: то, что они постоянны и существуют в Бесконечности в полном совершенстве и великолепии.

Вторая основа: как они выстраиваются, распространяются и обновляются перед нами после первого сокращения, в пяти мирах, называемых Адам Кадмон, Ацилут, Брия, Ецира, Асия, как это выясняется далее.

И именно это подразумевает АРИ, говоря, что высший свет, исходящий из сущности Творца, «заполнял всю реальность» — всю действительность, относящуюся к первой основе, с точки зрения их расположения и существования в Бесконечности до сокращения.

Это дает нам понять, что высший свет заполнял их совершенно, настолько, что не оставалось в них никакого свободного места, чтобы можно было дополнить их совершенством и каким-либо исправлением.

(4) Пояснение: потому что прежде, чем образовались миры, когда была только Бесконечность, не было там «свободного места», то есть места недостатка, чтобы было возможным получить в нем исправления, поскольку высший свет заполнял это место так, что не оставлял нижним места, чтобы отгородиться в нем и добавить что-либо сверх его совершенства.

И только вследствие произошедшего сокращения появилось состояние недостатка и возникло свободное для исправлений место. Но не ошибись, будто книга говорит о месте материальном.

(5) Не имеется в виду материальный воздух, а есть категория духовного света, которая так называется. Имеются две категории света в каждом полном парцу́фе, называемые «свет *хохма́*» и «свет *хасади́м*».

Свет *хохма́* — это сущность парцу́фа, то есть жизненная сила в нем.

Свет *хасади́м* — это свет, лишь одевающийся на свет *хохма́* в парцу́фе, поскольку свет *хохма́* не может облачиться в парцу́ф, если сначала не облачится в свет *хасади́м*.

Но иногда, когда парцу́фим находятся в малом состоянии — *катну́т*, есть в них только лишь свет *хасади́м*. И знай, что этот свет *хасади́м* называется «*ави́р*» или «*ру́ах*». А когда он сам по себе, без света *хохма́*, он называется «*ави́р рейкани́*» (пустой воздух), то есть он опустошен от света *хохма́* и ожидает поэтому, что свет *хохма́* распространится в нем и заполнит его.

И объясняет нам АРИ, что прежде, чем образовались миры, то есть в Бесконечности, не было этого понятия — «пустой воздух» — в реальности вовсе, поскольку нет там недостатка в чем-либо, как уже выяснилось.

(6) Для объяснения этого слова необходимо, чтобы ты прежде узнал, в чем сущность духовного *кли*. А она в том, что поскольку создание получает жизненное наполнение от Создателя, то обязано быть у него желание и стремление получить это наполнение от Него.

И знай, что мера этого желания и стремления есть совокупность всей материи в создании. Таким образом, что все имеющееся в создании, кроме этой материи, уже не относится к материи создания, а к тому наполнению, которое оно получает от Создателя.

Мало того, материя эта является мерой величины и уровня каждого создания, каждого *парцуфа*, каждой *сфиры*. Ведь распространение высшего света от Создателя было, несомненно, без меры и оценки, и только творение собственными силами создает меру наполнения, поскольку получает не более и не менее, чем степень его стремления и желания получить, что и является критерием, принятым в духовном, поскольку нет там места принуждению и все зависит от желания.

Поэтому мы называем именно это «желание получить» получающим *кли* создания. И оно считается материей создания, из-за которой создание вышло из категории «Создатель», чтобы называться именем «создание», поскольку заключено в такой вид материи, которого ни в коей мере и ни в коем случае нет в Создателе, так как это желание получить не присутствует в Создателе вообще. Ведь от кого Ему получить? И пойми это.

Далее мы выясним, что в этой материи есть четыре ступени получения — от *катну́т* до *гадлу́т*. И только на четвертую ступень, которая является наибольшим состоянием получения, обнаруживаемым во всей своей полноте только в Бесконечности — прежде, чем были сотворены миры — было произведено сокращение. Далее выяснится, что она опустошилась от всего наполнения, которое было у нее от принадлежности Бесконечности, и осталась в состоянии незаполненного «пространства». Это имеет в виду АРИ: прежде, чем был сотворен мир, то есть в Бесконечности, не было этого состояния — незаполненное «пространство».

(7) То есть невозможно что-либо добавить к нему действиями нижних.

(8) Смысл понятий «начало» *(рош)* и «конец» *(соф)* выяснится ниже.

(9) Означает, что нет в нем градаций малого и большого состояний, а все равноценно.

(10) То есть нет там ни чистоты *(закут)*, ни грубости *(авиют)*, по которым оцениваются и различаются ступени, поскольку эти категории возникли в мирах только с появлением сокращения *(цимцум)*, что будет выяснено далее.

(20) Но можно возразить: «Если мы не в состоянии постичь Бесконечность, то как в таком случае мы определяем ее именем?»

Ведь каждое имя, как известно, свидетельствует о постижении, о том, что мы постигаем указанное и обозначаемое этим именем. И нельзя сказать, что название «Бесконечность» указывает только на отрицание постижения, ведь в таком случае мы должны были бы назвать ее «непостижимой». Но дело в том, что это название показывает нам все то различие, которое существует между Бесконечностью и всеми мирами, находящимися под нею. Теперь вследствие сокращения, которое произошло после Бесконечности, в каждом месте, где эта сила пробуждается, она сокращает там свет, благодаря чему свечение это завершается и приходит к своему окончанию.

И поэтому любое окончание и завершение, имеющееся в каждом свечении и в каждом *парцуфе*, не происходит иначе как в силу этого сокращения. И, кроме того, вследствие этого окончания и завершения выходят и приобретают новый вид все объекты и их наполнения, и все изменения, какие только имеются в мирах. И так как понятия «сокращение» нет в Бесконечности, то нет там понятий «окончание» и «завершение». И потому называется «бесконечный», чтобы показать, что нет там совершенно никакого завершения и окончания, а потому ясно, что этот свет простой и абсолютно однородный, так как одно зависит от другого.

Причина творения — раскрыть имена и названия

2) И когда (30) поднялась она в простом своем желании сотворить миры и создать создания, чтобы вывести на свет совершенство Его действий, имен и названий, что и было причиной сотворения миров.

Ор пними

(30) Не удивляйся, как о желании в Бесконечности, которое выше любой идеи, можно сказать: «поднялась она в простом своем желании», — так как поймешь это, обратившись к выясненному выше, что обязательно в каждом создании находится желание получить наслаждение от Создателя. Но в мире Бесконечности это «простое желание» в состоянии «Он и имя Его едины», как сказано в первом разделе «Пиркей де рабби Элиэзер» и далее в словах АРИ. Потому что «свет» в Бесконечности называется «Он», а «желание получить» в Бесконечности называется «имя Его», и оба они в состоянии простого единства, когда нет ни малейшего разделения между ними.

Однако не следует уподоблять «разделение» и «единство», о которых говорится здесь, разделению и единству в понятиях материальных, когда расхождение определяется движением — отдалением места и приближением места, поскольку духовная сущность, как известно, не занимает никакого места вообще. Но знай, что разделение в духовных объектах не происходит иначе, как только в случае «изменения формы». Таким образом, что если одна духовная сущность приобретает себе дополнительную форму, отличающуюся от имеющейся формы, то уже эта духовная сущность вышла из свойства «один» в два отдельных свойства, удаляющихся друг от друга соответственно противоположности, имеющейся в этих двух формах. И как материальные сущности удаляются и соединяются друг с другом отдалением места или приближением места, так духовные сущности отделяются и соединяются отличием формы и уподоблением формы, когда изменение формы отделяет одну сущность от другой, а уподобление формы соединяет их друг с другом. И помни это, так как это главный ключ к Науке.

Глава 1

А теперь пойми внутренний смысл упомянутого выражения «Он и имя Его едины», а также суть выражения «простое единство», на которые мы обращаем особое внимание в Бесконечности, ведь это единство — чудодейственное всемогущество Творца. Ибо уже выяснилось («Ор пними», п.6) различие между Создателем и созданием, которое возникло из-за формы «желание получить», имеющейся в создании и отсутствующей в Создателе, когда вследствие отличия формы, отделилось создание от Создателя, и создание приобрело собственное имя, чтобы называться «созданием», а не «Создателем».

Однако сказанное выше оставляет место для ошибки. Можно подумать, что свет Бесконечности, называемый «Он», не слит полностью с Бесконечностью, называемой «Его имя», то есть с «желанием получить» наполнение и свет, который называется «Он». Ведь все свойство исходящего из сущности Творца высшего света, называемого «Он», — только давать, и нет в нем абсолютно ничего от формы «желание получить». Тогда как в Бесконечности, называемой «Его имя», есть желание получить. Из-за этого она отличается от высшего света, в котором, как выяснено, нет ни малейшего желания получить. Ведь известно, что отличие свойств производит разделение. Поэтому сообщается в «Пиркей де рабби Элиэзер» и у АРИ далее по тексту, что это не так, а Он и имя Его находятся в простом единстве, настолько, что нет между ними никаких различий.

И хотя, конечно же, обязательно есть между ними — между «Он» и «имя Его» — какое-то отличие свойств, тем не менее оно совершенно не действует там. И хотя мы не понимаем этого, тем не менее — это несомненно так. Об этом сказано, что совершенно никакая мысль не постигает Бесконечность, поскольку это понятие выше нашего разума.

Сокращение света вокруг центральной точки

3) Вот тогда (40) *сократила себя Бесконечность* (50) *в точке центральной своей, в самой середине, и сократила тот свет, и* (60) *удалился он* (70) *в стороны вокруг этой центральной точки.*

Ор пними

(40) Пояснение. Уже известен внутренний смысл выражения «Он и имя Его едины»: хотя существует отличие формы с точки зрения желания получить, содержащегося в Бесконечности, тем не менее оно не создает там никакого различия между ним и высшим светом, а они там находятся в простом единстве. Но при всем том указанная форма стала причиной и фактором сотворения миров и выявления совершенства Его действий, имен и названий, как говорит здесь АРИ. И благодаря сотворению миров и их нисхождению до этого мира образовалась и возникла возможность предоставить место для работы в Торе и заповедях не ради того, чтобы «получить», а только чтобы «дать» наслаждение Творцу. Теперь души в состоянии обратить свою форму желания получать, отделяющую их от Создателя, в форму желания отдавать. Иными словами, получить от Создателя — поскольку Он этого желает — чтобы доставить Ему радость. Как я отмечаю далее, в пункте 90, именно это является достижением равенства по форме с Создателем, что называется слиянием и единством, потому что тогда уже освободятся они от формы желания получать и приобретут форму желания давать, а это — форма самого Создателя. И как тебе уже известно, достижение равенства формы делает духовные объекты одним целым, а потому возвращаются тогда миры к прежнему состоянию, как это выяснится далее.

И об этом пишет АРИ: «Когда поднялась она в простом своем желании сотворить...».

«Поднялась» означает, что возвысилась в очищении и слиянии, благодаря уменьшению и сокращению меры желания получить, заложенного в ней, чтобы уподобить свою форму высшему свету. И хотя в желании получить, имеющемся в Бесконечности, называемом *малхут* Бесконечности» или «Его имя», не было никакого недостатка в слиянии с высшим светом вследствие отличия формы в ней — все же украсила себя, чтобы уподобить свою форму высшему свету и во что бы то ни стало выйти из того огромного «желания получить», которое называется четвертой стадией в ней, чтобы сильнее слиться с высшим светом. Поскольку схожесть по форме создает слияние. Именно это выражается словом «поднялась».

Глава 1

То есть поднялась *малхут* Бесконечности, означающая «простое желание», и прилепилась к высшему свету, иными словами, уменьшила свое желание получить.

И об этом говорит АРИ: «И вот тогда сократила себя...». Так как уже выяснилось выше (пункт 6), что вся мера наслаждения и света и уровень ступени создания измеряются мерой имеющегося в нем желания получить. Поэтому после того как *малхут* Бесконечности сократила себя и уменьшила желание получать в себе, исчез свет и наслаждение вследствие малости желания. В этом и заключается сокращение: возвышение желания привело к исчезновению оттуда света и наслаждения.

(50) Странно на первый взгляд: если нет там начала и конца, как может быть там середина? И еще: разве мы исследуем что-то материальное, занимающее место?

Но дело в том, что, как уже выяснилось, в Бесконечности, безусловно, тоже различимо желание получить, однако в качестве так называемого «простого желания», означающего, что нет различения ступеней в нем — малого или большого, поскольку желание получать, имеющееся там, не считается отличием формы, приводящим к какому-либо отделению. Поэтому нет в нем никакой ущербности по сравнению с высшим светом. И следует знать, что высший свет обязан распространиться по четырем ступеням, пока не раскроет в творении это желание получить во всей его полноте, постоянной и устойчивой.

А необходимость четырех ступеней заключается в следующем. Желание получить содержится тотчас с распространением света из корня, ведь этим и определяется, что вышел свет из Создателя и приобрел свое собственное имя, что и означает распространение из Создателя. Но пока не содержится в нем это отличие формы желания получить, он, разумеется, еще относится к категории «Создатель», а не к категории «распространение», отделенное и выходящее из Создателя. Ибо в духовном объекте не проявится никакое различие, кроме как посредством изменения формы. Однако до тех пор пока творение своими силами не раскроет это желание, оно не постоянно в творении. Иными словами, творение должно само стремиться к получению наслаждения — только тогда считается, что желание получить раскрылось силами самого творения. И такое устремление может быть лишь когда нет наслаждения в творении, поскольку только тогда оно сможет устремиться вслед за ним так, что раскроется «желание получить» в нем в результате его собственных усилий. И тогда постоянно восполняются получающие *келим*.

И еще следует знать, что все распространение света от Творца, кроме того что оно включает в себя желание получения, должно также содержать в себе желание отдачи. Иначе Творец и творение были бы противоположны по свойствам, а это — полное разделение, ибо противоположность свойств отдалила бы их друг от друга подобно тому, как удален восток от запада. Поэтому обязан любой свет, распространяющийся от Творца, содержать также и желание отдавать, чтобы было сходство формы между Творцом и творением.

И в момент открытия в создании этого желания отдачи притягивается к нему огромный свет от Создателя, относящийся к пробуждению этого желания. Этот свет называется во всех местах светом *хасадим*. Однако первое распространение от Создателя, в которое включено, как выяснилось выше, желание получать, называется во всех местах светом *хохма́*, или светом сущности. Запомни хорошо эти два типа светов и знай, что второй свет — свет *хасадим* — намного ниже первого света — света *хохма́*. Так как притягивается, когда есть преодоление и пробуждение создания собственными силами, поскольку оно желает совпадения свойств с Создателем и поэтому преодолевает себя и пробуждается к желанию отдавать. Тогда как первое распространение — свет *хохма́* — исходит прямо из Творца, и нет у творения никакого участия в его привлечении, а потому он несравненно выше света *хасадим*. И поэтому свет *хохма́* определяется как сущность и жизненная энергия творения, а свет *хасадим* определяется лишь как свет исправления для завершения творения.

Теперь тебе будут понятны четыре стадии и те ступени, которые обязаны присутствовать в каждом создании. Ибо сначала распространяется свет, выходя из Творца в качестве света *хохма́*, поскольку только «желание получить» содержится в нем. И это — стадия 1. А затем усиливается в этом свете желание отдавать и притягивает свет *хасадим*. И это усиление считается стадией 2. А затем проходит этот свет *хасади́м* большое распространение, смысл которого выяснится далее, и это — стадия 3. А после выхода и проявления во всей полноте этих трех стадий снова пробуждается сила желания получить, включенного в первое распространение, и опять притягивает свет *хохма́*. И это — предельное завершение постоянства желания получить в *парцу́фе*, поскольку оно проявилось как устремление именно во время отсутствия света *хохма́* в *парцу́фе*, когда был только свет *хасади́м*, то есть после стадии 3, когда у создания появилась реальная возможность устремиться к получению света *хохма́*. Именно этим устремлением определяется желание получить в нем и довершаются его получающие *кели́м*, чего в распространении 1 не было. Поэтому не завершаются *кели́м* получения раньше, чем в четвертой стадии, называемой также «усиление 2».

А после завершения этой стадии 4 в Бесконечности в ней произошло сокращение, означающее уход желания получать из этой четвертой стадии, которое привело к выходу из нее света Бесконечности.

Таким образом, прояснились 4 стадии, обязательно находящиеся в каждом творении: стадия 1 называется «первое распространение» или «*хохма́*»; стадия 2 называется «первое усиление» или «*бина́*»; стадия 3 называется «второе распространение» или «*зеи́р-анпи́н*»; и стадия 4 называется «второе усиление» или «*малху́т*».

Здесь оба распространения определяются как мужское начало, поскольку относятся к категории «наполнение, исходящее из Создателя», так как первое распространение — это наполнение светом *хохма́*, а второе распространение — это наполнение светом *хасади́м*.

А два усиления — это два женских начала, поскольку являются пробуждением создания и усилением желания в результате его собственных усилий. Здесь первое усиление — это возникшее в создании пробуждение к «желанию отдавать», ставшее корнем для света *хасади́м*, а второе усиление — это возникшее в создании пробуждение к «желанию получать», которое стало получающим *кли* для *парцу́фа* во всей необходимой полноте, и оно во всех местах называется четвертой стадией.

Именно эта четвертая стадия называется центральной точкой в Бесконечности, и ее имел в виду АРИ, сказав: «Сократила она себя в точке центральной своей». И называется так, потому что она является получающим *кли* для света Бесконечности, которому совершенно нет меры и границы.

И потому считается ее состояние подобным точке внутри и в центре этого света, а свет окружает ее и слит с ней со всех сторон беспредельно, поскольку только таким образом она может удерживать высший свет без всякой меры и оценки, тогда как в получающих *келим*, начиная с сокращения и ниже, то есть в низших созданиях, считается, что *келим* получения удерживают свой свет во внутренней их части и сердцевине. Иными словами, стенки *келим*, то есть четыре стадии в *келим*, создают границу и меру на свет внутри них — из-за *авиюта* в *келим*, как выяснится далее.

Но в Бесконечности свет и *кли* находятся в простом единстве, что называется «Он и имя Его едины» (см. выше, п.30). Поэтому *кли* совершенно не ограничивает удерживаемый свет, и свет в нем в состоянии бесконечности.

Итак, прояснился внутренний смысл центральной точки в Бесконечности. Ибо ни в коем случае речь не идет о месте и территории материальных в ощущаемых пределах, но содержащаяся в Бесконечности четвертая стадия называется так по причине ее простого единства с высшим светом.

А явление сокращения, произошедшее в этой центральной точке, уже выяснено выше (см. п.40).

(60) «Духовное расстояние» выяснялось нами в пункте 30. Также было выяснено, что в Бесконечности не было никакого отдаления между центральной точкой, то есть *кли*, и светом.

Однако вследствие того, что Бесконечность сократила свет изнутри центральной точки, раскрылось отличие формы этой точки от света: ведь в высшем свете совершенно отсутствует желание получать, а точка находится в состоянии «желание получать», отличном от света. А поскольку изменилась их форма друг относительно друга, то они отдалены друг от друга пропорционально величине этого различия. И это имеет в виду АРИ под словом «удалился».

(70) Четыре стадии называются также четырьмя сторонами. И объясняет АРИ, что хотя сокращение произошло только в центральной точке, являющейся четвертой стадией, все же свет ушел из всех четырех стадий, поскольку не бывает частичного в духовном. И поэтому свет ушел также и из трех остальных стадий.

Пространство, оставшееся после сокращения, было круглым

4) И тогда осталось: (80) *свободное место, и воздух, и пустое пространство — именно от этой центральной точки. И вот это* (90) *сокращение было равномерным вокруг этой опустошившейся центральной точки, так что место этого пространства было* (100) *круглым совершенно одинаково во всех областях, а не предстало картиной четырехугольника с прямым углом, соответственно тому, как и Бесконечность сократила себя в виде круга, равномерно со всех сторон.*

Ор пними

(80) Уже выяснилось ранее в пунктах (4), (5) и (6).

(90) Это означает: без градаций малого и большого. И это не противоречит тому, что после того как уже раскрылось различие формы, имеющееся в центральной точке вследствие исчезновения из нее света, обязательно должны быть познаны также и меньшие меры изменения формы, одна меньше другой, имеющиеся внутри трех предыдущих ступеней. Так, например, стадия 3 чище центральной точки, потому что мера желания получить в ней меньше, чем в стадии 4. Точно так же стадия 2 чище, чем стадия 3, потому что мера желания в ней меньше, чем в стадии 3. А стадия 1 самая чистая из всех, так как в ней мера желания получить меньше всех, поэтому изменение ее формы не так заметно, как в них. Ведь есть здесь градация малого и большого, как же АРИ говорит, что сокращение вокруг этой точки было равномерным?

Но дело в том, что сокращение не превратило центральную точку в «*соф*». Если бы свет исчез из этой точки по причине имеющегося в ней отличия формы, то, конечно, она стала бы вследствие этого свойством «*соф*», что означает самую малую ступень, ниже которой нет по значимости. И тогда мы должны были бы также три предыдущих стадии считать более важными, чем центральная точка, когда одно выше другого. Но это было не так. Сокращение произошло не из-за имеющегося в этой точке изменения формы. Этого не может быть — ведь мы пока еще изучаем *малхут* Бесконечности, где нет никакого различия по форме между ней и светом, а оба они в простом единстве, как сказано: «Он и имя Его едины».

А сокращение произошло только потому, что «поднялась она в простом своем желании сотворить миры» (как уже выяснилось в п.40). Это означает, что она стремилась к тому уподоблению формы, которое в будущем должно раскрыться благодаря созданию миров, и это — форма получения ради доставления наслаждения Творцу. И в этом заключено дополнительное очень высокое качество. Потому что, с одной стороны, это полная отдача, так как все желание — только доставлять наслаждение Творцу, и совсем ничего для собственных нужд. Поэтому полностью совпадает ее форма с высшим светом Создателя, и она находится в совершенном слиянии с Ним. А с другой стороны, это позволяет ей углублять и увеличивать свое *кли* получения до бесконечности и беспредельности, так как теперь форма получения не создает никакого различия по форме, поскольку приходит изнутри желания отдачи.

Как в примере, приведенном мудрецами (трактат «Кидуши́н», стр.7, колонка 1). Важному человеку дала женщина брачный выкуп. И сказал он: «Вот ты предназначаешься мне». Этим она предназначается. И хотя написано в Торе «он вручит ей» — дескать, муж должен вручить брачный выкуп, тем не менее, если он человек важный, то наслаждение принимающего от нее считается равноценным вручению.

Ведь получение «с тем чтобы отдать» — это отдача, а не получение. И потому важный человек, получающий от нее деньги, подобен дающему деньги ей. Точно как предписано Торой: «и он вручит ей», потому что он получает только чтобы доставить наслаждение женщине, для которой его получение будет большой честью.

И получается в соответствии с выясненным, что главным в причине сокращения было лишь стремление к новой форме «получения ради отдачи», которая должна раскрыться в будущем благодаря сотворению миров (см. п.40), а вовсе не ощущение какого-либо *авиюта* в центральной точке. Ибо не было там никакого *авиюта* и различия (см. выше). И потому не превратилась центральная точка из-за *цимцума* в состояние «*соф*». Поэтому вообще невозможно распознать что-либо как малое или большое. В этом смысл сказанного АРИ, что сокращение было полностью равномерным.

(100) Пояснение. Здесь неизбежно сложилась некая картина вследствие сокращения. И хотя сокращение было равномерным (что подробно освещалось в предыдущем пункте), а не из-за отличия формы, тем не менее после *цимцума* и исчезновения света из этой центральной точки, открылось, что не подобает высшему свету слиться с ней из-за присутствующей в ней формы большой меры получения.

И поскольку это открылось, то упала она со ступени, которая была у нее в *Эйн Соф*. А раз так — теперь она считается свойством «*соф*», что означает такой *авиют*, ниже которого нет, ибо только поэтому центральная точка осталась пустым пространством и не пригодна более для облачения света (см. п.6). Но три предыдущих стадии в своей возвышенности и чистоте по-прежнему пригодны для облачения в них света и после *цимцума*.

Вместе с тем мы уже выяснили в предыдущем пункте, что центральная точка не стала свойством «*соф*» по указанной там причине. И это уточняет АРИ, говоря, «что место этого пространства было круглым совершенно одинаково во всех областях». Он хочет сказать: не «конец» в буквальном смысле слова, но как в круглой фигуре, конец которой находится в ее центре. Можно представить себе эти 4 стадии в виде четырех кругов, один внутри другого, подобно слоям луковиц, где центральный круг — это стадия 4, ее окружает стадия 3, а ту окружает стадия 2, и ее окружает стадия 1. И в таком случае невозможно различить между ними качества верх и низ, право и лево. Так, к примеру, стадия 1, которая в первой своей половине охватывает все остальные, находясь выше них, во второй половине охватывает их, находясь ниже всех. И аналогично — остальные стадии.

Поэтому нет тут верха и низа, а также правого и левого, так что ни у одной стадии нет преимущества перед другими, а все они совершенно равнозначны. Ибо уже выяснилось, что причиной сокращения не было какое-то различие свойств. И это подчеркивает АРИ: «круглым совершенно одинаково во всех областях». И пойми.

Поскольку свет Бесконечности — равномерный, то и сокращение также было равномерным, и это внутреннее значение слова «круг»

5) А причина была в том, что поскольку свет Бесконечности совершенно равномерный, обязан он и сократить себя равномерно со всех сторон, и не может сократить себя с одной стороны больше, чем с остальных сторон.

Из геометрии известно, что нет более равномерной фигуры, чем (200) *фигура круга. Этой равномерности нет ни в* (300) *фигуре четырехугольника с выступающим прямым углом, ни в* (400) *фигуре треугольника и, следовательно, в других фигурах. А потому обязано быть сокращение Бесконечности в виде круга.*

Ор пними

(200) Понятие «фигура круга» рассмотрено выше, в предыдущем пункте.

(300) Пояснение. Если бы там были различимы верх и низ, правое и левое, это бы выразилось в виде четырехугольника, в котором имеются эти четыре стороны, представляющие собой названия четырех стадий. Но это было не так, а в виде круга, где нет этих особенностей, как сказано выше.

(400) Фигура треугольника указывает на ступень, в которой есть только три стадии и отсутствует четвертая. То есть только три стороны: верхняя, правая, левая и отсутствует нижняя сторона. Это называется фигурой треугольника.

ЧАСТЬ ПЕРВАЯ

«Сокращение и линия»
(включает две главы)

Глава 1

Выясняет понятие «первое сокращение», когда сократился свет Бесконечности, чтобы создать создания и сотворить творения

«Сокращение и линия». В духовном нет ни форм, ни букв, ни цифр, ни точек, ни линий, ни окружностей. И вообще нет места, где можно было бы это изобразить или представить. Что значит «сокращение и линия», если я не думаю о расстояниях, о месте?

До сокращения Бесконечность наполняла всю реальность

1) Знай, что (1) *прежде, чем были созданы создания и сотворены творения,* (2) *простой высший свет* (3) *заполнял всю реальность. И не было никакого* (4) *свободного места в виде* (5) *пустого воздуха и* (6) *пространства, а все было* (7) *заполнено этим бесконечным простым светом, и не было в нем* (8) *ни начала, ни конца, а все было* (9) *этим одним простым,* (10) *совершенно однородным светом, и он называется* (20) *светом Бесконечности.*

Ор пними

Следует помнить, что вся наука каббала основывается на понятиях духовных, которые не занимают ни места, ни времени, и совершенно нет в них исчезновения и замены, а все изменения, о которых говорится в этой науке, не означают, что первое состояние исчезает и принимает иной вид. Но изменение означает только добавление формы, а первоначальная форма не сдвигается со своего места, поскольку исчезновение и изменение происходят только в материальных объектах.

И в этом вся сложность для начинающих, поскольку они воспринимают слова в их материальном значении, в рамках времени и места, замены и подмены, тогда как авторы пользовались ими исключительно в качестве символов для обозначения их высших корней.

Потому я постараюсь истолковать абсолютно каждое слово в его духовном аспекте, абстрагированном от места, времени и подмены.

А на изучающих возложено отпечатать в памяти объяснения этих слов наилучшим образом, потому что невозможно каждый раз возвращаться к ним.

1) Знай, что (1) *прежде, чем были созданы создания и сотворены творения...*

Бааль Сулам объясняет нам понятия «прежде» и «потом», тогда как раньше подчеркивал, что в духовном вообще нет такого понятия.

...Были созданы (что значит «созданы», а до этого их не было?) *создания и сотворены творения...* То есть имеются два акта: «созданы», «сотворены». Создания и творения — есть какая-то разница между ними, — одни созданы, а другие сотворены?

...Прежде, чем были созданы создания и сотворены творения, (2) *простой высший свет* (3) *заполнял всю реальность.*

Понять, что такое свет, мы можем в результате того, что ощутили какую-то тьму, недостаток света, а впоследствии пришло озарение, свет. То есть здесь тоже имеет место контраст между несколькими понятиями.

... (2) *Простой высший свет* (3) *заполнял всю реальность.*

Какую реальность? Место? Может быть, вообразить это в чувствах?

И не было никакого (4) *свободного места в виде* (5) *пустого воздуха и* (6) *пространства, а все было* (7) *заполнено этим бесконечным простым светом, и не было в нем* (8) *ни начала, ни конца, а все было* (9) *этим одним простым,* (10) *совершенно однородным светом, и он называется* (20) *светом Бесконечности.*

Глава 1. Комментарии

Очень много терминов, которые нужно отделить от обычных понятий.

Бааль Сулам обозначает термины в тексте АРИ цифрами и разъясняет их в «Ор пними».

Знай, что (1) прежде...
В скобках цифра 1 и в «Ор пними» — комментарий.

(1) Форма духовного времени подробно рассматривается далее, во «Внутреннем созерцании» в конце (п. 34).

То есть в конце первой части ТЭС. Если он это рассматривает дальше, то будем надеяться, что там мы это увидим.

Снова я повторяю. Мы сейчас входим в изучение текста и пытаемся думать не о том, что этот текст вроде бы не очень-то сложный, я это знаю, я это слышал, — мы пытаемся думать о том, что этот текст должен дать нам, то есть максимально его приблизить. И если в нас возникает какая-то мысль: «Я это уже знаю... оттолкнуть, отдохнуть... повторение...» — что-то такое, — то это неприемлемое, совершенно неправильное отношение к тексту. Мы этим убиваем возможность войти внутрь этого текста, то есть в сам корень, в то, о чем он говорит.

...Прежде, чем были созданы создания и сотворены творения, — что было? — *(2) простой высший свет...*
Что значит «простой высший свет»?

(2) То есть свет, распространяющийся из сущности Творца. Знай, что все имена и описания, используемые в науке каббала, не говорят ничего о сущности Творца, но лишь о свете, распространяющемся из сущности Творца.

Однако о сущности Творца нет у нас вообще ни слова, ни звука. Ибо таково правило: «То, что не постигаем, не определяем по имени». Помни это и не ошибайся.

...Свет, распространяющийся из сущности Творца. То есть нечто, исходящее из Творца. «Исходящее» — опять передвижение и время? Знай, что все имена и описания, **используемые в науке каббала, не говорят ничего о сущности Творца** (самого Творца мы не можем постичь), **но лишь о свете, распространяющемся из сущности Творца.**

«Светом» мы называем наше ощущение Творца. Иными словами, есть источник этого ощущения, но сам источник я не могу ощутить — я ощущаю что-то, исходящее из него, и это называется светом.

Однако о сущности Творца нет у нас вообще ни слова, ни звука. Ибо таково правило: «То, что не постигаем, не определяем по имени».

То есть я говорю «Творец» (на иврите — *Ацмуто́*), и никак иначе я Его назвать не могу. И это указывает только на Его отношение ко мне. Творец, то есть *мой* Творец, — не Он, а его связь со мной. Кто Он — непостижимо. Есть намеки на то, что когда-нибудь в будущем и это станет постижимо. Когда человек проходит все-все ступени исправления и входит в иные ощущения и связи — через свет — с источником этого света, тогда человек полностью уподобляется свету Творца, то есть Его свойствам, тому, как Творец представляет себя человеку. После того, как человек входит в полное подобие Творцу (ивр. — *ашваа́т а-цура́*), возникает внутреннее понимание этого источника — Творца. Но это невозможно выразить земными словами, потому что весь наш лексикон почерпнут только из ощущения самого света, а не из того, что находится выше него.

Итак, светом мы называем ощущение Творца, и этот свет вначале *«заполнял всю реальность»*.

Что значит «в начале» и «в конце»? Каббалисты постигали истинный мир, его наполнение — то есть свет Творца — изнутри себя, что называется «вширь и ввысь» (имеются в виду внутренние ощущения). Однако рассказывают они нам об этом, исходя изначально не из процесса своего постижения мироздания «снизу», а исходя из корня: как это мироздание создавалось, прежде чем они начали его постигать.

То есть каббалисты описывают в своих книгах создание мироздания «сверху вниз», от Творца к творению — вплоть до первоначального состояния творения, когда оно обнаруживает себя в темноте и начинает изнутри постигать Творца. А мы уже изнутри, «снизу вверх», постигаем Его сами.

Есть в этом большой смысл: изучая распространение сверху вниз, мы как бы притягиваем на себя сверху вниз

Глава 1. Комментарии

высший свет. Мы идем по тем же ступеням, по которым он должен к нам нисходить. А это самое главное — как окружающий свет будет исправлять нас. Мы как бы «тянем» его, приближаем, направляем на себя. Снизу вверх поднимаются к Нему только наши стремления.

Итак, в начале всего сотворения этот *высший свет* (3) *заполнял всю реальность*.

Что значит «заполнял всю реальность»?

(3) На первый взгляд кажется очень удивительным — ведь говорится здесь: «прежде, чем созданы миры». И какая же в таком случае имеется здесь реальность, которую высший свет должен заполнять? А дело в том, что все миры и все души, которые есть и которым предстоит создаться в будущем — со всем, что произойдет в них до конечного их исправления, — все они уже включены в Бесконечность во всем их великолепии и совершенстве.

Таким образом, нам необходимо различать две основы во всей предстающей перед нами действительности.

Первая основа: то, что они постоянны и существуют в Бесконечности в полном совершенстве и великолепии.

Вторая основа: как они выстраиваются, распространяются и обновляются перед нами после первого сокращения, в пяти мирах, называемых Адам Кадмон, Ацилут, Брия, Ецира, Асия, как это выясняется далее.

И именно это подразумевает АРИ, говоря, что высший свет, исходящий из сущности Творца, «заполнял всю реальность» — всю действительность, относящуюся к первой основе, с точки зрения их расположения и существования в Бесконечности до сокращения.

Это дает нам понять, что высший свет заполнял их совершенно, настолько, что не оставалось в них никакого свободного места, чтобы можно было дополнить их совершенством и каким-либо исправлением.

(3) На первый взгляд кажется очень удивительным — ведь говорится здесь: «прежде, чем созданы миры». О какой реальности можно говорить, если речь идет о том, что было

до создания миров? И какая же в таком случае имеется здесь реальность, которую высший свет должен заполнять? А дело в том, что все миры и все души, которые есть и которым предстоит создаться в будущем — со всем, что произойдет в них до конечного их исправления, — все они уже включены в Бесконечность во всем их великолепии и совершенстве.

Таким образом, нам необходимо различать две основы во всей предстающей перед нами действительности.

Он хочет нам сказать, что вообще только относительно нас мы можем говорить о том, что творение когда-то было создано, что оно будет в тех или иных состояниях, что оно будет подниматься в них все выше и выше и когда-нибудь достигнет своего наивысшего состояния, сольется с Творцом... Это ведь все относительно нас, только относительно наших ощущений. На самом деле нет начала, нет конца, нет движения — ни в чем, кроме как бы возвращения в сознание, в ощущение истинного состояния, в котором мы находимся. Мы только говорим о том, что мы должны прозреть, а также о том, каким образом мы это делаем, какой ступени вообще мы должны достичь в наших прозрениях. Но это истинное состояние существует: никогда не было ему начала, никогда не будет ему конца. Есть только ступени постижения этого состояния изнутри нас.

Поэтому он говорит: **все миры и все души, уже существующие и которым еще предстоит создаться в будущем** (то есть все в динамике относительно нас) — **все они уже включены в Бесконечность во всем их великолепии и совершенстве.**

Таким образом, нам необходимо различать две основы во всей предстающей перед нами действительности.

Что же отличает все эти творения от света? Свет — это ощущение Творца в творении, или еще можно сказать, что это сам Творец относительно творения. Так вот, мы можем сказать, что все состоит из света и творения, которое этим светом создается и им же наполняется.

Первая основа: то, что они постоянны и существуют в Бесконечности в полном совершенстве и великолепии. Ничего не происходило в прошлом и ничего не будет происходить в будущем, а все существует безотносительно времени.

Глава 1. Комментарии

Вторая основа: как они выстраиваются, распространяются и обновляются перед нами после первого сокращения, в пяти мирах, называемых Адам Кадмон, Ацилут, Брия, Ецира, Асия, как это выясняется далее.

Здесь уже имеется в виду нисхождение этих творений — всего творения — нисхождение, регрессия, все большее удаление от того совершенного, в принципе, единственно существующего, состояния.

И именно это подразумевает АРИ, говоря, что высший свет, исходящий из сущности Творца, «заполнял всю реальность» — всю действительность, относящуюся к первой основе, с точки зрения их расположения и существования в Бесконечности до сокращения.

Эта реальность — единственная, потому что именно она только и существует. Кроме нее, все остальное — это различные аспекты ее внутреннего постижения творениями, в этой реальности находящимися.

Это дает нам понять, что **высший свет заполнял их совершенно, до такой степени, что не оставалось в них никакого свободного места,** — что значит «никакого свободного места»? — **чтобы можно было дополнить их совершенством и каким-либо исправлением.**

То есть высший свет и эта реальность находились в абсолютно совершенном состоянии. «Совершенном» — это значит, что нет никакого недостающего аспекта, который может каким-то образом когда-либо проявиться. Мы опять-таки пытаемся освоить все эти понятия с нашей земной точки зрения. Самым правильным отношением будет такое: вся эта реальность существует изначально, постоянно, вечно, в единственном виде, и все, что происходит, кроме нее, происходит в наших ощущениях, для того чтобы ее постичь.

...Не было никакого (4) *свободного места...*
Что означает «свободное место»?

(4) Пояснение: потому что прежде, чем образовались миры, когда была только Бесконечность, не было там «свободного места», то есть места недостатка, чтобы было возможным

получить в нем исправления, поскольку высший свет заполнял это место так, что не оставлял нижним места, чтобы отгородиться в нем и добавить что-либо сверх его совершенства.

И только вследствие произошедшего сокращения появилось состояние недостатка и возникло свободное для исправлений место. Но не ошибись, будто книга говорит о месте материальном.

Здесь уже Бааль Сулам закладывает возможность впоследствии объяснить: для чего нужны были миры, какова причина их создания. Именно сокращением этого совершенства создалось состояние несовершенства, для того чтобы затем мы в это абсолютно пустое, свободное от совершенства, абсолютно несовершенное пространство внесли совершенство от себя — так же, как оно было свыше внесено и заполнено Творцом. Это и является задачей человека.

Творец создает творение, затем полностью уходит из него, и от человека требуется заполнить это творение таким же образом, как это было сделано Творцом. Тем самым человек полностью замещает Творца, полностью становится равным Ему по величине, по высоте, по эффективности воздействия.

Поэтому он говорит, что **не было** до создания миров **свободного места, то есть места недостатка, чтобы было возможным получить в нем исправления, поскольку высший свет заполнял это место так, что не оставлял нижним места, чтобы отгородиться в нем и добавить что-либо сверх его совершенства. И только вследствие произошедшего сокращения...**

То есть вследствие чего и возникли миры. Слово *«олáм»* (в переводе с иврита — «мир») происходит от слова *«аламá»* (скрытие) — то есть постепенное скрытие совершенства Творца. Ступени скрытия Творца и называются мирами.

И только вследствие произошедшего сокращения появилось состояние недостатка и возникло свободное для исправлений место. Но не ошибись, будто книга говорит о месте материальном.

Давайте будем представлять себе все эти места хотя бы в виде желания: пустое желание — более заполненное — совершенно заполненное, когда не существует никаких

Глава 1. Комментарии

возможностей еще что-либо добавить к желаемому, и так далее.

И не было никакого (4) *свободного места в виде* (5) *пустого воздуха...*

При чем тут воздух? Очевидно, есть в этом месте различные возможные наполнения: или в виде полного света Творца, абсолютно простого, совершенного, или в виде более частных, более слабых наполнений. Что Бааль Сулам желает сказать? Что не было совершенно никакого наполнения — даже частичного, в виде пустого воздуха.

Что значит «пустой воздух»?

(5) Не имеется в виду материальный воздух, а есть категория духовного света, которая так называется. Имеются две категории света в каждом полном парцуфе, называемые «свет *хохма́*** » и «свет** *хасади́м***».**

Свет *хохма́* — это сущность парцуфа, то есть жизненная сила в нем.

Свет *хасади́м* — это свет, лишь одевающийся на свет *хохма́* в парцуфе, поскольку свет *хохма́* не может облачиться в парцу́ф, если сначала не облачится в свет *хасади́м*.

Но иногда, когда парцуфи́м находятся в малом состоянии — *катну́т*, есть в них только лишь свет *хасади́м*. И знай, что этот свет *хасади́м* называется «*ави́р*» или «*ру́ах*». А когда он сам по себе, без света *хохма́*, он называется «*ави́р рейкани́*» (пустой воздух), то есть он опустошен от света *хохма́* и ожидает поэтому, что свет *хохма́* распространится в нем и заполнит его.

И объясняет нам АРИ, что прежде, чем образовались миры, то есть в Бесконечности, не было этого понятия — «пустой воздух» — в реальности вовсе, поскольку нет там недостатка в чем-либо, как уже выяснилось.

(5) Не имеется в виду материальный воздух (он снова и снова это подчеркивает)**, а есть категория духовного света, которая так называется. Имеются две категории света в каждом полном парцуфе,** то есть в любом состоянии творения, **называемые «свет** *хохма́***» и «свет** *хасади́м***».**

Отношение Творца к творению, ощущение Творца творением называется «свет». Так вот, есть два ощущения Творца: как свет *хохма* и как свет *хасадим*.

Свет *хохма* — это сущность парцу́фа, творения, **то есть жизненная сила в нем.**

То есть в той мере, в которой парцу́ф ощущает свет *хохма* (понятие света *хохма* мы рассмотрим потом), в той мере он ощущает свет жизни. Истечение света *хохма* из парцу́фа ощущается парцу́фом как прекращение существования.

Свет *хасадим* — это свет, лишь одевающийся на свет хохма́ в парцу́фе (то есть это вспомогательный свет, помогающий ощущать свет *хохма*), **поскольку свет *хохма* не может облачиться в парцу́ф, если сначала не облачится в свет *хасадим*.**

Другими словами, Бааль Сулам говорит нам об условии: «Если ты в своем состоянии, когда ты вообще ничего не ощущаешь, хочешь ощутить Творца — свет *хохма*, знай, что ты сможешь это сделать только в той мере, в которой у тебя будет второй свет — свет *хасадим*». То есть я должен каким-то образом прийти к пониманию, что существуют некие дополнительные условия для ощущения Творца. Вот об этих дополнительных условиях ощущения Творца и рассказывает нам вся наука каббала. Этот свет, необходимый для ощущения Творца, — свет *хасадим* — единственное, что нам необходимо.

Творец заполняет собой все, Он не исчезает, Он никуда не скрывается, только — видите, что он пишет — **свет *хохма* не может облачиться в парцу́ф,** то есть в творение, **если сначала не облачится в свет *хасадим*.** Следовательно, самое главное для меня — каким-то образом обрести этот свет *хасадим*, и в той мере, в которой он будет у меня, в той мере я сразу же почувствую Творца.

Это как наличие ощущения: если есть у меня чувства, «щупальца», то я могу ощутить объект. Но и в противном случае объект существует — просто я его не касаюсь — он находится во мне и вокруг меня, но в совершенно другом объеме реальности, в другом измерении. Начать что-то

Глава 1. Комментарии

духовно ощущать можно только в свете *хасадим*. То есть я должен стать источником этого света.

Свет *хохма* — это то, что исходит от Творца, это сам Творец, это то, что заполняет абсолютно все, никуда не исчезает, и нет ничего, что могло бы скрыться от Него. Свет *хасадим* — это свет, источником которого я должен стать. Если я смогу генерировать этот свет *хасадим* вокруг себя, то в той мере, в которой будет вокруг меня распространяться свет *хасадим*, в той мере я буду ощущать свет *хохма*, ощущать Творца вокруг себя и внутри себя.

...Свет *хохма* не может облачиться в парцу́ф, если сначала не облачится в свет *хасадим*. Но иногда, когда парцуфи́м находятся в малом состоянии — *катнут*, есть в них только лишь свет *хасадим*.

То есть, очевидно, есть такой свет *хасадим*, когда я чувствую свое существование, но не ощущаю Творца. То есть мое существование еще не является существованием жизни. Как говорит Бааль Сулам, свет *хохма* — это сущность *парцуфа*, мера его жизни.

Если я генерирую свет *хасадим*, но в малом количестве, малой мощности, малой интенсивности, и его недостаточно для облачения в него света *хохма*, тогда я, наверное, тоже существую, но это существование не называется жизнью, самостоятельной жизнью. Я не вызываю облачение Творца в меня, я только едва существую в таком малом состоянии (*катну́т*), подобно младенцу в нашем мире, не осознающему своего существования.

И знай, что этот свет *хасадим* называется «*ави́р*» или «*ру́ах*».
Вокруг нас есть воздух, который может называться: «*авир*» (досл. воздух) — то, что просто заполняет пространство между нами, или «*руах*» (досл. ветер) — состояние движения этого заполнителя пространства, его изменения.

И когда он (свет *хасадим*) **сам по себе, без света *хохма*, он называется «*ави́р рейкани́*»** (досл. пустой воздух — не заполненный светом *хохма*), **то есть он опустошен от света *хохма*...**

Почему же он так важен для нас? Потому что есть в нем интересное качество — **и ожидает поэтому, что свет *хохма* распространится в нем и заполнит его.**

То есть этот свет *хасадим*, который я могу генерировать в своем малом состоянии, является светом ожидания, светом просьбы, прошения, мольбы, молитвы. Изначально существующий во мне малый свет — свет *хасадим* — постепенно становится таким мощным, что в итоге в него уже облачается свет *хохма*, в нем проявляется свет *хохма*.

Что я хочу этим сказать? Что свет *хохма* вообще существует постоянно, он заполняет весь объем. Творец никуда не исчезает. Только я, в мере интенсивности своего света *хасадим*, вызываю проявление — как на фотобумаге — света *хохма*, и в той мере, в которой свет *хохма* проявляется в свете *хасадим*, я ощущаю Творца.

И объясняет нам АРИ, что прежде, чем образовались миры, то есть в Бесконечности, не было этого понятия — «пустой воздух» — в реальности вовсе, поскольку нет там недостатка в чем-либо.

Творение находится в таком состоянии совершенства, постоянном состоянии, к которому невозможно ничего добавить. И поэтому, чтобы дать возможность творению ощутить себя самостоятельным, Творец должен был исчезнуть из его ощущения. Он должен был оставить это творение вне Себя, должен был поступить таким образом, чтобы дать творению возможность быть самостоятельным. А что значит быть самостоятельным? Если оставить творение без Творца, будет ли оно при этом самостоятельным? В этом случае оно будет находиться в ощущении своего естества, своих желаний, — а эти желания тоже ведь были созданы светом, только противоположными ему.

Следовательно, целиком наполнить Собой творение или оставить это творение без ощущения Себя — это все равно оставить творение в каком-то одном из заранее заданных состояний. И эти состояния уже четко продиктованы влиянием Творца — Его присутствием или отсутствием.

Творение при этом не будет самостоятельным — оно будет лишено свободы воли, свободы поступков. Ведь при этом не останется того, что мы называем «творением», «сотворенным», то есть выходящим за пределы Творца (в

Глава 1. Комментарии

иврите слово «*брия́*» — творение — от слова «*бар*» — внешнее), вне всякого Его влияния.

Как же вообще мы можем представить себе творение, в котором не существовало бы никакого давления ни со стороны себя самого — своей природы, созданной Творцом — ни со стороны наполнения Творцом? Возможно ли теоретически такое состояние — быть ни от чего не зависимым? И что же дальше — в связи с чем поступать, что тогда ощущать, чем руководствоваться? Что означает быть творением, и в то же время ни от чего не зависеть? На основании чего я буду ни от чего не зависимым?

Если мы зададимся всеми этими вопросами, то увидим, насколько непросто создать такие условия, чтобы творение могло называться творением. Это невозможно в Бесконечности, где Творцом заполняется все и не остается совершенно никакого места, то есть свободы движения, для творения. Но этого также не может быть и в пустом пространстве, полностью оставленном Творцом, потому что при этом творение все равно остается в каких-то начальных качествах (допустим, своих), противоположных качествам Творца. Но в конечном счете это все равно исходит из одного и того же источника.

А есть ли вообще третье состояние — не Творец и не творение, а нечто совершенно независимое? Как это можно сделать, ведь есть только один источник — Творец? В идеале мы должны говорить о творении как о появившемся откуда-то извне. Но как такое может быть, если существует только Творец и кроме Него нет ничего, и Он же затем создает творение? Что же может появиться еще извне?

Вот создать такое условие, когда творение будет действительно свободным, как бы появившимся извне, и является задачей Творца в творении, и оно называется нисхождением сверху вниз.

То есть смысл сотворения всех миров, начиная с Бесконечности, заключается не только в постепенном уходе Творца из этого состояния Бесконечности, в оставлении им творения во все большей и большей пустоте, темноте, в отсутствии Себя, — этого еще недостаточно, недостаточно полностью исчезнуть и недостаточно каким-то образом сохранить свое частичное присутствие. Надо создать особое условие как бы полной независимости творения и от его собственной природы, и от природы Творца.

И не было никакого (4) *свободного места в виде* (5) *пустого воздуха и* (6) *пространства*.

Что такое «пространство»?

(6) Для объяснения этого слова необходимо, чтобы ты прежде узнал, в чем сущность духовного *кли*. А она в том, что поскольку создание получает жизненное наполнение от Создателя, то обязано быть у него желание и стремление получить это наполнение от Него.

И знай, что мера этого желания и стремления есть совокупность всей материи в создании. Таким образом, что все имеющееся в создании, кроме этой материи, уже не относится к материи создания, а к тому наполнению, которое оно получает от Создателя.

Мало того, материя эта является мерой величины и уровня каждого создания, каждого *парцуфа*, каждой *сфиры*. Ведь распространение высшего света от Создателя было, несомненно, без меры и оценки, и только творение собственными силами создает меру наполнения, поскольку получает не более и не менее, чем степень его стремления и желания получить, что и является критерием, принятым в духовном, поскольку нет там места принуждению и все зависит от желания.

Поэтому мы называем именно это «желание получить» получающим *кли* создания. И оно считается материей создания, из-за которой создание вышло из категории «Создатель», чтобы называться именем «создание», поскольку заключено в такой вид материи, которого ни в коей мере и ни в коем случае нет в Создателе, так как это желание получить не присутствует в Создателе вообще. Ведь от кого Ему получить? И пойми это.

Далее мы выясним, что в этой материи есть четыре ступени получения — от *катну́т* до *гадлу́т*. И только на четвертую ступень, которая является наибольшим состоянием получения, обнаруживаемым во всей своей полноте только в Бесконечности — прежде, чем были сотворены миры — было произведено сокращение. Далее выяснится, что она опустошилась от всего наполнения, которое было у нее от принадлежности Бесконечности, и осталась в состоянии незаполненного «пространства». Это имеет в виду АРИ: прежде, чем был сотворен мир, то есть в Бесконечности, не было этого состояния — незаполненное «пространство».

(6) Для объяснения этого слова необходимо, чтобы ты прежде узнал, в чем сущность духовного *кли* (на иврите — «сосуд»). А она в том, что поскольку создание получает жизненное наполнение от Создателя (*мааци́ль*), то обязано быть у него желание и стремление получить это наполнение от Него.

Обратите внимание на сказанное: «...в чем сущность духовного *кли*».

В чем заключается сущность творения?

Сущность творения не просто в желании, в том чтобы желать чего-то. Просто желать означает, что изначально есть такая потребность. Нет, здесь Бааль Сулам говорит о желании и стремлении получить жизненное наполнение от Творца. Смотрите, какое непростое, вообще, условие: у творения должно быть желание получить жизненное наполнение от Творца, и это желание должно быть не просто желанием, а стремлением получить это жизненное наполнение от Творца.

В чем разница между *желанием* получить жизненное наполнение от Творца и *стремлением* получить жизненное наполнение от Творца? Желание в нас проявляется естественным путем, не в результате каких-то наших действий. Желание возникает в нас само. Стремление — это то, что мы должны в себе создать, к чему у нас нет совершенно никакой предрасположенности, исходных данных.

Чтобы возникло стремление к жизненному наполнению, получаемому от Творца, необходимо наличие многих компонентов:
— Творец;
— жизнь, которая от Него исходит;
— постижение того, *что* именно определяется этим понятием — жизнь;

— наслаждение жизнью (вполне возможно, что возникнет вопрос: могу ли я ей наслаждаться?);
— стремление к наслаждению жизнью, которое должно быть сначала сформировано из самого себя.

Для того чтобы возникли во мне все эти условия, необходимо скрытие Творца за пятью мирами, и они точно в таком порядке и следуют: «стремление» — «к наслаждению» — «жизнью» — «получаемой от Творца». В этом все.

И знай, что мера этого желания и стремления есть совокупность всей материи в создании. Таким образом, что все имеющееся в создании, кроме этой материи, то есть кроме этого стремления, **уже не относится к материи создания, а к тому наполнению, которое оно получает от Создателя.**

Итак, в мироздании вообще нет ничего, кроме двух этих параметров: стремления к наслаждению жизнью, получаемой от Творца, и самого света наслаждения жизни, исходящей из Творца. А сам свет и само творение, то есть само наслаждение и желание к нему изначально заданы Творцом только как исходные данные.

Другими словами, то, что мы должны генерировать из себя, — вот это стремление к наслаждению жизнью от Творца и то, что я в итоге получу от него, — эти два параметра никоим образом заранее не созданы, не проявлены, а только лишь заданы для меня как чисто теоретические. Если я проявлю, найду в себе некий источник собственного, личного стремления к Творцу, это будет совершенно новым состоянием в мироздании, и тогда от Творца снизойдет этот совершенно новый свет наслаждения жизнью. Изначально этого состояния не существует.

Мало того, материя эта является мерой, определяющей величину и уровень каждого создания...

То есть величина души — это величина стремления к Творцу.

Пусть каждый спросит себя: какая у него душа, какое в действительности у него стремление именно к наслаждению жизнью, исходящей из Творца? И когда говорится о том, какая душа в человеке, какова структура этой души, есть ли она в каждом из нас, в каждом из всех семи миллиардов

Глава 1. Комментарии

людей, сколько есть душ и так далее, необходимо понимать, что именно подразумевается под душой. Душа — это не жесткая конструкция, а созданная (если создана) каждым из нас мера истинного стремления к тому свету, который называется «жизнью, исходящей из Творца».

Мало того, материя эта является мерой величины и уровня каждого создания, каждого *парцуфа*, каждой *сфиры*. Ведь распространение высшего света от Создателя было, несомненно, без меры и оценки...

То есть со стороны Творца нет никаких пределов, мер. В той степени, в какой я устремляюсь к Нему, я и создаю эту меру — свечение в обратном направлении, на меня, Его света жизни.

...И только творение собственными силами создает меру наполнения, поскольку получает не более и не менее, чем степень его стремления и желания получить свет жизни от Творца, **что и является критерием, принятым в духовном,** — это мы и называем творением — силу, которая создается человеком в себе, а не исходит сверху. Она никогда ранее от Творца не исходила и не может исходить. Она появляется в нас только благодаря свободному волеизъявлению.

...Поскольку нет там места принуждению, и все зависит от желания. Здесь он говорит еще об одной вещи — что в духовном нет насилия. Не может Творец по своему желанию или какими-то действиями вызвать в нас стремление к Нему. Вообще, чем глубже мы изучаем мироздание, тем больше убеждаемся, что вся проблема заключается в том, что достичь настоящей самостоятельности можно, лишь создав для себя такие условия, когда мы будем полностью независимы и от себя, и от Творца, что, в принципе, одно и то же.

Поэтому мы называем именно это «желание получить» получающим *кли* (сосудом) **создания. И оно считается материей создания, из-за которой создание вышло из категории «Создатель», чтобы называться именем «создание», поскольку заключено в такой вид материи, которого ни в коей мере и ни в коем случае нет в Создателе, так как это желание получить не присутствует в Создателе вообще. Ведь от кого Ему получить? И пойми это.**

Здесь Бааль Сулам уже закладывает основу совершенно новых понятий, он уже говорит о качестве, о том, каким должно быть у нас это стремление к Творцу.

Вот это желание получать свет жизни, или желание получать наслаждение светом жизни, исходящим из Творца, являет собой *кли*-сосуд и определяется как материал творения.

Так что же является материалом творения? Стремление к жизни, получаемой от Творца.

И оно считается материей создания, из-за которой создание вышло из категории «Создатель». Если каким-то образом во мне возникнет устремление получить от Творца свет жизни, то только в мере этого устремления я и буду называться творением. Если у меня возникнет к Нему самостоятельное желание, которого изначально во мне не было, то возникнет творение, материал создания. И этим я отделяюсь от Творца и получаю самостоятельное имя — «творение», так как появляется такое свойство, которого совершенно нет в Творце.

Желание жить, наслаждаясь своей природой, включающей животные наслаждения (от пищи, секса, тепла, крова, семьи) и человеческие наслаждения (от почестей, славы, богатства, знаний), задано во мне изначально, от рождения. Это означает, что я не отделен от Творца. Живя так, я выполняю ту программу, которую Он в меня поместил. В этом совершенно нет ничего самостоятельного. Самостоятельность возникает только тогда, когда появляется устремление получить свет жизни от Творца. И тогда эта мера устремления вперед называется «творением». А до того мы не называемся творением. Поэтому тот окружающий мир, который мы видим, не является творением, он совершенно не является сотворенным. Поэтому в духовном мире его нет. Духовный мир — это поле, где существуют только устремления к Творцу за светом жизни. Мы еще будем говорить, что значит «к Творцу за светом жизни», что именно подразумевается под этим наслаждением — наслаждением отдачи, подобия и так далее.

Глава 1. Комментарии

Наши исходные определения таких понятий, как «творение», «человек», «желание», должны постепенно трансформироваться в несколько иную область, на другой уровень, где нет привычных для нас понятий: человек, желания, стремления, наполнение, наслаждение. Всего этого там не существует. Принимается во внимание, в расчет к действию только устремление к Творцу за светом жизни. Оно называется творением.

С чем это можно сравнить? Есть, скажем, какие-то величины, силы, а есть производные от них. Производная первой степени, второй степени. Так вот, производная — она и принимается в расчет. Сама же сила в расчет не принимается. Есть как бы два уровня (допустим, всего лишь два). Первый уровень — это все исходные состояния, различные степени эгоизма, альтруизма — все, что существует в творении изначально. Все это в расчет не принимается — это все Творец. В расчет принимается только то, что над ними надстраивается, — устремление к Творцу.

Я повторяю: **материя эта является мерой величины и уровня каждого создания, каждого *парцуфа*, каждой *сферы*. Ведь распространение высшего света от Создателя было, несомненно, без меры и оценки, и только творение собственными силами создает меру наполнения, поскольку получает не более и не менее, чем степень его стремления и желания получить** (только по мере устремления и происходит наполнение), **что и является критерием, принятым в духовном, поскольку нет там места принуждению и все зависит от желания.**

Следовательно, наша природа, как эгоистическая, так и альтруистическая, а также действия и свойства Творца, свойства самой природы, должны служить нам лишь исходными данными и ни в коем случае не влиять на наше решение самостоятельно стремиться к Творцу.

...И все зависит от желания. Мы еще увидим, каким образом это желание свободно реализуется. Насколько это сложно: поместить нас в такое состояние, в котором мы приняли бы свободное решение, не теоретически свободное и не каким-то образом от самих себя скрываемое, а на самом деле свободное решение, и создали бы устремление.

Поэтому мы называем именно это «желание получить» получающим *кли* **создания. И оно считается материей создания...**

То есть его мы принимаем за материал. Устремление, или намерение — это нечто такое, что нам кажется совершенно нематериальным, очень легким, надстройкой над материей. Но на самом деле оно считается материалом творения. И поэтому оно-то и **вышло из категории «Создатель», чтобы называться именем «создание»** (это не просто созданное Творцом желание, так как созданное Творцом желание не может быть творением), **поскольку заключено в такой вид материи, которого ни в коей мере и ни в коем случае нет в Создателе, так как это желание получить не присутствует в Создателе вообще. Ведь от кого Ему получить?**

Имеется в виду, что этого устремления в Творце нет. То есть первое, о чем здесь говорится — уже с точки зрения исправления, — это желание получать в творении. Он говорит о том, что творение создано противоположным Творцу. И нет большей противоположности, чем желание получать и желание отдавать.

Далее мы выясним, что в этой материи есть четыре ступени получения — от *катну́т* (малого состояния) до *гадлу́т* (наибольшего состояния). **И только на четвертую ступень, которая является наибольшим состоянием получения, обнаруживаемым во всей своей полноте только в Бесконечности** — прежде, чем были сотворены миры — **было произведено сокращение.** Далее выяснится, что она (эта четвертая ступень) **опустошилась от всего наполнения, которое было у нее от принадлежности Бесконечности, и осталась в состоянии незаполненного «пространства».** Это имеет в виду АРИ: прежде, чем был сотворен мир, то есть в Бесконечности, не было этого состояния — незаполненное «пространство».

Бааль Сулам всегда немного опережает события. Он говорит немножко о будущем, а потом возвращается и поясняет это уже в деталях. Так и сейчас, он нигде ничего не объяснял о четырех стадиях распространения света, а затем

Глава 1. Комментарии

в итоге получается, как будто мы это уже знаем. Это его стиль. Почему он так пишет? Этот вопрос снова возвращает нас к тому, для чего мы изучаем. Мы изучаем для того, чтобы возбудить излучение на себя окружающего света.

Материал этот кажется однообразным. Мы не можем все время находиться в таком напряжении. Мы должны постоянно искать для себя что-то, и не только во время учебы. Сейчас мы выйдем из этого состояния учебы, станем отвлекаться от нее, окунемся в повседневную суету, продолжим работать, жить, каждый будет находиться в каких-то своих состояниях. Должны ли мы забыть об этом, выйти из этого, немножко отдохнуть? Неужели можно все время заниматься этим?

Нам нужно привыкнуть к тому, что мы устремляемся к следующему, к будущему миру, то есть к состоянию ощущения Творца через все окружающие нас обстоятельства. Сейчас я изучаю, каким образом стремиться к свету в его непосредственном виде через те высшие источники, которые мне описывает каббалист. Через полчаса я выйду в наш мир. Я должен через все объекты, через все события, которые будут происходить в моей жизни в течение сегодняшнего дня, пытаться желать ощутить в них Творца безотносительно к самому объекту. На уровне нашего мира это может быть положительный, относительно меня, объект или отрицательный — неважно. Я хочу в каждом из них, через них раскрыть Творца, не производя различных вычислений, не представляя в объектах существования какой-то святости, не преклоняясь перед куском дерева, камня или перед человеком. Я хочу через те явления, которые Творец посылает мне, также устремляться к Нему. Я хочу видеть окружающее меня пространство так, как я должен его видеть — целиком заполненным явлением Творца. Чтобы я и все явления, происходящие вокруг меня, и Он сам в итоге обратились бы в мир Бесконечности, от которого мы и начали изучать этот материал. Я хочу сейчас ощущать вокруг себя это пространство. Это значит полностью совместить себя с Творцом в каждом Его проявлении в жизни вокруг меня и во мне. Что значит «во мне»? Если вокруг меня физически ничего не меняется, то внутри себя я должен каждый раз, каждое мгновение, постоянно искать все большие, дополнительные возможности связи, дополнительные возможности выявления Творца. И они постепенно начнут мною ощущаться, как посылаемые Им. И таким образом между нами завяжется беседа. Я буду чувствовать, *что* Он мне дает, из чего я должен устремляться к Нему. Иногда это будет похоже на разговор, иногда будет подобно флирту, иногда — какому-то разбирательству, даже препираниям, но, в итоге, это станет взаимодействием и каждый раз будет рождать все новые и новые устремления.

Учеба не заканчивается только привлечением на себя окружающего света. Я должен ловить его, постоянно вызывать на себя. Мы изучали невозможность существования света *хохма*, то есть ощущения Творца, наполнения Им, без генерирования мною света *хасадим*. Поэтому я должен понять, что мои устремления к Нему, усилия раскрыть Его — это уже зачатки, как бы («как бы»! Не путать и не думать, что это уже так) того света *хасади́м*, который в итоге действительно будет исходить от меня, возбуждаться мною, и в него действительно облачится Творец.

Все это практические действия, которые мы должны выполнять. Поэтому наше время называется «временем подготовки» (на иврите — зман ахана́). В этот период я подготавливаю себя к тому, чтобы на самом деле мой свет, мои устремления стали бы светом *хасадим*, а то, что я притягиваю на самом деле, стало бы светом *хохма*, и я вошел бы в этот полностью открытый мир Творца, жил бы в нем, и таким образом начал бы ощущать весь существующий вокруг меня мир как явление Творца — при всех обстоятельствах, через все остальные души и явления. Достижение такого состояния является нашей сегодняшней задачей. Мы будем потом разбирать, что следует для этого делать.

Далее, пункт седьмой.

И не было никакого (4) *свободного места в виде* (5) *пустого воздуха и* (6) *пространства, но все было* (7) *заполнено этим бесконечным простым светом...*

Глава 1. Комментарии

Что значит «заполнено»?

(7) То есть невозможно что-либо добавить к нему действиями нижних.

Это означает совершенное заполнение бесконечным светом. То есть со стороны творения абсолютно ничего невозможно добавить. Все подавлено, абсолютно заполнено совершенством Творца. Естественно, что в таком состоянии о творении вообще не может быть и речи.

И не было в нем (8) *ни начала, ни конца...*
Что значит «начало» и «конец»?

(8) Смысл понятий «начало» *(рош)* и «конец» *(соф)* выяснится ниже.

Видите, Бааль Сулам все равно уже говорит об этом, хотя мог бы не делать этого. Но он хочет нам сказать, что под словами *рош* и *соф* имеются в виду понятия *«рош»* и *«соф»*. То есть, у нас в сознании уже отложилось, что существуют термины *рош, соф*, и они несут в себе какой-то духовный смысл.

...А все было (9) *этим одним простым,* (10) *совершенно однородным светом.*
Что значит «одним простым светом»?

(9) Означает, что нет в нем градаций малого и большого состояний, а все равноценно.

Он хочет нам сказать, что в мире Бесконечности было только одно внутреннее состояние творения — *тох*, а затем уже появились состояния *рош* и *соф*. Но в Бесконечности все было одним простым, полностью однородным светом.

(10) То есть нет там ни чистоты *(закýт)*, ни грубости *(авиýт)*, по которым оцениваются и различаются ступени, поскольку эти категории возникли в мирах только с появлением сокращения *(цимцýм)*, что будет выяснено далее.

Бааль Сулам все больше вставляет в текст различные термины, которые мы также сохраняем и в нашем переводе на русский язык.

Любая наука — это язык о природе, о том, что нас окружает. Невозможно изучать ни одну из наук, не пользуясь строго устанавливаемыми кодами, определениями, символами. В каждой науке это существует. Таким набором кодов и символов является в науке каббала язык иврит.

Иврит — это особый язык. Он никогда не был языком в обычном понимании, для повседневного использования. Есть арамейский язык (*арами́т*) — это источник, язык Междуречья, откуда произошел Авраам, ставший первым каббалистом. Ему раскрылся Творец. Авраам начал изучать через себя, через раскрытие им Творца, высший мир и стал искать, каким образом его можно описать, используя известный ему арамейский язык. И тогда он написал первую известную нам книгу по каббале, которая называется «Книга Создания» (*Се́фер Ецира́*). Эта книга написана на иврите, но до Авраама этого языка еще не было. Взяв эти значки из арамейского языка, он приспособил их для отображения своих ощущений. Так появился каббалистический язык. У нас он называется ивритом. И, хотя на этом языке начали говорить люди, он предназначен совершенно не для этого. Он создан и предназначен только для описания высшего мира. Авраам только для этого его и применял. И на протяжении многих веков иврит считался святым языком (*лашо́н ко́деш*), на котором нельзя было говорить. Говорили на разных наречиях: на арамейском языке, арабском, идише, на любых других языках. А ивритом пользовались только в святых писаниях, для создания книг и для изучения по этим книгам, потому что этот язык является не разговорным, а корневым языком, предназначенным для выяснения духовных сил. То, что в наше время этот язык стал разговорным, — это просто вульгарный акт, в котором нет совершенно никакой необходимости. Корневая система языка построена только на соотношении высших корней в духовном мире.

В «Книге Зоар» поясняется происхождение букв, каким образом возникает их сочетание — двадцати двух основных букв и пяти конечных. То же самое можно сказать и о словах, которые употребляются здесь, — *заку́т, авию́т, бхино́т, рош, соф* и так далее. То есть важно не только само слово, скажем, *«рош»*, но и почему оно состоит именно из этих трех букв, почему каждая из них имеет такую форму и

Глава 1. Комментарии

почему они используются в таком порядке. А если мы переставим буквы между собой, то образуется совсем другое слово, которое связано со словом «*рош*», но, естественно, каким-то обратным смыслом или дополняющее его в чем-то и так далее. А если мы возьмем буквы, предшествующие этим буквам или следующие за ними — допустим, вместо A, B, C мы напишем буквы, следующие за ними B, C, D (B вместо A, C вместо B и D вместо C) — то, естественно, у нас появится уже следующая ступень.

Так вот, буквы слова, обозначающие следующую ступень, тоже должны иметь совершенно определенные начертания, следующие из свойств новой ступени. Комбинаторика букв внутри слова говорит нам об изменении относительных свойств внутри *парцуфа*. То есть нам необходимо запоминать не только смысл определений внутри изучаемого нами материала — нам необходимо запоминать и сами слова. Мы будем ими пользоваться в их оригинальном звучании, их ивритское написание нам сейчас пока не нужно. Мы будем изучать отдельные буквы, отдельные слова для того, чтобы пояснять те или иные духовные явления, чтобы мы имели возможность записать их в кратком виде и условиться, о чем говорим. Но набор слов, которым мы будем пользоваться, небольшой — это примерно 200 слов. Для этого издан каббалистический словарь, словарь сокращенных терминов. Все есть в вашем распоряжении — не убегайте от запоминания определений! Как медики учат латынь, так и мы будем учить иврит в той мере, в которой это необходимо.

Далее по тексту:

...И он называется [20] *светом Бесконечности.*

(20) Но можно возразить: «Если мы не в состоянии постичь Бесконечность, то как в таком случае мы определяем ее именем?»

Ведь каждое имя, как известно, свидетельствует о постижении, о том, что мы постигаем указанное и обозначаемое этим именем. И нельзя сказать, что название «Бесконечность» указывает только на отрицание постижения, ведь в таком случае мы должны были бы назвать ее «непостижимой». Но дело в том, что это название показывает нам все то различие, которое существует между Бесконечностью и всеми мирами, находящимися под нею. Теперь вследствие сокращения, которое произошло после Бесконечности, в каждом месте, где эта сила пробуждается, она сокращает там свет, благодаря чему свечение это завершается и приходит к своему окончанию.

И поэтому любое окончание и завершение, имеющееся в каждом свечении и в каждом *парцу́фе*, не происходит иначе как в силу этого сокращения. И, кроме того, вследствие этого окончания и завершения выходят и приобретают новый вид все объекты и их наполнения, и все изменения, какие только имеются в мирах. И так как понятия «сокращение» нет в Бесконечности, то нет там понятий «окончание» и «завершение». И потому называется «бесконечный», чтобы показать, что нет там совершенно никакого завершения и окончания, а потому ясно, что этот свет простой и абсолютно однородный, так как одно зависит от другого.

(20) Но можно возразить: «Если мы не в состоянии постичь Бесконечность, то как в таком случае мы определяем ее именем?»

Действительно, если мы не способны постичь, что такое бесконечность, не способны определить, что это состояние называется бесконечностью, как мы можем называть его по имени «Бесконечность»?

Ведь каждое имя, как известно, свидетельствует о постижении, о том, что мы постигаем указанное и обозначаемое этим именем. И нельзя сказать, что название «Бесконечность» указывает только на отрицание постижения, ведь в таком случае мы должны были бы назвать ее «непостижимой». Но дело в том, что это название показывает нам все то различие, которое существует между Бесконечностью и всеми мирами, находящимися под нею. Теперь вследствие сокращения, которое произошло после Бесконечности, в каждом месте, где эта сила пробуждается, она сокращает там свет, благодаря чему свечение это завершается и приходит к своему окончанию. До тех пор пока свечение, бывшее в мире Бесконечности абсолютным, полным и ровным, полностью не исчезает.

И поэтому любое окончание и завершение, имеющееся в каждом свечении и в каждом парцуфе, не происходит иначе как в силу этого сокращения. То есть сокращение *цимцум алеф* — это и есть причина прекращения, постепенного ослабления света во всех мирах.

И, кроме того, вследствие этого окончания и завершения выходят и приобретают новый вид все объекты — для того чтобы появился какой-то объект, свету надо немножко погаснуть — **и их наполнения, и все изменения, какие только имеются в мирах. Все они рождаются только сокращением света. И так как понятия «сокращение» нет в Бесконечности, то нет там понятий «окончание» и «завершение». И потому называется «бесконечный», чтобы показать, что нет там совершенно никакого завершения и окончания, а потому ясно, что этот свет простой и абсолютно однородный, так как одно зависит от другого.**

Для лучшего усвоения сказанного обратимся к разделу в конце первой части «Учения десяти сфирот», который называется «Вопросы и ответы по толкованию терминов». Я очень советую: это просто необходимо — постоянно возвращаться к четкому определению слов. Посмотрите, какие здесь вопросы. Что такое «свет»? Что такое «свет и *кли*»? Что такое «круглый свет», «простой свет», «свет *хохма*», «свет *хасадим*», «пустой»? Что такое «потом»? Что такое «среднее», «Единый», «Творец», «слияние», «равенство»? И так далее. Бааль Сулам здесь дает нам все эти определения. Представьте себе, что под всеми этими понятиями каждый раз вы понимаете немножечко не то, что я. На каких же разных языках тогда мы с вами говорим! В таком случае возникнет абсолютное непонимание между нами, или непонимание вами автора. Поэтому я надеюсь, что после того как мы немного пройдем эти слова, вы каждый раз будете к ним возвращаться. Бааль Сулам пишет в последнем пункте «Предисловия к Учению десяти сфирот», который называется «Порядок изучения», что необходимо механически запомнить (механически запомнить!) все дающиеся нам здесь определения: «свет», *«кли»*, «круглый», «простой», *«хохма»*, *«хасадим»* и так далее. Механически запомнить их так, чтобы во время упоминания того или иного понятия у вас сразу же изнутри автоматически всплывало его настоящее определение, такое, каким оно дано в «Учении десяти сфирот».

Мы только начинаем изучать эту книгу, которая введет вас в другой мир. Она вызовет на вас такое излучение окружающего света, что просто помимо вашей воли втянет внутрь, в эту трубу и выведет в духовный мир, но только в том случае, если вы будете стремиться правильно понять эти определения. Для чего? Чтобы вы желали и учились как бы сопоставлять себя с духовным. Вам ведь вместо духовного дается какой-то набор определений. Допустим, 20-30 определений, и вы должны пытаться такое же количество своих земных определений сопоставить с этими духовными. Это уже начало подобия. Желаете вы того или нет, у вас уже подсознательно будет работать этот рефлекс подобия, стремления уподобиться. Хотя это будут всего лишь определения, но сам поиск своего понимания для сопоставления с истинными понятиями засосет вас внутрь, устремит вас к этому, поэтому это очень важно.

Сегодня я взял свой старый первый том «Учения десяти сфирот» со всеми заметками, вклейками, со всеми чертежами, со всем, что я делал. Жутко разрисованная книжка. В таком виде даже невозможно ничего прочесть. Я, кстати, по ней изучал, кроме того, еще и язык. Ведь иврит в этих книгах совершенно не такой, как в обиходе. Даже те ученики, для которых этот язык является родным, не сразу понимают, о чем говорится в книгах.

Мы прошли первый пункт текста АРИ и комментарий к нему. А теперь повторим его и только затем перейдем ко второму пункту, поскольку Бааль Сулам указывает на необходимость при изучении каждый раз перечитывать то, что пишет АРИ («Порядок изучения», «Предисловие к ТЭС»).

До сокращения свет Бесконечности наполнял всю реальность

1) Знай, что (1) *прежде, чем были созданы создания и сотворены творения,* (2) *простой высший свет* (3) *наполнял*

Глава 1. Комментарии

всю реальность. И не было никакого (4) *свободного места в виде* (5) *пустого воздуха и* (6) *пространства, а все было* (7) *заполнено этим бесконечным простым светом, и не было в нем* (8) *ни начала, ни конца, а все было* (9) *этим одним простым,* (10) *полностью однородным светом, и он называется* (20) *светом Бесконечности.*

Мы разобрали все понятия, о которых здесь говорится. Что значит «прежде»? Что значит «простой свет наполнял реальность»? Что это за реальность? Что значит наличие «свободного места», «пустой воздух», «пространство», «бесконечность», «отсутствие начала и конца», «один однородный свет Бесконечности»? Бааль Сулам объясняет все эти понятия. В этом и заключается его комментарий к словам АРИ. В конце первой части ТЭС — перечень слов с их определениями. Практически это повтор того же самого, только вкратце.

Итак, АРИ продолжает.

Причина творения — раскрыть имена и названия

2) И когда (30) *поднялась она*[6] *в простом своем желании сотворить миры и создать создания, чтобы вывести на свет совершенство Его действий, имен и названий, что и было причиной сотворения миров.*

То есть после того, как было достигнуто состояние, когда бесконечный простой ровный свет заполнял все место, появилось желание сотворить миры и создать создания. Для чего? — Раскрыть этим «совершенство Его действий, имен и названий, что и было причиной сотворения миров».

Поэтому заголовок к этому абзацу гласит «Причина творения — раскрыть имена и названия», то есть раскрытие имени является раскрытием отношения Творца, раскрытием Творца.

Какие же могут быть имена? Если мы говорим о том, что существует только одно *кли* — творение, и свет напол-

---

6 Бесконечность (см. п.3, текст АРИ).

няет это *кли*, то именем называется реакция *кли* на свет. По этой реакции *кли* называет свое ощущение. Вот это и является «именем». То есть если я сейчас ощущаю себя в хорошем состоянии, то я говорю о том, что воздействие света на меня — «хорошее», и называю тогда Творца — «хорошим». То есть имя, которое я даю Творцу, — это то ощущение от Его воздействия, которое во мне сейчас присутствует.

Так вот, после мира Бесконечности, в котором был только один простой прямой свет и не было никакой возможности что-либо ощутить, начинает возникать, то есть проявляться желание со стороны Творца относительно творений создать миры, создания — для того, чтобы раскрыть им Свое имя, то есть раскрыть им Себя.

Еще раз я повторяю:

2) И когда (30) поднялась она в простом своем желании сотворить миры и создать создания, чтобы вывести на свет совершенство Его действий, имен и названий, что и было причиной сотворения миров.

То есть причина сотворения или вообще творения заключается в том, что Творец желает проявить Себя в творениях.

... (30) *Поднялась она в простом своем желании...*

Ор пними

(30) Не удивляйся, как о желании в Бесконечности, которое выше любой идеи, можно сказать: «поднялась она в простом своем желании», — так как поймешь это, обратившись к выясненному выше, что обязательно в каждом создании находится желание получить наслаждение от Создателя. Но в мире Бесконечности это «простое желание» в состоянии «Он и имя Его едины», как сказано в первом разделе «Пирке́й де ра́бби Элиэ́зер» и далее в словах АРИ. Потому что «свет» в Бесконечности называется «Он», а «желание получить» в Бесконечности называется «имя Его», и оба они в состоянии простого единства, когда нет ни малейшего разделения между ними.

Однако не следует уподоблять «разделение» и «единство», о которых говорится здесь, разделению и единству в понятиях материальных, когда расхождение определяется движением — отдалением места и приближением места, поскольку духовная сущность, как известно, не занимает никакого места вообще. Но знай, что разделение в духовных объектах не происходит иначе, как только в случае «изменения формы». Таким образом, что если одна духовная сущность приобретает себе дополнительную форму, отличающуюся от имеющейся формы, то уже эта духовная сущность вышла из свойства «один» в два отдельных свойства, удаляющихся друг от друга соответственно противоположности, имеющейся в этих двух формах. И как материальные сущности удаляются и соединяются друг с другом отдалением места или приближением места, так духовные сущности отделяются и соединяются отличием формы и уподоблением формы, когда изменение формы отделяет одну сущность от другой, а уподобление формы соединяет их друг с другом. И помни это, так как это главный ключ к Науке.

А теперь пойми внутренний смысл упомянутого выражения «Он и имя Его едины», а также суть выражения «простое единство», на которые мы обращаем особое внимание в Бесконечности, ведь это единство — чудодейственное всемогущество Творца. Ибо уже выяснилось («Ор пними», п.6) различие между Создателем и созданием, которое возникло из-за формы «желание получить», имеющейся в создании и отсутствующей в Создателе, когда вследствие отличия формы, отделилось создание от Создателя, и создание приобрело собственное имя, чтобы называться «созданием», а не «Создателем».

Однако сказанное выше оставляет место для ошибки. Можно подумать, что свет Бесконечности, называемый «Он», не слит полностью с Бесконечностью, называемой «Его имя», то есть с «желанием получить» наполнение и свет, который называется «Он». Ведь все свойство исходящего из сущности Творца высшего света, называемого «Он», — только давать, и нет в нем абсолютно ничего от формы «желание получить». Тогда как в Бесконечности, называемой «Его имя», есть желание получить. Из-за этого она отличается от высшего света, в котором, как выяснено, нет ни малейшего желания получить. Ведь известно, что отличие свойств производит разделение. Поэтому сообщается в «Пиркей де рабби Элиэзер» и у АРИ далее по тексту, что это не так, а Он и имя Его находятся в простом единстве, настолько, что нет между ними никаких различий.

И хотя, конечно же, обязательно есть между ними — между «Он» и «имя Его» — какое-то отличие свойств, тем не менее оно совершенно не действует там. И хотя мы не понимаем этого, тем не менее — это несомненно так. Об этом сказано, что совершенно никакая мысль не постигает Бесконечность, поскольку это понятие выше нашего разума.

(30) **Не удивляйся, как о желании в Бесконечности, которое выше любой идеи, можно сказать: «поднялась она в простом своем желании...»**

Это самый первый замысел: раскрыть свои имена в творениях — Его воздействия, отношение Творца к творению. И настолько, чтобы можно было сказать, что это поднялось и проявилось в ее простом желании. То есть самое высокое желание Творца — чтобы творения Его ощутили.

Так как поймешь это, обратившись к выясненному выше, что обязательно в каждом создании находится желание получить наслаждение от Создателя. Но в мире Бесконечности это «простое желание» в состоянии «Он и имя Его едины», как сказано в первом разделе «Пиркей де рабби Элиэзер» и далее в словах АРИ.

Был такой великий каббалист, изречения которого очень часто используются в каббале для обозначения тех или иных состояний. Так вот, рав Элиэзер сказал, что в мире Бесконечности состояние таково, что «Он и имя Его едины». Потому что «свет» в Бесконечности называется «Он», а «желание получить» в Бесконечности называется «имя Его», и оба они в состоянии простого единства, когда нет ни малейшего разделения между ними. Иными словами, нет еще совершенно никакого разделения между светом и *кли*. И далее в тексте АРИ это приводится.

Однако не следует уподоблять «разделение» и «единство», о которых говорится здесь, разделению и единству в понятиях

Глава 1. Комментарии

материальных, когда расхождение определяется движением — отдалением места и приближением места...

Ни в коем случае нам нельзя воспринимать духовные движения, действия, события таким образом. Почему нельзя, почему запрещено? Да потому что если мы так будем себе представлять духовное, то никогда не получим правильного представления о нем, никогда себя не введем в эту картину духовного. Мы уже говорили, что необходимо правильно расшифровывать каждое слово, каждое определение. Если я буду себе представлять отдаление как отдаление физическое, у меня не будет к этому правильного отношения, не возникнет недостатка, ощущения того, что во мне этого нет, — я не вызову в себе правильной реакции.

Если я буду сразу же переводить для себя «отдаление» как огрубление, ухудшение свойств по сравнению с прошлым состоянием, тогда я, естественно, буду уже по-другому к этому относиться. «Отдаляюсь» — то есть ухудшаюсь, изменяюсь. «Падаю» — означает отрываюсь от хорошего, вечного, совершенного. Я должен переводить все термины на язык чувств. Неважно, насколько они у меня правильные. Естественно, в моем сегодняшнем состоянии, «под *махсо́м*», не могут быть мои чувства правильными. Все они в любом случае эгоистические, но, по крайней мере, я себя ввожу в какую-то более правдоподобную картину. Перевожу себя из геометрии в область чувств, а чувства — это уже то, что называется творением. Чувства — это то, что ощущает желание насладиться. Поэтому он говорит:

Однако не следует уподоблять «разделение» и «единство», о которых говорится здесь, разделению и единству в понятиях материальных, когда расхождение определяется движением — отдалением места и приближением места, поскольку духовная сущность, как известно, не занимает никакого места вообще. Но знай, что разделение в духовных объектах не происходит иначе, как только в случае «изменения формы». Таким образом, что если одна духовная сущность приобретает себе дополнительную форму, отличающуюся от имеющейся формы, то эта духовная сущность вышла из свойства «один» в два отдельных свойства, удаляющихся друг от друга соответст-

венно противоположности, имеющейся в этих двух формах. И как материальные сущности удаляются и соединяются друг с другом удалением места или приближением места, так духовные сущности отделяются и соединяются отличием формы и уподоблением формы...

Человек должен ощущать в себе такие качества как «лучше — хуже», «более приятно — менее приятно» вместо качеств «удаление — сближение», «расширение — сжатие». То есть я обязан все определения, параметры, термины переводить в себе на язык чувств, а затем уже внутри себя, в зависимости от моей ступени, от моего духовного уровня, я буду все точнее определять эти чувства. Это уже не зависит от моего замысла или от моей старательности, но лишь от моей духовной исправленности, от моего приближения к духовному. И хотя каждый раз я буду все так же переводить физико-математические понятия в чувственные, однако в чувственном понимании они у меня будут постоянно меняться и все более приближаться к духовным.

...**Когда изменение формы** (отличие свойств) **отделяет одну сущность от другой, а уподобление формы** (подобие свойств) **соединяет их друг с другом. И помни это, так как это — главный ключ к Науке.**

А теперь пойми внутренний смысл упомянутого выражения «Он и имя Его едины», а также суть выражения «простое единство», на которые мы обращаем особое внимание в Бесконечности...

Что значит «в Бесконечности»? — В единственно существующем состоянии, изначально созданном Творцом. Все последующие состояния — несуществующие. Они только — как бы это сказать? — специально «наброшены» на нас. Это запутанные состояния внутри нас. Когда внутри себя мы все исправляем, очищаем, то вновь поднимаемся к этому единственно существующему состоянию Бесконечности — «Он и имя Его едины». Это состояние выражается также фразой: «Нет никого, кроме Него». К такому состоянию мы должны прийти.

...А также суть выражения «простое единство», на которое мы обращаем особое внимание в Бесконечности, где все едино и сливается в одном источнике, **ведь это единство — чудодейственное всемогущество Творца. Так как уже выяснилось («Ор пними», п.6) различие между Создателем и созданием, которое возникло из-за формы «желание получить», имеющейся в создании и отсутствующей в Создателе, когда вследствие отличия формы, отделилось создание от Создателя, и создание приобрело собственное имя, чтобы называться «созданием», а не «Создателем».**

Следовательно, творением называется желание, отличающееся от Творца по своим свойствам.

Мы говорим с вами сейчас о наивысшем духовном состоянии. Оттуда нисходит на нас свет исправления, свет наполнения. На каких бы ступенях мы ни были, что бы мы ни делали, мы все получаем оттуда — из мира Бесконечности. Поэтому и сейчас, во время учебы, если вы думаете об этом состоянии, о мире Бесконечности, — будто вы хотите там находиться или словно на самом деле уже находитесь в нем — вы уже начинаете вызывать на себя оттуда свет, который вас исправляет, который в дальнейшем вас наполнит. И ни в коем случае не стоит пренебрегать этим и пренебрежительно относиться к любому предложению, фразе, слову как к уже известному вам. Мы учим не для того, чтобы это стало нам известно, мы учим для того, чтобы снова и снова вызывать на себя исправляющий свет. А здесь, в мире Бесконечности, он самый большой.

Однако сказанное выше оставляет место для ошибки. Можно подумать, что свет Бесконечности, называемый «Он», не слит полностью с Бесконечностью, называемой «Его имя», то есть с «желанием получить» наполнение и свет, который называется «Он». Ведь все свойство исходящего из сущности Творца высшего света, называемого «Он», — только давать, и нет в нем абсолютно ничего от формы «желание получить».

Смысл замечания Бааль Сулама.

Есть желание (*кли*), называемое «имя», и свет, называемый «Он», Творец, заполняющий это желание, заполняющий «Имя». В этой ситуации должны быть два объекта, как бы две детали: само *кли* и то, что его наполняет. И мы можем разделить их между собой. Это — желание, а это —

наполнение. Он утверждает, что ошибочно думать, будто **свет Бесконечности, называемый «Он», не слит полностью с Бесконечностью, называемой «Его имя», то есть с «желанием получить» наполнение и свет, который называется «Он».** Ведь все свойство исходящего из сущности Творца высшего света, называемого «Он», — только давать, и нет в нем абсолютно ничего от формы «желание получить». Тогда как в *кли* Бесконечности, называемой «Его имя», есть желание получить. Из-за этого она отличается от высшего света, в котором, как выяснено, нет ни малейшего желания получить. Ведь известно, что отличие свойств производит разделение. Таким образом, мы действительно должны сказать, что существует два объекта, но именно поэтому **сообщается в «Пиркей де рабби Элиэзер» и у АРИ далее по тексту, что это не так, а Он и имя Его находятся в простом единстве, настолько, что нет между ними никаких различий.**

Зачем нам, в принципе, думать и рассуждать о таких вроде бы простых и, быть может, незначительных вещах? Какая для меня разница: есть большое отличие или не очень? И в том и в другом случае я соглашусь заранее. Дело в том, что каббалисты пишут свои труды не для себя, а для нас, потому что как раз дискуссии, разбирательства именно в этих, в принципе, простых вопросах и вызывают наибольшие исправления в нас. Именно поэтому написано: **«...сообщается в «Пиркей де рабби Элиэзер» и у АРИ далее по тексту, что это не так, а Он и имя Его находятся в простом единстве, настолько, что нет между ними никаких различий».**

Понимаете, о каком состоянии мы говорим? Творец и творение сливаются в полном подобии свойств. Оттуда уже сейчас — если я к этому хоть немного устремлюсь — ко мне потянется высший свет. Не стоит этим пренебрегать.

И хотя, конечно же, обязательно есть между ними — между «Он» и «имя Его» — какое-то отличие свойств, тем не менее оно совершенно не действует там. То есть это отличие свойств не мешает самой полной связи между «Он» и «Его имя». **И хотя мы не понимаем этого** (он тут прямо говорит, что мы, находящиеся здесь, не в мире Бесконечности, не понимаем, почему это так), **тем не менее — это несомненно так.** Потому что об этом сказано в «Пиркей де рабби Элиэзер» и у АРИ, а они находились и находятся в этом состоянии и дают нам свое заключение о нем.

Хоть мы и не понимаем, как это может быть, но мы это должны принять как факт и из этого исходить. А наши ощущения и разные умозрительные выводы (и это надо знать заранее) исходят только из нашей маленькой ступени и, естественно, могут постоянно меняться. **И хотя мы не понимаем этого** — как они (*кли* и *свет*) могут быть в абсолютном единстве и в то же время можно сказать, что есть Он и есть имя Его, то есть вроде бы одно аннулирует другое, **тем не менее — это несомненно так.**

Об этом сказано, что совершенно никакая мысль не постигает Бесконечность, поскольку это понятие выше нашего разума.

Под мыслью подразумевается то, что мы можем себе представить. Мы — это все поднимающиеся по духовным ступеням, не достигшие Бесконечности. Даже находящиеся на одну ступеньку ниже нее не могут представить себе этого, потому что именно категория «Бесконечность» и формирует вот это особое состояние, когда «Он и имя Его едины», хотя и существуют как два отдельных объекта.

Сокращение света вокруг центральной точки

3) Вот тогда (40) *сократила себя Бесконечность* (50) *в точке центральной своей, в самой середине, и сократила тот свет, и* (60) *удалился он* (70) *в стороны вокруг этой центральной точки.*

Мы представляем это геометрически как круг, полностью заполненный светом, а потом свет начинает сокращаться, но сокращается он не внутрь, а, наоборот, удаляется от центральной точки наружу. То есть сокращением является не сокращение света, а сокращение присутствия света внутри этой окружности. Свет выходит из нее — это мы так говорим, а вообще надо сказать, что свет перестает быть ощущаемым в этой окружности, в этом желании. Никуда он не исчезает — мы же говорим с вами об ощущениях — исчезает только из ощущения творения, и это называется «сокращением света»:

...тогда (40) сократила себя Бесконечность...

Ор пними

(40) Пояснение. Уже известен внутренний смысл выражения «Он и имя Его едины»: хотя существует отличие формы с точки зрения желания получить, содержащегося в Бесконечности, тем не менее оно не создает там никакого различия между ним и высшим светом, а они там находятся в простом единстве. Но при всем том указанная форма стала причиной и фактором сотворения миров и выявления совершенства Его действий, имен и названий, как говорит здесь АРИ. И благодаря сотворению миров и их нисхождению до этого мира образовалась и возникла возможность предоставить место для работы в Торе и заповедях не ради того, чтобы «получить», а только чтобы «дать» наслаждение Творцу. Теперь души в состоянии обратить свою форму желания получать, отделяющую их от Создателя, в форму желания отдавать. Иными словами, получить от Создателя — поскольку Он этого желает — чтобы доставить Ему радость. Как я отмечаю далее, в пункте 90, именно это является достижением равенства по форме с Создателем, что называется слиянием и единством, потому что тогда уже освободятся они от формы желания получать и приобретут форму желания давать, а это — форма самого Создателя. И как тебе уже известно, достижение равенства формы делает духовные объекты одним целым, а потому возвращаются тогда миры к прежнему состоянию, как это выяснится далее.

И об этом пишет АРИ: «Когда поднялась она в простом своем желании сотворить...».

«Поднялась» означает, что возвысилась в очищении и слиянии, благодаря уменьшению и сокращению меры желания получить, заложенного в ней, чтобы уподобить свою форму высшему свету. И хотя в желании получить, имеющемся в Бесконечности, называемом *«малхут* Бесконечности» или «Его имя», не было никакого недостатка в слиянии с высшим светом вследствие отличия формы в ней — все же украсила себя, чтобы уподобить свою форму высшему свету и во что бы то ни стало выйти из того огромного «желания получить», которое называется четвертой стадией в ней, чтобы сильнее слиться с высшим светом. Поскольку схожесть по форме создает слияние. Именно это выражается словом «поднялась». То есть поднялась *малхут* Бесконечности, означающая «простое желание», и прилепилась к высшему свету, иными словами, уменьшила свое желание получить.

И об этом говорит АРИ: «И вот тогда сократила себя...». Так как уже выяснилось выше (пункт 6), что вся мера наслаждения и света и уровень ступени создания измеряются мерой имеющегося в нем желания получить. Поэтому после того как *малхут* Бесконечности сократила себя и уменьшила желание получать в себе, исчез свет и наслаждение вследствие малости желания. В этом и заключается сокращение: возвышение желания привело к исчезновению оттуда света и наслаждения.

(40) Пояснение. Уже известен внутренний смысл выражения «Он и имя Его едины»: хотя существует отличие формы с точки зрения желания получить, содержащегося в Бесконечности, тем не менее оно не создает там никакого различия между ним и высшим светом, а они там находятся в простом единстве. Но при всем том указанная форма стала причиной и фактором сотворения миров и выявления совершенства Его действий, имен и названий...

Хотя в Бесконечности и не ощущается никакого различия между Творцом и творением, но тем не менее оно существует и скрыто внутри. Именно это скрытое отличие Творец желает выявить, сделать его более выпуклым для того, чтобы его не стало. Что означает «не стало»? Чтобы в результате всего процесса распространения вниз и подъема, возвышения снизу вверх возвратилось бы творение в мир Бесконечности в таком виде, что нельзя было бы сказать о нем: «Он и имя Его различны».

Но там они едины, потому что таким образом создал их Творец. А нужно, чтобы имя и Он были едины не вследствие создания их такими сверху — величием и силой Творца, а потому что творение само пришло к этому и полностью зачеркнуло это внутреннее противоречие между собой и Творцом. Там, в мире Бесконечности, нет проблем подобия свойств, потому что свет заполняет целиком все творение и не ощущается никакого различия в свойствах.

Так вот, Творец, напротив, желает выявить это отличие в свойствах, которое там закамуфлировано, залито светом, сделать это отличие максимально выпуклым, вывести наружу, чтобы творение исправило это *кли*. И чтобы по возвращении в мир Бесконечности не было бы действительно никакого различия между Творцом и творением — не потому, что свет заполняет все, а потому что творение внутри само стало подобным свету.

Он и имя Его едины, но все же есть «Он» и есть «имя Его». Это отличие стало **причиной и фактором сотворения миров и выявления совершенства Его действий, имен и названий».**

Что значит — «действий, имен и названий»? Проявление Творца в творении настолько совершенно, что дает творению возможность достичь совершенства.

И благодаря сотворению миров и их нисхождению до этого мира *(олáм а-зé)* **образовалась и возникла возможность предоставить место для работы в Торе и заповедях** — то есть в каббале — **не ради того, чтобы «получить», а только чтобы «дать» наслаждение Творцу.**

Иными словами, достичь такого же действия, как действие света, заполняющего Бесконечность, чтобы *кли* Бесконечности стало по своему действию полностью подобным заполняющему его свету.

Теперь души в состоянии обратить свою форму желания получать, отделяющую их от Создателя, в форму желания отдавать. Иными словами, получить от Создателя — поскольку Он этого желает — чтобы доставить Ему радость.

То есть причина действия — ради Творца, потому что Он этого желает, а не потому что это исходит из желания творения. Творение полностью себя изолирует от любых собственных побуждений в своих действиях. Единственная причина моих действий — это желание Творца.

Глава 1. Комментарии

Как я отмечаю далее, в пункте 90, именно это является достижением равенства по форме с Создателем, что называется слиянием и единством, потому что тогда уже освободятся они от формы желания получать и приобретут форму желания давать, а это — форма самого Создателя. И как тебе уже известно, достижение равенства формы делает духовные объекты одним целым, а потому возвращаются тогда миры к прежнему состоянию.

К миру Бесконечности, где действительно царит Бесконечность — действительность безо всякого конца, безо всякого ограничения. Не только за счет того, что свет наполняет все, но и вследствие полного подобия творения свету. И хотя свет сократился и удалился, творение своими действиями заполняет эту Бесконечность в совершенстве. Само *кли* мира Бесконечности становится таким же, как свет, как бы оно ни нуждалось в приходе света после *цимцум алеф*. Поэтому мы говорим, что *цимцум алеф* действует всегда, что он установлен навечно.

Свет удалился из Бесконечности, и теперь *кли* своими действиями как бы заполняет это пространство светом. Оно само эквивалентно свету, ибо его желание — отдавать.

И об этом пишет АРИ: «Когда поднялась она в простом своем желании сотворить...».

«**Поднялась**» означает, что возвысилась в очищении и слиянии, поднялась на более высокую ступень, еще ближе к Творцу, благодаря уменьшению и сокращению меры желания получить, заложенного в ней, чтобы уподобить свою форму высшему свету. И хотя в желании получить, имеющемся в Бесконечности, называемом «*малхут* Бесконечности» или «Его имя», не было никакого недостатка в слиянии с высшим светом вследствие отличия формы в ней — потому что свет заполнял все, и не проявлялось, никоим образом не ощущалось это отличие свойств, и было это состояние абсолютно совершенным — **все же украсила себя** *малхут* мира Бесконечности (без всяких побуждений к этому вследствие какой-либо ущербности, поскольку ее не ощущалось — иными словами, не вследствие необходимости), **чтобы уподобить свою форму высшему свету и во что бы то ни стало** выйти из того огромного «желания получить», которое называется четвертой стадией в ней, чтобы сильнее слиться с высшим светом. Поскольку схожесть по форме создает слияние — именно этого она желает достичь, этого ей не хватало. **Именно это выражается словом «поднялась»** (поднялась духовно, морально). **То есть поднялась** *малхут* **Бесконечности, означающая «простое желание», и прилепилась к высшему свету, иными словами, уменьшила свое желание получить.**

Что значит «простое желание»? — Несоставное, не из-за чего-то, что действительно имело какую-то причину в ней. Это действие называется *цимцум алеф* — первое сокращение.

И об этом говорит АРИ: «И вот тогда сократила себя...» — *кли* мира Бесконечности сократило себя.

Так как уже выяснилось выше (пункт 6), что вся мера наслаждения и света и уровень ступени создания измеряются мерой имеющегося в нем желания получить.

Мы всегда рассуждаем с точки зрения *келим*, с точки зрения творения, — как творение оценивает то, что оно ощущает. Мы не можем рассуждать с точки зрения Творца.

Поэтому после того как *малхут* **Бесконечности сократила себя и уменьшила желание получать в себе** (а это, естественно, мера наслаждения, света и т.д.)**, исчез свет и наслаждение вследствие малости желания.**

Что значит «вследствие малости желания»? *Малхут* мира Бесконечности пожелала совершенно не ощущать в себе свет. А что значит «не ощущать свет»? Она желает выявить свою природу, понять себя, избавив себя от власти света над ней.

В этом и заключается сокращение: возвышение желания привело к исчезновению оттуда света и наслаждения.

Вот что интересно. Свет исчезает не потому, что желание огрубляется, становится хуже, а наоборот, потому что это желание поднялось, пожелало быть еще выше, чем оно было при заполнении светом, то есть оно пожелало теперь по-настоящему слиться со светом — собой, своими качествами.

Глава 1. Комментарии

Далее Бааль Сулам объясняет, что означает *«сократила себя Бесконечность* (50) *в точке центральной своей, в самой середине»*.

(50) Странно на первый взгляд: если нет там начала и конца, как может быть там середина? И еще: разве мы исследуем что-то материальное, занимающее место?

Но дело в том, что, как уже выяснилось, в Бесконечности, безусловно, тоже различимо желание получить, однако в качестве так называемого «простого желания», означающего, что нет различения ступеней в нем — малого или большого, поскольку желание получать, имеющееся там, не считается отличием формы, приводящим к какому-либо отделению. Поэтому нет в нем никакой ущербности по сравнению с высшим светом. И следует знать, что высший свет обязан распространиться по четырем ступеням, пока не раскроет в творении это желание получить во всей его полноте, постоянной и устойчивой.

А необходимость четырех ступеней заключается в следующем. Желание получить содержится тотчас с распространением света из корня, ведь этим и определяется, что вышел свет из Создателя и приобрел свое собственное имя, что и означает распространение из Создателя. Но пока не содержится в нем это отличие формы желания получить, он, разумеется, еще относится к категории «Создатель», а не к категории «распространение», отделенное и выходящее из Создателя. Ибо в духовном объекте не проявится никакое различие, кроме как посредством изменения формы. Однако до тех пор пока творение своими силами не раскроет это желание, оно не постоянно в творении. Иными словами, творение должно само стремиться к получению наслаждения — только тогда считается, что желание получить раскрылось силами самого творения. И такое устремление может быть лишь когда нет наслаждения в творении, поскольку только тогда оно сможет устремиться вслед за ним так, что раскроется «желание получить» в нем в результате его собственных усилий. И тогда постоянно восполняются получающие *келим*.

И еще следует знать, что все распространение света от Творца, кроме того что оно включает в себя желание получения, должно также содержать в себе желание отдачи. Иначе

Творец и творение были бы противоположны по свойствам, а это — полное разделение, ибо противоположность свойств отдалила бы их друг от друга подобно тому, как удалён восток от запада. Поэтому обязан любой свет, распространяющийся от Творца, содержать также и желание отдавать, чтобы было сходство формы между Творцом и творением.

И в момент открытия в создании этого желания отдачи притягивается к нему огромный свет от Создателя, относящийся к пробуждению этого желания. Этот свет называется во всех местах светом *хасадим*. Однако первое распространение от Создателя, в которое включено, как выяснилось выше, желание получать, называется во всех местах светом *хохма*, или светом сущности. Запомни хорошо эти два типа светов и знай, что второй свет — свет *хасадим* — намного ниже первого света — света *хохма*. Так как притягивается, когда есть преодоление и пробуждение создания собственными силами, поскольку оно желает совпадения свойств с Создателем и поэтому преодолевает себя и пробуждается к желанию отдавать. Тогда как первое распространение — свет *хохма* — исходит прямо из Творца, и нет у творения никакого участия в его привлечении, а потому он несравненно выше света *хасадим*. И поэтому свет *хохма* определяется как сущность и жизненная энергия творения, а свет *хасадим* определяется лишь как свет исправления для завершения творения.

Теперь тебе будут понятны четыре стадии и те ступени, которые обязаны присутствовать в каждом создании. Ибо сначала распространяется свет, выходя из Творца в качестве света *хохма*, поскольку только «желание получать» содержится в нём. И это — стадия 1. А затем усиливается в этом свете желание отдавать и притягивает свет *хасадим*. И это усиление считается стадией 2. А затем проходит этот свет *хасадим* большое распространение, смысл которого выяснится далее, и это — стадия 3. А после выхода и проявления во всей полноте этих трёх стадий снова пробуждается сила желания получить, включённого в первое распространение, и опять притягивает свет *хохма*. И это — предельное завершение постоянства желания получить в *парцуфе*, поскольку оно проявилось как устремление именно во время отсутствия света *хохма* в *парцу́фе*, когда был только свет *хасади́м*, то есть после стадии 3, когда у создания появилась реальная возможность устремиться к получению света *хохма́*. Именно этим устремлением определяется желание получить в нем и довершаются его получающие *кели́м*, чего в распространении 1 не было. Поэтому не завершаются *кели́м* получения раньше, чем в четвертой стадии, называемой также «усиление 2».

А после завершения этой стадии 4 в Бесконечности в ней произошло сокращение, означающее уход желания получать из этой четвертой стадии, которое привело к выходу из нее света Бесконечности.

Таким образом, прояснились 4 стадии, обязательно находящиеся в каждом творении: стадия 1 называется «первое распространение» или «*хохма́*»; стадия 2 называется «первое усиление» или «*бина́*»; стадия 3 называется «второе распространение» или «*зеи́р-анпи́н*»; и стадия 4 называется «второе усиление» или «*малху́т*».

Здесь оба распространения определяются как мужское начало, поскольку относятся к категории «наполнение, исходящее из Создателя», так как первое распространение — это наполнение светом *хохма́*, а второе распространение — это наполнение светом *хасади́м*.

А два усиления — это два женских начала, поскольку являются пробуждением создания и усилением желания в результате его собственных усилий. Здесь первое усиление — это возникшее в создании пробуждение к «желанию отдавать», ставшее корнем для света *хасади́м*, а второе усиление — это возникшее в создании пробуждение к «желанию получать», которое стало получающим *кли* для *парцу́фа* во всей необходимой полноте, и оно во всех местах называется четвертой стадией.

Именно эта четвертая стадия называется центральной точкой в Бесконечности, и ее имел в виду АРИ, сказав: «Сократила она себя в точке центральной своей». И называется так, потому что она является получающим *кли* для света Бесконечности, которому совершенно нет меры и границы.

И потому считается ее состояние подобным точке внутри и в центре этого света, а свет окружает ее и слит с ней со всех сторон беспредельно, поскольку только таким образом она может удерживать высший свет без всякой меры и оценки, тогда как в получающих *кели́м*, начиная с сокращения и ниже, то есть в низших созданиях, считается, что *кели́м* получения удерживают свой свет во внутренней их части и сердцевине. Иными словами, стенки *кели́м*, то есть четыре стадии в *кели́м*, создают границу и меру на свет внутри них — из-за *авию́та* в *кели́м*, как выяснится далее.

Но в Бесконечности свет и *кли* находятся в простом единстве, что называется «Он и имя Его едины» (см. выше, п. 30). Поэтому кли совершенно не ограничивает удерживаемый свет, и свет в нем в состоянии бесконечности.

Итак, прояснился внутренний смысл центральной точки в Бесконечности. Ибо ни в коем случае речь не идет о месте и территории материальных в ощущаемых пределах, но содержащаяся в Бесконечности четвертая стадия называется так по причине ее простого единства с высшим светом.

А явление сокращения, произошедшее в этой центральной точке, уже выяснено выше (см. п.40).

(50) Странно на первый взгляд: если нет там начала *(рош)* и конца *(соф)*, как может быть там середина *(э́мца)*? И еще: разве мы исследуем что-то материальное, занимающее место?

Как мы можем говорить — нет там начала, нет там конца? Что это за определения? Он отвечает:

Но дело в том, что, как уже выяснилось, в Бесконечности, безусловно, тоже различимо желание получить, однако в качестве так называемого «простого желания», означающего, что нет различения ступеней в нем — малого или большого, поскольку желание получать, имеющееся там, не считается отличием формы, приводящим к какому-либо отделению (к отдалению от света). И потому нам нельзя это желание рассматривать как какое-то составное: одна часть ближе к свету, другая — дальше. Оно абсолютно однородно.

Поэтому нет в нем никакой ущербности по сравнению с высшим светом. И следует знать, что высший свет обязан распространиться по четырем ступеням, пока не раскроет в творении это желание получить во всей его полноте, постоянной и устойчивой.

Глава 1. Комментарии

Разумеется, в творении заложено все заранее, еще в стадии корня, но необходимо совместное распространение света и *кли* по четырем ступеням, т.е. по четырем состояниям, и только в пятом состоянии возникает в *кли* самостоятельное движение к тому, что началось еще в корневом состоянии.

А необходимость четырех ступеней заключается в следующем. Желание получить содержится тотчас с распространением света из корня, ведь этим и определяется, что вышел свет из Создателя и приобрел свое собственное имя, что и означает распространение от Создателя. Но пока не содержится в нем это отличие формы желания получить, он, разумеется, еще относится к категории «Создатель», а не к категории «распространение», отделенное и выходящее из Создателя. Ибо в духовном объекте не проявится никакое различие, кроме как посредством изменения формы.

То есть распространение от Творца представляет собой удаление от Творца.

Однако до тех пор пока творение своими силами не раскроет это желание, оно не постоянно в творении.

Я прошу вас подчеркивать те места в тексте, где, как вы чувствуете, даются основные определения, — это вам потом поможет. Я вам показывал, как исписана моя книга «Учение десяти сфирот». Возьмите любую страницу, посмотрите, что тут делается. Какие вкладки, вклейки на каждой странице. Это записи 1980—1981 гг., тут даже есть записи моего учителя. Вот такими должны быть у вас книги. Без этого вы не сможете проникнуть ни во что высшее. Вы должны все это пропускать через себя десятки раз. Тем более это касается текста, в котором приведены основные положения, являющиеся краеугольными, определяющими. Это вам потом пригодится. Отлистав несколько страниц назад, вы сможете обратиться к четкому определению, от которого сможете уже пойти дальше.

Однако до тех пор пока творение своими силами не раскроет это желание, оно не постоянно в творении. Иными словами, творение должно само стремиться к получению наслаждения — только тогда считается, что желание получить раскрылось силами самого творения.

И такое личное **устремление может быть лишь когда нет наслаждения в творении** (желание появляется только тогда, когда нет наслаждения)**, поскольку только тогда оно сможет устремиться вслед за ним так, что раскроется «желание получить» в нем в результате его собственных усилий.**

Изначально в творении есть желание получать, но оно — от Творца. А вот когда исчезает свет, и *кли*, первоначальное желание, начинает ощущать, от чего оно сейчас отдалилось, тогда в нем возникает вот это стремление к уже ушедшему желанию. Вот об этом стремлении мы говорим, что оно уже относится к творению. Конечно, ничего не начинается с нуля, и, разумеется, это желание возникает вследствие ухода света из *кли*, но оно зародилось именно сейчас.

Это тоже еще не окончательное творение. Чтобы стать по-настоящему творением, существующим независимо от Творца, в каком-то смысле отделенным от Него, необходимо пройти еще много-много стадий отдаления по своим желаниям, свойствам, по пониманию, по любому Его влиянию, воздействию на меня, осознавать себя после всех миров, после всех сокращений, после разбиения экрана. После всего этого только начинает в творении зарождаться то тонкое, точечное определение: что называется самостоятельным творением, никоим образом не зависящим от влияния Творца.

Это очень тонкое понятие. Ощутить его можно только когда выходишь за *махсом*[7]. Оно появляется как точка, как зародыш в человеке, поскольку только когда исчезает свет, он **сможет устремиться вслед за ним так, что раскроется «желание получить» в нем в результате его собственных усилий.**

И только тогда постоянно восполняются получающие ***келим.*** В постоянстве своего желания — то есть только тогда, когда опустошенное *кли* стремится за светом, тогда мы можем говорить о самостоятельном желании.

И еще следует знать, что все распространение света от Творца, кроме того, что оно включает в себя желание получения (от Творца исходит свет, в этом свете есть желание по-

---

[7] *Махсом* — досл. барьер. Та мера желания получить, которую человеку необходимо преодолеть в себе, чтобы прийти к желанию отдавать.

лучать, которое создает *кли* — желание получать творения), должно также содержать в себе желание отдачи.

Иначе Творец и творение были бы противоположны по свойствам, а это — полное разделение, ибо противоположность свойств отдалила бы их друг от друга подобно тому, как удален восток от запада. Поэтому обязан любой свет, распространяющийся от Творца, содержать также и желание отдавать, чтобы было сходство формы между Творцом и творением.

Это нужно для того, чтобы затем творение своим собственным желанием извлекло из света желание отдавать, несмотря на то, что свет создал его с желанием получать, абсорбировало, впитало это свойство отдавать в себя и использовало свое желание получать, насильно данное ему Творцом, только ради реализации желания отдавать, которое оно само, своим свободным выбором желает получить от света.

И в момент открытия в создании этого желания отдачи притягивается к нему огромный свет от Создателя, относящийся к пробуждению этого желания.

Это уже личное желание творения — даже здесь, во второй стадии.

Этот свет называется во всех местах светом *хасадим* — свет, заполняющий вторую из четырех стадий прямого света. **Однако первое распространение от Создателя** (то есть стадия 1), **в которое включено, как выяснилось выше, желание получать, называется во всех местах светом *хохма́*, или светом сущности. Запомни хорошо эти два типа светов и знай, что второй свет — свет *хасадим* — намного ниже первого света — света *хохма́*. Почему? Так как притягивается, когда есть преодоление и пробуждение создания собственными силами, поскольку оно желает совпадения свойств с Создателем,** — а оно слабо, это желание — **и поэтому преодолевает себя,** само преодолевает это желание получать, **и пробуждается к желанию отдавать,** то есть оно действует против своей природы. Тогда как первое распространение — свет *хохма* — **исходит прямо из Творца** (желание получать исходит прямо из Творца к творению), **и нет у творения никакого участия в его привлечении** (что значит «никакого участия»? — никакого усилия), **а потому он несравненно выше света *хасадим*.**

И поэтому свет *хохма́* определяется как сущность и жизненная энергия творения, а свет *хасади́м* определяется лишь как свет исправления для завершения творения.

Как может быть в простом свете соединение противоположностей: желания получать и желания отдавать, — ведь в духовном различие свойств является разделением?

Об этом-то рабби Элиэзер и пишет — что это такие вещи в мире Бесконечности, которых мы не понимаем, — когда противоположность совершенно не является противоположностью, то есть она не выделяется, потому что подавлена светом.

Мир Бесконечности может существовать в двух вариантах. Один из них — начальный, когда светом создано желание и Творец заполняет это желание; и второй вариант мира Бесконечности — когда творение изгоняет свет и затем заполняет мир Бесконечности, то есть желание Бесконечности, своим светом.

В первом случае творение и Творец противоположны по свойствам, но эта противоположность исходит из Творца, она не за счет самого творения. Она существует, но существует только в первозданном виде, как точка, как зародыш, как семя, которое существует самостоятельно, но не само сделало себя таковым. Поэтому сейчас творение желает определить: себя, всю свою самостоятельность, всю свою отторженность от Творца. Оно действует сейчас так, чтобы полностью оторваться от Творца, выйти именно на такой уровень, который расскажет ему, чем же оно является на самом деле, выявить все свои отличия от Творца. Не в Бесконечности, где оно существует в виде зародыша за счет Творца, Его желания, а именно в виде самых больших нечистых сил, противоположных во всем Творцу, отрицающих, ненавидящих Творца, — вот что творение желает в себе выявить. Тогда станет ясно, чем оно является и в мире Бесконечности. Только там это скрыто от него, потому что свет все заливает, потому что Творец создает это состояние, которое необходимо полностью разбить, чтобы с предельной точностью раскрыть всю свою глубину, выяснить, кто же оно само по себе.

Глава 1. Комментарии

Затем, раскрыв себя во всю глубину, творение начинает исправлять себя. Теперь оно исходит из себя, когда уже определило и видит в себе все эти миазмы. Творение исправляет свои свойства на обратные и поднимается до такой высокой ступени, до такого состояния, что Бесконечность заполняется его совершенством, а не действиями Творца. Творец ушел, и оно заполняет Бесконечность своим совершенством. Тогда пропадает даже отличие Творца от творения в виде этого начального семени, точки, зародыша.

Мы изучаем величайшую книгу, называемую «Учение десяти сфирот».

Нет ничего кроме десяти *сфиро́т*. Все мироздание, все, что создано Творцом, — это всего лишь десять *сфиро́т*. Последняя *сфира́* — *малху́т* — это творение. А первые девять *сфиро́т* — это свойства Творца относительно творения. Он хочет, чтобы таковым творение Его ощутило. Таким Он желает видеть свое творение — в подобии этим девяти *сфиро́т*.

Все находится внутри этих десяти *сфиро́т*. Кроме них нет ничего. Различные ощущения внутри этих десяти *сфиро́т*, различные сопряжения *малху́т* с девятью первыми *сфиро́т* называются «мирами», «*парцуфи́м*», «частными *сфиро́т*» и так далее. И, естественно, есть в этом очень много всевозможных состояний, бесчисленное количество состояний. Все они включаются в это единое понятие — десять *сфиро́т*.

В 155-м пункте «Предисловия к Учению десяти сфирот» Бааль Сулам объясняет, что каббалисты пишут нам об этом не для того, чтобы мы стали умнее, а чтобы во время учебы мы стремились почувствовать то, что изучаем, чтобы в нас это проявилось, чтобы все это было внутри нас. Когда мы пытаемся ощутить, мы притягиваем к себе, как бы своей силой, это состояние. Это является молитвой. И притяжение этого состояния, даже если я не вижу его и не чувствую, а только чисто умозрительно пытаюсь быть в нем, вызывает дополнительное свечение высшего света, нисхождение высшего света — *ор маки́ф*. И именно он, *ор маки́ф*, в действительности введет меня в духовное состояние, проведет через все состояния вплоть до состояния бесконечного наполнения, слияния с Творцом.

Следовательно, мы изучаем не для того, чтобы знать. Все равно знать невозможно. Изучать для знания — абсолютно пустое занятие. Необходимо исправить себя, чтобы войти внутрь того мира, о котором говорится. Этого можно добиться только притяжением на себя высшего света. Не надо об этом забывать во время занятий. Кроме того, не будем забывать, что мы являемся общим *кли*, каждый человек в котором притягивает немного высшего света.

Мы хотим притянуть на себя высший свет. А нас сотни, тысячи, изучающих эту науку. Мы, находящиеся в разных странах мира, получая информацию о Творце, желаем Его ощутить и постичь. И для этого мы изучаем наше строение, нашу связь с Ним.

Итак, мы продолжаем.

Теперь тебе будут понятны четыре стадии и те ступени, которые обязаны присутствовать в каждом создании.

То есть все творение вместе, в общем, содержит четыре стадии, состоит из четырех ступеней или из десяти *сфирот* — это одно и то же. И если мы рассмотрим любую его частичку, то отдельная, частная деталь также состоит из четырех ступеней или десяти *сфирот*.

Ибо сначала распространяется свет, выходя из Творца в качестве света *хохма́*, **поскольку только «желание получать» содержится в нем. И это — стадия 1. А затем усиливается в этом свете желание отдавать и** поэтому **притягивает** к нему свыше из того же источника, из нулевой стадии, **свет** *хасади́м*. **И это усиление** — усилие «отдавать» — **считается стадией 2. А затем проходит этот свет** *хасади́м* **большое распространение, смысл которого выяснится далее...**

Это непросто, поэтому Бааль Сулам откладывает это на потом. Он сейчас хочет вкратце нам рассказать об общей идее сотворения *кли*.

...И это большое распространение от второй стадии называется стадия 3. А после выхода и проявления во всей полноте этих трех стадий (то есть закончилась 3-я стадия), снова пробуждается сила желания получить, включенного в **первое распространение** — в первую стадию. Это желание получать возбуждается снова в еще большей степени, в еще большем распространении, **и опять притягивает свет** *хохма́*, и это уже называется стадия 4. **И это — предельное завершение постоянства желания получить в** *парцу́фе*, поскольку оно проявилось как устремление именно во время отсутствия света *хохма́* в *парцу́фе* (а желание получать всегда сориентировано на свет *хохма*), когда был только свет *хасади́м*, то есть после стадии 3, когда у создания появилась реальная возможность устремиться к получению света *хохма́*. Именно этим устремлением определяется желание получить в нем и довершаются его получающие *кели́м*, чего в распространении 1 не было. Поэтому не завершаются *кели́м* получения раньше, чем в четвертой стадии, называемой также «усиление 2».

Что он хочет сказать? Он хочет сказать, что желание получать возбуждается само только с четвертой стадии, и поэтому именно она называется *кли*. У творения появляется возможность самому устремиться к получению света *хохма*. Это стремление и определяет в нем желание получать. То есть не просто «желаю получать», а сам устремляюсь к этому желанию получать. Потому что это дополнительное, свое собственное желание и является настоящим, истинным желанием стадии 4. Оно и является истинным творением, отделенным от Творца. Не желание, исходящее от Творца, а желание, которое получается в творении само.

Если я, допустим, даю ребенку что-то и говорю: «Это вкусно». Он готов, если я сказал, что это вкусно, взять и попробовать. И вот я даю ему, и он наслаждается: «Да, — говорит, — действительно вкусно». Затем я забираю у него. Проходит некоторое время, он говорит: «Я снова хочу то же самое, что было у меня раньше. Дай мне». То есть это уже желание, возникшее в нем. Можно ли считать это желание, которое возникло в нем, его исконным желанием? Оно возникло как следствие того, что я ему дал и забрал. Так вот, это не является стадией 4. Это, в принципе, можно уподобить свету и *кли*, которые создаются Творцом.

И только если возникает свое собственное устремление получить дополнительное наслаждение, большее, чем первичное наслаждение, тогда это устремление является стадией 4, истинным творением. Откуда оно возникает? Оно возникает не просто оттого, что я получил, насладился, а теперь у меня этого нет, и я хочу вернуть себе то же наслаждение. Нет, теперь я хочу вернуть себе это наслаждение, потому что я хочу добавить к этому наслаждению еще и связь с Дающим. То есть четвертая стадия становится больше потому, что она в себя включает все предварительные стадии. И вторую стадию также включает в себя. Насколько вторая стадия желает отдать, четвертая стадия желает получить.

Поэтому не завершаются *келим* получения раньше, чем в четвертой стадии, называемой также «усиление 2».

Что значит второе усиление? Первым усилением называется стадия 2 — *бина́*. А вторым усилением называется стадия 4 — *малху́т*, которая от себя, подобно *бине́*, начинает проявлять движение к Источнику, к Творцу.

А после завершения этой стадии 4 в Бесконечности в ней произошло сокращение, означающее уход желания получать из этой четвертой стадии, которое привело к выходу из нее света Бесконечности.

То есть после четвертой стадии происходит *цимцу́м а́леф*.

Таким образом, прояснились 4 стадии, обязательно находящиеся в каждом творении: стадия 1 называется «первое распространение» или «*хохма́*»; стадия 2 называется «первое усиление» или «*бина́*»; стадия 3 называется «второе распространение» или «*зейр-анпи́н*»; и стадия 4 называется «второе усиление» или «*малху́т*».

Здесь оба распространения определяются как мужское начало *(захари́м)*, **поскольку относятся к категории «наполнение, исходящее из Создателя»,** сверху вниз, это 1-я стадия и 3-я, так как первое распространение — это наполнение светом *хохма́*, а второе распространение — это наполнение светом *хасади́м*.

И есть еще два преодоления — снизу вверх — *бина* и *малхут*.

Глава 1. Комментарии

А два усиления — это два женских начала *(нýквин)*, поскольку являются пробуждением создания и усилением желания в результате его собственных усилий. Желание, исходящее из творения относительно Творца, просьба творения к Творцу, называется женской частью.

Здесь первое усиление — это возникшее в создании пробуждение к «желанию отдавать», ставшее корнем для света *хасадúм*. *Бина*, вторая стадия, называется женской стадией.

А второе усиление — снизу вверх — это возникшее в создании пробуждение к «желанию получать», которое стало получающим *кли* для *парцýфа* во всей необходимой полноте, и оно во всех местах называется четвертой стадией *(бхинá дáлет)*.

То есть имеется два распространения — стадии 1 и 3, и два усиления — стадии 2 и 4. И этими именами мы будем пользоваться.

Именно эта четвертая стадия называется центральной точкой в Бесконечности, и ее имел в виду АРИ, сказав: «Сократила она себя в точке центральной своей».

Мир Бесконечности мы изображаем в виде окружности. Точка внутри окружности называется четвертой стадией, или *малхут* мира Бесконечности. Вот она-то и сократилась, не желая принимать в себя свет. И такое сокращение желания в *малхут* называется *цимцýм áлеф* — первое сокращение.

И называется так, потому что она является получающим кли для всего света Бесконечности, которому совершенно нет меры и границы.

То есть, по сути дела, эта четвертая стадия, хоть и изображается нами как маленькая черная точка внутри огромного круга, но она и является получателем всего света, находящегося в круге. А весь этот свет в круге за пределами этой центральной черной точки находится в девяти первых *сфирот*, или в трех предварительных стадиях относительно четвертой.

И потому считается ее состояние (этой четвертой стадии) **подобным точке внутри и в центре этого света, а свет окружает ее и слит с ней со всех сторон беспредельно, поскольку только таким образом она может удерживать высший свет без всякой меры и оценки.**

То есть изначально *малхут* мира Бесконечности вбирала в себя весь окружающий ее свет, который наполнял ее со всех сторон бесконечно, безгранично.

Тогда как в получающих *келим*, начиная с сокращения и ниже, то есть в низших созданиях, считается, что *келим* получения удерживают свой свет во внутренней их части и сердцевине. Иными словами, стенки *келим*, то есть четыре стадии в *келим*, создают границу и меру на свет внутри них — из-за *авиюта*[8] в *келим*, как выяснится далее.

Последняя четвертая стадия такова, какой ее строят предыдущие стадии. В Бесконечности предыдущие стадии полностью раскрывали свет и совершенно не мешали наполнению четвертой стадии. На других же уровнях предварительные стадии строят *малхут* так, что она получает только в каком-то ограниченном виде.

Но в Бесконечности свет и *кли* находятся в простом единстве, что называется «Он и имя Его едины» (см. выше, п. 30). Поэтому *кли* совершенно не ограничивает удерживаемый свет, и свет в нем в состоянии бесконечности. А на остальных ступенях свет всегда проявляется только в той мере, в какой *малхут, кли*, позволяет ему проявиться.

Итак, прояснился внутренний смысл центральной точки в Бесконечности. Ибо ни в коем случае речь не идет о месте и территории материальных в ощущаемых пределах, но содержащаяся в Бесконечности четвертая стадия называется так по причине ее простого единства с высшим светом.

А явление сокращения, произошедшее в этой центральной точке, уже выяснено выше (см. п.40).

То есть под центральной точкой подразумевается не центр окружности и не центр мира, галактики или еще чего-то, а центр желания — самое внутреннее желание.

Далее мы возвращаемся к третьему пункту текста АРИ, к термину под номером 60. Повторим весь третий пункт.

---

8 Авиют — величина эгоистического желания получить.

Сокращение света вокруг центральной точки

3) Вот тогда (40) **сократила себя Бесконечность в** (50) **точке центральной своей, в самой середине, и сократила тот свет, и** (60) **удалился он** (70) **в стороны вокруг этой центральной точки.**
Что значит «удалился»?

Я еще раз повторяю: неважно, что вам кажется, что вы это уже знаете. Ничего нам все равно неизвестно — до тех пор пока мы это не постигнем. А постигнуть это можно, только желая во время учебы находиться в том, что изучаешь. Силой воли мы обязаны совмещать то, что изучаем, с нашим желанием, с нашим стремлением к духовному. Если мы этого делать не будем, наша учеба не даст нам никакого результата. Мы будем запоминать просто голые фразы. А если мы будем устремляться к тому, что изучаем, то эти фразы начнут нам светить, мы начнем сквозь них видеть на самом деле новое мироздание, совсем иную область мира, которую сейчас не ощущаем.

Итак, мы с вами разбираем, что означает «и удалился свет». После первого сокращения, как мы знаем, свет удалился.

Ор пними

(60) «Духовное расстояние» выяснялось нами в пункте 30. Также было выяснено, что в Бесконечности не было никакого отдаления между центральной точкой, то есть *кли*, и светом.

Однако вследствие того, что Бесконечность сократила свет изнутри центральной точки, раскрылось отличие формы этой точки от света: ведь в высшем свете совершенно отсутствует желание получать, а точка находится в состоянии «желание получать», отличном от света. А поскольку изменилась их форма друг относительно друга, то они отдалены друг от друга пропорционально величине этого различия. И это имеет в виду АРИ под словом «удалился».

(60) «Духовное расстояние» выяснялось нами в пункте 30. Также было выяснено, что в Бесконечности не было никакого отдаления между центральной точкой, то есть *кли*, и светом.

Понятие «Бесконечность» говорит нам о том, что все находится в абсолютном слиянии и нет никакого расхождения между светом и *кли*. «Удалением» называется различие свойств, «сближением» называется все большее подобие свойств. «Полным слиянием» называется полное подобие свойств. «Полным отдалением» называется противоположность свойств.

Мы уже говорили о том, что необходимо постоянно заглядывать в определения терминов и понятий, которые находятся в конце первой части «Учения десяти сфирот». Обязательно нужно их просматривать, чтобы в памяти четко сохранялась заученная формулировка каждого объекта, слова, каждого определения.

Однако вследствие того, что Бесконечность сократила свет изнутри центральной точки (из *малхут*, из четвертой стадии), **раскрылось отличие формы этой точки** (этой центральной точки — эгоистической, желающей получить) **от света** (желающего отдавать): **ведь в высшем свете совершенно отсутствует желание получать, а точка** (черная, центральная) **находится в состоянии «желание получать», отличном от света. А поскольку изменилась их форма друг относительно друга, то они отдалены друг от друга пропорционально величине этого различия** (отдаление обозначает проявление различия в свойствах). **И это имеет в виду АРИ под словом «удалился».**

То есть в центральной точке раскрылось ее отличие от света, и по мере этого раскрытия она перестала ощущать свет. Поэтому единственный закон, существующий в мироздании, — это закон подобия свойств. Ничего больше нет. Или подобие, или различие. И ни к чему больше не надо стремиться, кроме как к подобию свойств со светом. И ничего больше не надо бояться, кроме отличия по свойствам от света. То есть мысли, желания, всевозможные побуждения, всевозможные действия — все, что исходит от меня наружу (находящееся внутри меня, но исходящее от моего «я», от самой моей внутренней точки, относительно чего или кого бы то ни было) должно преследовать только одну цель — все большее уподобление свету. И, естественно, в

Глава 1. Комментарии

этой мере я начну ощущать свет, я начну наполняться им, плавать в нем, быть в нем, находиться в нем.

Но пока мы говорим о том, как свет, наоборот, удаляется из *кли*, и *кли* становится все более и более жестким, грубым, противоположным свету.

И удалился свет (70) ***в стороны вокруг этой центральной точки.***

(70) Четыре стадии называются также четырьмя сторонами. И объясняет АРИ, что хотя сокращение произошло только в центральной точке, являющейся четвертой стадией, все же свет ушел из всех четырех стадий, поскольку не бывает частичного в духовном. И поэтому свет ушел также и из трех остальных стадий.

Что означает это выражение: «не бывает частичного в духовном»? На иврите это звучит *«эйн микцат бэ-рухани»* и дословно переводится: нет «немножко» в духовном. Всегда есть только полное действие.

Что значит полное действие?

Желание, которое еще не развилось, — находится, допустим, на первой, второй или третьей стадии, но еще не на четвертой, еще не осознало в себе, что находится в четвертой стадии, — не считается законченным желанием. Оно все еще относится к Творцу, а не к творению, и поэтому оно бездейственно. И лишь в той мере, в которой *кли* обнаруживает себя в четвертой стадии и действует, — только в той мере оно влияет на изменение в нем света.

Поэтому пока мы не преодолеем эту нашу самую первую ступеньку, на которой мы сейчас до *махсо́ма* находимся (а это всего лишь одна ступень, называемая предварительной), и не выйдем через *махсо́м* в высший мир, до тех пор мы не совершим никакого действия. Свет не изменится, не проявится в нас по-другому. Мы всегда будем ощущать себя более-менее в одном и том же отношении к свету — противоположными ему. И эта противоположность ему называется скрытием: двойным скрытием света, когда ни света, ни того, что он скрыт, мы не ощущаем, или простым скрытием света, когда мы уже ощущаем, что свет, наверное, есть, но скрыт от нас. Пройдя эту полосу, мы с вами только в меру подобия свету сможем войти в такое состояние, которое называется раскрытием света, и сразу же свет вернется к нам.

Переходим к следующему пункту.

Пространство, оставшееся после сокращения, было круглым

Удалился свет, и обнаружилось, что есть пустое, круглое пространство.

4) *И тогда осталось:* (80) ***свободное место, и воздух, и пустое пространство — именно от этой центральной точки. И вот это*** (90) ***сокращение было равномерным вокруг этой опустошившейся центральной точки, так что место этого пространства было*** (100) ***круглым совершенно одинаково во всех областях, а не предстало картиной четырехугольника с прямым углом, соответственно тому, как и Бесконечность сократила себя в виде круга, равномерно со всех сторон.***

Зачем нужно именно таким образом столько раз «пережевывать», все время возвращаясь к одним и тем же словам, подчеркивать и говорить об одних и тех же, вроде бы простых, значениях, действиях? Мы этого не понимаем. Мы не понимаем, какая глубина находится здесь, в каждом слове и в их сочетании. Если в одном месте написано, что «сокращение было равномерным вокруг центральной точки», а в другом месте, что «сокращение исходило из четвертой стадии мира Бесконечности», — значит, говорится о различных вещах. То есть мы обращаемся к совершенно разным свойствам, категориям в этой точке.

Мы должны хорошо изучить каббалистические определения: «точка», «удаление», «равномерно», «полностью», «бесконечность», «сокращение», «круг» и так далее. После того как мы изучим их в конце этой части ТЭС, вы поймете, почему он применяет именно то или иное, каждый раз новое, определение. Он желает выявить еще какой-то особый отдельный эффект, аспект, категорию. Я вас настоятельно прошу к этому возвращаться и заучить на память все определения.

Глава 1. Комментарии

Ор пними

И осталось: (80) *свободное место, и воздух, и пустое пространство — именно от этой центральной точки.*

(80) Уже выяснилось ранее в пунктах (4), (5) и (6).

И это (90) *сокращение было равномерным вокруг этой опустошившейся центральной точки.*

(90) Это означает: без градаций малого и большого. И это не противоречит тому, что после того как уже раскрылось различие формы, имеющееся в центральной точке вследствие исчезновения из нее света, обязательно должны быть познаны также и меньшие меры изменения формы, одна меньше другой, имеющиеся внутри трех предыдущих ступеней. Так, например, стадия 3 чище центральной точки, потому что мера желания получить в ней меньше, чем в стадии 4. Точно так же стадия 2 чище, чем стадия 3, потому что мера желания в ней меньше, чем в стадии 3. А стадия 1 самая чистая из всех, так как в ней мера желания получить меньше всех, поэтому изменение ее формы не так заметно, как в них. Ведь есть здесь градация малого и большого, как же АРИ говорит, что сокращение вокруг этой точки было равномерным?

Но дело в том, что сокращение не превратило центральную точку в «*соф*». Если бы свет исчез из этой точки по причине имеющегося в ней отличия формы, то, конечно, она стала бы вследствие этого свойством «*соф*», что означает самую малую ступень, ниже которой нет по значимости. И тогда мы должны были бы также три предыдущих стадии считать более важными, чем центральная точка, когда одно выше другого. Но это было не так. Сокращение произошло не из-за имеющегося в этой точке изменения формы. Этого не может быть — ведь мы пока еще изучаем *малхут* Бесконечности, где нет никакого различия по форме между ней и светом, а оба они в простом единстве, как сказано: «Он и имя Его едины».

А сокращение произошло только потому, что «поднялась она в простом своем желании сотворить миры» (как уже выяснилось в п.40). Это означает, что она стремилась к тому уподоблению формы, которое в будущем должно раскрыться благодаря созданию миров, и это — форма получения ради доставления наслаждения Творцу. И в этом заключено дополнительное очень высокое качество. Потому что, с одной стороны, это полная отдача, так как все желание — только доставлять наслаждение Творцу, и совсем ничего для собственных нужд. Поэтому полностью совпадает ее форма с высшим светом Создателя, и она находится в совершенном слиянии с Ним. А с другой стороны, это позволяет ей углублять и увеличивать свое *кли* получения до бесконечности и беспредельности, так как теперь форма получения не создает никакого различия по форме, поскольку приходит изнутри желания отдачи.

Как в примере, приведенном мудрецами (трактат «Кидуши́н», стр.7, колонка 1). Важному человеку дала женщина брачный выкуп. И сказал он: «Вот ты предназначаешься мне». Этим она предназначается. И хотя написано в Торе «он вручит ей» — дескать, муж должен вручить брачный выкуп, тем не менее, если он человек важный, то наслаждение принимающего от нее считается равноценным вручению.

Ведь получение «с тем чтобы отдать» — это отдача, а не получение. И потому важный человек, получающий от нее деньги, подобен дающему деньги ей. Точно как предписано Торой: «и он вручит ей», потому что он получает только чтобы доставить наслаждение женщине, для которой его получение будет большой честью.

И получается в соответствии с выясненным, что главным в причине сокращения было лишь стремление к новой форме «получения ради отдачи», которая должна раскрыться в будущем благодаря сотворению миров (см. п.40), а вовсе не ощущение какого-либо *авию́та* в центральной точке. Ибо не было там никакого *авию́та* и различия (см. выше). И потому не превратилась центральная точка из-за *цимцу́ма* в состояние «*соф*». Поэтому вообще невозможно распознать что-либо как малое или большое. В этом смысл сказанного АРИ, что сокращение было полностью равномерным.

(90) Что означает «сокращение было равномерным»?
Это означает: без градаций малого и большого. «Равномерное» означает пустое пространство без каких-либо различий внутри. Пустое, но различий в нем нет никаких.

Глава 1. Комментарии

И это не противоречит тому, что после того как уже раскрылось различие формы, имеющееся в центральной точке вследствие исчезновения из нее света, обязательно должны быть познаны также и меньшие меры изменения формы, одна меньше другой, имеющиеся внутри трех предыдущих ступеней. Так, например, стадия 3 чище центральной точки, потому что мера желания получить в ней меньше, чем в стадии 4. Точно так же стадия 2 чище, чем стадия 3, потому что мера желания в ней меньше, чем в стадии 3. А стадия 1 самая чистая из всех, так как в ней мера желания получить меньше всех, поэтому изменение ее формы (отличие ее свойств от света) не так заметно, как в них.

Каким образом, почему исчезновение света вызвало проявление, выявление свойств — того, что раньше было подавлено, скрыто светом, наполнено светом и поэтому не видно?

Ведь есть здесь градация малого и большого (в том пространстве, которое осталось круглым вокруг центральной точки, если есть там четыре стадии и центральная точка)**, как же АРИ говорит, что сокращение вокруг этой точки было равномерным?** То есть без всяких разделений.

Но дело в том, что сокращение не превратило центральную точку в «*соф*». Если бы свет исчез из этой точки по причине имеющегося в ней отличия формы, то, конечно, она стала бы вследствие этого свойством «*соф*», что означает самую малую ступень, ниже которой нет по значимости.

То есть почему в этих четырех ступенях мы не обнаруживаем отличия ни до, ни после сокращений, ни вообще сокращений? Почему в мире Бесконечности, ни когда он полный, ни когда он пустой, нет совершенно никаких делений на какие-то части? Все они качественно совершенно равноправны. Именно об этом он говорит.

И тогда мы должны были бы также три предыдущих стадии считать более важными, чем центральная точка, когда одно выше другого. Но это было не так. Сокращение произошло не из-за имеющегося в этой точке изменения формы. Этого не может быть — ведь мы пока еще изучаем *малхут* Бесконечности, где нет никакого различия по форме между ней и светом, а оба они в простом единстве, как сказано: «Он и имя Его едины».

То есть в мире Бесконечности существует полное слияние всех частей творения, совершенно полное подобие всему свету, всем частям света, и поэтому никакие части там не проявляются как большие или меньшие друг относительно друга.

А сокращение произошло не из-за того, что четвертая стадия плохая, что она грубее и хуже остальных, нет, но **только потому, что «поднялась она в простом своем желании сотворить миры».** В пункте 40 мы это уже проходили. **Это означает, что она стремилась к тому уподоблению формы, которое в будущем должно раскрыться благодаря созданию миров, и это — форма получения ради доставления наслаждения Творцу.**

Для этого было сделано первое сокращение. Это то, чего в *малхут* не хватало, это то, что она обнаружила как стыд. Слияние со стороны Творца было полным, не было там никакого недостатка. Ничего не могло естественным путем свыше вызвать *цимцум*, а только возникшее в *малхут* ощущение, что это не за ее счет. Это слияние с Творцом не я сделал и создал. Это не я подобен Ему. Только это явилось причиной сокращения.

И в этом заключено (в этом состоянии — *цимцум а́леф*) **дополнительное очень высокое качество. Потому что, с одной стороны, это полная отдача, так как все желание — только доставлять наслаждение Творцу, и совсем ничего для собственных нужд. Поэтому полностью совпадает ее форма с высшим светом Создателя, и она находится в совершенном слиянии с Ним.**

То есть как и *малхут* мира Бесконечности до *цимцум а́леф*, так и сам *цимцум* — хоть она и исторгает свет Творца, как сказано, совершает такое, в общем-то, грубое действие — все это находится в полном слиянии с Творцом, потому что творение желает только добавить от себя еще большее подобие.

**А с другой стороны, это позволяет ей углублять и увеличивать свое *кли* получения до бесконечности и беспредельности, так как теперь форма получения не создает никакого различия по форме, поскольку приходит изнутри желания отдачи.

То есть *кли*, меняя свое желание с «получить» на «получить ради Творца», достигает этим полной и бесконечной возможности наполняться, насыщаться совершенно беспрепятственно и без чередования в нем наполнения и опустошения, потому что на отдаче можно постоянно генерировать все новые и новые желания.

Как в примере, приведенном мудрецами (трактат «Кидуши́н», стр.7, колонка 1).

Нам надо обращать еще внимание на то, что Бааль Сулам пишет в скобках. Трактат «Кидуши́н» — это часть Вавилонского Талмуда, которая говорит о том, как соединяться жениху и невесте, мужу с женой, мужчине и женщине — двум частям творения. В каком случае, каким образом они должны соединяться вместе, сливаться вместе, чтобы породить хорошее действие, родить при этом потомство, то есть свое следующее хорошее, более высокое состояние. Вавилонский Талмуд говорит об этом иносказательно, словами нашего мира: как устраивается свадьба, свадебный обряд, каким образом надо искать жену, каким образом надо брать ее к себе и соединяться в виде семьи и т.д. Но под всеми этими словами нашего мира подразумевается чисто духовное действие.

После того как мы изучим на языке ТЭС все эти духовные исправления мужской и женской частей мироздания, слияния творения с Творцом — женской части с мужской частью мироздания, мы сможем взять этот отрывок из «Кидуши́н», из описания свадебного обряда в Вавилонском Талмуде, и увидеть, как там это объясняется на обрядах нашего мира, в свойствах нашего мира, на отношениях между мужчиной и женщиной. И таким образом мы будем изучать высший мир, корни нашего мира, куда нам надо подняться, и одновременно — как эти корни, если их правильно использовать, должны нам в нашем мире дать хороший результат.

Важному человеку дала женщина брачный выкуп. И сказал он: «Вот ты предназначаешься мне». Этим она предназна-

чается. И хотя написано в Торе «он вручит ей» — дескать, муж должен вручить брачный выкуп, тем не менее, если он человек важный, то наслаждение принимающего от нее считается равноценным вручению.

Что это значит? Сказано, что тремя способами приобретается невеста:

1) тем, что выбирается женщина, и мужчина вступает с ней в половой контакт;

2) тем, что он делает с ней *хупу́* — особый обряд;

3) тем, что он платит за нее деньги.

Это все, естественно, надо перевести в законы духовного мира, в эквиваленты духовных действий, тогда нам станет понятно, почему так сказано. В нашем мире от духовного остался только обряд вручать невесте кольцо (часть обряда *хупы*). Жених должен купить кольцо, и передавая это кольцо невесте, он как бы ее «покупает» за это кольцо — этим она становится принадлежащей ему. Так вот, обычно мужчина платит женщине тем, что дает ей кольцо, и таким образом она становится принадлежащей ему. Он как бы дает ей наслаждение в виде кольца, и тогда взамен она согласна принадлежать ему. Он дает ей что-то наполняющее.

Но если этот мужчина — человек не обычный, не равный невесте, а очень важный и большой, тогда только его согласия взять ее себе в жены уже достаточно, чтобы доставить ей наслаждение. Она уже наслаждается оттого, что такой важный и великий человек обратил на нее внимание и берет в качестве жены. То есть ему даже не надо ей что-то давать. А если он вовсе особенный, то она, отдавая ему, получает такое наслаждение от этого — от него, оттого, что он великий, от его величия — что это равносильно тому, что он дал ей. И поэтому становится его женой без того, чтобы он физически вручил ей кольцо. Физически кольцо вручает она ему, получая наслаждение, удовольствие, оттого что такой высокий человек, такой большой человек входит с ней в контакт. И это является также залогом приобретения ее в свадебном обряде. Так говорит об этом Вавилонский Талмуд: если жених — уважаемый, почитаемый человек, то вместо вручения выкупа за невесту, чтобы получить ее, он получает деньги выкупа от нее.

Ведь получение «с тем чтобы отдать» — это отдача, а не получение. И потому важный человек, получающий от нее (от невесты, от женщины) **деньги, подобен дающему деньги ей. Точно как предписано Торой: «и он вручит ей»**, потому что он получает только чтобы доставить наслаждение женщине, для которой его получение будет большой честью.

Следствие из этого очень интересное. Возникло новое обстоятельство: важность жениха в глазах невесты. Вот эта важность является краеугольной в наших отношениях с Творцом. То есть если Он будет важным в наших глазах, то отдача Ему будет эквивалентна для нас получению от Него. Тогда мы с легкостью будем это делать, с удовольствием. И это уже зависит только от нас, а не от Него. То есть мы можем себя сократить и не только не получать от Него ничего, а, наоборот, все время возвышать Его важность в наших глазах и, в соответствии с обретаемой важностью, суметь отдавать Ему, наполнять Его. Это и будет нашим наполнением. Это и будет нашим светом.

И получается в соответствии с выясненным, что главным в причине сокращения было лишь стремление к новой форме «получения ради отдачи», которая должна раскрыться в будущем благодаря сотворению миров (см. п.40)...

Итак, сокращение. Свет удалился. И только теперь, после сокращения начинается реализация этого замысла творения, центральной точки, — достичь состояния, когда я не получаю от предыдущих трех стадий в четвертую стадию, а отдаю, причем на все сто процентов отдаю, заполняя своей отдачей всю Бесконечность. Этого я хочу достичь. Это — замысел центральной точки, *малхут*, в сокращении, которое она сейчас производит, **а вовсе не ощущение какого-либо** *авиу́та* (нечистоты, грубости) **в центральной точке**. То есть это сокращение происходит не потому, что *малхут* чувствует себя хуже — она получает, а все остальные отдают. **Ибо не было там никакого** *авиу́та* **и различия (см. выше). И потому не превратилась центральная точка из-за** *цимцу́ма* **в состояние «***соф***»** («*соф*» — конец, некая ущербность). Поэтому вообще невозможно распознать что-либо как малое или большое. В этом смысл сказанного АРИ, что сокращение было полностью равномерным.

То есть никаких лучших или худших стадий, свойств в мире Бесконечности нет. Единственное дополнительное желание, возникшее сейчас в *малхут*: «Я хочу отдавать Творцу». Поэтому она сделала *цимцу́м* — а не оттого, что ощущала в себе какую-то ущербность.

...Место этого пространства было (100) *круглым совершенно одинаково во всех областях...*

(100) Пояснение. Здесь неизбежно сложилась некая картина вследствие сокращения. И хотя сокращение было равномерным (что подробно освещалось в предыдущем пункте), а не из-за отличия формы, тем не менее после *цимцу́ма* и исчезновения света из этой центральной точки, открылось, что не подобает высшему свету слиться с ней из-за присутствующей в ней формы большой меры получения.

И поскольку это открылось, то упала она со ступени, которая была у нее в *Эйн соф*. А раз так — теперь она считается свойством «*соф*», что означает такой *авию́т*, ниже которого нет, ибо только поэтому центральная точка осталась пустым пространством и не пригодна более для облачения света (см. п.6). Но три предыдущих стадии в своей возвышенности и чистоте по-прежнему пригодны для облачения в них света и после *цимцу́ма*.

Вместе с тем мы уже выяснили в предыдущем пункте, что центральная точка не стала свойством «*соф*» по указанной там причине. И это уточняет АРИ, говоря, «что место этого пространства было круглым совершенно одинаково во всех областях». Он хочет сказать: не «конец» в буквальном смысле слова, но как в круглой фигуре, конец которой находится в ее центре. Можно представить себе эти 4 стадии в виде четырех кругов, один внутри другого, подобно слоям луковиц, где центральный круг — это стадия 4, ее окружает стадия 3, а ту окружает стадия 2, и ее окружает стадия 1. И в таком случае невозможно различить между ними качества верх и низ, право и лево. Так, к примеру, стадия 1, которая в первой своей половине охватывает все остальные, находясь выше них, во второй половине охватывает их, находясь ниже всех. И аналогично — остальные стадии.

Поэтому нет тут верха и низа, а также правого и левого, так что ни у одной стадии нет преимущества перед другими, а все они совершенно равнозначны. Ибо уже выяснилось, что причиной сокращения не было какое-то различие свойств. И это подчеркивает АРИ: «круглым совершенно одинаково во всех областях». И пойми.

(100) Пояснение. Здесь неизбежно сложилась некая картина вследствие сокращения. И хотя сокращение было равномерным (что подробно освещалось в предыдущем пункте), а не из-за отличия формы, тем не менее после *цимцума́* и исчезновения света из этой центральной точки, открылось, что не подобает высшему свету слиться с ней из-за присутствующей в ней формы большой меры получения.

И поскольку это открылось, то упала она со ступени, которая была у нее в *Эйн соф*[9]. А раз так — теперь она считается состоянием «*соф*» (конец), что означает такой *авию́т*, ниже которого нет, ибо только поэтому центральная точка осталась пустым пространством и не пригодна более для облачения света (см. п.6). Но три предыдущих стадии в своей возвышенности и чистоте по-прежнему пригодны для облачения в них света и после *цимцума́*.

Иными словами, когда *малхут* мира Бесконечности, все ее четыре стадии были полностью наполнены светом, то вообще не ощущалось никакого противоречия, отличия всех стадий от света. Но как только исчез свет из *малхут* мира Бесконечности, то — не потому, что она стала хуже, а потому, что нет света, — упала она со своей ступени на самую низкую, противоположную свету, ступень.

Вместе с тем мы уже выяснили в предыдущем пункте, что центральная точка не стала свойством «*соф*» по указанной там причине. И это уточняет АРИ, говоря, «что место этого пространства было круглым совершенно одинаково во всех областях». АРИ этим подчеркивает, что это место не стало

---

9 Эйн соф — Бесконечность. Букв. «нет конца».

хуже. **Он хочет сказать: не «конец» в буквальном смысле слова, но как в круглой фигуре, конец которой находится в ее центре.**

Здесь есть тонкости, которые нам еще долго предстоит обсуждать. Это все очень тонкие категории, относящиеся к нашему самому совершенному состоянию. Бааль Сулам говорит, что этот *соф* был как конец круга, который находится в его центре. То есть все-таки конец, но в то же время конец круга.

Можно представить себе эти 4 стадии в виде четырех кругов, один внутри другого, подобно слоям луковиц, где центральный круг (самый внутренний) — это стадия 4, ее окружает стадия 3, а ту окружает стадия 2, и ее окружает стадия 1. И в таком случае невозможно различить между ними качества верх и низ, право и лево. Так, к примеру, стадия 1, которая в первой своей половине охватывает все остальные, находясь выше них, во второй половине охватывает их, находясь ниже всех. И аналогично — остальные стадии.

То есть верхняя половина круга первой стадии находится выше всех, а вторая его половина, нижняя часть круга, находится ниже всех. Вторая стадия: верхняя полуокружность находится выше всех находящихся внутри нее, а нижняя — ниже всех. То есть в окружности верхняя часть всегда выше центральной точки, а нижняя часть ниже центральной точки. Поэтому нельзя сказать «правое», «левое», «верх», «низ» относительно какой-то полной стадии. Все они в этом отношении не имеют ни верха, ни низа, ни правой стороны, ни левой.

Поэтому нет тут верха и низа, а также правого и левого, так что ни у одной стадии нет преимущества перед другими, а все они совершенно равнозначны. Ибо уже выяснилось, что причиной сокращения не было какое-то различие свойств между *малхут* и всеми остальными частями. **И это подчеркивает АРИ: «круглым совершенно одинаково во всех областях».**

Потому что *малхут*, как там сказано, «поднялась в своем желании к Творцу», то есть в ней появилось желание уподобиться Творцу, получать ради отдачи.

Нам предстоит еще это много изучать. Достичь этого свойства — наша ближайшая задача.

Глава 1. Комментарии

Поскольку свет Бесконечности — равномерный, то и сокращение также было равномерным, и это внутреннее значение слова «круг»

5) А причина была в том, что поскольку свет Бесконечности совершенно равномерный, обязан он и сократить себя равномерно со всех сторон, и не может сократить себя с одной стороны больше, чем с остальных сторон.

Из геометрии известно, что нет более равномерной фигуры, чем (200) *фигура круга. Этой равномерности нет ни в* (300) *фигуре четырехугольника с выступающим прямым углом, ни в* (400) *фигуре треугольника и, следовательно, в других фигурах. А потому обязано быть сокращение Бесконечности в виде круга.*

5) А причина была в том, что поскольку свет Бесконечности совершенно равномерный, обязан он и сократить себя равномерно со всех сторон, и не может сократить себя с одной стороны больше, чем с остальных сторон.

То есть свет удалялся равномерно от центральной точки ко всем частям. Если бы он удалялся неравномерно, то это указывало бы, что есть различие в свойствах внутри этих стадий — от четвертой к нулевой. Этого различия свойств не было.

Из геометрии известно, что нет более равномерной фигуры, чем (200) *фигура круга. Этой равномерности нет ни в* (300) *фигуре четырехугольника с выступающим прямым углом, ни в* (400) *фигуре треугольника и, следовательно, в других фигурах. А потому обязано быть сокращение Бесконечности в виде круга.*

Ор пними

(200) Понятие «фигура круга» рассмотрено выше, в предыдущем пункте.

(300) Пояснение. Если бы там были различимы верх и низ, правое и левое, это бы выразилось в виде четырехугольника, в котором имеются эти четыре стороны, представляющие собой названия четырех стадий. Но это было не так, а в виде круга, где нет этих особенностей, как сказано выше.

(300) Пояснение. Если бы там были различимы верх и низ, правое и левое, это бы выразилось в виде четырехугольника (мы будем потом изучать, как появляется прямоугольник в духовном мире), **в котором имеются эти четыре стороны, представляющие собой названия четырех стадий. Но это было не так, а в виде круга, где нет этих особенностей, как сказано выше.**

Мы используем геометрические фигуры для объяснения соотношений духовных сил, для обозначения какого-то конкретного состояния в духовном мире. Так, *малхут* мира Бесконечности со своими стадиями изображается в виде окружностей. Затем, когда уже производится действие с помощью экрана, оно обозначается в виде прямоугольника. А когда происходит второе сокращение (*цимцу́м бет*), и выражают действие только одной части *кли* (*гальга́льта вэ-эйна́им*), то изображают это в виде треугольника. А на что указывает треугольник? Об этом он говорит далее.

(400) Фигура треугольника указывает на ступень, в которой есть только три стадии и отсутствует четвертая. То есть только три стороны: верхняя, правая, левая и отсутствует нижняя сторона. Это называется фигурой треугольника.

(400) ...Есть только три стороны: верхняя, правая, левая и отсутствует нижняя сторона...

То есть треугольник стоит как бы на точке. После *цимцу́м бет* остается верхняя сторона, правая сторона и левая сторона (то, что было диагональю прямоугольника), и внизу — точка *малхут*. Этой *малхут* больше пользоваться нельзя. Такая фигура возникает у нас после второго сокращения (*цимцу́м бет*).

Глава 2

Выясняет, что из света Бесконечности протянулась линия света в миры, созданные и сотворенные в месте того сократившегося пространства. И в ней пять пунктов: 1) Из Бесконечности извлекло оно линию света внутрь пространства. 2) Начало линии касается Бесконечности, но не ее окончание. 3) Через эту линию распространяется свет Бесконечности в миры. 4) Все миры находятся в месте того сократившегося пространства. 5) До сокращения был Он и имя Его едины, и не может разум постичь Его.

Из Бесконечности извлекло оно линию света внутрь пространства

1) И вот, после сокращения, (1) *когда осталось место пространства и воздуха, пустое и свободное, прямо в середине света Бесконечности, было уже место, в котором могли быть нээцалим и ниврайм, и ецурим, и наасим. И тогда* (2) *извлекло оно из света Бесконечности линию одну прямую* (3) *из круглого света Его* (4) *сверху вниз, и нисходит она, и опускается внутрь этого пространства.*

Ор пними

(1) Не ошибись, думая, что вследствие сокращения света центральной точки было какое-либо изменение в Бесконечности. Ведь нет исчезновения и замены в духовном и тем более в таком высоком месте (см. глава 1, «Ор пними» в начале, со слов «Следует помнить...»).

Но рассматриваемое здесь сокращение сделалось новой, дополнительной к Бесконечности сущностью: так что мир Бесконечности остался во всем своем простом единстве, каким был до сокращения, как сказано «Он и имя Его едины», а произведенное над центральной точкой сокращение понимается как выход нового мира, из которого ушел свет и осталось полое и пустое место, как выяснено выше. И в месте этого пространства были созданы все миры.

(2) Не следует понимать смысл этого действия в его поверхностном значении — как человеческое действие, когда сначала действовал так, а затем иначе, и отошел от первого действия, ибо нет большей материализации духовного, чем подобное представление, поскольку Творцу не присущи случайность и изменение, как сказано: «Я АВАЯ не менял».

И хотя не говорится о сущности Творца, а только о распространяющемся от Него свете, тем не менее, поскольку нет изменений, случайностей и движения в сущности Творца, а присущ Ему абсолютный покой, то обязано так быть и в распространяющемся от Него свете, пока он еще не достиг категории «создание», то есть пока не достиг состояния облачения в *келим*. Ибо только тогда выходит он из категории «Его сущность» в категорию «создание», возникшее и получающее от Него.

И мы уже выяснили, что все новшество в основе своей приходится на *кли* создания, то есть на категорию имеющегося в создании «желания получить». Это желание, хоть и является духовным, но все же оно, бесспорно, образование новой формы и оно — «случай», поскольку, безусловно, не имеет места в Его сущности. Но не так в свете, облаченном в него, который не является вновь созданным, — ведь исходит он из сущности Творца как «существующий из существующего». Тем не менее, приведение в действие высшего света пропорционально *кли*: в той мере, в какой *кли* реагирует и принимает от высшего света, выпадает ему также обновление, а это, конечно, «случай».

И знай, что все обновления и нисхождение ступеней являются только степенью восприятия *кли* и получения им от высшего света, так как только это получает изменения и множественность. Однако свет сам по себе всегда находится в состоянии абсолютного покоя, поскольку простирается из сущности Творца. Пойми это и вспоминай при изучении этой науки буквально на каждом слове.

И пойми согласно выясненному, что высший свет не прекращает светить созданиям даже на миг и не подпадает под эти случай и обновление, так как находится в состоянии абсолютного покоя. А все обсуждаемые здесь вопросы сокращения и удаления света говорят исключительно об уровне активизации и получения *кли*, то есть центральной точки.

Пояснение. Хотя высший свет не прекратил своего действия, тем не менее, *кли* не приняло теперь ничего от его свечения, поскольку уменьшило себя. Иными словами, уменьшило «желание получить», что в нем, для того чтобы не получать в четвертую стадию, которая и является центральной точкой, а только лишь в три предшествующие стадии, находящиеся в нем, в которых желание получать слабое, и преобладает там желание отдавать (см. п.50). Так что при этом высший свет совершенно не подвергся влиянию сокращения и не изменил характера своего действия, а точно так же, как светит в Бесконечности, он светит во время сокращения, и после сокращения, и во всех мирах без исключения и даже в мире Асия светит, не прекращая ни на миг. Но сами *келим* производят все эти изменения, потому что не получают иначе как соответственно своей величине, то есть «величине желания получить», что в них.

Из сказанного пойми слова АРИ: «Извлекло оно из света Бесконечности линию одну...» Это означает, что само место пространства, то есть опустошившееся от света Бесконечности *кли*, — именно оно привело к извлечению линии из света Бесконечности вследствие произошедшего уменьшения в нем «желания получить». И теперь мера получения им света после сокращения его четвертой стадии называется словом «линия» — по сравнению с предыдущим его получением в четвертой стадии, наполнявшим все место целиком. Но сейчас, когда нет у нее этого огромного желания получить, а только три предыдущих стадии, в которых желание получать слабое, считается, будто *кли* получает из света Бесконечности всего лишь одну линию света, и все место этого *кли* остается пустым и свободным от света. Потому что этот тонкий свет, получаемый сейчас, недостаточен, чтобы наполнить все место *кли*, вследствие нехватки четвертой стадии, которая уменьшила его. И выяснилось, что высший свет вообще не прекращается вследствие *цимцума* и также совершенно не меняется, когда оно извлечет свет в виде одной линии. А все это большое изменение произошло из-за уменьшившихся *келим* получения, которые теперь не смогут получить из света Бесконечности ничего, кроме очень малой части, называемой «линия», то есть в соответствии с мерой его желания, потому что не захочет оно более этой меры. И хорошо пойми это.

(3) Смысл фигуры круга был уже выяснен нами ранее (см. гл. 1, п. 100). Этим он говорит нам, что даже после *цимцу́ма* остался высший свет в виде круга, что означает — без различия ступеней. А все четыре стадии равны у него по своему достоинству (см. выше, гл. 1, п. 100). Причина этого в том, что понятия «обновление» и «случай» совершенно не имеют места в высшем свете. А все эти виды обновлений, о которых говорится, — не что иное, как соотношения *келим*.

(4) Не забудь, что ни в коем случае не имеются в виду воображаемые понятия в месте материальном, но самый чистый определяется термином «верх», а самый грубый и плохой определяется термином «низ».

Выше (см. гл.1, п.6) выясняется, что все, что можно понять в распространении света от Создателя и вхождении его в категорию «создание», это по сути не что иное как новшество изменения формы, которое имеется в создании, то есть категория возникшего в свете «желания получить», отсутствующего в Создателе. И по этой причине определяется творение как удаленное, грубое, ничтожное и низкое по сравнению с Создателем, поскольку отличие формы от Создателя образует все эти свойства и выводит его из категории «Создатель» в категорию «создание».

Ты также узнал, что отличие этой формы, то есть «желание получить», не раскрывается за один раз, а образуется постепенно, в последовательности четырех стадий, и завершается форма создания в полной мере только в четвертой стадии.

В связи с этим находим, что если форма его желания получать самая слабая, что соответствует первой из четырех стадий, то она считается ближе к Создателю, и она важнее, чище и выше, так как изменение формы в этой стадии не столь велико, как в трех последующих стадиях. А стадия 2, желание в которой больше чем в стадии 1, считается более удаленной от Творца, более грубой, более ничтожной, более низкой, чем первая стадия. И так вплоть до стадии 4, которая более всех удалена от Творца и грубее, ничтожнее, ниже всех.

И в этом смысл сказанного АРИ, что линия протянулась «сверху вниз» — то есть от первой стадии до находящейся ниже всех четвертой стадии (исключая ее саму). И понятия верх и низ, о которых говорится, появляются сейчас, с выходом линии, потому что до начала свечения линии, то есть во время сокращения, неразличимы там верх и низ (см. гл.1, п.100).

Однако после того, как она получила свет лишь в виде линии, иными словами, не получила его во все четыре стадии, а лишь в три первые стадии, что в ней, четвертая стадия остается беспросветной тьмой. И вот только теперь раскрылась стадия 4 как стадия ничтожная, грубая и низкая, когда выше нее оцениваются также и три предшествующих стадии по тому, насколько они чище и ближе к Создателю. Тогда как во время *цимцума*, когда исчез свет из всех четырех стадий одновременно, еще не было такого различия между стадиями (см. гл.1, п.100).

Начало линии касается Бесконечности, но не ее окончание

2) (5) *Вершина линии исходит из самой Бесконечности* (6) *и касается ее, однако окончание этой линии* (7) *внизу, в конце ее, не касается света Бесконечности.*

Ор пними

(5) То есть первая стадия из четырех, как это выяснилось в предыдущем пункте.

(6) Потому что первая стадия, являющаяся вершиной, наиболее близка к Бесконечности, то есть к Создателю, и поэтому считается как бы касающейся Его, так как отличие в изменении формы первой стадии не столь заметно, чтобы отделить ее от Создателя.

(7) *Внизу, в конце ее* — указывает на четвертую стадию, которая дальше всех и ниже всех (см. гл.2, п.4) и не получает

теперь высший свет и, следовательно, не касается света Бесконечности, а отделена от него.

Через эту линию распространяется свет Бесконечности в миры

3) И через эту линию притягивается и распространяется свет Бесконечности вниз.

Все миры находятся в месте того сократившегося пространства

4) И в месте пространства того (8) *создал и сотворил, и произвел, и сделал все эти миры.*

Ор пними

(8) Этим он намекает на четыре мира, называемые: Ацилу́т, Брия́, Ецира́ и Асия́. И они заключают в себе все миры, которых по отдельности не счесть. И эти четыре мира исходят из четырех вышеупомянутых стадий: из 1-й стадии — Ацилу́т, из 2-й стадии — Брия́, из 3-й — Ецира́, из 4-й — Асия́.

До сокращения был Он и имя Его едины, и не может разум постичь Его

5) (9) *До этих четырех миров была Бесконечность,* (10) *Он един, и имя Его едино в единстве чудесном и скрытом, и* (20) *нет сил даже у ангелов, близких к Нему, и не постигают они Бесконечность, ибо нет такого разума творения, который смог бы постичь Его, поскольку* (30) *нет у Него ни места, ни границы, ни имени.*

Ор пними

(9) называемых Ацилу́т, Брия́, Ецира́, Асия́ (см. предыдущий пункт) и включающих в себя абсолютно все миры. До них всех, то есть до сокращения, эти четыре стадии не различались, как одна выше другой, а были в так называемом «простом единстве» (см. гл.1, п.30, со слов «Однако сказанное выше»), — без всяких отличий между ступенями и между светом и *кли*, а в состоянии «Он и имя Его едины».

(10) «Он» указывает на высший свет, а «имя Его» указывает на желание получить, обязательно присутствующее там (см. гл. 1, п. 30, со слов «Не удивляйся»). «Имя Его» в гематрии — «желание», что указывает на «желание получить».

(20) То есть, теперь, после того, как созданы миры, даже у ангелов, являющихся творениями наиболее близкими по своей духовности, нет постижения в Бесконечности.

(30) Поскольку там, в Бесконечности, «Он и имя Его едины» и совершенно неразличимы там ни место, ни *кли*, как сказано выше, поэтому неспособен разум творения постичь Его, так как нет постижения света без *кли*.

Глава 2

В разделе «Вопросы и ответы по толкованию терминов» Бааль Сулам объясняет, что такое «свет и *кли*», что такое «круглый свет», что такое «простой свет», «слияние», «время», «тьма», *бина*, *хохма*, *малхут*, «сверху вниз», «снизу вверх», «движение», «имя», «голова» — что означает каждое из этих слов. Все эти слова на самом деле нуждаются в четком определении и запоминании. Бааль Сулам говорит, что эти определения должны зафиксироваться в нашей памяти настолько, что как только мы слышим какое-то слово, тут же из памяти должно всплыть и предстать передо мной четкое, каббалистическое определение этого слова. Чтобы, когда слышишь «голова», не представлять себе голову там — в духовном мире, — а сразу же представить себе, что это означает в каббалистическом смысле: в виде света или *кли*, движения сверху вниз, отталкивания, притяжения и так далее. То есть чтобы все эти понятия сразу же трансформировались в духовные. Мы таким образом «подтягиваемся» в духовный мир, как бы чувственно входим в него, и он постепенно-постепенно становится нашей внутренней жизнью. Мы привыкаем к духовным определениям настолько, что уже начинаем в них жить, интерпретировать в этих определениях все наши ощущения.

Если я говорю: «Нисходит сверху вниз», я уже знаю, что это означает не откуда-то сверху куда-то вниз, а отдаление от Творца по свойствам, огрубление желания получать или отдавать и так далее. Таким образом, я буду мгновенно реагировать, и внутри меня будет автоматически действовать этот правильный интерпретатор.

Самый последний пункт, самый последний абзац «Предисловия к ТЭС» называется «Порядок изучения». То есть к этому шеститомнику (более 2000 страниц) Бааль Сулам приписал маленький абзац. И примерно треть его занимают слова, смысл которых в том, что запрещено читать и изучать ТЭС прежде, чем человек четко запомнит определения в их каббалистической трактовке. Иначе он будет представлять себе вместо того, что читает, не духовные

Глава 2. Комментарии

понятия и соответствия, а какой-то нелепый виртуальный мир, в котором движутся какие-то объекты, происходят какие-то слияния, разделения, удаления каких-то сфер... Каждое понятие требует очень четкого определения.

Мы уже говорили о том, что было четыре стадии прямого света. В итоге создалась *малхут* мира Бесконечности, которая целиком наполнилась светом. Затем она сократила себя, и осталось абсолютно пустое пространство. Из Бесконечности протянулся луч света в пустое пространство.

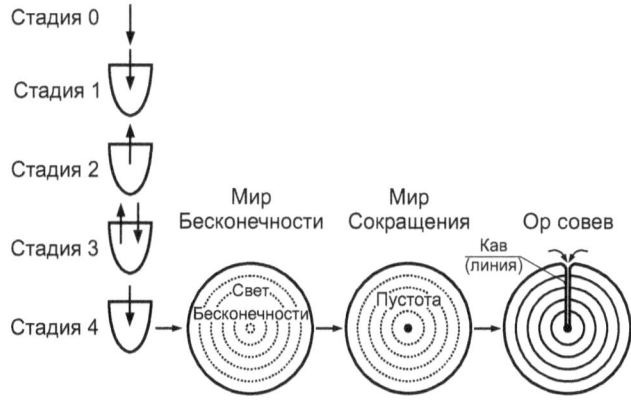

Рис. 1 *Выход линии после сокращения мира Бесконечности*

Малхут, центральная точка круга, была полностью заполнена светом Бесконечности. А затем, ощутив страдания, она осталась пустой. Все *бхинот* (стадии), или *сфирот*, в ней остались, но стали пустым пространством, пустотой. Какие действия *малхут* совершает далее? Из света, который вышел из мира Бесконечности (он называется *ор совев*), она начинает принимать свет внутрь себя, но не полностью, а внутри тоненькой-тоненькой трубочки, которая называется *кав*. *Кав* — это линия. (Мы всегда предпочитаем сохранять оригинальные названия терминов, как в любой науке).

Свет Бесконечности лучше называть *ор Эйн соф*. *Ор совев*, *кав* — это все каббалистическая терминология. Мы обучаем науке каббала целый мир, говорящий на разных языках, и чтобы не было путаницы, в любой науке принято использовать только оригинальные названия. Тогда нам всегда будет понятно, о чем идет речь. Мы иногда переводим эти термины, чтобы пояснить какой-то аспект, но, в принципе, смысл у них только один — духовный. Поэтому даже хорошо, если мы не знаем обычного, житейского смысла.

Глава 2

Выясняет, что из света Бесконечности протянулась линия света в миры, созданные и сотворенные в месте того сократившегося пространства. И в ней пять пунктов: 1) Из Бесконечности извлекло оно линию света внутрь пространства. 2) Начало линии касается Бесконечности, но не ее окончание. 3) Через эту линию распространяется свет Бесконечности в миры. 4) Все миры находятся в месте того сократившегося пространства. 5) До сокращения был Он и имя Его едины, и не может разум постичь Его.

О чем идет речь?

После того, как *малхут* мира Бесконечности была создана, она сократила себя и свет удалился от нее равномерно во все стороны. Этот свет называется *ор совёв*, и он существует уже вне *малхут* и всего того, что она ощущает. А сократившееся место приобрело форму круга.

И после образования пустого пространства протянулся в него из ор совёв тонкий луч света. На рисунке он изображен не таким уж тонким, чтобы показать, что это подобно трубе, по которой свет проходит внутрь. Но эта трубочка настолько тонкая, что превращается в линию.

«Из света Бесконечности протянулась линия света в миры, созданные и сотворенные в месте того сократившегося пространства». То есть от Бесконечности и до центральной точки, названной впоследствии «нашим миром», на протяжении этого луча были созданы миры: Адам Кадмон, Ацилут, Брия, Ецира, Асия (рис. 2).

Глава 2. Комментарии

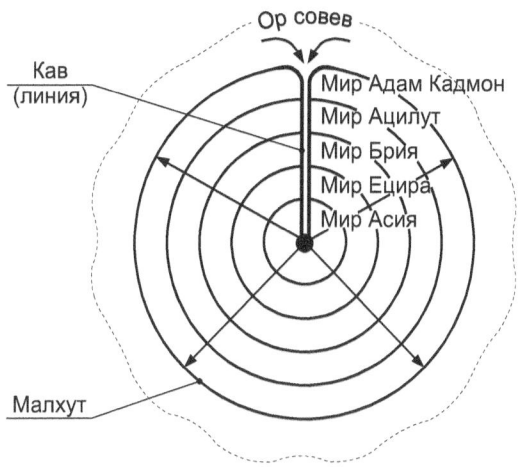

Рис. 2 Наполнение малхут и создание миров светом линии

Из Бесконечности извлекло оно линию света внутрь пространства

1) И вот, после сокращения, (1) *когда осталось место пространства и воздуха, пустое и свободное, прямо в середине света Бесконечности, было уже место, в котором могли быть нээцали́м и нивраи́м, и ецури́м, и наасим́. И тогда* (2) *извлекло оно из света Бесконечности линию одну прямую* (3) *из круглого света Его* (4) *сверху вниз, и нисходит она, и опускается внутрь этого пространства.*

1) И вот, после сокращения, (1) *когда осталось место пространства и воздуха, пустое и свободное, прямо в середине света Бесконечности, было уже место, в котором могли быть нээцали́м и нивраи́м, и ецури́м, и наасим́.*

Что значит *нээцалим, нивраим, ецурим, наасим*? Это четыре вида творений, которые называются по именам миров: *нээцалим* — от слова Ацилут, *нивраим* — от слова Брия и так далее. В каждом мире творение называется другим именем. В мире Ацилут творение называется *нээ-ца́ль*, в мире Брия называется *нивра́*, в мире Ецира называется *ецу́р*, и в мире Асия называется *наасэ́*. То есть один и тот же объект, находясь в разных мирах, называется по-разному, в зависимости от той ступени, на которой он находится.

Также и внутри каждого мира, как мы увидим далее, на разных ступенях один и тот же объект меняет свое название, которое просто говорит о том, кто он сейчас, так как в духовном мире, меняя место, меняешь свойства, и наоборот — меняя свойства, меняешь место. Это одно и то же.

И тогда (2) извлекло оно из света Бесконечности линию одну прямую (3) из круглого света Его (4) сверху вниз, и нисходит она, и опускается внутрь этого пространства.

Это слова АРИ, а далее Бааль Сулам поясняет, что значит *после сокращения, (1) когда осталось место пространства.*

Ор пними

(1) Не ошибись, думая, что вследствие сокращения света центральной точки было какое-либо изменение в Бесконечности. Ведь нет исчезновения и замены в духовном, и тем более в таком высоком месте (см. глава 1, «Ор пними» в начале, со слов «Следует помнить...»).

Но рассматриваемое здесь сокращение сделалось новой, дополнительной к Бесконечности сущностью: так что мир Бесконечности остался во всем своем простом единстве, каким был до сокращения, как сказано «Он и имя Его едины», а произведенное над центральной точкой сокращение понимается как выход нового мира, из которого ушел свет и осталось полое и пустое место, как выяснено выше. И в месте этого пространства были созданы все миры.

(1) Не ошибись, думая, что вследствие сокращения света центральной точки было какое-либо изменение в Бесконечности. Ведь нет исчезновения и замены в духовном, и тем более в таком высоком месте (см. глава 1, «Ор пними» в начале, со слов «Следует помнить...»).

Когда мы говорим о каких-либо действиях, эти действия предполагают изменения только в том месте, о котором мы говорим, а не на более высоких ступенях.

Глава 2. Комментарии

То есть все, о чем мы говорим — это последовательные события, начиная от Творца вниз:
- четыре стадии прямого света;
- ниже — сокращение (*цимцу́м а́леф*);
- ниже — создание экрана;
- еще ниже — создание мира Адам Кадмон, Ацилут, Брия, Ецира, Асия, вплоть до нашего мира.

Любое действие на любой ступени ни в коем случае не отменяет действия на предыдущей ступени. Они, естественно, остаются. Действие на нижней ступени не может их затронуть, так как каждое действие совершается только на данной ступени и на более низких, находящихся под ней ступенях — вплоть до самой нижней. Но на более высокой ступени это действовать не может. Поэтому Бааль Сулам, говоря сейчас о том, что происходит здесь, в этих мирах после первого сокращения и далее, сразу нас предупреждает, чтобы мы не думали, что происходящее здесь влияет на предыдущие состояния: на четыре стадии прямого света, на заполненное пространство, на пространство, которое опустошилось вследствие *цимцу́м а́леф*, а сейчас начинает наполняться. Все предыдущие состояния остаются, а последующие состояния накладываются на них.

Так и у нас: все прожитое нами остается как слайды, срезы, картинки наших прошлых состояний. И не просто остается, а существует в живом виде, хоть мы этого и не представляем. Ты можешь вернуться на двадцать лет назад и снова прожить абсолютно все то же самое, и все вокруг тебя будет разыгрываться как картина мира. Как в кино: смотришь еще раз, и все живое — так же как в первый раз. То есть ничего из прошлого не уходит, все остается, а ты живешь в этом срезе сейчас — в этом состоянии и далее. Так и здесь.

Так вот, **не ошибись, думая, что вследствие сокращения света центральной точки было какое-либо изменение в Бесконечности** (в более высоком, предыдущем состоянии). **Ведь нет исчезновения и замены в духовном, и тем более в таком высоком месте.**

Состояния не исчезают. Наоборот, эти высшие, более мощные состояния поддерживают все это, а последующие состояния являются только их сокращениями, постепенными огрублениями, сужениями, накладками на предыдущие состояния. Другими словами, существует наивысшее состояние, а на него происходит «надевание» более низких фильтров, за которыми наконец-то можем существовать мы. И эти фильтры как бы защищают всех нас от этого бесконечного, огромного света.

Но рассматриваемое здесь сокращение сделалось новой, дополнительной к Бесконечности сущностью: так что мир Бесконечности остался во всем своем простом единстве, каким был до сокращения, как сказано «Он и имя Его едины», а произведенное над центральной точкой сокращение понимается как выход нового мира (то есть одеяние на прошлые состояния), **из которого ушел свет, и осталось полое и пустое место. И на месте этого пространства были созданы все миры.**

Это как «окна» на экране компьютера. Вы открываете один документ, второй, третий, и все они существуют каждый сам по себе, как в сэндвиче — один за другим. Так, на одной картинке сейчас создаются миры, есть картинка, на которой просто пустое пространство. Затем идет картинка, где «все было заполнено бесконечным простым светом», бесконечный свет наполнял все это пустое пространство. Предыдущая картина — там только образовывались четыре стадии прямого света. И все эти картины наслаиваются друг на друга, и все они существуют. И самая первая картинка будет поддерживать все остальные и толкать их к тому, чтобы они реализовались.

Поэтому мы говорим о том, что высший свет находится в постоянном покое. Что значит «в постоянном покое»? Он ничего не изменяет из своих свойств и желаний. Он постоянно толкает творение через все эти реализации к самому конечному состоянию.

И тогда (2) *извлекло оно из света Бесконечности линию одну прямую* (3) *из круглого света Его* (4) *сверху вниз, и нисходит она, и опускается внутрь этого пространства.*

Очень интересные тут слова — «сверху вниз». Непонятно. Что значит «сверху вниз»?

Глава 2. Комментарии

...И нисходит она и опускается внутрь этого пространства.

Очень много слов, которые требуют пояснения. Ведь в духовном нет ни пространства, ни движения, ни линий, ни правого, ни левого, ни верха, ни низа — ничего этого нет. В духовном есть только качества. Какие качества мы обозначаем этими словами?

Бааль Сулам говорит об этом.

И тогда (2) извлекло оно из света Бесконечности линию одну прямую...

(2) Не следует понимать смысл этого действия в его поверхностном значении — как человеческое действие, когда сначала действовал так, а затем иначе, и отошел от первого действия, ибо нет большей материализации духовного, чем подобное представление, поскольку Творцу не присущи случайность и изменение, как сказано: «Я АВАЯ не менял».

И хотя не говорится о сущности Творца, а только о распространяющемся от Него свете, тем не менее, поскольку нет изменений, случайностей и движения в сущности Творца, а присущ Ему абсолютный покой, то обязано так быть и в распространяющемся от Него свете, пока он еще не достиг категории «создание», то есть пока не достиг состояния облачения в *келúм*. Ибо только тогда выходит он из категории «Его сущность» в категорию «создание», возникшее и получающее от Него.

И мы уже выяснили, что все новшество в основе своей приходится на кли создания, то есть на категорию имеющегося в создании «желания получить». Это желание, хоть и является духовным, но все же оно, бесспорно, образование новой формы и оно — «случай», поскольку, безусловно, не имеет места в Его сущности. Но не так в свете, облаченном в него, который не является вновь созданным, — ведь исходит он из сущности Творца как «существующий из существующего». Тем не менее, приведение в действие высшего света пропорционально *кли*: в той мере, в какой *кли* реагирует и принимает от высшего света, выпадает ему также обновление, а это, конечно, «случай».

И знай, что все обновления и нисхождение ступеней являются только степенью восприятия *кли* и получения им от высшего света, так как только это получает изменения и множественность. Однако свет сам по себе всегда находится в состоянии абсолютного покоя, поскольку простирается из сущности Творца. Пойми это и вспоминай при изучении этой науки буквально на каждом слове.

И пойми согласно выясненному, что высший свет не прекращает светить созданиям даже на миг и не подпадает под эти случаи и обновление, так как находится в состоянии абсолютного покоя. А все обсуждаемые здесь вопросы сокращения и удаления света говорят исключительно об уровне активизации и получения *кли*, то есть центральной точки.

Пояснение. Хотя высший свет не прекратил своего действия, тем не менее, *кли* не приняло теперь ничего от его свечения, поскольку уменьшило себя. Иными словами, уменьшило «желание получить», что в нем, для того чтобы не получать в четвертую стадию, которая и является центральной точкой, а только лишь в три предшествующие стадии, находящиеся в нем, в которых желание получать слабое, и преобладает там желание отдавать (см. п.50). Так что при этом высший свет совершенно не подвергся влиянию сокращения и не изменил характера своего действия, а точно так же, как светит в Бесконечности, он светит во время сокращения, и после сокращения, и во всех мирах без исключения и даже в мире Асия светит, не прекращая ни на миг. Но сами кели́м производят все эти изменения, потому что не получают иначе как соответственно своей величине, то есть «величине желания получить», что в них.

Из сказанного пойми слова АРИ: «Извлекло оно из света Бесконечности линию одну...» Это означает, что само место пространства, то есть опустошившееся от света Бесконечности *кли*, — именно оно привело к извлечению линии из света Бесконечности вследствие произошедшего уменьшения в нем «желания получить». И теперь мера получения им света после сокращения его четвертой стадии называется словом «линия» — по сравнению с предыдущим его получением в четвертой стадии, наполнявшим все место целиком. Но сейчас, когда нет у нее этого огромного желания получить, а только три предыдущих стадии, в которых желание получать слабое, считается, будто *кли* получает из света Бесконечности всего лишь одну линию света, и все место этого *кли* остается пустым и свободным от света. Потому что этот тонкий свет, получаемый сейчас, недостаточен, чтобы наполнить все место *кли*, вследствие нехватки четвертой стадии, которая уменьшила его. И выяснилось, что высший свет вообще не прекращается вследствие *цимцума* и также совершенно не меняется, когда оно извлечет свет в виде одной линии. А все это большое изменение произошло из-за уменьшившихся *келим* получения, которые теперь не смогут получить из света Бесконечности ничего, кроме очень малой части, называемой «линия», то есть в соответствии с мерой его желания, потому что не захочет оно более этой меры. И хорошо пойми это.

(2) Не следует понимать смысл этого действия в его поверхностном значении — как человеческое действие, когда сначала действовал так, а затем иначе, и отошел от первого действия, ибо нет большей материализации духовного, чем подобное представление, поскольку Творцу не присущи случайность и изменение, как сказано: «Я АВАЯ не менял».

То есть: «Я своего отношения к творению не изменяю». Нам надо всегда представлять все творение неизменным. Изменяемся только мы. И следствие из этого правила — выражения: «Я АВАЯ не менял», «Нет никого кроме Него» и так далее. Так что даже если нам представляется действие совершенно противоположным замыслу Творца — вдруг происходят убийства и грабежи (все страдания в мире от Него — откуда же им еще исходить, как не из всех этих предыдущих состояний?) — мы должны понимать, что таким образом они материализуются в нас, в наших ощущениях, в наших чувствах, в наших качествах, свойствах, а внутри находится абсолютно доброе и единственное желание Творца — привести нас к абсолютному наслаждению и покою.

И хотя не говорится о сущности Творца, а только о распространяющемся от Него свете, тем не менее, поскольку нет изменений, случайностей и движения в сущности Творца, а присущ Ему абсолютный покой (то есть он неизменен в своем намерении относительно нас), то обязано так быть и в распространяющемся от Него свете, пока он еще не достиг категории «создание», то есть пока не достиг состояния облачения в *келим*. Ибо только тогда выходит он из категории «Его сущность» в категорию «создание», возникшее и получающее от Него.

Нет никаких изменений в свете. Есть, как мы уже говорили, изменения в *келим*, и потому *келим* воспринимают свет каждый раз по-разному.

И мы уже выяснили, что все новшество в основе своей приходится на *кли* создания, то есть на категорию имеющегося в создании «желания получить». Это желание, хоть и является духовным, но все же оно, бесспорно, образование новой формы и оно — «случай», поскольку, безусловно, не имеет места в Его сущности.

То есть желания меняются. Свет неизменен, но ощущается изменяющимся, так как меняются абсорбирующие и принимающие его желания.

Но не так в свете, облаченном в него, который не является вновь созданным, — ведь исходит он из сущности Творца как «существующий из существующего» *(еш ми еш)*. Тем не менее, приведение в действие высшего света пропорционально *кли*: в той мере, в какой *кли* реагирует и принимает от высшего света, выпадает ему также обновление, а это, конечно, «случай».

И знай, что все обновления и нисхождение ступеней являются только степенью восприятия *кли* и получения им от высшего света, так как только это получает изменения и множественность. Однако свет сам по себе (то есть вне *кли*) всегда находится в состоянии абсолютного покоя, поскольку простирается из сущности Творца. Пойми это и вспоминай при изучении этой науки буквально на каждом слове.

Потому что в каждом слове, в каждом действии мы должны видеть одно и то же воздействие Творца на нас — всегда абсолютно доброе, с одним и тем же смыслом, с одной и той же целью. Однако нам Его действия будут представляться совсем разными, действующими в различных направлениях, даже путающими нас и мешающими. Мы будем

Глава 2. Комментарии

изучать *клипо́т* — нечистые силы, которые вызывают все эти огромные страдания в нашем мире. Тем не менее и в них, внутри них мы будем обнаруживать этот простой свет, который, к сожалению (а потом увидим, что вовсе и не «к сожалению»), только таким, а не другим образом может привести нас к состоянию вечности и совершенства.

И пойми согласно выясненному, что высший свет не прекращает светить созданиям даже на миг и не подпадает под эти случай и обновление, так как находится в состоянии абсолютного покоя. А все обсуждаемые здесь вопросы сокращения и удаления света говорят исключительно об уровне активизации и получения *кли,* **то есть центральной точки.**

Все, что происходит, ощущается в центральной точке, и ей кажется, что происходит исторжение света и его возвращение, построение миров и прочее. Она таким образом ощущает это: из своих внутренних изменений, а не потому, что это происходит на самом деле. Мы описываем только субъективные ощущения творения — центральной точки. Но в действительности высший свет заполняет все творение, как заполнял и прежде, с его стороны нет никаких изменений. Вообще нет никаких изменений, кроме изменений наших субъективных ощущений.

Кто может доказать себе сейчас — спит он или нет? Как мы можем определить? Ущипнуть? И что? Ты начинаешь кричать, и вдруг тебя толкает жена и говорит: «Что ты кричишь, не мешай спать». А потом вдруг просыпаешься и спрашиваешь у нее, а она говорит: «Нет, мы не спали, ты один спал» — и так далее, одно наслоение на другое, на третье. Ну и где же ты? То есть, когда мы наконец можем выйти из себя и посмотреть на все это снаружи? Только когда достигнем полного соответствия свету.

Вы думаете, что это софистика? Не софистика, а субъективность, ничего не поделаешь...

Пояснение. Хотя высший свет не прекратил своего действия, тем не менее, *кли* **не приняло теперь ничего от его свечения, поскольку уменьшило себя. Иными словами, уменьшило «желание получить», что в нем, для того чтобы не получать в четвертую стадию, которая и является центральной**

точкой, а только лишь в три предшествующие стадии, находящиеся в нем, в которых желание получать слабое, и преобладает там желание отдавать (см. п.50).

Что Бааль Сулам хочет сказать? Он хочет сказать, что свет не прекращает светить, а все изменения, опять-таки, только относительно *кли*. Он нам говорит об этом много-много раз, но что поделаешь? Ведь это, действительно, основополагающий для нас текст.

Так что при этом высший свет совершенно не подвергся влиянию сокращения, Творец не ощущает на себе изменения воздействия со стороны творения, **и не изменил характер своего действия, а точно так же, как светит в Бесконечности** (в состоянии Бесконечности), **он светит во время сокращения, и после сокращения, и во всех мирах без исключения и даже в мире Асия,** в самом последнем из высших миров, и даже в нашем мире **светит, не прекращая ни на миг. Но сами кели́м своим восприятием производят все эти изменения,** потому что не получают иначе как соответственно своей величине, то есть «величине желания получить», что в них. Понятно, насколько это субъективно.

Из сказанного пойми слова АРИ: «Извлекло оно из света Бесконечности линию одну...» Это означает, что само место пространства, то есть опустошившееся от света Бесконечности *кли*, — именно оно привело к извлечению линии из света Бесконечности вследствие произошедшего уменьшения в нем «желания получить». И теперь мера получения им света, после сокращения его четвертой стадии, называется словом «линия»...

Раньше *кли* было готово получать все без ограничений и поэтому называлось «*малхут* мира Бесконечности» — без конца, без ограничений. Сейчас *малхут* ограничивает себя и говорит: «Я буду получать только тонкую линию из всей этой площади, из всей безграничности прошлого».

...По сравнению с предыдущим его получением в четвертой стадии, наполнявшим все место целиком. Но сейчас, когда нет у нее этого огромного желания получить (она сократила его), а остались только три предыдущих стадии, в которых желание получать слабое, считается, будто *кли* получает из света Бесконечности всего лишь одну линию света, и все место этого *кли* остается пустым и свободным от света.

Что это значит?

В *малхут* мира Бесконечности есть *кетер, хохма, бина, зеир анпин* и сама *малхут*. *Малхут* сокращает себя, а из первых девяти *сфирот* просто уходит свет. И затем *малхут* говорит: «Я сейчас создаю миры».

Что значит «миры»? В меня свет не входит никак, что же касается этих предыдущих девяти *сфирот* — я хочу, чтобы они сократились таким образом, чтобы до меня не дошло никакого света. И постепенно каждая из этих *сфирот* сокращает в себе свет в зависимости от своего подобия ему. То есть свет, когда нисходит в *малхут*, постепенно-постепенно уменьшается, сужается до нуля.

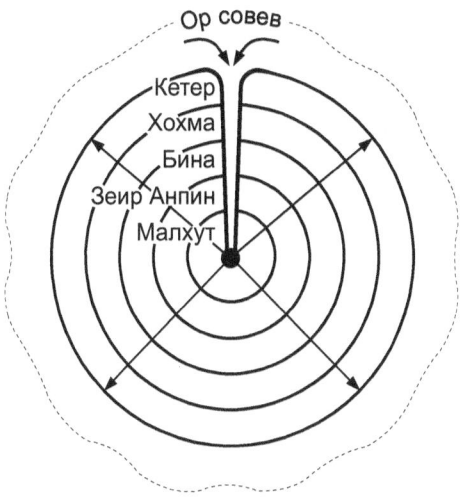

Рис. 3 Сужение света по мере приближения к малхут

Каким образом? *Малхут* входит своими качествами в *кетер, хохма, бина, зеир анпин* и как бы сокращает их. На сопоставлении своих качеств и качеств *малхут* они и сокращаются. Насколько она отдалена от *кетера*, настолько она его сокращает. И появляется как бы сужающаяся диафрагма, которая полностью, в конечном итоге, перекрывает высший свет от *малхут*. Эти сокращения света до *малхут* называются мирами.

Малхут сокращает свет, и он становится линией. А что означает эта линия? Линия — это какой-то процент от света, скажем, «n». Если *малхут* целиком заполняется, то это называется кругом, а если заполняется, но только в девяти *сфирот*, это называется линией в этом круге — настолько это маленький сектор.

Потому что этот тонкий свет, получаемый сейчас, недостаточен, чтобы наполнить все место *кли* (что являлось замыслом творения *кли*), вследствие нехватки четвертой стадии, которая уменьшила его. И выяснилось, что высший свет вообще не прекращается вследствие *цимцума*, и также совершенно не меняется, когда оно *(кли)* извлечет свет в виде одной линии. А все это большое изменение произошло из-за уменьшившихся *келим* получения, которые теперь не смогут получить из света Бесконечности ничего, кроме очень малой части, называемой «линия», то есть в соответствии с мерой его желания, потому что не захочет оно более этой меры. И хорошо пойми это.

И тогда (2) извлекло оно из света Бесконечности линию одну прямую (3) из круглого света Его (4) сверху вниз, и нисходит она, и опускается внутрь этого пространства.

Все эти слова «сверху», «вниз», «нисходит», «опускается», «внутрь», «пространства», «круглого», «прямую» — все это требует объяснения, потому что в духовном мире ничего этого нет. И Бааль Сулам продолжает выяснение:

(3) *из круглого света Его...*

(3) Смысл фигуры круга был уже выяснен нами ранее (см. гл. 1, п. 100). Этим он говорит нам, что даже после *цимцу́ма* остался высший свет в виде круга, что означает — без различия ступеней. А все четыре стадии равны у него по своему достоинству (см. выше, гл. 1, п. 100). Причина этого в том, что понятия «обновление» и «случай» совершенно не имеют места в высшем свете. А все эти виды обновлений, о которых говорится, — не что иное, как соотношения *кели́м*.

(3) Смысл фигуры круга был уже выяснен нами ранее (см. гл. 1, п. 100). Этим он говорит нам, что даже после *цимцу́ма* остался высший свет в виде круга, что означает — без различия ступеней. А все четыре стадии равны у него по своему достоинству (см. выше, гл. 1, п. 100). Причина этого — почему они равны по духовному уровню — в том, что понятия «обновление» и «случай» совершенно не имеют места в высшем свете. А все эти виды обновлений, о которых говорится, — не что иное, как соотношения *кели́м*.

Что он хочет сказать? Все предыдущие формы, которые принимало *кли* в своем эволюционном развитии, сохраняются, и когда оно доходит, в частности, и до этой последней формы, свет каким-то образом начинает входить в линию, внутрь, и заполняет все это. Не надо думать, что предыдущие формы исчезли. Они все остаются, только накладываются друг на друга: четыре стадии прямого света, потом свет Бесконечности, мир Бесконечности, потом сокращение этого света, а затем уже *кав* (линия). Все они накладываются друг на друга, определяют друг друга.

То есть он хочет сказать, что все остается как есть. **Понятия «обновление» и «случай» совершенно не имеют места в высшем свете. А все эти виды обновлений, о которых говорится, не что иное, как соотношения *кели́м*.** Ничего нового не происходит, просто появляются, выявляются все более сильные реакции *малхут* на то, в чем она находится. Она оказалась в свете и теперь начинает на него реагировать и развиваться под воздействием этого света все больше, все шире, все глубже в каких-то своих внутренних взаимодействиях. И вот эти постепенные, внутренние этапы ее развития и являются предметом нашего изучения. Это и называется у нас распространением «сверху вниз», а вообще все это происходит внутри того же круга мира Бесконечности. Далее в четвертом пункте Бааль Сулам говорит, как это все происходит.

И тогда (2) извлекло оно из света Бесконечности линию одну прямую (3) из круглого света Его (4) сверху вниз...

Что значит «сверху вниз»? Он пишет:

(4) Не забудь, что ни в коем случае не имеются в виду воображаемые понятия в месте материальном, но самый чистый определяется термином «верх», а самый грубый и плохой определяется термином «низ».

Выше (см. гл.1, п.6) выясняется, что все, что можно понять в распространении света от Создателя и вхождении его в категорию «создание», это по сути не что иное как новшество изменения формы, которое имеется в создании, то есть категория возникшего в свете «желания получить», отсутствующего в Создателе. И по этой причине определяется творение как удаленное, грубое, ничтожное и низкое по сравнению с Создателем, поскольку отличие формы от Создателя образует все эти свойства и выводит его из категории «Создатель» в категорию «создание».

Ты также узнал, что отличие этой формы, то есть «желание получить», не раскрывается за один раз, а образуется постепенно, в последовательности четырех стадий, и завершается форма создания в полной мере только в четвертой стадии.

В связи с этим находим, что если форма его желания получать самая слабая, что соответствует первой из четырех стадий, то она считается ближе к Создателю, и она важнее, чище и выше, так как изменение формы в этой стадии не столь велико, как в трех последующих стадиях. А стадия 2, желание в которой больше чем в стадии 1, считается более удаленной от Творца, более грубой, более ничтожной, более низкой, чем первая стадия. И так вплоть до стадии 4, которая более всех удалена от Творца и грубее, ничтожнее, ниже всех.

И в этом смысл сказанного АРИ, что линия протянулась «сверху вниз» — то есть от первой стадии до находящейся ниже всех четвертой стадии (исключая ее саму). И понятия верх и низ, о которых говорится, появляются сейчас, с выходом линии, потому что до начала свечения линии, то есть во время сокращения, неразличимы там верх и низ (см. гл.1, п.100).

Однако после того, как она получила свет лишь в виде линии, иными словами, не получила его во все четыре стадии, а лишь в три первые стадии, что в ней, четвертая стадия остается беспросветной тьмой. И вот только теперь раскрылась стадия 4 как стадия ничтожная, грубая и низкая, когда

Глава 2. Комментарии

выше нее оцениваются также и три предшествующих стадии по тому, насколько они чище и ближе к Создателю. Тогда как во время *цимцума*, когда исчез свет из всех четырех стадий одновременно, еще не было такого различия между стадиями (см. гл.1, п.100).

(4) Не забудь, что ни в коем случае не имеются в виду воображаемые понятия в месте материальном...
Речь не идет о тех картинах, которые мы себе рисуем в нашем мире. Здесь же мы рисуем эту картину, чтобы сразу же внутри нее поставить себя в соответствующие духовные состояния. Например, что значит «близкие»? Более подобные мне, более теплые, привычные. Что значит «далекие»? Более удаленные, непривычные, не схожие со мной и так далее.

(4) Не забудь, что ни в коем случае не имеются в виду воображаемые понятия в месте материальном, но самый чистый определяется термином «верх», а самый грубый и плохой определяется термином «низ».
«Чистый» — высший, «грубый» — низший. Все эти понятия, естественно, нуждаются в четких определениях. В разделе «Вопросы и ответы» Бааль Сулам объясняет все эти слова: что такое «свет», что такое «кли», что такое «прямой свет», «чистый», «время», «верх», «низ» и так далее. Нам надо знать точное каббалистическое определение каждого из этих слов, чтобы, рисуя какую-то картину, мы могли в то же время пытаться в своих ощущениях представить ее как действующую в наших чувствах, а не в фотографической памяти мозга.

Выше (см. гл.1, п.6) выясняется, что все, что можно понять в распространении света от Создателя и вхождении его в категорию «создание», это по сути не что иное как новшество изменения формы, которое имеется в создании, то есть категория возникшего в свете «желания получить», отсутствующего в Создателе. И по этой причине определяется творение как удаленное, грубое, ничтожное и низкое по сравнению с Создателем...
Видите, сколько определений, и каждое из этих определений имеет свое четкое место — «удаленное», «грубое»,

«ничтожное», «низкое» по сравнению с Создателем. Если Бааль Сулам называет какое-то свойство — это значит, что в тот момент он его ощущает в своих *келим*. И поэтому, если он перечислил четыре свойства, то это не просто как в художественной литературе — для выявления более эмоциональных оттенков, но потому, что он точно видит четыре отличия, и именно эти.

...Поскольку отличие формы от Создателя образует все эти свойства и выводит его из категории «Создатель» в категорию «создание».

Только после того, как определены качества «удаленное», «огрубленное», «ничтожное», «низшее» в творении, оно может называться творением относительно Творца.

Ты также узнал, что отличие этой формы, то есть «желание получить», не раскрывается за один раз, а образуется постепенно, в последовательности четырех стадий, — свет исходит из Творца и постепенно создает желание, **и завершается форма создания в полной мере только в четвертой стадии.**

В связи с этим находим, что если форма его желания получать самая слабая, что соответствует первой из четырех стадий...

Мы не говорим о *кетере*, потому что от него все исходит, и это свет. А вот *хохма, бина, зеир анпин* и *малхут* — о них мы уже говорим, потому что *хохма* — это желание получать, *бина* — желание отдавать, *зеир анпин* — это желание отдавать и желание получать вместе, или желание получать уже ради отдачи, и *малхут* — желание получить в чистом виде, но не просто желание получить, как в *хохме*, а желание получить как бы статус Творца.

Таким образом, по мере нисхождения от Творца, от света, от *кетера*, возникает все большее и большее огрубление желания, пока оно не получает окончательную, наиболее сильную форму только в четвертой стадии — *малхут*.

В связи с этим находим, что если форма его желания получать самая слабая, что соответствует первой из четырех стадий, то она считается ближе к Создателю — так как желание маленькое, оно мало отличается от Творца, **и она важнее, чище и выше, так как изменение формы в этой стадии**

Глава 2. Комментарии

не столь велико, как в трех последующих стадиях — во второй, третьей, четвертой. **А стадия 2, желание в которой больше чем в стадии 1, считается более удаленной от Творца** (больше отличается от Творца)**, более грубой, более ничтожной, более низкой, чем первая стадия. И так вплоть до стадии 4, которая более всех удалена от Творца и грубее, ничтожнее, ниже всех.**

Он ни в коем случае не уходит от точности своих слов. В ТЭС не так, как в каббалистических статьях, где иногда, в зависимости от ощущений, переходов во всевозможных состояниях, происходит замена якобы одних слов другими, есть какие-то вариации, уходы в другие состояния. Но когда Бааль Сулам в «Учении десяти сфирот» говорит о четких стадиях, вы никогда не увидите замены одних определений другими. Видите: «грубее», «ничтожнее», «ниже», «самое грубое», «ничтожное», «низкое», «важнее», «выше», «чище» и так далее. Он четко берет эти четыре параметра (мы дальше увидим почему) и только ими оперирует: «выше — ниже», «чище — грубее», «ближе — удаленнее», «важнее — менее важно».

И в этом смысл сказанного АРИ, что линия протянулась «сверху вниз» — то есть от первой стадии до находящейся ниже всех четвертой стадии (исключая ее саму). Эти стадии изображаются на рисунке в виде кругов. **И понятия верх и низ, о которых говорится, появляются сейчас, с выходом линии, потому что до начала свечения линии, то есть во время сокращения, неразличимы там верх и низ (см. гл.1, п.100).**

То есть раньше различались только наружный круг и внутренний круг, но они были одинаковыми. Почему одинаковыми? Потому что все измеряется относительно центральной точки. Поэтому мы и изображаем это в виде окружности. Ведь только у окружности есть такое свойство, когда ни одна точка не является более выпуклой по сравнению с остальными. И весь круг замкнуто равноценный. Поэтому он говорит, что до тех пор, пока свет не начал последовательно нисходить по этим четырем стадиям, он не образовал линию.

И в этом смысл сказанного АРИ, что линия протянулась «сверху вниз» — то есть от первой стадии до находящейся

ниже всех четвертой стадии (исключая ее саму). **И понятия верх и низ, о которых говорится, появляются сейчас,** — их не было ни в мире Бесконечности, ни в мире Сокращения, они появились сейчас, — **с выходом линии, потому что до начала свечения линии, то есть во время сокращения, неразличимы там верх и низ** (см. гл.1, п.100).

Свет стал направленным, призывающим, указывающим, тянущим к себе по лучу вверх. То есть этот свет уже не заполнет полностью творение без всяких причинно-следственных оттенков, без всякого избранного, селективного отношения к чему-то, сейчас он четко направлен сверху вниз. Он указывает творению его место — внизу, и место своего источника — наверху. Он действует так, чтобы подтянуть творение к себе. То есть сейчас направление света является четко выбранным, сориентированным. И вот именно тем, что вместо прошлого, абсолютно нецеленаправленного, простого наполнения он сейчас производит давление совершенно определенное, направленное сверху вниз, он вызывает далее все изменения в творении.

Однако после того, как она получила свет лишь в виде линии, иными словами, не получила его во все четыре стадии, а лишь в три первые стадии, что в ней, четвертая стадия остается беспросветной тьмой. И вот только теперь раскрылась стадия 4 как стадия ничтожная, грубая и низкая, когда выше нее оцениваются также и три предшествующих стадии по тому, насколько они чище и ближе к Создателю. Тогда как во время *цимцума*, когда исчез свет из всех четырех стадий одновременно, еще не было такого различия между стадиями (см. гл.1, п.100).

То есть когда свет через все 4 стадии нисходил от Творца к четвертой стадии, когда он наполнял всю ее светом Бесконечности, когда он вызвал в ней *цимцум алеф* — все это происходило в круге.

Мы рисуем это в виде таких «чашечек» просто для того, чтобы удобнее было показать, что происходит и как стадии переходят друг в друга. Но все это происходило в круге. Не было никакого понятия о каком-то избирательном, вызывающем, целенаправленном воздействии со стороны Творца, и только сейчас это появляется. Почему? Потому что

Глава 2. Комментарии

четвертая стадия поставила себя в особую позицию — она больше не принимает свет. И поэтому после того, как она сделала *цимцум*, свет уже может вернуться только в три предыдущие стадии, потому что они не были еще предельно удалены от Творца. Это не творение, не *малхут*. Только четвертая стадия остается постоянно незаполненной светом. А заполнение светом трех предыдущих стадий называется линией относительно круга Бесконечности, *малхут*.

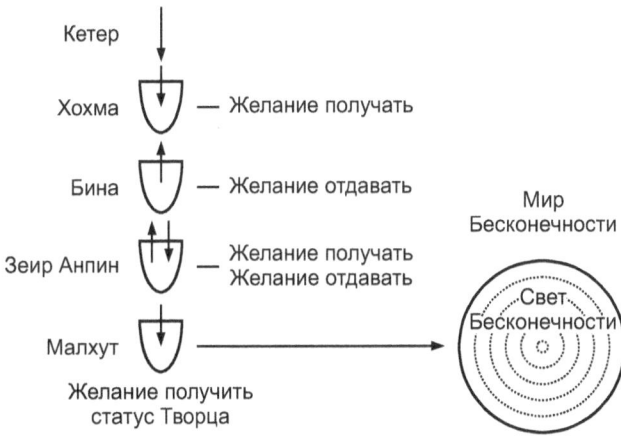

Рис. 4 Изображение перехода стадий друг в друга в мире Бесконечности

Линия внутри всей окружности — это три стадии внутри стадии 4. Так *малхут* себя представляет. Почему это так изображается, нам еще предстоит выяснить. *Малхут* соединяется с тремя стадиями для того, чтобы в них себя включать. Так образовывались миры.

Начало линии касается Бесконечности, но не ее окончание

2) (5) *Вершина линии исходит из самой Бесконечности* (6) *и касается ее, однако окончание этой линии* (7) *внизу, в конце ее, не касается света Бесконечности.*

Что значит «вершина линии»?

Ор пними
(5) То есть первая стадия из четырех, как это выяснилось в предыдущем пункте.

В начало линии входит окружающий свет (*ор совéв*) Бесконечности, а окончание линии не касается Бесконечности, оно находится в другом месте. В духовном мире нет чертежей, поэтому Бааль Сулам объясняет, в чем заключается особенность этой линии. С одной стороны, она находится в Бесконечности, с другой стороны, она находится в месте, противоположном Бесконечности. И эта линия распространения света такова, что она соединяет между собой два абсолютно противоположных свойства, Творца и творение, и между ними луч света — линия в абсолютно пустом пространстве, соединяющая творение с Творцом.

(6) Потому что первая стадия, являющаяся вершиной, наиболее близка к Бесконечности, то есть к Создателю, и поэтому считается как бы касающейся Его, так как отличие в изменении формы первой стадии не столь заметно, чтобы отделить ее от Создателя.

«Касается ее»:
(6) Потому что первая стадия, являющаяся вершиной линии, **наиболее близка к Бесконечности, то есть к Создателю, и поэтому считается как бы касающейся Его** (то есть Творца), **так как отличие в изменении формы первой стадии** (в начале линии сверху) **не столь заметно, чтобы отделить ее от Создателя.**

То есть, линия — это уже свет внутри *кли*. Но это только начало *кли*, самое высшее *кли* в начале линии, и поэтому эта часть еще может соприкасаться со светом, поскольку они близки по своим свойствам — вот что он хочет сказать.

Вершина линии **наиболее близка к Бесконечности.** Близка, естественно, по своим свойствам, **и поэтому считается как бы касающейся Его,** — но все-таки отлична от Него, потому что касается, а не сливается, **так как отличие в изменении формы первой стадии** (отличие ее свойств) **не столь заметно, чтобы отделить ее от Создателя.**

Глава 2. Комментарии

...Однако окончание этой линии (7) внизу, в конце ее, не касается света Бесконечности.

(7) *Внизу, в конце ее* — указывает на четвертую стадию, которая дальше всех и ниже всех (см. гл.2, п.4) и не получает теперь высший свет и, следовательно, не касается света Бесконечности, а отделена от него.

Четвертая стадия противоположна Бесконечности, она не получает высший свет, не касается высшего света, отделена от него. И поэтому она считается находящейся дальше всех остальных стадий и ниже всех остальных стадий. Бааль Сулам приводит здесь геометрические соответствия духовным характеристикам. Тогда как духовные характеристики — только в сравнении со свойствами Творца: «ближе — дальше» означает «в подобии Творцу или нет».

Через эту линию распространяется свет Бесконечности в миры

3) И через эту линию притягивается и распространяется свет Бесконечности вниз.

3) И через эту линию, по этой тоненькой трубочке, *притягивается и распространяется свет Бесконечности вниз.* Это тоже надо охарактеризовать, что значит — свет Бесконечности нисходит сверху вниз.

Все миры находятся в месте того сократившегося пространства

4) И в месте пространства того (8) создал и сотворил, и произвел, и сделал все эти миры.

Что значит «создал и сотворил, и произвел, и сделал»?

Ор пними

(8) Этим он намекает на четыре мира, называемые: Ацилу́т, Брия́, Ецира́ и Асия́. И они заключают в себе все миры, которых по отдельности не счесть. И эти четыре мира исходят

из четырех вышеупомянутых стадий: из 1-й стадии — Ацилу́т, из 2-й стадии — Брия́, из 3-й — Ецира́, из 4-й — Асия́.

До сокращения был Он и имя Его едины, и не может разум постичь Его

5) (9) *До этих четырех миров была Бесконечность,* (10) *Он един, и имя Его едино в единстве чудесном и скрытом, и* (20) *нет сил даже у ангелов, близких к Нему, и не постигают они Бесконечность, ибо нет такого разума творения, который смог бы постичь Его, поскольку* (30) *нет у Него ни места, ни границы, ни имени.*

Ор пними

До этих четырех миров,
(9) называемых Ацилу́т, Брия́, Ецира́, Асия́ (см. предыдущий пункт) и включающих в себя абсолютно все миры. До них всех, то есть до сокращения, эти четыре стадии не различались, как одна выше другой, а были в так называемом «простом единстве» (см. гл.1, п.30, со слов «Однако сказанное выше»), — без всяких отличий между ступенями и между светом и *кли*, а в состоянии «Он и имя Его едины».

До этих четырех миров, (9) называемых Ацилу́т, Брия́, Ецира́, Асия́ (см. предыдущий пункт) и включающих в себя абсолютно все миры. До них всех, то есть до сокращения, эти четыре стадии не различались, как одна выше другой, а были в так называемом «простом единстве» (см. гл.1, п.30, со слов «Однако сказанное выше»)...

Несмотря на то, что мы изображаем эти четыре стадии одну под другой, они, в принципе, являются окружностями. Мы изображаем их так для того, чтобы показать их причинно-следственное развитие. А до этих четырех миров есть только нулевая стадия, которая соответствует миру Адам Кадмо́н.

...То есть до сокращения эти четыре стадии не различались, как одна выше другой, а были в так называемом «простом единстве», как окружности, — **без всяких отличий между ступенями...** Тогда почему же эти окружности всегда рисуются одна внутри другой? Потому что этим мы определяем причину и следствие. И только. Когда мы рисуем их в виде концентрических окружностей, мы хотим подчеркнуть только одно — их причинно-следственное развитие — то, что каждая последующая окружность порождается предыдущей и находится внутри нее. Что значит «внутри нее»? Это значит, что предыдущая окружность ее создает, определяет, наполняет и производит с ней дальнейшие действия. И когда это изображается в виде окружности, то говорит о том, что между ними нет никакой разницы по свойствам, что мы совершенно не занимаемся сравнением свойств. Эти окружности совершенно равноценны между собой, с точки зрения удаления или приближения к Творцу. Ведь когда мы говорим об удалении или приближении к Творцу, мы должны уже говорить: «верх» и «низ» — «удаление» и «приближение», поскольку Творца мы всегда считаем высшим, а творение — низшим.

...**Без всяких отличий между ступенями и между светом и кли, а в состоянии «Он и имя Его едины».**

(10) «Он» указывает на высший свет, а «имя Его» указывает на желание получить, обязательно присутствующее там (см. гл. 1, п. 30, со слов «Не удивляйся»). «Имя Его» в гематрии[10] — «желание», что указывает на «желание получить».

(10) «Он» указывает на высший свет, а «имя Его» указывает на желание получить, обязательно присутствующее там (см. гл.1, п.30, со слов «Не удивляйся»).

Почему оно обязательно находится там? Потому что, если бы не было желания внутри света, то не было бы и самого света. Не было бы того, кто бы определил и ощутил этот свет.

«Имя Его» в гематрии — «желание», что указывает на «желание получить».

---

10 Гематрия — сумма числовых значений букв в слове.

*...(20) **Нет сил даже у ангелов, близких к Нему, и не постигают они Бесконечность...***

(20) То есть, теперь, после того, как созданы миры, даже у ангелов, являющихся творениями наиболее близкими по своей духовности, нет постижения в Бесконечности.

Есть две четкие категории. Одна из них — Бесконечность, другая — творения, существующие в линии. Те, кто находятся в линии, не могут представить себе и понять, что значит Бесконечность, у них нет этих *келим* Бесконечности, круглых *келим*. Те, кто находятся в Бесконечности, находятся выше тех, кто в линии.

Постепенно из центральной точки *малхут* мы поднимаемся по лучу вверх и выходим в мир Бесконечности. Но до тех пор, пока мы не вышли в мир Бесконечности, — когда бесконечно, безгранично, без ограничения действуем ради Творца, — до тех пор мы не можем ощутить, что такое Бесконечность, понять ее и вообще рассуждать о ней. Настолько у нас отсутствуют *келим* к ней. Эти *келим* создаются рывком после полного исправления всех *келим* в линии.

Бааль Сулам тут упомянул об ангелах. Есть, как мы знаем, творение и Творец. А теперь он называет творения какими-то ангелами. Творения различаются по нескольким своим особенностям. Творения в нашем мире подразделяются на четыре стадии: неживая, растительная, животная и человек. И соответственно этому, четыре стадии есть также в творении в духовном мире: неживая, растительная, животная и человек. Неживая называется *«эйхало́т»* (залы), животная — *«малахи́м»* (ангелы), человеческая — *«нешамо́т»* (души) — самая высокая стадия, самое большое развитие. Единственные, у кого есть свобода воли в духовном мире, как и в нашем мире у человека, — это *нешамо́т*. Животные в духовном мире называются ангелами — это те, у которых не существует никакой свободы воли, которые действуют, только исходя из своей природы. Как в нашем мире: создал Творец какого-нибудь коня — так до конца жизни он остается конем. Он может выполнять только свои функции и, практически, ничего другого делать не может.

Глава 2. Комментарии

Человек может приручать все остальные низшие создания, извлекать из них пользу. Ангелы являются его ближайшими помощниками — как в нашем мире конь, корова, собака и так далее. А в духовном мире эти ангелы — просто дополнительные, вспомогательные силы из окружающей природы, которыми пользуется человек. У них нет никакой свободы воли. Они никоим образом не могут самостоятельно действовать. Нечего на них списывать (что мы часто пытаемся сделать) какие-то возникающие проблемы или какие-то добрые дела.

Когда мы называем человека ангелом, мы говорим о том, что в нем есть только одно добро. То есть это в общем-то не живой человек, у которого есть внутренняя борьба эгоизма с альтруизмом и так далее, а просто определенное свойство, какая-то сила, положительная или отрицательная, которую можно по-разному использовать. Она и называется ангелом. Как в нашем мире: есть сила тяготения, силы магнитные, электрические и т.д. Они тоже называются «ангелами» в духовном мире. Ни в коем случае не надо вместо этого придумывать себе каких-то животных или живые существа, которые могут вмешиваться во что-то и что-то делать. Кроме нас, нет в мироздании никого, кто мог бы нам помешать или как-то воздействовать на нас. Только мы и Творец.

...(30) *нет у Него ни места, ни границы, ни имени.*
(30) Поскольку там, в Бесконечности, «Он и имя Его едины» и совершенно неразличимы там ни место, ни *кли*, как сказано выше, поэтому неспособен разум творения постичь Его, так как нет постижения света без *кли*.

(30) Поскольку там, в Бесконечности, «Он и имя Его едины»...
Там сливаются вместе «Он» — свет и «имя Его» — *кли*. Почему это так называется? Потому что свет мы называем по имени *кли*, которое его постигает. Или, наоборот, *кли* мы можем называть по имени света, который в нем раскрывается. Так вот, в Бесконечности свет и *кли*, Он и имя Его едины. Почему?

...Совершенно неразличимы там ни место, ни *кли*, как сказано выше, поэтому неспособен разум творения постичь Его, так как нет постижения света без *кли*. Если мы сможем выйти в мир Бесконечности после того, как полностью уподобимся Творцу, то будет «Он и имя Его едины», как сказано: и будет в тот день *«а-Шем эха́д у-Шмо эха́д»*. То есть, в будущем придет такой свет, такой день, когда будут «Он» (Творец) и «имя Его» едины, когда *кли* полностью достигнет свойств света, наполнится светом, и все мы вознесемся в совершенство и бесконечность.

На этом мы заканчиваем вторую главу первой части «Учения десяти сфирот» и начинаем изучение раздела «Вопросы и ответы по толкованию терминов». Мы будем изучать каждое слово и его внутренний смысл, не пропуская ничего, и попытаемся, если можно, даже кое-где добавить. А затем перейдем к разделу «Вопросы и ответы по выяснению понятий», изучим ответы и попытаемся дополнить их. Далее приступим к изучению «Внутреннего созерцания» — дополнения к первой части ТЭС.

Но сначала рассмотрим структуру этой книги. «Учение десяти сфирот», ТЭС, состоит из 16 частей. Каждая часть посвящена определенной теме.

Часть 1 — четыре стадии прямого света, *цимцум а́леф*, мир Бесконечности, линия получения.

Часть 2 — строение *парцу́фа, кели́м де-игули́м* и *кели́м де-еше́р*.

Часть 3 — миры АБЕА́, их элементы и связь.

Часть 4 — детали творения (виды света и *кели́м*).

Часть 5 — вход света в *кли* и выход из него.

Часть 6 — мир Некуди́м.

Часть 7 — *швира́т а-кели́м* (разбиение *келим*).

Часть 8 — мир Ацилу́т.

Часть 9 — сочетание *сфиро́т*.

Часть 10 — *ибу́р* (зарождение).

Часть 11 — света и *келим* в состоянии *ибур*.

Часть 12 — рождение и вскармливание.

Часть 13 — *ди́кна* — управление низшими.

Часть 14 — *гадлу́т* (большое состояние).

Глава 2. Комментарии

Часть 15 — *малху́т*.
Часть 16 — миры Брия, Ецира, Асия и Адам Ришон.
Части 1 — 4 состоят из глав или подразделов. В **частях 5 — 16** подразделов нет.

Каждая часть включает в себя:
— основной материал (текст АРИ и под ним комментарий Бааль Сулама «Ор пними»);
— «Внутреннее созерцание»;
— «Вопросы и ответы по толкованию терминов»;
— «Вопросы и ответы по выяснению понятий».

Такова структура всего ТЭС. Это чисто академический учебник, который разбит на части по темам. В каждой части сначала излагается сам материал, потом комментарий к нему, затем — «Внутреннее созерцание» — вольное изложение Бааль Суламом того, что содержится в данной части, затем — «Вопросы и ответы по толкованию терминов», «Вопросы и ответы по выяснению понятий». То есть, все изложено по четкой системе: изучение материала, повторение материала, вопросы и ответы по материалу — для самоконтроля и для лучшего, более точного понимания.

Мы прошли основной материал первой части «Учения десяти сфирот». И теперь приступаем к следующему разделу — к выяснению истинного смысла терминов: мы будем читать вопросы, затем ответы на них и, кроме того, немного пояснять их. У вас при этом должны возникать вопросы, потому что самое главное при чтении, при изучении каббалы — это понимать, что подразумевается под каждым словом. Ведь говорится о мирах, об измерениях, о действиях, об объектах, о которых у нас нет никакого представления. Даются им какие-то названия, а что под этим подразумевается — мы не знаем и можем ошибочно считать, думать, воспринимать под этим названием совершенно не то, что подразумевает автор. И тогда автор будет описывать мне одну картину, а я буду при этом рисовать себе совершенно другую, то есть я не смогу изучать то, что говорит мне автор.

А нужно ли нам действительно изучать то, что говорит автор, или нет? Какая разница, в конце концов, ошибусь я немножко или нет — если все равно я не понимаю, о чем говорится? — Это очень важно. Почему? Потому что мы должны вызвать на себя окружающий свет. Чтобы вызвать окружающий свет, надо его захотеть. Как можно его захотеть? Захотеть его можно так: читая текст, переводить его для себя на понятный мне язык. То есть под каждым словом я пытаюсь понимать именно то, что он хочет мне сказать: свет, *кли*, круглый, длинный, прямой, направо, налево, поднялся, опустился, время, чистый, грязный и т.д. Всем этим словам мне надо придать точный духовный смысл. Когда я начну придавать этим словам духовный смысл, я увижу, насколько этот смысл расходится с моим представлением.

Передо мной возникнут две картины. Одна картина — моя, которая поневоле возникает за этими словами — геометрические фигуры или даже картины нашего мира. И, с другой стороны, картина, которую я более или менее могу себе представить, — что же это в духовном мире. Вот когда возникнут передо мной эти две картины, и они будут находиться в противоречии, в несовпадении друг с другом, тогда я начну чувствовать в себе внутреннее расхождение — между собой и духовным миром. И вот это внутреннее расхождение, боль, отсутствие во мне этого внутреннего мира, непонимание его, неощущение его в истинном виде в своих чувствах, — оно поневоле изнутри меня вызовет излучение окружающего света, который начнет подтягивать меня вверх. То есть, правильное понимание каббалистического текста нужно не для того, чтобы мы понимали, а необходимо нам для того, чтобы мы пожелали адаптироваться в этом тексте, подняться на его уровень, влиться в те объекты и действия, которые этот текст обозначает.

Об этом говорит Бааль Сулам в самом последнем параграфе статьи «Предисловие к Учению десяти сфирот». Он так и называется — «Порядок учебы». В нем Бааль Сулам говорит о том, что человек должен перед изучением любого каббалистического текста просто взять все слова, которые есть в этом тексте, найти всем им правильные каббалистические обозначения, определения, выучить определение каждого слова на память так, чтобы при произношении

Глава 2. Комментарии

слов «круглый», «простой», «свет», «время», «равенство», «слияние», «подъем» у нас автоматически, сразу же возникал их правильный каббалистический смысл. До такой степени это должно быть отпечатано в моей памяти. И только тогда, правильно читая текст, я увижу, что нахожусь совершенно не в нем. Эта разница между тем, что я в своих животных чувствах понимаю под этими словами, и тем, что я должен был бы понимать, если бы находился в духовном мире, вызовет во мне давление, напряжение, которое и называется молитвой. Тогда-то я и притяну на себя силой этой молитвы окружающий свет, который начнет меня поднимать.

В этом заключается особое свойство учебы по каббалистическим книгам, которые мы изучаем не ради знания, а ради того чтобы создалось стремление к высшему свету. И чтобы именно в этот момент этот свет притянуть. Поэтому мы говорим, что изучение каббалистических книг вызывает высший свет, который нас исправляет.

Оно не просто так вызывает в нас высший свет — мы можем тысячу лет изучать каббалистические книги, и никакого высшего света наша учеба не вызовет. Многие в течение тысяч лет изучали различные каббалистические книги, и ничего при этом в них не произошло. Потому что произойти это может только в той мере, в которой мы будем во время учебы понимать, что мы еще не находимся в том состоянии, которое описывает книга. А для этого надо знать правильное определение каждого слова.

Мы начнем просто изучать слова. И неважно, что мы находимся только в начале нашего изучения, и через год или два тоже будем находиться в этом процессе, мы с самого начала уже можем вызывать на себя ощущение высшего света, излучение света Творца — общего света, который уже сейчас в определенной мере может давать нам ощущение вечности, совершенства, воодушевления, устремления. Это зависит от того, насколько мы пожелаем подняться над нашим эгоизмом.

Таблица вопросов и ответов[*]
по толкованию терминов

1) Что такое «свет» *(ор)*?
Все, получаемое в мирах в качестве «еш ми еш», и это включает в себя все, кроме материи кели́м. См. ответы 2 и 24 («Внутреннее созерцание», п.18).

2) Что такое «свет и кли»?
Желание получить, имеющееся в творении, называется «кли», а получаемое наслаждение называется «свет» (глава 1, «Ор пними», п.6).

3) Что такое «круглый свет» *(ор аго́ль)*?
Круглый свет — это свет, который не образует различия ступеней (глава 1, «Ор пними», п.100).

4) Что такое «простой свет» *(ор пашу́т)*?
Простой свет — это свет, который включает в себя *кли* до неразличения между светом и *кли* (глава 1, «Ор пними», п.30).

5) Что такое «свет *хохма́*»?
Свет хохма́ — это свет, притягивающийся к творению при первом распространении, которое является совокупностью жизненной силы и сути творения (глава 1, «Ор пними», п.50).

6) Что такое «свет *хасади́м*»?
Свет хасади́м — это свет, который облачает свет хохма́ и притягивается к творению с первым преодолением (глава 1, «Ор пними», п.5).

7) Что такое «пустой воздух» *(ави́р рейкани́)*?

---

[*] Замечание: Забывание смысла слова в каком-либо понятии хуже исчезновения этого слова из понятия — ведь неверное понимание скроет от вас все понятие. Поэтому приучи себя пользоваться таблицей вопросов и ответов вплоть до заучивания наизусть (Замечание Бааль Сулама).

Это свет хасади́м прежде, чем он облачается на свет хохма́ (глава 1, «Ор пними», п.5).

8) Что означает «потом»?
Результат действия предшествующей стадии. См. ответ 20 («Внутреннее созерцание», п.34).

9) Что такое «центральная» *(эмцаит)*?
См. ответ 39.

10) Что значит «один» *(эха́д)*?
Высший свет, распространяющийся из Ацмуто́, — он один и он простой, как и Ацмуто́. И какой он в Бесконечности, такой он даже в мире Асия́, без какого либо изменения и добавления формы. И поэтому называется один («Внутреннее созерцание», п.1).

11) Что значит «творит» *(борэ́)*?
Слово «творит» указывает только на новшество, то есть на создание «сущего из ничего», что относится исключительно к материи кели́м, определяемой как «желание получить», присутствующее в любой сущности, которого безусловно не существовало в *Ацмуто́* до творения («Внутреннее созерцание», п.18).

12) Что такое «слияние» *(двеку́т)*?
Это уподобление формы, сближающее духовные объекты и соединяющее их друг в друге. Различие же формы отдаляет их друг от друга (глава 1, «Ор пними», п.30).

13) Что такое «равенство» *(ашваа)*?
Если не познано никакого различия между четырьмя ступенями желания получать, говорится, что они совершенно равны (глава 1, текст АРИ, п.1).

14) Что такое «распространение» *(итпаштут)*?
Свет, исходящий из категории «Создатель» и входящий в свойство «создание», называется «распространение» света.

Но, на самом деле, на высший свет это не воздействует - подобно зажиганию одной свечи от другой, когда от первой не убывает — и только относительно получения созданием называется это так (глава 1, «Ор пними», п.2).

15) Что такое «чистый» *(зах)*?
Первая стадия, имеющаяся в желании получать, определяется как наиболее чистая относительно трех последующих стадий (глава 1, «Ор пними», п.90).

16) Что такое «время» *(зман)*?
Это определенная сумма стадий, проистекающих одна из другой и вплетенных одна в другую в порядке «причина — следствие», как например, дни, месяцы и годы («Внутреннее созерцание», п.34).

17) Что такое «тьма» *(хошех)*?
Четвертая стадия, имеющаяся в желании, которая не получает внутрь себя высший свет в силу сокращения, определяется как корень «тьмы» («Внутреннее созерцание», п.24).

18) Что такое *«хохма»*?
Хохма — это свет сущности жизни творения. См. ответ 5 (глава 1, «Ор пними», п.50).

19) Что такое «пространство» *(халаль)*?
Четвертая стадия в желании, которая опустошилась от света, определяется как тьма относительно света, а относительно кли она определяется как «пространство» *(халаль)*. То есть четвертая стадия сама по себе не исчезла из творения по причине сокращения, а находится в нем в состоянии пустого пространства без света (глава 1, текст АРИ, п.1).

20) Что такое «прежде» *(тэрэм)* **и «потом»** *(ахар ках)*?
Когда говорится о причинно-следственных связях созданий, причину выражают словом «прежде», а следствие причины выражают словом «потом». См. ответ 16 («Внутреннее созерцание», п.34).

Таблица вопросов и ответов по толкованию терминов

21) Что такое «единственный и единый»?

«Единственный» указывает на высший свет, который светит и властвует во всем множестве ступеней, отличающихся одна от другой, до тех пор пока не обратит и не уподобит их своему единственному виду. «Единый» указывает на прекращение этой его власти, то есть после того, как уже уподобил и вернул их форму к качеству «единственный», как и он сам. См. ответ 10 («Внутреннее созерцание», п.1).

22) Что такое «единство» *(ихуд)*?

Два отличающихся свойства, которые уподобили свои формы друг другу, становятся соединенными в одно свойство. См. ответ 12 (глава 1, «Ор пними», п.30).

23) Что такое «правое» и «левое» *(ямин вэ-смоль)*?

Нижняя ступень поднимается иногда на уровень, равный более высокой ступени, когда высшая ступень нуждается в ней, чтобы дополнить себя, и тогда нижняя ступень называется качеством «левая», а верхняя — качеством «правая».

24) Что такое «производит» *(йоцер)*?

Слово «йоцер» указывает на воздействие света на миры, что включает всю действительность, кроме материи келим. См. выше ответы 11 и 1 («Внутреннее созерцание», п.18).

25) Что такое *«кли»*?

Желание получать, имеющееся в создании, это его кли (глава 1, «Ор пними», п.6).

26) Что такое «вверх» *(лемала)*?

Уподобление формы нижнего высшему называется подъемом «вверх» (глава 1, текст АРИ, п.2; глава 2, «Ор пними», п.4).

27) Что такое «Создатель» *(маациль)*?

Каждая причина называется «маациль» по отношению к происходящей от нее ступени. И это имя «маациль» состоит из привлечения света и также получающего *кли* для света.

28) Что такое «отсечение души» *(махцевет а-нешама)*?

Свойство желаниия получить, заложенное в душах, - это то, что отделяет и «отсекает» их от высшего света, ибо отличие свойств — это то, что разделяет духовные сущности (см. ответ 12). «Отсечение души» — это переход между миром Ацилут и миром Брия, это понятие будет выяснено далее («Внутреннее созерцание», п.15).

29) Что такое «низ» *(мата)*?

Тот, кто хуже другого по достоинствам, считается ниже другого (глава 2, «Ор пними», п.4).

30) Что такое «единый» *(меюхад)*?

См. выше слово «единственный».

31) Что такое «*малхут* Бесконечности» *(малхут дэ-Эйн соф)*?

Свойство желания получить, обязательно присутствующее там («Внутреннее созерцание», п.14).

32) Что такое «сверху вниз» *(мимала лемата)*?

Означает: от первой стадии до четвертой, — так как оставшаяся без света четвертая стадия считается ниже всех ступеней. Тот, чье желание получать слабее, определяется как более высокий, и так до первой стадии, которая определяется как самая высокая (глава 2, «Ор пними», п.4).

33) Что значит «заполняет» *(мэмале́)*?

Что нет там понятия какого-то недостатка, и не представляется возможным добавить там что-либо к совершенству (глава 1, «Ор пними», п.3).

34) Что такое «верх — низ» *(мала — мата)*?

Наиболее важный определяется термином «верх», а самый плохой — термином «низ» (глава 2, «Ор пними», п.4).

35) Что такое «место» *(маком)*?

Желание получать в творении — это и есть «место» для всего наслаждения и света в нем («Внутреннее созерцание», п.11).

36) Что такое «четырехугольник» *(мэрубá)*?
Ступень, включающая в себя все четыре стадии, имеющиеся в желании (глава 1, «Ор пними», п.300).

37) Что такое «треугольник» *(мэшулáш)*?
Это ступень, в которой есть только три первые стадии желания (глава 1, «Ор пними», п.400).

38) Что значит «касается» *(ногéа)*?
Если изменение формы ступени относительно ее корня не различимо настолько, чтобы отделить ее от корня, считается, что она «касается» корня. И это — состояние между одной ступенью и другой (глава 2, «Ор пними», п.6).

39) Что такое «центральная точка» *(нэкуда эмцаит)*?
Так называется четвертая стадия, имеющаяся в Бесконечности, в силу ее единства со светом Бесконечности (глава 1, «Ор пними», п.50).

40) Что такое «конец» *(соф)*?
Конец *(соф)* и окончание *(сиюм)* каждого создания образуется благодаря силе сдерживания, имеющейся в стадии 4, и высший свет прекращает там светить, поскольку она не получает его (глава 1, «Ор пними», п.20).

41) Что значит «круглый» *(агóль)*?
Если нет различия «верх-низ» между четырьмя стадиями желания получать, оно считается «круглым» (подобно круглой фигуре в материальном, где неразличимы верх и низ). И эти четыре стадии называются поэтому четырьмя сферическими окружностями, одна внутри другой, так что невозможно распознать и различить между ними состояния верх и низ (глава 1, «Ор пними», п.100).

42) Что значит «высший» *(элиóн)*?

«Высший» значит «более важный» (глава 2, «Ор пними», п.4).

43) Что означает «разделение» *(перу́д)*?
Две ступени, между которыми нет подобия формы ни с какой из сторон, определяются как полностью отделенные одна от другой («Внутреннее созерцание», п.12).

44) Что значит «свободное» *(пану́й)*?
Это место, готовое получить исправления и совершенство (глава 1, «Ор пними», п.4).

45) Что означает «простой» *(пашу́т)*?
Когда нет в нем различения ступеней и сторон (глава 1, «Ор пними», п.9).

46) Что такое «сокращение» *(цимцу́м)*?
Подчиняющий свое желание, то есть удерживающий себя и не получающий, хотя очень желает получить, называется сокращающим себя (глава 1, «Ор пними», п.40).

47) Что такое «линия» *(кав)*?
Указывает, что есть в ней различение верха и низа, чего не было до нее. Также указывает, что ее свечение сильно уменьшено по сравнению с прежним (глава 2, «Ор пними», п.2).

48) Что означает «близкий» *(каро́в)*?
Тот, чья форма ближе и более схожа с другим, считается наиболее близким к нему (глава 1, «Ор пними», п.30).

49) Что означает *«рош»*?
Та часть в создании, которая в наибольшей степени уподобляется форме корня, называется *«рош»*.

50) Что такое *«ру́ах»*?
Свет хасадим называется руах (глава 1, «Ор пними», п.5).

51) Что означает «желание» *(рацо́н)*?
См. ответ 35.

52) Что значит «имя» *(шем)*?

Святые имена - это выяснения, как постигаются указываемые в них света, так что имя ступени выясняет пути постижения, существующие на данной ступени («Внутреннее созерцание», п.5).

53) Что означает «тох» *(внутренняя часть)*?

«Получающий в свою внутреннюю часть» — такое получение, когда свет измеряется и ограничивается в *кли*. «Получающий вне себя» - когда не делает никакого ограничения на получаемый свет (глава 1, «Ор пними», п.50).

54) Что значит «движение» *(тнуа́)*?

Любое обновление формы определяется как духовное движение, поскольку эта форма отделилась от прежней и вышла под собственным именем. Подобно части, отделившийся от материального объекта, которая сдвигается и выходит из своего прежнего места («Внутреннее созерцание», п.33).

Таблица вопросов и ответов по выяснению понятий

55) Какие понятия отсеиваются наукой каббала?
Нет в этой науке, от самого ее начала и до конца, ни одного слова, несущего в себе понятия ощутимого или воображаемого, как например, место, и время, и движение, и им подобные, а также исчезновение не присуще духовным объектам. И любое изменение формы не означает, что исчезла первоначальная форма, но что эта первоначальная форма осталась на своем месте без всякого изменения, и тогда изменение формы, приобретенное сейчас, добавилось к его первой форме (глава 1, «Ор пними» в начале, со слов «Следует помнить...»).

56) Что представляет собой обычный язык науки каббала?
Этот язык является «языком ветвей», указывающих на их высшие корни, так как нет у тебя даже травинки снизу, у которой нет корня вверху. И поэтому нашли для себя мудрецы каббалы готовый язык, чтобы, указывая на ветви, обучать нас их высшим корням (глава 1, «Ор пними» в начале, и «Внутреннее созерцание», вступление).

57) Что является разделяющим и отделяющим в духовном?
Отличие формы разделяет и отдаляет духовные объекты друг от друга (глава 1, «Ор пними», п.30).

58) Что является источником «желания получать»?
Желание давать в высшем свете — это то, что делает неизбежным желание получать в создании («Внутреннее созерцание», п.11).

59) Каким образом выходит свет из категории «Создатель», чтобы стать «созданием»?
Из-за формы желания получить, появляющегося вместе с высшим светом, — поскольку свет желает дать, — вышла эта возникшая часть из категории «Создатель» и перешла в категорию «создание» («Внутреннее созерцание», п.11, 15).

60) Что является первичной материей любого создания?
Форма, которая появилась и вышла в виде «*еш ми-айн*», то есть «желание получать», присутствующее в каждой сущности, является «первичной материей» для каждого создания и каждой сущности. И только оно, — а все существующее в создании или в сущности сверх этой материи уже относится к категории света и обилия, исходящего из высшего света в виде «*еш ми-еш*», и совсем не относится к категории создания и творения.

И не следует удивляться: как форма становится материей? Ведь даже в материальном принято у нас определять начальную форму сущности как первичную материю, поскольку восприятие не улавливает вообще никакой материи во всей действительности, так как наши органы ощущения воспринимают только явления в материи, то есть формы, которые перевоплощаются и совершаются в первичной материи («Внутреннее созерцание», п.35).

61) С какого момента называется созданием?
Тотчас в начале образования желания получать в создании, с так называемой «первой стадии в желании», оно уже вышло из категории «Создатель», чтобы быть созданием (глава 2, «Ор пними», п.4).

62) Духовная сущность приняла в себя изменение формы, и потому отделилась от нее эта часть и вышла в другую категорию. Потеряла ли духовная сущность из-за этого что-нибудь?
Исчезновение и потеря не присущи духовным объектам, и часть, отделившаяся вследствие изменения формы, ничего не убавляет и не уменьшает в высшем свете, подобно зажигающему одну свечу от другой, когда от первой не убавляется. И поэтому любое изменение формы является прибавлением к первой (ТЭС, часть 2, «Внутреннее созерцание», глава 9, «О понятии включения десяти сфирот в каждую сферу»).

63) Как и у кого распознаются все виды множеств форм и изменений в мирах?
Все множества и изменения происходят только в восприятии келим и приеме ими света Творца. Но относительно себя

высший свет находится в состоянии абсолютного покоя, то есть без малейших изменений и обновлений (глава 2, «Ор пними», п.1).

64) Как вырисовываются обновление и движение в свете?

Нет никакого движения, то есть обновления, в высшем свете, а только получаемая созданием часть от высшего света (что подобно зажигающему свечу от свечи, и от первой не убывает) «обновляется и множится в соответствии с обновлением форм в келим», и каждый получает согласно мере желания получить в нем, так как их свойства отличаются одно от другого и распространяются одно из другого безмерно и безгранично (глава 2, «Ор пними», п.1, 2).

65) Как включаются в простое единство Творца все виды исходящих из Него множеств форм и противоположностей в мирах?

См. пункты 1, 10, 22 «Внутреннего созерцания».

66) Кем и чем извлекается линия из Бесконечности?

Масах, означающий силу сдерживания, которая установилась на четвертую стадию после сокращения, чтобы больше не получать в нее, — именно он стал причиной выхода линии из Бесконечности. Ведь высший свет никогда не получает изменения и светит после сокращения так же, как и до сокращения.

Но масах привел сейчас к тому, что высший свет будет приниматься лишь только в три стадии желания, у которых мера получения очень мала по сравнению с получением четвертой стадии в Бесконечности, и поэтому он принял сейчас только тонкую линию света по сравнению с величиной света в Бесконечности (глава 2, «Ор пними», п.1, 2).

67) Изменилось ли что-нибудь после сокращения также и в Бесконечности?

Хотя четвертая стадия в Бесконечности и сократила себя, однако это не значит, что она сняла с себя одну форму и облачилась в другую после исчезновения первой, как это происходит в материальном. Но говорится о добавлении новой формы на первую, — а первоначальная форма даже в малейшей степени не сдвигается, так как не случается исчезновения ни в чем духовном. И поэтому все это обновление — исторжение света и образование силы сдерживания, произошедшее в четвертой стадии, чтобы не получать в нее, — определяется как другой, новый и особый мир, добавившийся теперь к свету Бесконечности, который остался прежним без всякого изменения. И таким же образом следует подходить ко всем обновлениям форм, совершающимся в духовных объектах (глава 2, «Ор пними», п.1).

68) С какого момента раскрывается авиют, имеющийся в четвертой стадии?

С приходом линии из Бесконечности, когда масах удержал ее от свечения в четвертой стадии, выявляется имеющийся там авиют, так как она осталась без света (глава 2, «Ор пними», п.4).

69) Что представляют собой четыре стадии, имеющиеся в желании получать?

Сначала свет распространяется и выходит из Создателя в виде света хохма, и он — все наполнение жизни, относящееся к этому созданию, и в нем — первая стадия желания получить, и это называется «распространение 1», или «стадия 1». А затем усиливается в этом свете желание отдачи, так что усиление этого желания выводит из Создателя свет хасадим, и это называется «усиление 1», или «стадия 2». А после этого распространяется этот свет хасадим большим распространением, то есть со свечением хохма, и это называется «распространение 2», или «стадия 3». А затем опять усиливается в этом свете желание получить, содержащееся в свете от первого распространения, и этим завершается желание получить во всей его величине и полноте, и это называется «усиление 2», или «стадия 4» (глава 1, «Ор пними», п.50).

70) Что представляют собой четыре буквы АВАЯ?

Йуд имени АВАЯ — это стадия первого распространения света, называемая «стадия 1» (бхина́ алеф). (См. ответ 69).

Первая хэй имени АВАЯ — это стадия первого происходящего в свете усиления, называемая «стадия 2» (бхина бет).

Вав имени АВАЯ — это второе распространение света, называемое «стадия 3» (бхина гимел).

Последняя хэй АВАЯ — это второе происходящее в свете усиление, называемое «стадия 4» (бхина далет) («Внутреннее созерцание», п.31).

71) Что означает высшее начало *(рош элион)* линии, касающееся Бесконечности?
См. ответ 49 (глава 2, «Ор пними», п.5, 6).

72) Какова единственная мысль, охватывающая все виды форм и противоположностей, содержащиеся во всей реальности?
Это мысль «насладить сотворенных Им» («Внутреннее созерцание», п.22).

73) Откуда начинают мудрецы каббалы занятия этой наукой?
Все описываемое в науке каббала — это лишь распространение света из сущности Творца, но о сущности Творца нет у нас вообще ни звука, ни слова (глава 1, «Ор пними», п.2).

74) Что представляют собой две основы, включающие все?
Первая основа — это то, что все составляющие той реальности, что перед нами, уже предопределены и существуют в Бесконечности во всем своем конечном совершенстве, и это называется «светом Бесконечности».

Вторая основа — это пять миров, называемые Адам Кадмон, Ацилут, Брия, Ецира, Асия, нисходящие из *малхут* Бесконечности после сокращения. И все, что имеется во второй категории, исходит из первой (глава 1, «Ор пними», п.3 и «Внутреннее созерцание», п.5 со слов «И на самом деле»).

75) Что означает: «Он и имя Его едины»?
«Он» — указывает на свет, имеющийся в Бесконечности. «Имя Его» — указывает на находящееся в Бесконечности желание получать, называемое *малхут* Бесконечности. «Едины» — указывает, что неощутимо там какое-либо различие

формы между светом, названным «Он», и кли, названным «имя Его», но все это — свет (глава 1, «Ор пними», п.30 и «Внутреннее созерцание», п.13).

76) Что означает имя «Эйн соф»?
До сокращения название «Эйн соф» указывает на то, что там совершенно не могут проявиться соф и сиюм, так как четвертая стадия тоже получает свет, и потому нет там никакой причины для прекращения света, чтобы появились соф и сиюм (глава 1, «Ор пними», п.20).

77) Что последовало из содержащегося в Бесконечности желания получать?
Сотворение миров и всего наполняющего их. Ведь для того и сократила себя в четвертой стадии, находящейся в ней, чтобы раскрыть эти миры вплоть до этого мира, так как здесь есть возможность изменить форму получения на форму отдачи (глава 1, «Ор пними», п.90 и «Внутреннее созерцание», п.17).

78) В чем причина сокращения света?
Действие украшения, которое усмотрела малхут Бесконечности для уподобления формы Создателю, и оно может раскрыться только с помощью сотворения миров, — поэтому она сократила себя (глава 1, «Ор пними», п.40 и п.90).

79) Какой вид получения будет считаться отдачей?
Когда получает только вследствие желания доставлять наслаждение Дающему (глава 1, «Ор пними», п.90, со слов «А сокращение...»).

80) С какой целью было сделано сокращение?
Чтобы обратить форму получения в форму отдачи (глава 1, «Ор пними», п.90).

81) Почему свет удалился из центральной точки и больше не вернулся?
См. глава 1, «Ор пними», п.40 и «Внутреннее созерцание», п.22.

82) Почему не образовалось состояние соф при сокращении?

Потому что сокращение не произошло вследствие изменения формы, обнаруженной в желании получать, когда оно захотело бы ее исправить, а только ради украшения - просто, без всякой необходимости и принуждения.

83) Почему во время сокращения свет ушел из всех четырех стадий?

Потому что частичное не имеет места в духовном (глава 1, «Ор пними», п.70).

84) Почему не были различимы четыре стадии как ступени одна под другой в период сокращения до прихода линии?

До свечения линии еще не определялась сама четвертая стадия как грубая и низменная, что выяснилось в вопросе 83, и поэтому еще не обозначились для нее ступени (глава 1, «Ор пними», п.90)

85) Почему не огрубела стадия 4 тут же с сокращением света, а остались все четыре стадии равнозначными?

Так как сокращение не было следствием отличия формы (глава 1, «Ор пними», п.90).

86) Какая стадия остается опустошенной от света?

Только лишь четвертая стадия (глава 2, «Ор пними», п.2).

87) Когда четвертая стадия тоже наполнится от высшего света?

Когда получающие *келим* приобретут форму отдачи (глава 1, «Ор пними», п.40).

88) Чем вызвано сотворение миров?

В находящемся там желании получать было обязательным стремление украситься и полностью уподобиться форме света, и это стало «побудительным фактором» сотворения миров (глава 1, «Ор пними», п.90).

89) Каков желаемый результат от Торы и хороших действий?
Изменить *келим* получения так, чтобы они были ради отдачи («Внутреннее созерцание», п.22).

90) Что представляет собой чудо раскрытия святых имен?
Их чудодействие только в одном — обратить форму получения в отдачу (глава 1, «Ор пними», п.90).

91) Как раскрываются святые имена?
Усилиями в Торе и хороших действиях (глава 1, «Ор пними», п.40).

92) Что такое конец исправления?
Когда обратятся келим получения к форме отдачи (глава 1, «Ор пними», п.40).

93) Что является корнем всех испорченностей?
Отличие формы, находящейся в «желании получать», от Создателя («Внутреннее созерцание», п.18).

94) Почему невозможно обратить келим получения в отдачу иначе как здесь, в этом мире, но не в высших мирах?
Испорченность и исправление в одном объекте имеют место только в этом мире («Внутреннее созерцание», п.20, со слов «Итак...»).

95) Какие два качества различаются в свете?
Свет хохма и свет хасадим (глава 1, «Ор пними», п.50).

96) Что заключено в распространении света от Создателя?
Желание отдавать и желание получать (глава 1, «Ор пними», п.50).

97) Какой свет раскрывается с усилением «желания отдавать»?
Свет хасадим (глава 1, «Ор пними», п.50).

98) Какие два света содержатся в каждом создании?
Свет хохма и свет хасадим (глава 1, «Ор пними», п.50).

99) Почему свет хасадим слабее, чем свет хохма?
Потому что он извлечен усилением желания самого создания (глава 1, «Ор пними», п.50).

100) Когда завершилось кли получения?
После того как проявилась стадия 4 желания, являющаяся наибольшей величиной желания получить (глава 1, «Ор пними», п.50).

101) В чем различие между получающим внутри себя и получающим вне себя, как в Бесконечности?
Получающий внутри себя — такое кли ограничивает своим размером удерживаемый свет. А получающий вне себя — такое кли не ограничивает удерживаемый свет, и у него нет установленного размера (глава 1, «Ор пними», п.50).

102) Что такое сфирот а-игули́м (*сфирот* кругов)?
Когда нет различения «верх — низ» между имеющимися в желании четырьмя стадиями, они считаются четырьмя кругами — один в другом, подобно слоям луковиц (глава 1, «Ор пними», п.100).

103) Почему не различаются ступени в игулим как одна ниже другой до прихода линии?
Потому что сокращение не произошло из-за ущербности различия формы (глава 1, «Ор пними», п.100).

104) Существует ли понятие «зло» в «желании получать» с точки зрения сущности его создания?
Нет в нем никакой ущербности с точки зрения сущности его создания, и не проявилась бы в нем также никакая ущербность, если бы на него не было сокращения («Внутреннее созерцание», п.19, со слов «Но тогда...»).

Таблица вопросов и ответов по выяснению понятий

105) Что означает непрямое получение от Создателя?
См. «Внутреннее созерцание», п. 19.

Таблица вопросов и ответов по толкованию терминов

1) Что такое «свет» *(ор)*?

Все, получаемое в мирах в качестве *«еш ми еш»*, и это включает в себя все, кроме материи *келим*. См. ответы 2 и 24 («Внутреннее созерцание», п.18).

Бааль Сулам отвечает:

Все, получаемое в мирах в качестве *«еш ми еш»* (существующее из существующего), и это включает в себя все, кроме материи *келим*. Кроме желания, кроме ощущения недостатка, ощущения голода, ощущения потребности в чем-то, все остальное мы относим к свету во всех его проявлениях, то есть, все положительные ощущения.

2) Что такое «свет и *кли*»?

Желание получить, имеющееся в творении, называется «*кли*», а получаемое наслаждение называется «свет» (глава 1, «Ор пними», п.6).

Тут он нам уже четко объясняет: свет — синоним наслаждения, *кли* — синоним желания получить. И это всегда так, мы говорим о всевозможных вариациях света, а также о всевозможных вариациях *кли*. Но желание получать, изначально созданное Творцом из ничего, постоянно, меняется только метод его использования — ради себя или на отдачу. Но само по себе желание остается всегда.

3) Что такое «круглый свет» *(ор аго́ль)*?

Круглый свет — это свет, который не образует различия ступеней (глава 1, «Ор пними», п.100).

То есть он не содержит в себе совершенно никаких частей, различий.

4) Что такое «простой свет» *(ор пашу́т)*?

Простой свет — это свет, который включает в себя *кли* до неразличения между светом и *кли* (глава 1, «Ор пними», п.30).

В чем отличие круглого света, который не имеет ступеней, от простого света? Чем определяется простой свет?

«Круглый свет» — это сам свет, который не имеет ступеней. То есть мы как бы смотрим на свет и говорим: это свет, не имеющий в себе никаких различий. А «простой свет» это уже другое — в нем есть *кли*, но *кли* ведет себя таким образом, что свет и *кли* неразличимы. То есть простой свет мы уже определяем изнутри, из *кли*. Мы говорим, что *кли* по своему уровню исправления такое, что оно совершенно неотличимо от света.

Когда мы изучаем эти определения, мы желаем вместе с этим адаптировать их, приспособиться к ним, мы желаем войти в этот смысл, чтобы этот смысл остался жить в нас. Чтобы именно таким образом мы понимали эти определения и они вошли и осели бы в нас. Мы не сопротивляемся им, мы желаем слиться с ними, чтобы вот так, как маленькие дети, изучать эту азбуку.

5) Что такое «свет *хохма́*»?

Свет *хохма́* — это свет, притягивающийся к творению при первом распространении, которое является совокупностью жизненной силы и сути творения (глава 1, «Ор пними», п.50).

Еще раз: **это свет, притягивающийся к творению при первом распространении,** то есть он напрямую входит в творение. Он является основой жизни, светом жизни, он закладывает и определяет всю сущность творения. Вот этот свет называется светом *хохма́ (ор хохма́)*. Таким образом, когда мы будем говорить об *ор хохма́*, мы должны подразумевать именно эту его суть.

6) Что такое «свет *хасади́м*»?

Свет *хасади́м* — это свет, который облачает свет *хохма́* и притягивается к творению с первым преодолением (глава 1, «Ор пними», п.5).

Если свет *хасади́м* вследствие усилия кли облачает приходящий свет *хохма́*, то они уже вместе находятся внутри *кли*. Развитие *кли* происходит следующим образом. Сначала в него вошел свет *хохма́*, — это в первой стадии. А потом — вторая стадия. Она сделала первое преодоление (*итгабру́т*) — первое усилие против света *хохма́*. Она решила принять его, но чтобы он был облачен в нее только ради отдачи. Не желала вообще иметь дело с получением, а лишь с отдачей — это и называется чистое сопротивление, преодоление (*итгабру́т*) — и этот свет поэтому называется *ор хасади́м*.

7) Что такое «пустой воздух» *(ави́р рейкани́)*?
Это свет *хасади́м* прежде, чем он облачается на свет *хохма́* (глава 1, «Ор пними», п.5).

Свет *хасади́м* предназначен для того, чтобы его наполнил свет *хохма́*. Поэтому свет *хасади́м* до наполнения светом *хохма́* называется «пустым светом», или «пустым воздухом» — ненаполненым.

8) Что означает «потом»?
Результат действия предшествующей стадии. См. ответ 20. («Внутреннее созерцание», п.34).

«Сейчас» и «потом». «Сейчас» означает причину действия, а «потом» означает его следствие.

9) Что такое «центральная» *(эмцаи́т)*?
См. ответ 39.

10) Что значит «один» *(эха́д)*?
Высший свет, распространяющийся из *Ацмуто́*, — он один и он простой, как и *Ацмуто́*. И какой он в Бесконечности, такой он даже в мире *Асия́*, без какого либо изменения и добавления формы. И поэтому называется один («Внутреннее созерцание», п.1).

Это серьезный вопрос, он часто повторяется: как же нам представить Творца? Так вот, «один» — это уже относится к категории самого Творца.

Высший свет, распространяющийся из *Ацмуто́*, — он один и он простой, как и *Ацмуто́*. И какой он в Бесконечности, такой он даже в мире Асия́ (то есть и в нашем мире — наш мир является последней ступенью мира Асия́), **без какого либо изменения и добавления формы.** Этот свет проникает везде и пронизывает все творение целиком, сверху донизу. **И поэтому называется один.** И нет никакого отличия, кто находится в нем, где, как, на каких ступенях — относительно высшего света мы все находимся в одном и том же океане единого высшего света. «Один» он называется потому, что он один на всех и относительно всех.

11) Что значит «творит» *(борэ́)*?

Слово «творит» указывает только на новшество, то есть на создание «сущего из ничего», что относится исключительно к материи *кели́м*, определяемой как «желание получить», присутствующее в любой сущности, которого безусловно не существовало в *Ацмуто́* до творения («Внутреннее созерцание», п.18).

Вопрос, который задают все. Как же я могу себе представить Творца? Я хочу Ему отдавать, — но кто он такой, я не знаю. Существует много определений Творца в зависимости от того, на какой стадии и в каком состоянии находится творение. Бааль Сулам дает следующее определение:

Слово «творит» указывает только на новшество, то есть на создание «сущего из ничего» *(еш ми-айн)*, **что относится исключительно к материи** *кели́м*, **определяемой как «желание получить», присутствующее в любой сущности, которого безусловно не существовало в Ацмуто́ до творения.**

То есть, Творцом называется тот, кто создал нечто новое, — и ничего более. Это основной постулат.

Слово «творит» указывает только на новшество, то есть на создание «сущего из ничего» *(еш ми-айн)*, **что относится исключительно к материи** *кели́м*, **определяемой как «желание получить»**, — то есть, Творец создал эгоизм, желание получать, — **присутствующее в любой сущности, которого безусловно не существовало в** *Ацмуто́* **до творения** — этого желания получать, которое Он создал из ничего.

12) Что такое «слияние» *(двеку́т)*?

Это уподобление формы, сближающее духовные объекты и соединяющее их друг в друге. Различие же формы отдаляет их друг от друга (глава 1, «Ор пними», п.30).

Это такое состояние относительно Творца, к которому мы должны прийти: **это уподобление формы, сближающее духовные объекты и соединяющее их друг в друге. Различие же формы отдаляет их друг от друга.**

Соединяет до полного слияния, то есть абсолютной неотличимости друг от друга. Как будто две капли воды сливаются в одну каплю, и тогда их уже невозможно различить, и разделить, и сделать из них снова две капли. Такое слияние достигается, как он говорит, совпадением свойств. Каким образом мы можем достичь совпадения свойств с Творцом? Он — это абсолютная отдача, *«еш ми еш»*, то есть, существующий вечно, мы — возникшие из ничего, желающие получить, эгоистичные, противоположные Ему по свойству, и если мы свой эгоизм начнем использовать на отдачу и полностью уподобим его отдаче, мы совершенно сольемся с Ним. Потому что в той мере, в которой Он Творец, Он сделал нас творением. В мере нашего исправления до полного, стопроцентного подобия свойств, мы приходим к совпадению по свойствам с Ним, и таким образом сливаемся. Это слияние с Творцом и является целью творения.

Но кроме слияния, есть еще понятие равенства.

13) Что такое «равенство» *(ашваа)*?

Если не познано никакого различия между четырьмя ступенями желания получать, говорится, что они совершенно равны (глава 1, текст АРИ, п.1).

Как это может быть? Это просто потому, что не возникает еще в творении никаких отличий.

Ведь мы же говорим только со стороны творения, каким образом оно ощущает, каким образом оно постигает. Там, где мы приходим к выводу, что не существует никаких отличий между различными элементами творения, мы говорим, что эти элементы находятся в равенстве. А когда мы говорим, что оно не находится в равенстве? Относительно чего мы вообще определяем — есть отличие, нет отличия, и в чем? Конечно, только лишь относительно Творца. То есть, если два духовных объекта уподобились Творцу одинаково, то и между собой они находятся в равенстве. Если два духовных объекта находятся в состоянии, когда один больше уподоблен Творцу, а другой меньше, то они не равны друг другу. Тот, кто больше уподоблен Творцу, называется высшим, тот, кто менее уподоблен Творцу, называется нижним. То есть, Творец — это эталон, это точка измерения, относительно которой мы измеряем свои свойства и себя относительно других. Он — это базисный уровень.

14) Что такое «распространение» *(итпаштут)*?

Свет, исходящий из категории «Создатель» и входящий в свойство «создание», называется «распространение» света. Но, на самом деле, на высший свет это не воздействует — подобно зажиганию одной свечи от другой, когда от первой не убывает — и только относительно получения созданием называется это так (глава 1, «Ор пними», п.2).

Свет, исходящий из категории «Создатель» и входящий в свойство «создание», называется «распространение» света. То есть «исходящий из Творца» и «входящий в творение» — в таком виде мы говорим о распространении. **Но, на самом деле, на высший свет это не воздействует — подобно зажиганию одной свечи от другой, когда от первой не убывает — и только относительно получения созданием называется это так.**

Итак, распространением света называется нисхождение света из Творца и его вхождение в творение. То есть, этот процесс перехода света от Творца к творению и называется «распространением». И не надо думать, что при этом в Творце что-то меняется — исчезает у Него, и появляется в творении. Бааль Сулам уподобляет это тому, как в нашем мире есть свет свечи, я могу взять еще одну свечу, и зажечь ее от первой, которая при этом, естественно, совершенно не пострадает от того, что я взял от нее немножко света. Так и Творец не страдает от того, что творение вбирает в себя его свет, — как солнце не страдает от того, что мы используем его лучи для нагревания чего-то — Он является Источником, ни в коем случае не зависящим от того, как мы принимаем этот свет. Творец абсолютно автономен, абсолютно самостоятелен, независим от нас, и ни в коем случае нельзя думать, что Его действия вызываются какими-то нашими действиями. На самом деле свет, который исходит от Него, — это свет постоянный, полностью наполняющий окружающее нас. Но мы ощущаем эту полноту и совершенство в той мере, в которой исправлены, подобны Ему.

15) Что такое «чистый» *(зах)*?

Первая стадия, имеющаяся в желании получать, определяется как наиболее чистая относительно трех последующих стадий (глава 1, «Ор пними», п.90).

То есть чистый — менее эгоистичный по отношению к остальным. Если это без экрана, под *махсомом*, то чем чище человек, тем он выглядит как бы лучше, менее эгоистичным, и наоборот, чем грубее, чем «грязнее» — тем он более эгоистичен. А над *махсомом* «чистый», «тонкий» означает «с маленьким альтруистическим желанием». И наоборот, если у него грубые, большие желания над *махсомом*, то есть, с экраном, то он способен на большие действия.

Поэтому «чистый», «тонкий», «грубый», «грязный» — это все понятия относительно самого объекта, но никак не абсолютная характеристика его большей или меньшей пригодности, его возможности влияния. Это зависит уже от того, где он находится в своей «тонкости». Если без экрана, то, конечно, лучше, чтобы был тоньше, чище — тогда будет менее эгоистичным. А если с экраном, тогда чем больше экран и чем грубее, тем большее духовное действие он может произвести. Поэтому всегда надо различать, где находится объект.

И в нашем мире мы видим, что есть народы совершенно неэгоистичные, находящиеся еще на каких-то ранних стадиях развития своего эгоизма. Как правило, они неплохие. Это народы, живущие в отдалении — где-то в джунглях, или, например, эскимосы на крайнем севере, не причиняющие никому вреда. Это мы можем видеть также на животном и растительном уровнях. То есть чем меньше эгоизма в нашем мире, тем лучше для окружающих. Чем больше эгоизм, тем он вреднее, опаснее. В духовном мире наоборот: чем больше эгоизм, тем с бо́льшим экраном человек может работать и производить духовные действия большей мощности.

Так и сказано: чем грубее и эгоистичнее человек, тем выше он поднимается при исправлении. На что способна кошка или какой-то неразвитый человечек? Результат их действий всегда будет очень маленьким. Тогда как у нас — на протяжении всех тысяч лет нашего существования — что происходит? Мы постепенно развиваем свой эгоизм, свои желания — к богатству, к сексу, к знаниям, к славе, к власти, ко всему на свете. И только тогда в нас возникает «точка в сердце», тогда только мы и в состоянии реализовать этот духовный потенциал, потому что мы уже окончательно эгоистичны в рамках этого мира. И в духовном мире то же самое: каждый из нас в мере обретенного экрана немедленно получит эгоистические желания для его реализации. Так что не волнуйтесь за свой эгоизм — он пригодится. Только сейчас на время его надо аннулировать, закрыть под *цимцу́м*, что означает, как мы уже изучали, «умертвить». А потом произвести «возрождение мертвых».

16) Что такое «время» *(зман)*?

Это определенная сумма стадий, проистекающих одна из другой и вплетенных одна в другую в порядке «причина — следствие», как например, дни, месяцы и годы («Внутреннее созерцание», п.34).

В духовном мире, как и в нашем, есть причины и следствия. В нашем мире причина и следствие могут быть связаны между собой как угодно. В духовном мире они связаны только как причина и следствие. То есть что такое «время» в духовном? Если я произвел в данный момент какое-то действие, а результат этого действия появился через год, то лишь расстояние между этим действием и его результатом определяется как единица времени — не «год», а только «минута» или даже «секунда».

Поэтому мы должны следить за собой и понимать, что только лишь сумма этапов, которые исходят один за другим, определяют наше духовное время. И если мы в своей жизни сделали всего лишь десять каких-то духовных поступков, а между ними были расстояния в годы, — это значит, что мы с вами прожили всего лишь десять мгновений в духовном понимании. А вся остальная жизнь засчитывается нам как «ноль» — будто совершенно этой жизни не было. Наше время, ход наших часов не берется в расчет, отрывной календарь на стене не учитывается. Учитывается не то, что происходит само по себе, а то, что мы приводим в действие и двигаем. Вот о чем говорит Бааль Сулам.

Время, духовное время, — это **определенная сумма стадий, проистекающих одна из другой,** — то есть определенная сумма этапов, действий, исходящих друг из друга, — **и вплетенных одна в другую в порядке «причина — следствие».**

И поэтому эти стадии также называются «дни», «месяцы», «годы» и так далее. То есть такие же временные деления, как в нашем мире, существуют и в духовном мире.

Поэтому, естественно, в нашем мире тоже происходит деление на 60, на 12 и так далее. Часы, минуты делятся на 60, потому что это относится к 6 низшим *сфиро́т зе́ир а́нпина (ВАК)*[11]. А в сутках 24 часа делятся на 12 часов дня и 12 часов ночи, потому что *парцу́ф зе́ир а́нпин* в мире Ацилут делится на такие две части: 12 его частей называются «день», а 12 частей его *малхут* называются «ночь». «Луна», то есть *малхут*, которая поднимается в *бину*, принимает от бины ее свойства. Она делает вместе с *биной* кругооборот в 28 дней, на что тоже существует расчет. Таких кругооборотов, которые делает *малхут* вокруг *бины*, — 12, что соответствует одному обороту вокруг солнца. «Солнцем» называется *зе́ир а́нпин* относительно *малхут* в мире Ацилут. В году 365 дней — потому что есть 365 частей в *зе́ир а́нпине*, находящихся в той его части, где на него «одевается» *малхут*. То есть *малхут* часть за частью получает от *зе́ир а́нпина* свет — каждый раз от его новой *сфиры́*. А у него над *та́буром*[12] есть 248 частей и под *та́буром* 365. Таким образом, получая свет от каждой из 365 частей *зе́ир а́нпина*,

---

11 *ВАК* — аббревиатура, расшифровывающаяся как «*вав кцаво́т*» — дословно «шесть концов», то есть шесть *сфирот зеир анпина*.
12 Граница между заполненной светом верхней частью *парцуфа* и его нижней частью, куда свет не проникает.

на которые она облачается, *малхут* получает как бы 365 дней и в итоге делает полный кругооборот, то есть полное получение света от *зе́ир а́нпина*, и потом восходит на следующий уровень. Это называется «проходит год».

Далее звезды, планеты — это все уже определяется более высокими ступенями относительно *малхут*. Не *зеир анпин* и не *бина* мира Ацилут, а уже *хохма, арих анпин, атик* определяют всю более далекую от нас вселенную, воздействующую, естественно, на нас, влияющую, находящуюся с нами в контакте. И так далее.

Это все изучается в ТЭС. Мы еще дойдем до изучения этих частей, и тогда лучше поймем, как устроен наш мир, почему он устроен именно таким образом, как он управляется. Это все Бааль Сулам излагает в особой последовательности, чтобы привести нас к правильному использованию материала. Поэтому перескакивать не стоит. Но иногда я буду давать вот такие маленькие разъяснения.

Все, что необходимо нам для продвижения в духовном, имеется в «Учении десяти сфирот». Кроме этого еще необходимы: книга «Шамати», несколько писем, статей — и все. В принципе это и есть все наше духовное оружие.

17) Что такое «тьма» *(хошех)*?
Четвертая стадия, имеющаяся в желании, которая не получает внутрь себя высший свет в силу сокращения, определяется как корень «тьмы» («Внутреннее созерцание», п.24).

То есть, любая наша тьма является следствием той тьмы в высшем мире, в мире Бесконечности, которую создала *малхут* своим сокращением на получение высшего света, изгнав высший свет.

18) Что такое «хохма»?
Хохма **— это свет сущности жизни творения. См. ответ 5 (глава 1, «Ор пними», п.50).**

Так это надо понимать. То есть, где бы он ни говорил «*хохма*» — подразумевается под этим свет, основа жизни.

19) Что такое «пространство» *(халаль)*?

Четвертая стадия в желании, которая опустошилась от света, определяется как тьма относительно света, а относительно кли она определяется как «пространство» *(халаль)*. **То есть четвертая стадия сама по себе не исчезла из творения по причине сокращения, а находится в нем в состоянии пустого пространства без света** (глава 1, текст АРИ, п.1).

Еще раз. Это непросто. **Четвертая стадия в желании, которая опустошилась от света, определяется как тьма относительно света.** Это нам понятно — мы уже говорили об этом в семнадцатом вопросе — это «тьма».

А что значит «пустое пространство»? **Относительно** *кли* **она** (четвертая стадия) **определяется как** пустое **«пространство». То есть четвертая стадия сама по себе не исчезла из творения по причине сокращения, а находится в нем в состоянии пустого пространства без света.** Здесь нужно немного пояснить.

Что значит «не исчезла из творения по причине сокращения»?

Мы и сейчас являемся *кли* мира Бесконечности, и в нас есть все его элементы. Поэтому мы должны это изучать. И о каждом из этих элементов думать, подразумевать, что это находится в нас, а не где-то там за звездами или в каком-то глухом месте, непонятно где, в другом измерении.

Это находится в нас! В другом измерении, неощутимом для нас, но в нас. Об этом он и говорит, что относительно *кли* эта четвертая стадия определяется как «пустое пространство», так как она не исчезла из творения по причине сокращения, а находится в нем. Только находится в состоянии пустого пространства без света — не ощущается нами в каком-либо виде. И мы должны представлять себе, что все эти элементы, которые мы изучаем, существуют в нас. Мы их только должны отыскать. Каждый из нас является собирательным объектом, как *кли* Бесконечности. В нас есть абсолютно все элементы этого *кли*.

20) Что такое «прежде» *(тэрэм)* **и «потом»** *(ахар ках)*?
**Когда говорится о причинно-следственных связях созданий, причину выражают словом «прежде», а следствие причи-

ны выражают словом «потом». См. ответ 16 («Внутреннее созерцание», п.34).

В нашем мире мы говорим: прежде, потом, после того. Что это значит в духовной интерпретации? Что подразумевают под этими словами каббалисты?

Когда говорится о причинно-следственных связях созданий, причину выражают словом «прежде», а следствие причины выражают словом «потом».

«Причина — следствие» — только это в духовном мире и существует.

Скажем, причина была 100 тысяч лет назад, а сегодня — ее следствие. Это значит, что по «времени» они находятся рядом друг с другом, следуют непосредственно друг за другом — и поэтому обозначены словами «прежде» и «потом». Время между ними значения не имеет. Имеет значение только причина и следствие.

21) Что такое «единственный и единый»?

«Единственный» указывает на высший свет, который светит и властвует во всем множестве ступеней, отличающихся одна от другой, до тех пор пока не обратит и не уподобит их своему единственному виду. «Единый» указывает на прекращение этой его власти, то есть после того, как уже уподобил и вернул их форму к качеству «единственный», как и он сам. См. ответ 10 («Внутреннее созерцание», п.1).

Такие «эпитеты» мы употребляем по отношению к Творцу. **«Единственный»** *(яхид)* указывает на высший свет, который светит и властвует во всем множестве ступеней, отличающихся одна от другой, до тех пор пока не обратит и не уподобит их — все эти ступени, самые различные и противоположные — своему единственному виду. **«Единый»** *(меюхад)* указывает на прекращение этой его власти, то есть после того, как уже уподобил и вернул их форму к качеству «единственный», как и он сам.

По этому действию высший свет и называется «единый», потому что он хочет привести все творение к единому результату. То есть, мы не говорим о нем самом, о свете.

Мы говорим о его воздействии на нас, о результате этого воздействия. В каббале мы так относимся ко всему. Любой духовный объект мы всегда характеризуем по его цели, по тому, кем он должен стать, или какова цель, к которой он должен прийти. Кто называется праведником? Еще не достигший ничего праведного и ступени праведности не достигший, но называется праведником уже сегодня, потому что желает этого, стремится к этому. Исраэль означает прямо к Творцу *(яшар эль)*: хотя еще вовсе не достиг этого состояния — неважно, стремится к этому — и этого достаточно. Так и здесь, свет — единый, потому что он желает привести все творения к единому результату. *«Меюхад»* — это уже окончательный результат. *«Меюхад»* — означает, что он самые различные объекты приводит к единому результату. То есть, это говорит о том, что все различные свойства становятся одним свойством. *«Меюхад»* — свойство, которое они получают.

22) Что такое «единство» *(ихуд)*?
Два отличающихся свойства, которые уподобили свои формы друг другу, становятся соединенными в одно свойство. См. ответ 12 (глава 1, «Ор пними», п.30).

Никогда в духовном мире не может быть такого, чтобы слияние, соединение уничтожало какие-то свойства, аннулировало их, приводило к аннигиляции чего-то в духовном. Все остается крайне выпуклым, сохраняет свою особенность. Единственное, что добавляется, — на эту особенность накладывается общее стремление к Творцу, общее подобие Творцу. Но все они сами по себе остаются свойствами в том же исключительном, индивидуальном состоянии.

Об этом он и говорит: «Два отличающихся свойства, которые уподобили свои формы друг другу, становятся соединенными в одно свойство».

То есть, они уравняли свои свойства внешне, а их прошлое различие остается, но сейчас не проявляется. И поэтому по достижении этого особого, общего состояния и называется это общее состояние единством. Потому что внутри находится различие.

23) Что такое «правое» и «левое» *(ямин вэ-смоль)*?

Нижняя ступень поднимается иногда на уровень, равный более высокой ступени, когда высшая ступень нуждается в ней, чтобы дополнить себя, и тогда нижняя ступень называется качеством «левая», а верхняя — качеством «правая».

Нижняя ступень поднимается иногда на уровень, равный более высокой ступени (это происходит от *цимцум бет* и далее), **когда высшая ступень нуждается в ней, чтобы дополнить себя** (тогда нижняя поднимается к ней), **и тогда нижняя ступень называется качеством «левая», а верхняя — качеством «правая».**

В духовном нет правой и левой сторон, так же, как нет места и нет движения справа-налево или снизу-вверх. Нет перемещения. Все это, естественно, надо интерпретировать в духовных свойствах. Нижняя ступень, когда она поднимается на уровень, равный высшей ступени, если высшая ступень нуждается в ней, чтобы дополнить себя за ее счет (иначе низшая ступень не поднимется), — она делает это только ради отдачи. А верхняя ступень показывает ей, насколько она в ней нуждается. Тогда низшая ступень называется «левая», а высшая — «правая».

24) Что такое «производит» *(йоцер)*?

Слово *«йоцер»* указывает на воздействие света на миры, что включает всю действительность, кроме материи *келим*. См. выше ответы 11 и 1 («Внутреннее созерцание», п.18).

Что означает в духовном мире это слово *«йоцер»*? Что значит «создание»?

Слово *«йоцер»* указывает на воздействие света на миры, что включает всю действительность, кроме материи *келим*.

Есть у нас желание — *кли*, есть высший свет — Творец. Творец действует на созданное им желание, и вот это воздействие света на миры, воздействие света на *келим* и называется *«йоцер»* — действие создания. То есть, под созданием мы понимаем воздействие света на *кли*.

25) Что такое *«кли»*?

Желание получать, имеющееся в создании, это его кли (глава 1, «Ор пними», п.6).

То есть если мы с вами говорим о *кли* — мы говорим только о желании получать. Если мы откроем четвертую часть ТЭС, мы увидим, что там *кли* существует в двадцати различных вариациях. И это еще не все, что мог бы описать Бааль Сулам. Он брал и описывал только основные из них.

Для каждого света есть свои *келим* и на каждом уровне — свои *келим*. Есть пять *келим: кетер, хохма, бина, зэир анпин, малхут,* и они совершенно разные. Есть *кли,* отражающее свет. Есть *кли,* ощущающее свет как окружающий. Есть *кли,* ощущающее свет как внутренний, ощущающее свет как исходящий. То есть желание в творении называется его *кли.* Но в этом желании есть огромное количество всевозможных вариаций, однако, в любом случае — это желание. *Кли* — это желание.

26) Что такое «вверх» *(лемала)*?
Уподобление формы нижнего высшему называется подъемом «вверх» (глава 1, текст АРИ, п.2; глава 2, «Ор пними», п.4).

Нет в духовном мире никаких перемещений. Вы сидите на одном месте, и внутри вас произошло какое-то изменение настроения, свойства, — это и есть ваше перемещение, духовное перемещение. Допустим, духовное. Это не духовное, конечно, еще, это просто ваше внутреннее, психологическое, душевное перемещение.

То есть подъем-спуск, перемещение вправо-влево, вперед-назад — по всем шести координатам — характеризуются изменением свойств. *Хесед, гвура, тиферет, нецах, ход, есод, малхут* характеризуют собой меры перемещения вправо-влево, вперед-назад, вверх-вниз. Отсюда происходят шесть координат в нашем мире: вправо-влево, вперед-назад, вверх-вниз, — ведь есть у нас всего шесть внутренних свойств: *хесед, гвура, тиферет, нецах, ход, есод. Малхут,* получающая от них всех, — уже суммирующее желание.

«Вверх» — это значит уравнивание свойств нижнего с высшим. Если я сейчас уравнял свои свойства с высшим, стоящим на более высокой ступени, — это значит, я поднялся на его уровень, я к нему поднялся. То есть когда мы говорим о каких-то действиях перемещения в духовном, мы всегда должны понимать это как изменение свойства. Все находится в статике, ничего не меняется. Изменяются только качественные показатели желаний.

27) Что такое «Создатель» *(маациль)*?
Каждая причина называется *«маациль»* **по отношению к происходящей от нее ступени. И это имя** *«маациль»* **состоит из привлечения света и также получающего** *кли* **для света.**

Мы обычно вкратце называем Творцом относительно творения высшую ступень относительно низшей ступени. Это верно во всех случаях.

Ведь что такое Творец? На самом деле — это самая высшая, окружающая все сила, этот бесконечный, окружающий все свет, так называемый *ор а-совев* (*совев* — на иврите окружающий). Что представляет собой этот бесконечный, окружающий нас свет, мы не знаем. Это мы познаем только после десятого тысячелетия, то есть после самого высшего уровня своего исправления. А пока что все высшее относительно нас мы воспринимаем как Творца. Почему?

Потому что эта высшая ступень на самом деле порождает меня. При нисхождении сверху вниз всех миров, высшее порождает низшее, поэтому является его прародителем, Творцом — с одной стороны. С другой стороны, когда я снизу вверх начинаю подниматься, то каждая высшая ступень является Творцом. Какова моя задача? Уравнять себя со свойствами Творца, быть подобным Ему. Таким образом, каждый раз, когда я подтягиваюсь на более высокий уровень — это значит, что я поднимаюсь к Творцу. И каждый раз для меня Творец является все более высокой ступенью.

На сегодняшний день я нахожусь на ступени, которая была для меня Творцом вчера, но сегодня, сейчас для меня Творец — это уже более высокая ступень. Сейчас я стремлюсь уже к более высокому состоянию, я пытаюсь изменить в себе свойства на более высокий стандарт. Поэтому у человека, который меняется, — у него каждый раз меняется представление о Творце. Каждый раз меняется представление о том, каким он должен быть, с чем ему сравниваться.

28) Что такое «отсечение души» *(махцевет а-нешама)*?
Свойство желаниия получить, заложенное в душах, — это то, что отделяет и «отсекает» их от высшего света, ибо отличие свойств — это то, что разделяет духовные сущности (см. ответ 12). «Отсечение души» — это переход между миром Ацилут и миром Брия, это понятие будет выяснено далее («Внутреннее созерцание», п.15).

Так как отличие свойств между светом и желанием (свет отдает, а желание получает) разделяет их в духовном понимании, существует четкое разделение между высшим светом и желанием. Бааль Сулам говорит тут о разделении в общем — о разделении вследствие несхожести свойств.

А есть еще такое понятие, как разделение душ, «отсечение» душ. Отсечением душ называется переход от мира Ацилут к миру Брия. Что это значит? Мы с вами изучаем, что есть мир Бесконечности, Адам Кадмон, Ацилут, Брия, Ецира, Асия и наш мир. Между нашим миром и миром Асия есть *махсом*. Между миром Ацилут и мирами Брия, Ецира, Асия есть *парса*. Между миром Адам Кадмон и Ацилут есть *табур*. И между миром Бесконечности и миром Адам Кадмон — экран.

Когда происходит отсечение душ? В мире Ацилут существует только одна душа в состоянии полного слияния. Поэтому, если мы хотим уподобиться духовному, мы должны представлять себе группу[13], товарищей и даже все человечество как полностью подобные, одинаковые души, находящиеся в полном слиянии, — как одну душу.

Чем отличается ступень мира Ацилут от ступеней миров Брия, Ецира, Асия? Между ними происходит разделение, называемое *парса*. Под *парсой* каждая из душ чувствует себя совершенно отдельной. И чем ниже ступени, тем они все более и более удалены друг от друга, разделены. А когда

---

13 Группа — коллектив людей, объединенных общей целью «достижения Творца».

наши души переходят *махсом* (границу между духовным и материальным) и падают в наш мир, мы становимся полностью отделенными друг от друга и совершенно не воспринимаем себя относящимися к одному *кли*. На самом же деле наше истинное состояние — это одна душа, одна истина. А все, что ниже этого, — лишь представляющееся нам в наших неисправленных ощущениях.

Если мы желаем, чтобы из мира Бесконечности, в котором мы находимся в нашем исправленном состоянии, к нам прошел окружающий свет *(ор макиф)*, мы должны уподобиться этому состоянию — тому, где мы находимся в одной душе. Почему это называется миром Бесконечности? Потому что здесь уже происходит полное исправление, и относительно нас мы называем это состояние миром Бесконечности. И тогда свет оттуда в виде *ор макиф* будет светить нам, пытающимся быть вместе. И это нас сделает «вместе». В этом смысле мы почувствуем себя в мире Ацилут как общее *кли*.

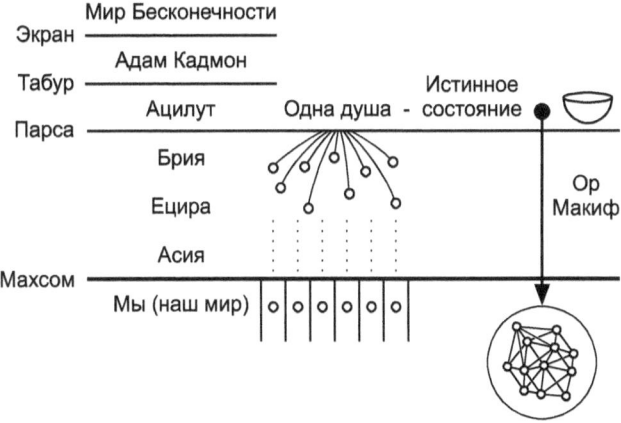

Рис. 5 Разделение душ и их исправление с помощью Ор Макиф

Таким образом, отсечение душ происходит на переходе от мира Ацилут к миру Брия.

29) Что такое «низ» *(мата)*?
Тот, кто хуже другого по достоинствам, считается ниже другого (глава 2, «Ор пними», п.4).

Хуже по достоинствам, по духовной высоте, по духовным свойствам. Если я сейчас каким-то образом оказался в худших духовных свойствах, чем прежде, — это значит, что я спустился вниз. Механических перемещений нет в духовном мире. Духовный мир — это мир свойств, только свойств.

Мы часто употребляем эти термины, поэтому мы обязаны знать их каббалистический смысл. И не просто для того, чтобы меньше путаться. Я уже объяснял: если мы изучаем эти термины в их правильном каббалистическом смысле, то когда я читаю текст, я уже представляю более или менее этот текст в себе и вижу, насколько отлично все, что описывается в тексте, — перемещения, изменения, сочетания, отдача и т.д. — от меня. Возникает диссонанс, возникает разница между тем, что во мне и тем, что в тексте. И вот это ощущение разницы вызывает усиление устремления к тексту — чтобы быть подобным ему. И тем самым человек вызывает на себя, в мере этого желания, окружающий свет *(ор макиф)*.

Правильное восприятие текста, правильная его трактовка возвышает нас к миру Ацилут. Мы начинаем трактовать текст в его правильном, истинном виде, и соответственно этому ощущать себя внизу. Этим перепадом, если мы ощущаем его и устремляемся к высшему состоянию, мы вызываем на себя *ор макиф*.

Поэтому правильное понимание слов совершенно необходимо для того, чтобы вызвать духовный свет, духовное исправление. Поэтому ни в коем случае нельзя пренебрегать терминами. Мы с моим учителем РАБАШем[14] много раз изучали эти «Вопросы и ответы по выяснению терминов» и часто возвращались к этому. И хотя это нудная вроде бы работа, и ничего особенного тут как бы знать не надо, однако давить на эту точку необходимо.

---

14 Рав Барух Шалом Алеви Ашлаг (РАБАШ, 1907—1991) — выдающийся каббалист XX века.

30) Что такое «единый» *(меюхад)*?
См. выше слово «единственный».

31) Что такое «*малхут* Бесконечности» *(малхут дэ-Эйн соф)*?
Свойство желания получить, обязательно присутствующее там («Внутреннее созерцание», п.14).

Есть мир Бесконечности, есть в нем всевозможные свойства. Среди всех свойств, которые там существуют, есть желание получить. Вот это желание получить называется «*малхут* мира Бесконечности». Если я не достигаю этого желания получить, значит я «не вышел» на эту *малхут*.

Все эти определения каббалисты описывают нам из своих постижений. Это исключительно чувственные описания.

32) Что такое «сверху вниз» *(мимала лемата)*?
Означает: от первой стадии до четвертой, — так как оставшаяся без света четвертая стадия считается ниже всех ступеней. Тот, чье желание получать слабее, определяется как более высокий, и так до первой стадии, которая определяется как самая высокая (глава 2, «Ор пними», п.4).

Чем определяется: выше ступень или ниже? Величиной желания.

В этом разделе мы изучаем каббалистический смысл слов. Для описания духовного мира мы используем наш земной язык. Другого языка нет, потому что духовное — это значит внутреннее ощущение, то, что я ощущаю внутри себя. И там, внутри меня, нет слов, там просто есть какое-то чувство. Как это чувство я могу выразить, чтобы оно стало понятным другому?

Внутри себя мне не надо эти чувства облачать в слова, придавать им какую-то форму, делать из них какое-то уравнение, мне надо просто чувствовать. Но чтобы выразить эти чувства и передать другому письменно или устно, я должен их каким-то образом перевести из чувств в разум. В разуме я должен эти чувства облачить в соответствующую смысловую, словесную оболочку и передать другому человеку уже в виде формулы, предложения, может быть, музыкальных звуков или еще каким-то образом.

Чтобы передать свое оголенное чувство, я должен облачить его в какое-то одеяние. Подобно тому, как мой голос преобразуется в электронные колебания, передается с помощью передатчика, а потом снова перед вами воспроизводится как голос из громкоговорителя. Так и свои внутренние чувства я должен выразить в какой-то форме, передать с помощью передатчика другому человеку, чтобы мои слова вышли изо рта, вошли в чье-то ухо и воспринялись в его разуме, а из его разума вошли в его чувства.

То есть в итоге мы работаем чувствами, и эти чувства в нас, даже в нашем мире исключительно духовные. В теле человека вы не найдете такого места, где находятся чувства. Их нельзя вырезать из нашего тела, чтобы сделать человека бесчувственным. Такого не может быть, потому что каждая клеточка нашего организма — она чувствует. Просто существует какая-то мембрана, переходник между нашими органами чувств, в которых происходят различные электрические колебания и эффекты, и входом в душу — в то, что чувствует, в то, что создал Творец как орган ощущения наслаждения.

Таким образом, занимаясь языком, облачением чувств в слова, мы пытаемся понять, что имеет в виду каббалист, когда он говорит, допустим, «выше», «ниже».

33) Что значит «заполняет» *(мэмалé)*?
Что нет там понятия какого-то недостатка, и не представляется возможным добавить там что-либо к совершенству (глава 1, «Ор пними», п.3).

34) Что такое «верх — низ» *(мала — мата)*?
Что он при этом подразумевает? Какие у него при этом ощущения? К чему они относятся, эти «верх — низ»?
Наиболее важный определяется термином «верх», а самый плохой — термином «низ» (глава 2, «Ор пними», п.4).

То есть, речь идет не о пространственных категориях — один выше, а другой ниже. Говоря «выше-ниже», каббалист выражает свои ощущения: «более важный», «менее важный». Он употребляет эти слова для того, чтобы выразить для нас, как бы, построить в нашем мире эту иерархию. Поэтому он употребляет слова «верх», «низ».

35) Что такое «место» *(маком)*?

В духовном, как мы знаем, места нет. Духовное пространство — это как бы виртуальное пространство, то есть не имеющее физического места. А что же тогда называется «местом»?

Желание получать в творении — это и есть «место» для всего наслаждения и света в нем («Внутреннее созерцание», п.11).

То есть если у меня есть большое желание получать, то во мне много «места». Если маленькое желание получать — у меня мало «места». Если у меня отсутствует желание, то у меня нет «места». У нас в настоящий момент нет места для духовного ощущения — отсутствует желание к духовному. То есть «желание» и «место» — это равнозначные слова.

36) Что такое «четырехугольник» *(мэруба́)*?

Мы чертим различные фигуры. В духовном мире нет ни места, ни каких бы то ни было фигур, совершенно никакой атрибутики нашего мира, нет осей 3-го, 4-го, 10-го порядков, это не трехмерное и не N-мерное, и вообще никакое это не пространство. Что же тогда в духовном мы называем «четырехугольник»?

Ступень, включающая в себя все четыре стадии, имеющиеся в желании (глава 1, «Ор пними», п.300).

37) Что такое «треугольник» *(мэшула́ш)*?

Это ступень, в которой есть только три первые стадии желания (глава 1, «Ор пними», п.400).

Если имеются все четыре стадии желания, это называется «полное *кли*». Если стадия 4, *малхут*, поднимается к стадии 2, *бине*, и образует треугольник, тогда этот треугольник означает работу в *цимцум бет*. Так появляется диагональ, называемая «*парса́*». Над *парсой* — стадия 1, под *парсой* — стадия 3. Они образуют *кли*. А вот их сочетание — стадии 1 и стадии 3, стадии 2 и 4 — образует букву *а́леф*, первую букву алфавита.

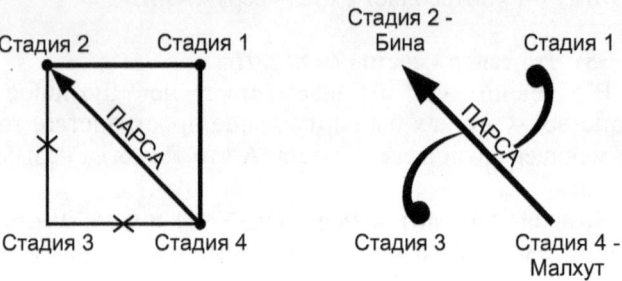

Рис. 6 *Образование треугольника и буквы "алеф". Подъем Малхут в Бину*

Весь алфавит, то есть все слова, вся конструкция букв, вся конструкция *келим* начинается с *цимцум бет*, с подъема *малхут* в *бину*. И поэтому, когда мы говорим о четырехугольнике или о треугольнике, мы говорим, что четырехугольник — это работа в *цимцум алеф*, над *табуром* Адам Кадмон. А работа под *табуром* Адам Кадмон — в мирах Ацилут, Брия, Ецира, Асия, — происходит уже только в *цимцум бет*. И поэтому только там источник, из которого начинаются буквы.

38) Что значит «касается» *(ногéа)*?
Что такое касание в духовном мире?
Если изменение формы ступени относительно ее корня не различимо настолько, чтобы отделить ее от корня, считается, что она «касается» корня. И это — состояние между одной ступенью и другой (глава 2, «Ор пними», п.6).
В духовном мире есть такие состояния.
— Полное слияние — когда две окружности как бы накладываются друг на друга.
Что значит «накладываются друг на друга»? Есть первая окружность, которую создал Творец, *малхут* находится в ее центре, и все заполнено светом. Та-

кое состояние называется Бесконечностью, его создал Творец.

— Затем *малхут* делает *цимцу́м*, образовав абсолютно пустое пространство...
— ...и затем возвращается в прежнее положение, но уже в третьем состоянии. Что это значит? Что она сама заполняет себя светом, именно благодаря своей внутренней работе.

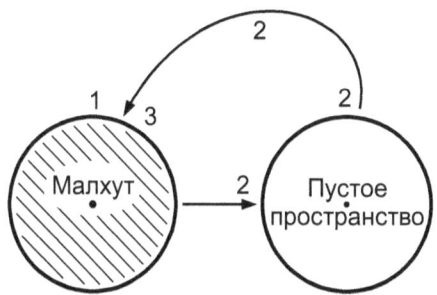

1 - состояние Бесконечности, созданное Творцом;
2 - состояние исправления творения;
3 - возвращение творения в состояние Бесконечности.

Рис. 7 *Три состояния творения*

Эти состояния так и называются — «1», «2», «3»:
— состояние 1 — это мир Бесконечности со стороны Творца;
— состояние 2 — это исправление творения;
— состояние 3 — это возвращение в мир Бесконечности со стороны творения.

Таким образом, когда *малхут* полностью совпадает с Творцом благодаря своему действию, это называется полным слиянием. Если же между Творцом и творением есть только частичное совпадение свойств, то это называется частичным слиянием, в зависимости от того, насколько эти свойства противоположны. Они могут быть полярно удалены друг от друга, затем они могут все более приближаться друг к другу, потом начать касаться друг друга. Касание друг друга означает, что из всех свойств Творца и из всех свойств *малхут*-творения существует только одно общее свойство, в котором они равны. Затем происходит частичное перекрывание, когда есть между ними не одно общее свойство, а несколько. И в зависимости от того, насколько творение входит в Творца, все больше захватывает Его, в зависимости от этого и определяется духовный уровень творения в Творце.

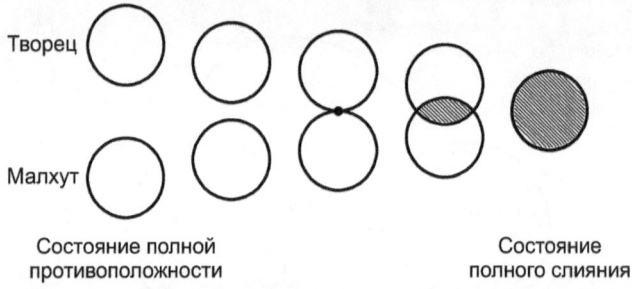

Рис. 8 Меры уподобления творения Творцу

Допустим, наверху находится Творец, а мы поднимаемся снизу через *махсом*. Так вот, наш вход в *махсом* и определяет совпадение наших свойств. Общая площадь совпадения их — насколько *малхут* входит в Творца, совпадает с Ним — и является показателем, уровнем человека относительно Творца.

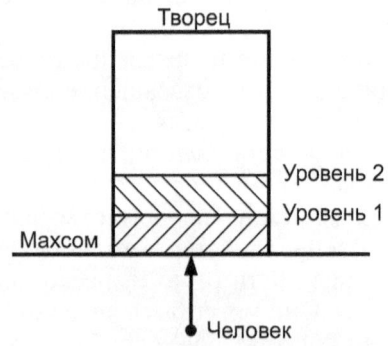

Рис. 9 Уровни совпадения свойств с Творцом

39) Что такое «центральная точка» *(нэкуда эмцаит)*?

Так называется четвертая стадия, имеющаяся в Бесконечности, в силу ее единства со светом Бесконечности (глава 1, «Ор пними», п.50).

Она находится в полном единстве со светом Бесконечности, поэтому и называется центральной точкой. Если бы она была в неполном единстве со светом Бесконечности, она не находилась бы в центре Бесконечности. Она находилась бы в каком-то другом месте. То есть центр — это когда полностью совпадают свойства этой точки со светом. Это единство.

Откуда же оно может быть в состоянии 1?

Единство существует в первом состоянии, поскольку диктуется свойствами света. Это единство определено Творцом. Мы уже говорили, что вначале мир Бесконечности создан Творцом.

Что значит «мир Бесконечности»? «Мир Бесконечности» означает, что *малхут* получает бесконечно, с ее стороны нет совершенно никаких ограничений, то есть она абсолютно и полностью сливается здесь со светом. Так зачем же надо что-то исправлять? Исправлять надо только то, что это состояние создано Творцом, а не самим творением. Только это мы и исправляем.

Мы желаем того же состояния, полного слияния с Творцом, полного единства, которое есть в первом состоянии, но так, чтобы оно исходило от нас. После всей работы над собой мы его достигаем в состоянии 3, когда возвращаемся к тому же состоянию Бесконечности. И тогда мы уже являемся не центральной точкой Бесконечности, мы представляем собой всю эту Бесконечность.

40) Что такое «конец» *(соф)*?

Конец *(соф)* **и окончание** *(сиюм)* **каждого создания образуется благодаря силе сдерживания, имеющейся в стадии 4, и высший свет прекращает там светить, поскольку она не получает его (глава 1, «Ор пними», п.20).**

Свет распространяется через четыре стадии — *кетер, хохма, бина, зеир аппин,* и когда доходит до *малхут,* до последней стадии, то дальше уже не распространяется, потому что *малхут* приняла на себя условия *цимцум алеф*. Она не принимает в себя свет, потому что желает каким-то образом уподобиться ему, обрести его свойства, а свойства эти характеризуются неполучением.

Таким образом, *малхут* производит *цимцум алеф* — не получает, и поэтому свет распространяется только в первых девяти *сфирот*, или в первых трех стадиях. А четвертая стадия, *малхут*, свет не получает, поэтому и называется это место «*соф*» и «*сиюм*».

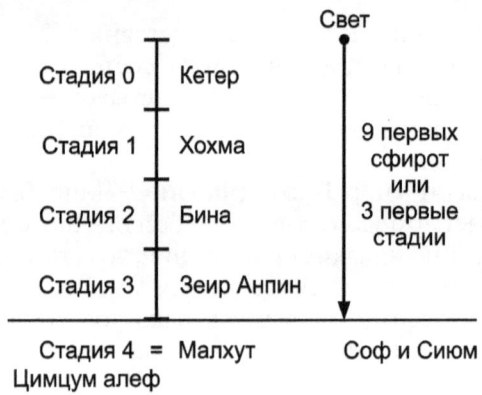

Рис. 10 *Распространение света после сокращения*

В Гальгальта, когда *малхут* получает свет, образуются *рош, тох, соф*. Вот эта часть — «*соф*», и есть *малхут*. А место, где *малхут* заканчивается, называется *сиюм*.

41) Что значит «круглый» *(аго́ль)*?

Если нет различия «верх-низ» между четырьмя стадиями желания получать, оно считается «круглым» (подобно круглой фигуре в материальном, где неразличимы верх и низ). И эти четыре стадии называются поэтому четырьмя сферическими окружностями, одна внутри другой, так что невозможно распознать и различить между ними состояния верх и низ (глава 1, «Ор пними», п.100).

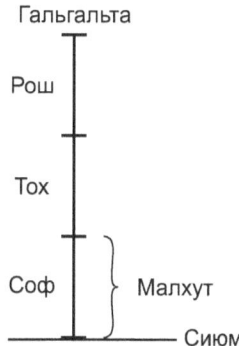

Рис. 11 Образование Рош, Тох, Соф в парцуфе Гальгальта

Что это значит? Если мы говорим о самой *малхут*, о ее свойствах, вне ограничений, которые она затем приняла на себя, то четыре стадии воспринимаются нами как окружности.

Обычно мы изображаем их в последовательности сверху вниз, но это лишь для того, чтобы показать причинно-следственное их развитие. В принципе, они окружности.

Почему мы их рисуем в виде окружности? Потому что нет в них ничего, что бы говорило об ущербности, о наличии состояний верха и низа между ними.

А что значит «верх» и «низ»? Мы уже говорили: более важный считается выше, а тот, что хуже, считается ниже. А в мире Бесконечности нет более важного или менее важного. Это появляется только после *цимцум алеф*, и потому мы рисуем состояние до *цимцума* в виде окружности.

Потому что в окружности все точки одинаковы. Точка наверху (на рисунке — наиболее удаленная от центральной точки) в случае окружности настолько же удалена, как и точка внизу. В окружности нет никакой разницы — вверху или внизу, справа или слева. Поэтому в виде окружностей мы изображаем равноценные желания, а разница между этими желаниями в том, что более внешнее первично, а более внутреннее вторично, но ни в коем случае одно не ниже другого. Они проявляются одно относительно другого как причина-следствие и не более того.

Только после того, как стадия 4 делает на себя *цимцум алеф*, она решает: начиная с этого момента и далее, все, что относится к свойству отдавать, к Творцу, для меня является высшим, а все, что относится ко мне, неисправленному творению, является низшим.

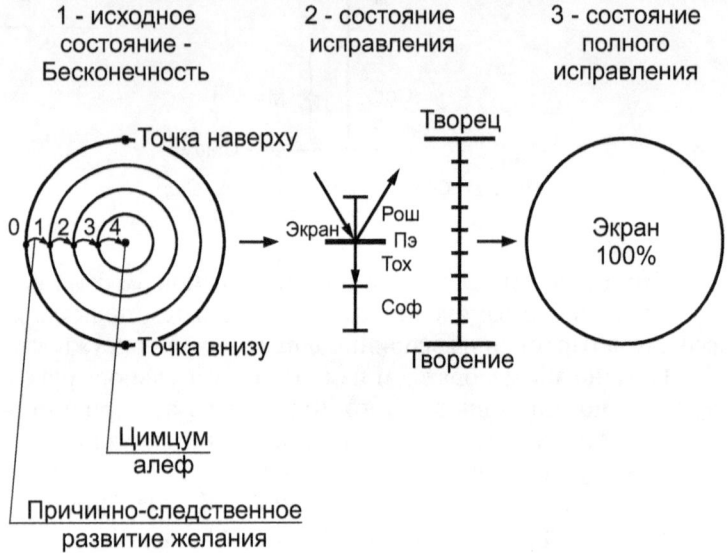

Рис. 12 Возвращение творения от получения в виде линии к получению в виде окружности

Таким образом, сейчас четвертая стадия устанавливает, что значит верх и низ. Она градуирует себя относительно Творца и говорит, что только в мере подобия свойств есть возможность подниматься к Творцу. Так делает сама четвертая стадия, поэтому до *цимцум алеф* все изображается как окружность, после *цимцум алеф* все изображается в виде прямых линий, сверху вниз, а потом, когда все эти прямые линии, сверху вниз, исправляются, мы снова приходим к окружности.

Почему к окружности, ведь экран остается, он создает прямую линию?

Экран во время исправления говорит о том, что я получаю свет, измеряю его в своей *рош*, потом часть принимаю в *тох*, а внизу находится *соф*.

А почему *соф* находится под *тох*? Потому что часть *соф* менее важна, она не может получить ради Творца, не может заниматься отдачей, поэтому она дальше от Творца, а *тох* ближе к Творцу.

Именно экран, который стоит в *пэ*, превращает все эти окружности в прямые линии, то есть делит их на более важные — менее важные, высшие — низшие.

Обозначим на рисунке:
— состояние 1 — исходное, Бесконечность;
— состояние 2 — работа с экраном;
— состояние 3 — достижение *гмар тику́н* (полного исправления) самим творением.

Состояние 3 — полностью с экраном. Что это значит? Что здесь экран — на все сто процентов желаний, иными словами, нет никакого ограничения на получение наполнения в любое желание. Все желания полностью, на сто процентов, находятся под экраном, и поэтому снова пропадают различия между ними: какое из них находится наверху, а какое — внизу.

В конце исправления не имеет никакого значения кто, откуда, из какой части «Адам Ришон»[15] происходит. Все души снова сливаются в одну, и поскольку они взаимодействуют, полностью включаясь одна в другую, нет никаких отличий между ними.

Кто из них сверху, кто снизу — не имеет никакого значения. Только в процессе исправления есть разделение на более высокие и более низкие души: кто-то был уже большим каббалистом, а кто-то еще только через двести лет узнает, что вообще существует духовный мир и есть какая-то связь с ним.

Все это имеет значение только в процессе исправления, потому что мы происходим из разных частей «Адам Ри-

---

15 Адам Ришон — *парцуф* в мире Ацилут, общая душа в состоянии полного слияния.

шон», и действуем под влиянием экрана — каждый из нас со своим желанием и с соответствующим экраном. Но когда этот экран полностью «одевается» на все желания, то снова исчезает все различие и все мы снова входим в состояние, которое называется «Бесконечность». Бааль Сулам говорит об этом в статье «Предисловие к Книге Зоар». Я вам советую ее прочитать.

42) Что значит «высший» *(элио́н)*?
«Высший» значит «более важный» (глава 2, «Ор пними», п.4).

43) Что означает «разделение» *(перу́д)*?
Мы говорили о том, как приближаются *парцуфим* друг к другу уподоблением свойств. Затем, если эти свойства действительно подобны, то эти *парцуфим* совмещаются, — вплоть до полного слияния. А теперь рассмотрим, как они отделяются друг от друга.

Две ступени, между которыми нет подобия формы ни с какой из сторон, определяются как полностью отделенные одна от другой («Внутреннее созерцание», п.12).

Если у одного объекта есть по крайней мере одно свойство, подобное хотя бы одному свойству другого объекта, то они касаются друг друга, а если и это одно-единственное общее свойство пропало, то они отрываются друг от друга. А затем, по мере превращения их свойств в противоположные, они расходятся.

Таким образом, разделением называется полное, абсолютное несовпадение свойств.

44) Что значит «свободное» *(пану́й)*?
Это место, готовое получить исправления и совершенство (глава 1, «Ор пними», п.4).

То есть необходимо, чтобы было место и чтобы это место было пустым, ощущалось пустым. Ощущение пустоты в себе означает ощущение готовности исправиться и наполниться. Каким образом?

Малхут в мире Бесконечности чувствовала себя целиком наполненной светом, а затем начала терять оценку этого света, как наполняющего, потому что перестала видеть важность в этом свете. Она обнаружила, что он исходит из Дающего, а она — получающая, и ощущение Дающего понизило для нее важность этого света до нуля. Она ощутила себя опустошенной, хотя свет никуда не исчез. И поэтому решила: я должна наполняться не светом, который приходит от Дающего, — я должна наполняться отдачей Дающему. Тот свет, который наполняет Творца, наслаждение от отдачи, должен быть и моим светом, наслаждением от моей отдачи.

Как только возникает это ощущение, сразу же появляется «свободное место». В первой части ТЭС изучают, что *малхут* сделала *цимцум* — сократила себя, и свет полностью исчез, оставив пустое пространство. Так что же такое пустое пространство? Это уже место, готовое получить исправления и совершенство. То есть человек может быть целиком наполнен всеми, какими только угодно, благами, но вдруг он ощущает себя пустым. И это значит, что в нем образовалось совершенно новое *кли*. Все прошлое, заполненное, не ощущается, и он живет уже в новом настоящем.

Каждый раз совершать переоценку ценностей и каждый раз ощущать себя все более и более опустошенным по сравнению с исправленным состоянием и совершенством — это и означает «каждый раз создавать в себе пустое пространство».

45) Что означает «простой» *(пашу́т)*?
Когда нет в нем различения ступеней и сторон (глава 1, «Ор пними», п.9).

Простой — это однородный, в нем совершенно нет никаких изменений, никих составных частей, никаких сложностей, перепадов, никаких оттенков. Все здесь совершенно однородно. И это говорит о самом низком, о самом примитивном желании.

Как только желание становится более развитым, вместо одного простого света *нэфеш* в него заходит свет *руах*. Почему? Потому что в нем образовалось уже второе желание. Кроме нулевой стадии — первая стадия, потом вторая стадия, третья, уже образуются различные света, уже в соответствии с желаниями света́ начинают играть внутри *кли*, образуют в нем всевозможные составные оттеночные желания и состояния. А простой — это примитивный, самый низкий, который ничего еще не ощущает. В нем существует только свет *нэфеш*. Это минимальный свет, минимальная энергия для поддержания существования.

46) Что такое «сокращение» *(цимцу́м)*?
Подчиняющий свое желание, то есть удерживающий себя и не получающий, хотя очень желает получить, называется сокращающим себя (глава 1, «Ор пними», п.40).

Я настоятельно рекомендую: много-много раз внимательно, придирчиво читать расшифровку Бааль Суламом каждого обозначения, каждой категории, каждого слова, которое есть в этих «Вопросах и ответах по толкованию терминов».

Посмотрите, что он пишет:

«**Сокращение**». Что означает: «я себя сократил»?
Подчиняющий свое желание, то есть удерживающий себя и не получающий (наслаждение), **хотя очень желает получить...**
Желание не исчезает. Страстное желание, огромное внутреннее напряжение, и, несмотря на это, совершается внешнее усилие над собой, когда человек удерживает себя и ни в коем случае не позволяет реализоваться этому желанию — он его «закрывает» своим собственным усилием. Это называется «сокращением себя».

При этом в человеке существуют два параметра: внутреннее желание (и оно огромное, оно знает, чего хочет, так как перед ним находится наслаждение) и в то же время какая-то дополнительная сила, которую человек приобретает извне. Ведь наше желание — это то, что в нас, это наша суть. И наслаждение стоит передо мной, против моей плоти, естества (физического или духовного — неважно), но я приобретаю еще какое-то исправление, какую-то дополнительную силу, которая позволяет мне не использовать свое желание для наслаждения.

В нашем мире у нас есть руки, ноги, рот. Глаза мы можем закрыть, рот каким-то образом заткнуть и т.д. В духовном

Вопросы и ответы по толкованию терминов. Комментарии

мире этого нет. В духовном мире есть желание, которое существует в океане наслаждения. Как же это желание можно не использовать, если оно уже находится внутри наслаждения? Мне надо внутри этого желания поместить дополнительную силу, противодействующую получению наслаждения. То есть мне надо противодействовать желанию — не нейтрализовать, я не могу нейтрализовать желание — желание останется; мне нужно еще одно желание внутри «не использовать первое желание».

Вот эта способность властвовать над своим желанием называется «сокращением». Не следует думать, что огромное желание сокращается до маленького, — оно остается огромным, — только от Творца, извне, приобретается сила, которая позволяет не использовать его. И эта сила должна быть внутри моего желания. В духовном я не могу просто закрыть себе рот, я не могу убежать от наслаждения и не смотреть на него или не приближаться к нему. Я изначально нахожусь в океане наслаждения. Надо очень крепко запомнить вот эти слова:

Подчиняющий свое желание, то есть удерживающий себя... хотя очень желает получить.

Мы должны постоянно помнить при изучении каббалы, что желание является первичным в нас. И оно никогда никуда не исчезает, оно только все больше и больше развивается в нас. Если мы хотим не использовать его, мы должны для этого приобрести какое-то свойство извне. Это свойство называется свойством *бины*. А потом, если мы желаем использовать его на отдачу, то должны использовать это желание уже совместно с *биной* — *малхут* вместе с *биной*. Но само желание не исчезает и ни в коем случае не уменьшается.

Поэтому наш прогресс заключается не в уменьшении, не в подавлении желания, а в приобретении все большего и большего свойства *бины* для управления желанием. Именно управление все большими желаниями поднимает человека. Поэтому методика называется *каббала* — «получение», так как она обучает правильно получать во все большие, огромные желания, а не подавлять их или каким-то образом замыкать.

Цимцум алеф, о котором говорит здесь Бааль Сулам, — это не исправление, это всего лишь первый этап на пути к управлению желаниями. Сначала мы желание сокращаем — берем, так сказать, вожжи в свои руки — а потом начинаем правильно его реализовывать.

47) Что такое «линия» *(кав)*?
Указывает, что есть в ней различение верха и низа, чего не было до нее. Также указывает, что ее свечение сильно уменьшено по сравнению с прежним (глава 2, «Ор пними», п.2).

В линии это свечение намного-намного меньше, чем в мире Бесконечности. Почему? В мире Бесконечности свет светит в четвертой стадии, и хотя она самая маленькая, но именно она и говорит о бесконечности, неограниченности свечения. Получение света во все стадии, кроме четвертой, называется *«кав»* — линия. А получение света в четвертую стадию называется Бесконечностью, потому что здесь, в четвертой стадии, находятся самые большие желания. В первых трех стадиях желания очень маленькие, поэтому они отображаются линией в сравнении с кругом.

Представьте себе круг и маленький, узкий его сегмент — очень узкую линию, о которой так и написано: *«кав дак мэо́д»* — очень тонкая линия.

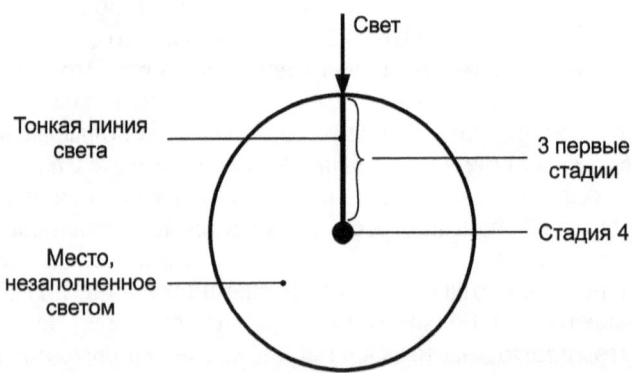

Рис. 13 Получение света после цимцум алеф

Площадь этой узкой линии в круге говорит нам о том, какой малый свет мы можем получить до *гмар тику́н*.

Если вы подниметесь в высшие миры, то пока вы полностью не исправите себя, не исправите *малхут, лев а-э́вен*[16], вы, поднимаясь к уровню Творца, все время будете находиться внутри этой очень узенькой по сравнению со всем кругом линии.

То есть работа в *цимцум алеф* — это работа внутри этой линии, а вся остальная работа, когда экран приобретается уже абсолютно на все желания, то есть, на четвертую стадию — *лев а-эвен* — это уже седьмое тысячелетие.

Итак, до седьмого тысячелетия, в течение подъема по всем духовным мирам, мы получаем всего лишь очень тонкую линию. По сравнению с нашим миром это огромный свет, но по сравнению со светом Бесконечности он так же мал и примитивен, как очень узкая линия по сравнению со всем кругом.

48) Что означает «близкий» (каро́в)?
Тот, чья форма ближе и более схожа с другим, считается наиболее близким к нему (глава 1, «Ор пними», п.30).

То есть близость и удаленность — по совпадению, по большему подобию желаний, свойств.

49) Что означает «рош»?
Та часть в создании, которая в наибольшей степени уподобляется форме корня, называется «рош».

Что значит «уподобляется форме корня»?

Есть источник — Творец. В той мере, в которой я совпадаю с Ним, нахожусь ближе всего к Нему по моим замыслам, мыслям, планам, чаяниям, — не так, как я реализую это в теле, а каким образом я хотел бы реализовать это, — в этой мере та моя часть, которая наиболее близка к Нему, называется «головой» — *рош*.

50) Что такое «ру́ах»?

---

16 Дословно — «каменное сердце».

Свет хасадим называется руах (глава 1, «Ор пними», п.5). Мы еще будем это изучать, пока это надо просто запомнить.

51) Что означает «желание» *(рацо́н)*?
См. ответ 35.

52) Что значит «имя» *(шем)*?
Святые имена — это выяснения, как постигаются указываемые в них света, так что имя ступени выясняет пути постижения, существующие на данной ступени («Внутреннее созерцание», п.5).

Что значит «имя»? Именем обозначается какая-то ступень. Допустим, есть в духовном мире некий духовный уровень. Этот духовный уровень состоит из сосуда — набора желаний на этом уровне — и света, который в них входит. Все параметры сосуда-кли и все параметры света, который в него вошел, вместе и образуют имя, название. О чем нам говорит это имя? Кроме самого названия этого уровня на шкале «я — Творец», имя — это еще объяснение того, как те света, на которые это имя указывает, могут быть постигнуты.

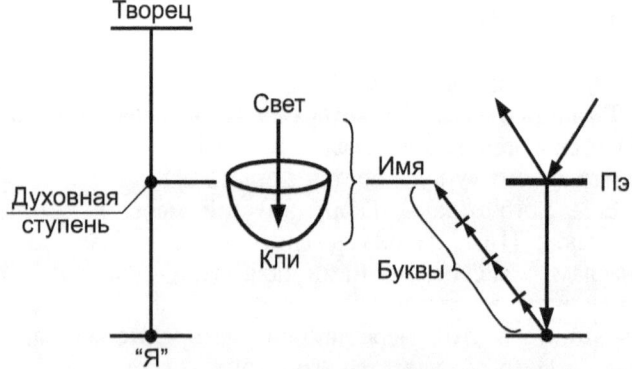

Рис. 14 Постижение имени духовной ступени

Таким образом, имя ступени показывает способы и пути постижения данной ступени. Откуда это происходит?

После получения света внутрь *парцуфа* происходит затем его выход из *парцуфа*, в процессе которого образуются буквы. Порядок этих букв и составляет имя.

Когда я смотрю на это имя «снизу вверх», я начинаю понимать, каким образом мне по этому имени надо «подняться», чтобы дойти до состояния этого *парцуфа*. То есть я получаю имя при нисхождении *парцуфа* сверху вниз, а реализую его в себе, когда поднимаюсь к нему снизу вверх.

53) Что означает «*тох*» (внутренняя часть)?
«Получающий в свою внутреннюю часть» — такое получение, когда свет измеряется и ограничивается в *кли*. «Получающий вне себя» — когда не делает никакого ограничения на получаемый свет (глава 1, «Ор пними», п.50).

Есть внутреннее и внешнее получение. Внутреннее получение называется «*ор пними*», внешнее получение называется «*ор макиф*». И отсюда образуется внутренняя часть — *тох* парцуфа.

54) Что значит «движение» *(тнуа́)*?
Любое обновление формы определяется как духовное движение, поскольку эта форма отделилась от прежней и вышла под собственным именем. Подобно части, отделившийся от материального объекта, которая сдвигается и выходит из своего прежнего места («Внутреннее созерцание», п.33).

Каждый из нас каждое мгновение меняет свое имя, поскольку меняет свои внутренние свойства, меняет свое местонахождение на лестнице подъема от нашего уровня до уровня Творца.

Поэтому так и говорится: «Меняющий имя — меняет свою удачу». Существует даже такой обычай: когда человеку плохо — он болеет, вступает в какой-то очень неудачный период своей жизни, который долго не заканчивается — ему меняют имя. Этот обычай основан на том, что, якобы, изменяя имя, меняешь свое место на этой шкале.

Конечно, с изменением имени ничего не происходит, но обычай этот связан с тем, что любое новое состояние человека на духовной лестнице дает ему другое имя. Поэтому, когда мы говорим об именах, скажем, праотцев и других персонажей, фигурирующих в каббалистической литературе — эти имена показывают их наивысшее духовное постижение.

Например, Моше — если мы посмотрим на гематрию этого имени, мы узнаем, к какому уровню он относится. В ТЭС изучают: что связано с именем Аарон, почему автор «Книги Зоар» назывался Шимон, а его сын — Эльазар, и так далее...

То есть, каждое имя является производным от истечений света той ступени, на которой каждый из них достиг своего максимального слияния, соединения с Творцом.

Таблица вопросов и ответов по выяснению понятий

Мы рассмотрели раздел «Вопросы и ответы по толкованию терминов», теперь приступаем к разделу «Вопросы и ответы по выяснению понятий».

Я получил письмо от человека, которому кажется, что изучение в таком виде, когда говорится слово, потом его смысл, затем немного объясняется и т.д., очень однообразное и слишком длительное.

Я вас обучаю по той же методике, по которой я обучался у своего великого учителя, а он — у своего отца. Мой учитель РАБАШ женился в восемнадцать лет и с тех пор — до 1955 года, пока был жив его отец, Бааль Сулам, — обучался у него. Я пришел к своему учителю в 79-м году и до 91-го, пока он был жив, обучался у него.

Я не считаю себя вправе менять методику обучения. Она потихоньку, сама по себе трансформируется и меняется в зависимости от людей, которые сегодня приходят в каббалу. Постепенно меняется язык, меняется отношение, обращение.

Но «Учение десяти сфирот» — это классический учебник каббалы, и я не думаю, что он когда-нибудь изменится или будет заменен какой-нибудь другой книгой. Мне кажется, он всегда будет служить нам тем источником, из которого или с помощью которого мы притягиваем на себя исправляющий свет, подтягиваем себя в высший мир.

Поэтому, когда я преподаю ТЭС, я преклоняю голову, не иду своим умом, а четко передаю вам ту же методику изучения, ту же методику чтения, которую мне передал мой учитель.

Еще раз прошу вас перед учебой привести в порядок свои намерения, направить себя на источник, из которого вы желаете получить свет, изменения, исправления — не забывать, для чего вы учитесь.

55) Какие понятия отсеиваются наукой каббала?

Нет в этой науке, от самого ее начала и до конца, ни одного слова, несущего в себе понятия ощутимого или воображаемого, как например, место, и время, и движение, и им подобные, а также исчезновение не присуще духовным объектам. И любое изменение формы не означает, что исчезла первоначальная форма, но что эта первоначальная форма осталась на своем месте без всякого изменения, и тогда изменение формы, приобретенное сейчас, добавилось к его первой форме (глава 1, «Ор пними» в начале, со слов «Следует помнить...»).

Что хочет сказать Бааль Сулам? В науке каббала не употребляются привычные для нас значения слов, которые вы встречаете в тексте, какое бы слово вы ни взяли. Почему мы так тщательно изучаем каждое определение: «верх», «низ», «вперед», «назад», что такое «свет», *«кли»*, «больше», «меньше», «удаление», «сближение» и т.д.?

Потому что, встречая эти слова в книге, мы автоматически переводим их в наши земные понятия, то есть считаем, что они находятся в нашем объеме, в наших координатах, в нашем измерении. И поэтому мы, вместо того чтобы правильно представить себе духовный мир как мир сил, категорий, качеств, представляем его как наш мир — мир объектов и механических перемещений.

Бааль Сулам говорит, что в науке каббала, которая является наукой о духовном мире, нет ни одного слова, которое бы означало материальное или образное понятие, все они означают только высшие силы, свойства и качества.

Избавьте находящуюся вокруг вас неживую, растительную, животную, человеческую природу от земных оболочек, чтобы вместо внешнего вида остались только силы, которые организуют и создают вокруг себя этот внешний вид. Когда вы сможете оставить перед своим мысленным взором только эти оголенные силы и будете только с ними работать, вы уже будете правильно настроены на то, чтобы воспринимать духовную картину. Что значит духовная картина? Это картина сил, а не внешних оболочек.

56) Что представляет собой обычный язык науки каббала?

Вопросы и ответы по выяснению понятий. Комментарии

Каким образом каббалисты пишут эти книги, которые, как нам кажется, написаны понятным языком?

Бааль Сулам говорит, что язык, на котором написаны каббалистические книги, человеку непонятен. Нужно взять словарь и с его помощью читать текст. То, что текст написан на русском языке, еще не означает, что ты его понимаешь. Он написан на другом языке — на языке науки каббала, и ты должен этот текст переводить так же, как если бы он был написан, например, на индийском языке — с помощью соответствующего словаря. То есть текст ты читаешь неверно, ты должен взять словарь и каждое слово перевести — что же оно на самом деле значит, как будто оно написано на иностранном языке.

Так что же представляет собой язык науки каббала? — спрашивает Бааль Сулам.

Этот язык является «языком ветвей», указывающих на их высшие корни, так как нет у тебя даже травинки снизу, у которой нет корня вверху. И поэтому нашли для себя мудрецы каббалы готовый язык, чтобы, указывая на ветви, обучать нас их высшим корням (глава 1, «Ор пними» в начале, и «Внутреннее созерцание», вступление).

Мне кажется, что книга, которая находится передо мной, говорит о нашем мире или о том, что я привык себе представлять. Но на самом деле она говорит о высших корнях, о высшем мире. И, чтобы перевести эту книгу с языка моих представлений на язык высших понятий, дается наш каббалистический словарь.

57) Что является разделяющим и отделяющим в духовном?

В нашем мире разделение и отделение происходит механическим удалением друг от друга, а сближение — механическим же сближением. Но происходит ли при этом действительно сближение или отдаление? Если мы не будем принимать во внимание материальные оболочки, что тогда означает «сблизить» две силы или «отдалить»?

Бааль Сулам говорит:

Отличие формы разделяет и отдаляет духовные объекты друг от друга (глава 1, «Ор пними», п.30).

То есть, если мы желаем сблизить или отдалить, мы должны вызвать изменение внутреннего свойства, и это будет называться сближением или отдалением.

58) Что является источником «желания получать»?

Желание давать в высшем свете — это то, что делает неизбежным желание получать в создании («Внутреннее созерцание», п.11).

Наше эгоистическое желание получать, наслаждаться, исходит из желания Творца насладить, поэтому оно не является моим. Я никоим образом не должен переживать за свой эгоизм, а переживать потому, что вследствие эгоизма я отдалён от Творца. То есть не об эгоизме, а об отдалении я должен сожалеть. Тогда я буду верно направлен на исправление этого отдаления, а сам эгоизм — он ко мне не относится.

59) Каким образом выходит свет из категории «Создатель», чтобы стать «созданием»?

Мы понимаем, что свет строит *кли*, то есть *кли* — это как бы обратная сторона света. Свет — существующий, он существует постоянно, но там, где он не проявляет себя, вроде бы не существует — это состояние называется *«кли»*.

Как же отделился свет от Творца и стал творением?

Из-за формы желания получать, появляющегося вместе с высшим светом, — поскольку свет желает дать, — вышла эта возникшая часть из категории «Создатель» и перешла в категорию «создание» («Внутреннее созерцание», п.11, 15).

Есть желание насладить, называемое «нулевая стадия», из неё появилось желание получать — «первая стадия». Поскольку первая стадия возникла из нулевой стадии, желание получать возникло из желания насладить, — то это второе желание, желание получать, отделилось от первого желания насладить и стало творением. То есть творением называется новое качество, которое не существует в Творце.

60) Что является первичной материей любого создания?

Форма, которая появилась и вышла в виде «*еш ми-айн*», то есть «желание получать», присутствующее в каждой сущности, является «первичной материей» для каждого создания и каждой сущности. И только оно, — а все существующее в создании или в сущности сверх этой материи уже относится к категории света и обилия, исходящего из высшего света в виде «*еш ми-еш*», и совсем не относится к категории создания и творения.

И не следует удивляться: как форма становится материей? Ведь даже в материальном принято у нас определять начальную форму сущности как первичную материю, поскольку восприятие не улавливает вообще никакой материи во всей действительности, так как наши органы ощущения воспринимают только явления в материи, то есть формы, которые перевоплощаются и совершаются в первичной материи («Внутреннее созерцание», п.35).

Что является первичной материей любого создания?
Форма, которая появилась и вышла в виде «*еш ми-айн*» (появляющееся из небытия), **то есть «желание получать», присутствующее в каждой сущности, является «первичной материей» для каждого создания и каждой сущности.**

Желание получать является самым внутренним желанием, или качеством, или свойством творения, а на него уже наслаиваются всевозможные одеяния, оболочки.

И только оно, — а все существующее в создании или в сущности сверх этой материи, то есть все, кроме желания получать, **относится к категории света и обилия, исходящего из высшего света в виде «*еш ми-еш*»,** (выходящее из существующего, то есть исходящее непосредственно от Творца), **и совсем не относится к категории создания и творения.**

И не следует удивляться: как форма становится материей? Ведь даже в материальном принято у нас определять начальную форму сущности как первичную материю, поскольку восприятие не улавливает вообще никакой материи во всей действительности, так как наши органы ощущения воспринимают только явления в материи, то есть формы, которые перевоплощаются и совершаются в первичной материи. Мы ничего не постигаем как суть, как оно есть, а только наши реакции на это. Поэтому материал творения, желание насладиться, не проявляется само по себе, оно проявляется только как ощущающее. То есть сам свет и само творение — желание насладиться — мы не постигаем. Мы постигаем только их действия, как бы связь между светом и желанием насладиться им.

Во «Введении в Книгу Зоар» (*Мавó ле-Сефер а-Зоар*) — одном из четырех предисловий к «Книге Зоар», без которых ее понять нельзя — объясняется, что существует суть и три возможные оболочки на эту суть. Так вот, сама суть материи, желание насладиться, равно как и суть света, естественно, нами совершенно не постигается. Мы постигаем не суть, а только ее движение, проявление, следствие из нее.

61) С какого момента называется созданием?

Тотчас в начале образования желания получать в создании, с так называемой «первой стадии в желании», оно уже вышло из категории «Создатель», чтобы быть созданием (глава 2, «Ор пними», п.4).

Мы рассматриваем стадии сверху вниз — от нулевой до четвертой. Из пяти этих стадий нулевая стадия — это свойства Творца, свойства света, желания отдать, а первая стадия — это желание получать, созданное из нулевой стадии, и она уже является творением.

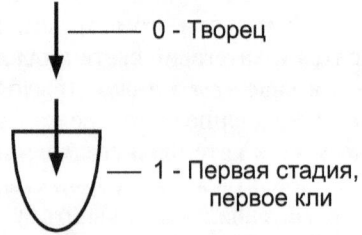

Рис. 15 Возникновение первого кли

Оно еще не окончательное, безусловно. Окончательное творение — в нашем мире, когда мы начинаем подниматься

Вопросы и ответы по выяснению понятий. Комментарии

снизу вверх. А здесь только начало, зачаток творения, то есть оно находится в первой стадии уже как выходящее из Творца.

Поэтому мы отсчитываем: ноль, один, два, три, четыре. Или на иврите: *шореш* (корень), *алеф, бет, гимел, далет.* То есть, нулевая стадия нами никогда не учитывается, не считается, так как является Творцом. Поэтому *кетер* часто не учитывается в *парцуфе.* Он принимается нами во внимание, потому что является представителем Творца относительно всего остального, — мы должны его учитывать, мы его ощущаем. Но, в принципе, *кетер* — это то, что я ощущаю как Творца.

А все остальные стадии — от *хохма* до *малхут* — являются уже теми свойствами, которые я раскрываю в *кетер.* Есть *кетер, хохма, бина, хесед, гвура, тиферет, нецах, ход, есод, малхут. Кетер* — это Творец, от Него все исходит. Промежуточные стадии — это свойства того, что исходит из *кетер. Малхут* — это получающая стадия, творение.

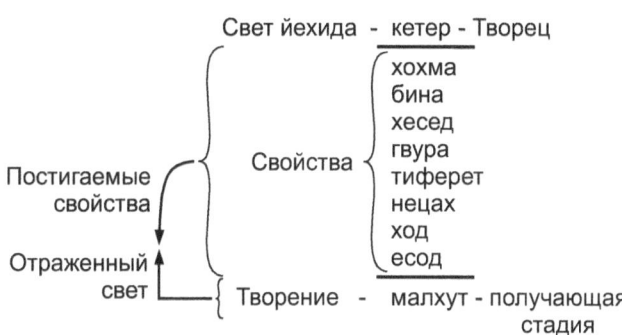

Рис. 16 Постижение творением свойств Творца

Бааль Сулам часто объясняет это таким образом: *кетер* — это *ехида,* и свет *ехида* практически нами не постигается. Творение постигает только отраженный свет, а все остальные свойства постигает в себе.

В четырех стадиях прямого света мы изучаем, что нулевая стадия — это Творец. Создание — *кли* — это первая стадия. Она так и называется — «первая», так как это первое *кли*.

62) Духовная сущность приняла в себя изменение формы, и потому отделилась от нее эта часть и вышла в другую категорию. Потеряла ли духовная сущность из-за этого что-нибудь?

Происходит разделение, «почкование», рождение из одного объекта другого объекта, изменение свойств внутри духовных объектов. Что при этом происходит с первым объектом?

Исчезновение и потеря не присущи духовным объектам, и часть, отделившаяся вследствие изменения формы, ничего не убавляет и не уменьшает в высшем свете, подобно зажигающему одну свечу от другой, когда от первой не убавляется. И поэтому любое изменение формы является прибавлением к первой (ТЭС, часть 2, «Внутреннее созерцание», глава 9, «О понятии включения десяти сфирот в каждую сферу»).

Как мы сказали: есть Творец — нулевая стадия, и есть творение — первая стадия. Можно сказать, что больше ничего нет. А все, что происходит в дальнейшем, — и сверху вниз, и снизу вверх — является как бы раскрытием света в творении. Вторая стадия — это внутренняя реакция творения. Затем в нем последовало желание создать третью стадию, потом четвертую — *малхут. Малхут* делает сокращения — *цимцумим*. Все это происходит внутри первой стадии. Кроме этой первой стадии, нет ничего.

Вторая стадия — это внутренняя реакция творения. Затем в нем последовало желание создать третью стадию, потом четвертую — *малхут, малхут* делает сокращения — *цимцумим*. Все это происходит внутри первой стадии. Кроме этой первой стадии, нет ничего.

Создалось творение, а все остальное — это раскрытие света в творении, можно сказать, внутри первой стадии.

Поэтому из всего того, что происходит в дальнейшем, ничего не теряется, ведь это просто накапливающиеся, все более и более раскрывающиеся свойства или состояния того, что мы называем «первой стадией».

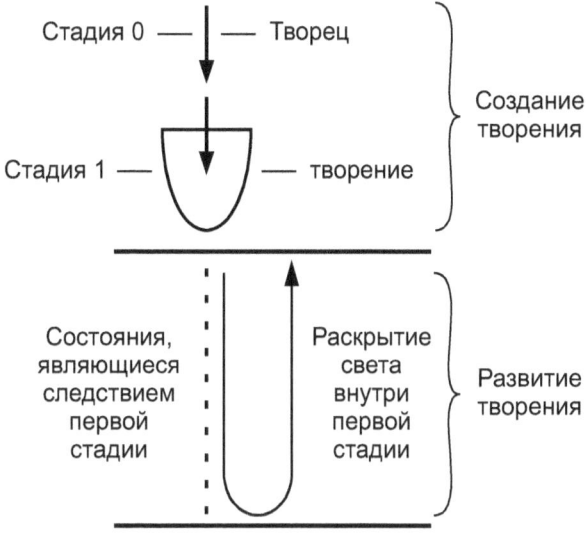

Рис. 17 Создание и внутреннее развитие 1-й стадии

63) Как и у кого распознаются все виды множеств форм и изменений в мирах?

Все множества и изменения происходят только в восприятии *келим* и приеме ими света Творца. Но относительно себя высший свет находится в состоянии абсолютного покоя, то есть без малейших изменений и обновлений (глава 2, «Ор пними», п.1).

Речь идет о первой стадии. О чем говорит нам Бааль Сулам? Все разновидности и изменения возникают только в *келим*, только внутри этой первой стадии, этого *кли*, под воздействием света в результате его получения. Но сам высший свет относительно себя внутри этого *кли* находится в абсолютном покое. То есть все, что мы ощущаем, все, что мы раскрываем — мы раскрываем изнутри *кли*. *Кли* как бы все время развивается и раскрывает в себе все больше и больше свойств, оттенков света.

Поэтому на самом деле ничего в мире не происходит, кроме изменений наших субъективных ощущений, в зависимости от того, каково наше *кли* — больше или меньше оно исправлено, больше или меньше оно подобно свету.

* * *

Я еще раз хочу напомнить о важности этой части «Учения десяти сфирот». На каком бы языке мы ни читали святые книги: на языке сказаний, на языке выполнения якобы механических заповедей, на языке каббалы, на языке ТАНАХа или на языке *мусар*[17] — любой из этих языков мы воспринимаем так, что поневоле видим перед собой картины нашего мира.

Нам же, одновременно с изучаемым материалом, в этой картине нашего мира, которая поневоле возникает в нашем представлении, надо создать еще одну картину — картину духовных свойств, сил, высшую картину изучаемого нами материала, и все время от картины, возникающей в нас неосознанно, неподконтрольно, пытаться перейти к той, духовной, высшей картине.

И она тоже не истинная, но зато в нас возникает стремление как бы выйти из нашего мира, стремление к высшему. Вот это стремление к высшему, этот вектор нам необходим.

Поэтому, если мы будем изучать, что значит «свет», «кли», «подъем», «спуск», «право», «лево», «верх», «низ», «вход и выход света» — все, что касается света и *кли* в их взаимодействии, но не в представлениях нашего мира, а в понятиях высшего мира, в зависимости от совпадения их свойств, от всевозможных действий отдачи и приема между ними, — и при этом будем переводить с нашего эгоистического языка чувств на язык альтруистический, то, как бы тяжело нам при этом ни было, именно это будет нашей работой, нашим усилием по устремлению к высшему миру.

Поэтому изучение слов и понятий в их истинном каббалистическом, духовном смысле необходимо для того, чтобы выстроить перед собой иную, истинную картину мира. Иначе мы не устремимся вперед. Иначе все наши стремления не будут к духовному, а будут стремлениями к чему-то надуманному нами.

---

17 Досл. — этика, мораль. Здесь: нравоучения.

Вопросы и ответы по выяснению понятий. Комментарии

А нам надо представить эту духовную картину именно по тем определениям, которые нам дают каббалисты. Потому эта часть и предназначена для запоминания.

Бааль Сулам пишет, что простое механическое запоминание терминов и понятий в их духовном виде крайне необходимо.

64) Как вырисовываются обновление и движение в свете?
Нет никакого движения, то есть обновления, в высшем свете, а только получаемая созданием часть от высшего света (что подобно зажигающему свечу от свечи, и от первой не убывает) «обновляется и множится в соответствии с обновлением форм в *келим*», и каждый получает согласно мере желания получить в нем, так как их свойства отличаются одно от другого и распространяются одно из другого безмерно и безгранично (глава 2, «Ор пними», п.1, 2).

Как вырисовываются обновление и движение в свете?

Свет абсолютно неподвижен. Что значит «неподвижен»? В нашем мире «неподвижен» означает «не двигается относительно нас». Мы находимся в каких-то координатах, мы как-то движемся, все наши движения относительны. Неподвижностью мы называем состояние, когда относительно меня какой-либо объект никуда не движется.

Высший свет находится в неподвижном состоянии. Это значит — в нем не существует никаких изменений, в его намерениях. Ведь духовный мир — это тот же мир, в котором мы существуем, только если мы видим не объекты, а их намерения.

Так вот, в высшем свете нет никаких изменений, в нем всегда одно и то же намерение — дать наслаждение, наполнить нас. При этом высший свет выполняет миллиарды всевозможных ролей, функций, действий и воздействий на нас, но это считается неподвижностью, потому что везде преследуется одна и та же цель.

Это не просто — представить его неподвижным, несмотря на то, что он выполняет множество всевозможных работ и воздействий на нас. И все равно я его оцениваю как неподвижный, потому что в любом его проявлении относительно меня я могу обнаружить только одно действие — наполнить меня, привести меня к совершенству.

То же самое мы изучали относительно Творца, когда говорили: Он один, единственный. То есть несмотря на то, что Он оказывает на нас влияние всевозможными положительными, отрицательными, любыми возможными воздействиями в любых комбинациях, человек в итоге своего развития должен ощутить только одно воздействие.

В итоге своего сближения с Творцом, в результате своего понимания Творца он ощутит только одно: Творец абсолютно добр. Хотя поначалу мы воспринимаем Его воздействие на нас совершенно противоположным этому ощущению.

Итак: «как вырисовываются обновление и движение в свете?»

Нет никакого движения, то есть обновления, в высшем свете, а только получаемая созданием часть от высшего света, которая принимается творением внутрь себя, в *тох парцуфа* **(что подобно зажигающему свечу от свечи, и от первой не убывает)**, то есть речь идет о свете, который вне творения и свете, который входит внутрь творения. При этом с самим светом ничего не происходит: и снаружи, и внутри он остается тем же, но та часть, которая принимается внутрь творения, которую творение ощущает как свою, как свой внутренний свет, *ор пними*, **«обновляется и множится в соответствии с обновлением форм в *келим*», и каждый получает согласно мере желания получить в нем, так как их свойства отличаются одно от другого и распространяются одно из другого безмерно и безгранично.**

То есть нет никаких изменений и движений в свете, а только лишь изменение свойств *кли* вызывает в нем такие ощущения.

65) Как включаются в простое единство Творца все виды исходящих из Него множеств форм и противоположностей в мирах?

См. пункты 1, 10, 22 «Внутреннего созерцания».

Бааль Сулам отсылает нас к разделу «Внутреннее созерцание».

Творец прост, в Нем не существует множества мыслей и действий. Его действие относительно нас одно. В зависимости от того, в каких состояниях мы находимся, в каких состояниях находятся вокруг нас остальные души, от того, как они влияют на нас, взаимодействуют с нами, — в зависимости от этого и воздействие Творца воспринимается нами якобы многогранным и даже противоположным.

На самом деле мы ощущаем так потому, что в нас постоянно вновь и вновь возникают и исчезают *решимот*, реализуются все новые и новые всевозможные состояния, и поэтому нам кажется, что это не мы меняемся, а меняется вокруг нас мир.

66) Кем и чем извлекается линия из Бесконечности?
Масах, означающий силу сдерживания, которая установилась на четвертую стадию после сокращения, чтобы больше не получать в нее, — именно он стал причиной выхода линии из Бесконечности. Ведь высший свет никогда не получает изменения и светит после сокращения так же, как и до сокращения.

Но *масах* привел сейчас к тому, что высший свет будет приниматься лишь только в три стадии желания, у которых мера получения очень мала по сравнению с получением четвертой стадии в Бесконечности, и поэтому он принял сейчас только тонкую линию света по сравнению с величиной света в Бесконечности (глава 2, «Ор пними», п.1, 2).

Получение в трех стадиях в сравнении с получением четырьмя называется получением в мере «тонкой линии» *(кав дак)*.

Кав, дословно линия, тончайшая полоска света, которая принимается в стадии *шореш, алеф, бет, гимел*, но не в *далет* — в нулевую, первую, вторую и третью, но не в четвертую. Значит, получение во всех стадиях 0, 1, 2, 3 называется «линией» по сравнению с получением в стадии 4, называемым «кругом», то есть полным получением.

Почему мир Бесконечности, когда *малхут* получила абсолютно все, изображается окружностью, заполненной светом? И почему далее внутри этой окружности мы рисуем тонкую линию?

Четыре стадии распространения света были целиком наполнены светом. Это называется «мир Бесконечности». Затем образовался мир Сокращения — произошло сокращение, *цимцум алеф*, когда те же стадии остались абсолютно пустыми, потому что свет ушел из них.

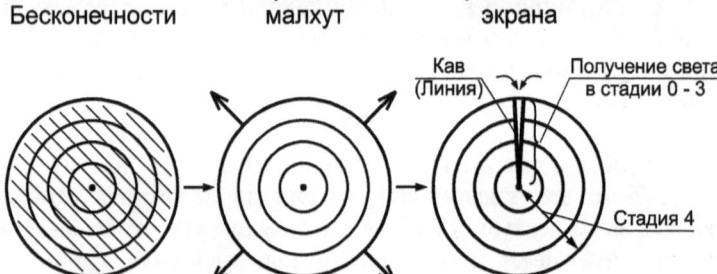

Рис. 18 Извлечение линии из света Бесконечности

Далее эти пустые стадии начинают принимать свет. Прием света происходит в настолько маленьком сегменте, что он называется «линия», он даже не называется сегментом. И эта линия-кав представляет собой стадии 0-3, а все остальное — это стадия 4.

И до конца нашего исправления *(гмар тикун)* максимально возможной мерой получения света является эта линия — маленький сегмент, называемый просто тонкой линией. Почему?

Представим малхут мира Бесконечности в таком виде:

Есть *кéтер, хохмá, бинá, хéсед, гвурá, тифéрет, нéцах, ход, есóд* и *малхýт.* Девять *сфирот* и *малхут.* Или стадии ноль, один, два, три и четвертая стадия.

На чем основаны наши действия в духовном мире? Вначале мы поднимаем *малхут* к этим девяти *сфирот,* включаем ее в эти девять *сфирот,* и таким образом мы

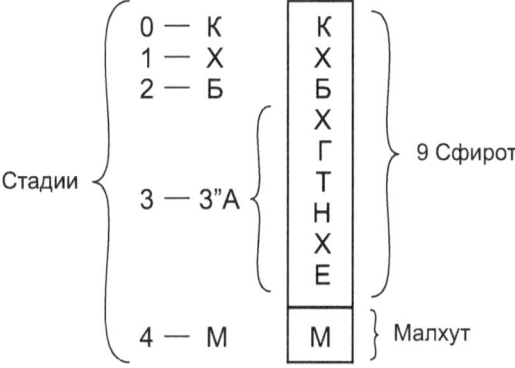

Рис. 19 Строение малхут Бесконечности после сокращения

строим миры. *Малхут*, включенная в *кетер*, дает нам мир Адам Кадмон, в *хохма* — мир Ацилут, в *бина* — Брия, в *зеир анпин* — Ецира, в *малхут* — Асия. Так мы создаем миры. В этих же мирах мы затем делаем *швира́т а-кели́м* (разбиение сосудов), чтобы еще сильнее соединить *малхут* с девятью первыми *сфирот*. А затем мы производим обратное действие: понижаем эти девять *сфирот* до *малхут*, то есть включаем их в *малхут*, — это уже будет Адам Ришон, или Адам, — и тоже делаем ему *швира́*. И, благодаря разбиению, получается, что хотя четвертая стадия неисправленная, но зато в нее включены все остальные стадии — от нулевой до третьей — они находятся внутри нее, а над ней находятся миры. И вот мы начинаем делать селекцию — выбирать эти три стадии и поднимать в миры, а четвертую стадию оставляем как неисправленную, *лев а-эвен* (см. рис. 20).

Когда мы эту селекцию закончили, остается одна голая четвертая стадия, в которую ничего нельзя получить. А мы отождествляем себя с первыми стадиями, желая в них находиться. Тогда эта четвертая стадия исправляется, она уже перестает быть такой, какой она была создана Творцом, и сама обращается в такое состояние, когда в нее можно получить свет. И тогда весь этот круг наполняется светом под воздействием экрана.

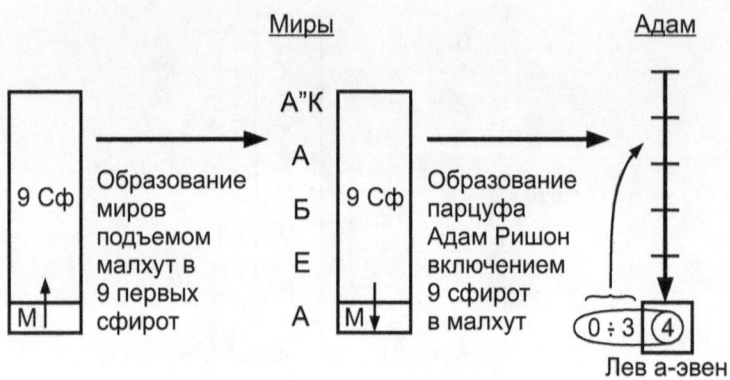

Рис. 20 Приход малхут к состоянию исправления и получения света

Значит, *кав* — это та мера света, которую творения могут получить до *гмар тику́н*, не исправляя *лев а-эвен*.

67) Изменилось ли что-нибудь после сокращения также и в Бесконечности?

Хотя четвертая стадия в Бесконечности и сократила себя, однако это не значит, что она сняла с себя одну форму и облачилась в другую после исчезновения первой, как это происходит в материальном. Но говорится о добавлении новой формы на первую, — а первоначальная форма даже в малейшей степени не сдвигается, так как не случается исчезновения ни в чем духовном. И поэтому все это обновление — исторжение света и образование силы сдерживания, произошедшее в четвертой стадии, чтобы не получать в нее, — определяется как другой, новый и особый мир, добавившийся теперь к свету Бесконечности, который остался прежним без всякого изменения. И таким же образом следует подходить ко всем обновлениям форм, совершающимся в духовных объектах (глава 2, «Ор пними», п.1).

Изменилось ли что-нибудь после сокращения также и в Бесконечности?

Я хочу вас предупредить: видите, иногда в этих текстах язык неудобоваримый, я бы даже сказал корявый. Это не

Вопросы и ответы по выяснению понятий. Комментарии

потому, что они не проходили редакцию, а потому, что в текстах ТЭС мы пытались быть как можно ближе к оригиналу. И поэтому иногда текст выглядит архаично, неудобно, что называется, «не течет».

Но зато он является наиболее близким к оригиналу, и любое другое исправление или полировка происходили бы за счет точности. Впоследствии мы увидим, что мы не сможем глубже вникнуть в этот текст, если снаружи он будет больше отполирован. Итак, изменилось ли что-нибудь после сокращения также и в мире Бесконечности?

Хотя четвертая стадия в Бесконечности и сократила себя, однако это не значит, что она сняла с себя одну форму и облачилась в другую после исчезновения первой, как это происходит в материальном.

Бааль Сулам предупреждает: несмотря на то, что произошло сокращение, не думай, что внешние действия (какие-то последующие действия или ступени) могли как-то повлиять на предыдущие. Никоим образом.

Просто происходит наслоение все новых, новых и новых одежд, оболочек на предыдущие. Предыдущее не меняется, оно остается неизменным в своем совершенстве, а все эти новые оболочки являются все большим проявлением свойств самого творения, все большим и большим проявлением низших свойств, удалением от Творца, удалением от света.

Поэтому, естественно, более низкие ступени процесса развития сверху вниз не влияют на более высокие.

Но говорится о добавлении новой формы на первую, — а первоначальная форма даже в малейшей степени не сдвигается, так как не случается исчезновения ни в чем духовном.

Другими словами, нет в духовном никаких изменений. Если есть какие-то кажущиеся нам изменения, это значит, что они происходят относительно нас. Мы проецируем свои внутренние изменения на духовное, и нам кажется, что оно меняется. На самом деле меняемся мы, наш мир. **И поэтому все это обновление — исторжение света и образование силы сдерживания, произошедшее в четвертой стадии, чтобы не получать в нее свет** *хохма* **(то есть** *цимцум алеф***), — определяется как другой, новый и особый мир, добавившийся теперь** к свету Бесконечности (наслоившийся на него относительно нас), **который остался прежним без всякого изменения. И таким же образом следует подходить ко всем обновлениям форм, совершающимся в духовных объектах.**

Есть мир Бесконечности, на который надеваются все остальные миры, и есть мы. Мы в своем развитии постепенно снимаем, убираем все эти миры. Напомню, что «*олáм*» — мир — происходит от слова «*ааламá*» — скрытие. Постепенно снимая с себя эти одеяния, скрытия, мы вновь достигаем мира Бесконечности. И хотя нам это представляется иначе, тем не менее мы должны прийти к такому виду анализа, который покажет нам, что все происходит только в нас, а не снаружи.

68) С какого момента раскрывается *авию́т*, имеющийся в четвертой стадии?

С приходом линии из Бесконечности, когда *масах* удержал ее от свечения в четвертой стадии, выявляется имеющийся там *авиют*, так как она осталась без света (глава 2, «Ор пними», п.4).

С какого момента раскрывается *авию́т*, имеющийся в четвертой стадии?

Что здесь желает сказать Бааль Сулам?

Малхут мира Бесконечности получила весь свет и была при этом в полном слиянии с Творцом — она не ощущала в себе по сравнению с Творцом совершенно никаких изъянов. Она обнаружила только, что есть разница в действии: Творец дает, а она получает, но даже такое действие ни в коем случае не отделяет ее от Творца. Происходит полное, абсолютное слияние *малхут* со светом.

Но это отличие в действии — ее и Творца — побуждает ее к сокращению: перестать принимать свет. Почему? «Потому что Он дает — а я получаю». То, что мы называем чувством стыда.

Как только свет исчезает, *малхут* начинает уже ощущать себя вне света совершенно иной. Подобно тому, как человек чувствует себя героем, пока в нем есть сила, свет —

пока есть что-то, что его наполняет. А потом, когда это исчезает, начинаешь видеть кто ты: пустой, без внутреннего наполнения, без поддержки. Такой *малхут* начинает себя ощущать.

Но все равно это желание, стремление преодолеть разницу между дающим и получающим, которое было у нее в мире Бесконечности и которое привело ее к сокращению, в ней остается и порождает экран — *масах*.

Теперь свет начинает приходить в экран и ударять в него, а экран его не пускает. Только теперь *малхут* начинает ощущать свое отличие от света, насколько она противоположна свету по своей природе. Вот тогда она начинает ощущать намерение, которое в ней есть, намерение насладиться, отличное от намерения света наслаждать. Именно тогда, когда Творец стоит с одной стороны, *малхут* с другой стороны, а экран посередине. Через стенку этого экрана и происходит перепад намерений Творца и творения. И тогда *малхут* начинает ощущать свой так называемый *авиют*, отличие себя от Творца.

Вот что хочет сказать Бааль Сулам.

Итак, вопрос: «С какого момента раскрывается *авию́т*, имеющийся в четвертой стадии?»

С приходом линии из Бесконечности, когда масах удержал ее от свечения в четвертой стадии — в *малхут*. (Через стадии 0, 1, 2, 3 свет прошел, а в *малхут* он встречает сопротивление — находящийся там экран не пропускает его), именно тогда **выявляется имеющийся там** *авиют* по сравнению с тремя предыдущими стадиями, **так как она осталась без света**. А три предыдущие стадии подобны свету. В них свет распространяется свободно, так как это еще свойства Творца, в них Он желает представиться *малхут* — творению.

69) Что представляют собой четыре стадии, имеющиеся в желании получать?

Сначала свет распространяется и выходит из Создателя в виде света *хохма*, и он — все наполнение жизни, относящееся к этому созданию, и в нем — первая стадия желания получить, и это называется «распространение 1», или «стадия 1». А за-

тем усиливается в этом свете желание отдачи, так что усиление этого желания выводит из Создателя свет *хасадим*, и это называется «усиление 1», или «стадия 2». А после этого распространяется этот свет *хасадим* большим распространением, то есть со свечением *хохма*, и это называется «распространение 2», или «стадия 3». А затем опять усиливается в этом свете желание получить, содержащееся в свете от первого распространения, и этим завершается желание получить во всей его величине и полноте, и это называется «усиление 2», или «стадия 4» (глава 1, «Ор пними», п.50).

Сначала свет распространяется — распространяется в нулевой стадии — и **выходит** затем в первой стадии из Создателя («выходит из Создателя» — то есть ощущается как свет, находящийся в *кли*: *кли* его этим выделяет, ощущает своим) **в виде света** *хохма*, и он — все наполнение жизни, относящееся к этому созданию...

То, что питает, оживляет нас и все остальное. Это то, что происходит в первой из четырех стадий прямого распространения света. Свет, наполняющий первую стадию, называется светом *хохма* или светом жизни.

...И в нем — первая стадия желания получить, и это называется «распространение 1», или «стадия 1».

Это первое свойство — единственное, которое непосредственно возникло из желания Творца давать, создать, насладить. Затем будут остальные, но они уже будут производными.

А затем усиливается в этом свете желание отдачи...

Свет как бы создает на себя оболочку «желание получать», а потом в этой оболочке начинает развиваться дополнительное желание, свойство — еще одна оболочка, называемая «желанием отдавать».

...так что усиление этого желания выводит из Создателя свет *хасадим*...

Почему это называется усилением желания, ведь желание отдать должно быть ослаблением? Нет, это усиление желания, потому что оно происходит из-за того, что это первичное желание в стадии 1 развивается все больше и больше. Желание получать ощущает внутри себя свет, и затем в этом свете оно начинает чувствовать, что свет

Вопросы и ответы по выяснению понятий. Комментарии

«дает», и в соответствии с этим начинает воспринимать себя «получающим». Оно ощущает себя все более и более грубым, все более сильным, все более отличающимся от света. И именно поэтому в нем возникает желание отдавать. Оно происходит из того, что первоначальное желание получать анализирует себя и оценивает как получающее.

В этом-то и заключается парадокс в нашем мире. После того, как наш эгоизм развивается по глубине и силе, он достигает такой своей ступени, когда начинает действительно соглашаться с тем, что он эгоизм, что он получающий и отличается от Дающего, отличается от света. И затем переходит к осознанию того, что желает быть подобным свету и отдавать. Этот процесс — осознание зла в эгоизме и затем переход к желанию отдавать, к свету — иррациональный. Он у нас в голове не укладывается.

Возвышение, подъем к духовному миру происходит через отягощение эгоистических свойств, их увеличение. Человек становится злее, эгоистичнее, нетерпимее, чем был. И именно такой переход, перелом он должен пережить. Нельзя отречься от чего-то, если ты не осознал это как абсолютное зло. Уже в переходе от стадии 1 к стадии 2 мы видим корень этой проблемы в нас и ее решение. Другими словами, необходимо под воздействием света развить свой эгоизм, как это сделала стадия 1, настолько, чтобы полностью отречься от него и захотеть отдавать.

А затем усиливается в этом свете желание отдачи, так что усиление этого желания выводит свет *хасадим* **из Создателя, и это называется «усиление 1», или «стадия 2».** Что значит усиление? Это первое усиление желания. Вторая стадия называется более внутренней, большей по своему желанию получать. В первой стадии желание получать 1, во второй стадии желание получать 2. И на нем же взрастает это желание отдавать.

А после этого распространяется этот свет *хасадим* **большим распространением, то есть со свечением** *хохма* — то есть свет *хасадим* со светом *хохма* уже вместе продолжают распространяться дальше — **и это называется «распространение 2», или «стадия 3».**

Итак, стадия 1 — распространение, стадия 2 называется усилением — *бина*, и стадия 3 — распространение.

А затем опять усиливается в этом свете желание получить, содержащееся в свете от первого распространения, и этим завершается желание получить во всей его величине и полноте, и это называется «усиление 2», или «стадия 4».

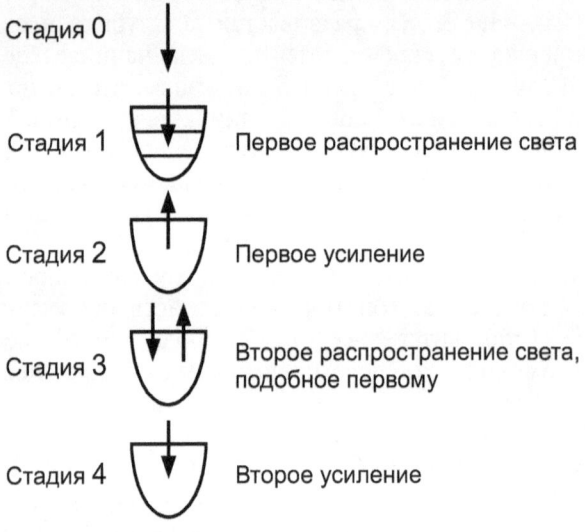

Рис. 21 Четыре стадии развития желания

Итак, нулевая стадия. Затем стадия 1 — это распространение света в *кли*. И оно многогранно: сначала свет ощущается просто как распространяющийся, затем он ощущается как наполняющий — *кли* ощущает свое желание получать, и затем в нем возникает уже начало желания отдавать.

Мы обычно делим стадию на две части. Но здесь я хочу показать это многограннее — что это делается не сразу. Первую стадию я бы нарисовал так: если мы возьмем систему координат, то свет распространяется от ее начала, и по мере его распространения происходят какие-то изменения в желании получать.

Вопросы и ответы по выяснению понятий. Комментарии

Там, где ноль, желание получать только возникло. На всем пути распространения в желании свет это желание непрерывно строит. Строит, строит — вот оно увеличивается, увеличивается — от нуля и далее, пока не становится таким, что ощущает уже себя желающим отдавать. Желание получать достигает конца первой стадии, достигает своего полного намерения и продолжает возрастать, пока не достигает второго уровня желания.

То есть желание само по себе растет до четвертой стадии следующим образом:
— распространение света — это первая стадия;
— вторая стадия — усиление света: хотя желание получать отдает, тем не менее, это усиление желания;
— третья стадия — это также распространение, подобно распространению в первой стадии, но тут много света *хасадим* и очень малое количество света *хохма*;
— четвертая стадия, как уже говорилось, это тоже усиление.

От нуля и до четвертой стадии постоянно происходит увеличение желания. У каждой стадии — не имеет значения, желает она отдавать или получать — внутреннее желание все время возрастает. И именно потому, что желания растут, они приводят к тому или иному внешнему виду, внешней реакции.

И тут возникает парадокс. Получается, что вроде бы желания возрастают, но вдруг появляется желание отдавать. Затем еще больше возрастают желания — хочет получать. Еще больше возрастают — хочет отдавать еще больше, чем раньше, и так далее.

То есть внутри происходит постоянный рост от первой стадии ко второй, к третьей, к четвертой, внутреннее желание все время растет. Но проявляться оно каждый раз может — во внешнем стремлении, во внешнем действии — совершенно противоположным образом.

Это очень интересный процесс — проявление желания, проявление света в *кли*. Он логически нами не воспринимается: мы не можем понять, что нет ничего плохого в самом увеличении желания. Поэтому все методики, кроме каббалы, построены на том, чтобы подавить желание, сделать его меньше. Меньше есть, меньше пить, меньше спать, меньше дышать — все меньше и меньше. Уйти в монастырь, ничего не делать, тогда ты будешь меньше страдать. Но поскольку желания все время возрастают, из поколения в поколение, то нам ничего не остается — мы не сможем все время подавлять себя. Значит, нам надо что-то сделать, чтобы это желание привести к тому, чтобы оно было направлено на отдачу. И тогда мы ощутим абсолютное наполнение света, комфорт и совершенство.

70) Что представляют собой четыре буквы АВАЯ[18]?
Йуд имени АВАЯ — это стадия первого распространения света, называемая «стадия 1» (*бхина́ алеф*). (См. ответ 69).

Первая *хэй* имени АВАЯ — это стадия первого происходящего в свете усиления, называемая «стадия 2» (*бхина бет*).

Вав имени АВАЯ — это второе распространение света, называемое «стадия 3» (*бхина гимел*).

Последняя *хэй* АВАЯ — это второе происходящее в свете усиление, называемое «стадия 4» (*бхина далет*) («Внутреннее созерцание», п.31).

На иврите цифры обозначаются буквами алфавита. Не «ноль, один, два, три, четыре», а *«шореш, алеф, бет, гимел, далет»*.

Это четыре стадии, и обозначаются они так: начало буквы *йуд* — маленькая черточка. Потом буква *йуд* — это буква в виде запятой с маленькой черточкой наверху. Вот эта маленькая черточка буквы *йуд* — это нулевая стадия (*шореш*), а сама буква *йуд* — это первая стадия (*бхина алеф*).

В принципе, эта буква *йуд* является точкой. Эта точка говорит нам о том, что пока еще самостоятельного желания здесь нет. И свет, соответственно этому желанию, совершенно простой, точечный.

Вторая стадия обозначается буквой *хэй*. Это первое усиление в свете называется второй стадией (*бхина бет*).

---

18 АВАЯ — *йуд, хей, вав, хей* — четыре буквы имени Творца.

Третья стадия обозначается буквой *вав*. Бааль Сулам пишет: «*Вав* имени АВАЯ — это второе распространение света, называемое «стадия 3» (*бхина гимел*)».

И у завершающей четвертой стадии — та же буква *хэй*. Это второе усиление света — *малхут*, которое называется *бхина далет*.

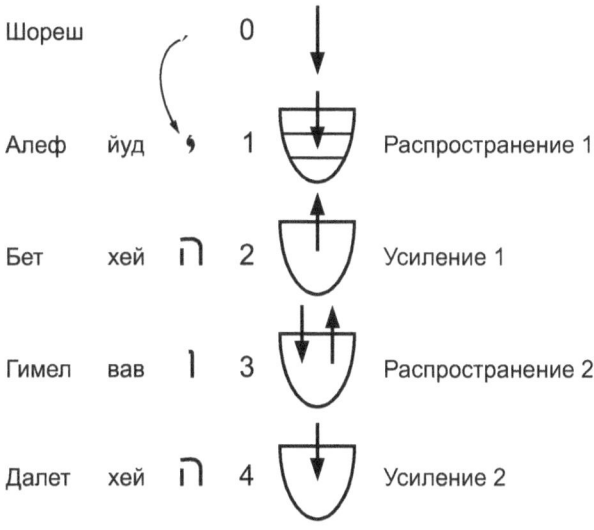

Рис. 22 Четыре буквы имени АВАЯ

Почему именно такими буквами изображается распространение света? Мы же могли обозначить так: *шореш* — корень, *алеф* — это первая стадия, *бет* — вторая стадия, *гимел* — третья стадия и *далет* — четвертая стадия? Почему же мы вдруг берем другие буквы из алфавита (*йуд, хэй, вав, хэй*) и ими обозначаем эти стадии?

Это исходит из того, что форма (свойство) *кли* при наполнении его светом проявляется именно таким образом. То есть, если мы возьмем все свойства желания и все свойства света, который его наполняет, то в итоге распространения света *хохма* и света *хасадим* внутри него, мы получим очертания этой буквы.

Очертание букв не произвольно, их вид является следствием проекции света на *кли*. Как будто свет проникает сквозь какие-то прорези. Эти прорези являются свойствами *кли*, и свет, проходя через них, дает нам в нашем восприятии, как бы на «заднем экране» мозга, некое очертание, представляющее собой буквы. Мы устроены так, что воспринимаем буквы, а от них уже идем к свету. То есть у нас обратное восприятие, мы видим обратную сторону кли.

71) Что означает высшее начало *(рош элион)* **линии, касающееся Бесконечности?**
См. ответ 49 (глава 2, «Ор пними», п.5, 6).

72) Какова единственная мысль, охватывающая все виды форм и противоположностей, содержащиеся во всей реальности?
Т.е. одна мысль, которая включает в себя все.
Это мысль «насладить сотворенных Им» («Внутреннее созерцание», п.22).

73) Откуда начинают мудрецы каббалы занятия этой наукой?
Все описываемое в науке каббала — это лишь распространение света из сущности Творца, но о сущности Творца нет у нас вообще ни звука, ни слова (глава 1, «Ор пними», п.2).
Все, о чем говорят каббалисты, касается только света, распространяющегося в *кли* — с какого уровня они могут начинать работать, постигать, или до какого уровня. Вне *кли* каббалисты ничего нам сказать не могут.

***

Выяснение понятий и терминов, их настоящее, истинное смысловое понимание, желательно прорабатывать самостоятельно.

Чем ярче будет понимание того, насколько вы не представляете истинную духовную картину и всегда рисуете ее неправильно, по-нашему, по-земному, насколько это про-

Вопросы и ответы по выяснению понятий. Комментарии

будит ощущение сильного противоречия, настолько внутренняя молитва, потребность в правильном ощущении, будет притягивать вас вверх и в этой мере вы будете притягивать на себя высший окружающий свет.

Именно разница между нашей земной картиной и той, которую мы бы хотели видеть на самом деле, исходя из правильной трактовки этих свойств, действий, слов, и создает вот этот перепад, который выражает наше устремление к духовному.

74) Что представляют собой две основы, включающие все?
На какие две основные части делится творение?

Первая основа — это то, что все составляющие той реальности, что перед нами, уже предопределены и существуют в Бесконечности во всем своем конечном совершенстве, и это называется «светом Бесконечности».

Вторая основа — это пять миров, называемые Адам Кадмон, Ацилут, Брия, Ецира, Асия, нисходящие из *малхут* **Бесконечности после сокращения. И все, что имеется во второй категории, исходит из первой (глава 1, «Ор пними», п.3 и «Внутреннее созерцание», п.5 со слов «И на самом деле»).**

Бааль Сулам изображает это как три состояния. Он говорит о том, что мы находимся в первом, изначально созданном Творцом свыше состоянии. Проходим некое промежуточное состояние, называемое исправлением, — это состояние 2, и приходим к третьему состоянию, исправленному, которое называется концом исправления, в нем мы полностью все отдаем Творцу.

Поскольку для Творца времени не существует, то все, что Он создал, — это мир Бесконечности. Он создал и первое, и третье состояние — для Него они являются одним состоянием, они как бы закорочены между собой. То есть Он вообще не создал ничего, кроме мира Бесконечности.

Эти состояния для нас, конечно, еще не реализовались в наших ощущениях, но для Творца они реализованы. Поэтому мы можем условно разделить их на два состояния: состояние 1 и состояние 2. Первое состояние — это мир

Бесконечности, который существует относительно Творца. Второе состояние, в котором мы сейчас существуем, — это миры АК и АБЕА (Адам Кадмон, Ацилут, Брия, Ецира, Асия). АБЕА включает наш мир тоже (последняя ступень мира Асия так и называется — «этот мир»).

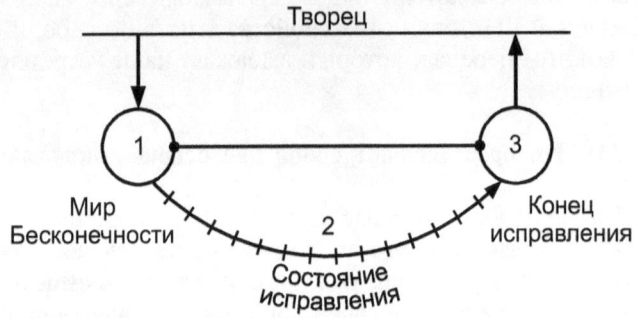

Рис. 23 Три состояния творения

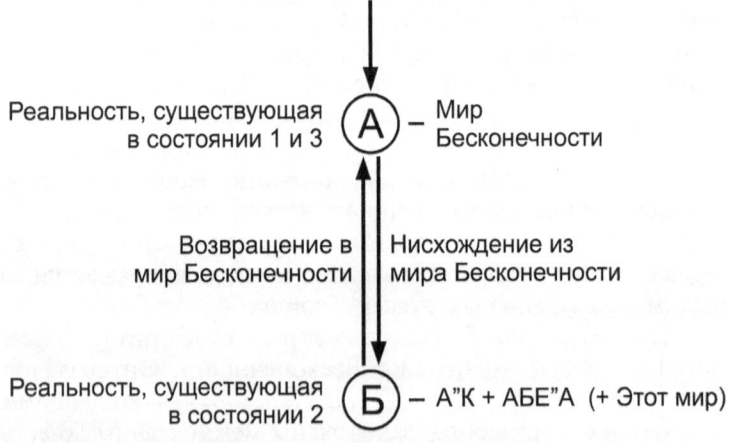

Рис. 24 Две основные части творения

Из мира Бесконечности происходит нисхождение в эти миры, и снова мы возвращаемся в мир Бесконечности. То есть происходит разделение всего мироздания на две части, но они соответствуют друг другу, одно состояние эквивалентно другому, и тогда первое состояние обращается в третье.

Первая часть — это общая реальность, которая уже существует в постоянстве, во всем своем конечном совершенстве в мире Бесконечности, и это состояние называется светом Бесконечности. Вторая часть — это пять миров АК и АБЕА, которые распространяются из мира Бесконечности, и все, что имеется во втором состоянии, то есть во всех мирах, исходит из мира Бесконечности.

75) Что означает: «Он и имя Его едины»?
«Он» — указывает на свет, имеющийся в Бесконечности. «Имя Его» — указывает на находящееся в Бесконечности желание получать, называемое *малхут* Бесконечности. «Едины» — указывает, что неощутимо там какое-либо различие формы между светом, названным «Он», и *кли*, названным «имя Его», но все это — свет (глава 1, «Ор пними», п.30 и «Внутреннее созерцание», п.13).

Есть свет и есть *кли* — «Он» и «имя Его». «Он» — это свет, «имя Его» — это *кли*. Почему *кли* называется «имя Его», имя Творца, ведь *кли* — это творение? Потому что мы говорим не просто о желании, а о желании, достигшем совпадения с Творцом, раскрывшем свет, а раскрывает свет оно в мере своего подобия свету. Мера подобия свету, свету в желании, называется «именем Творца».

Если во мне есть *кли*, и в нем имеется какая-то часть, которую я могу наполнить светом вследствие ее подобия свету, то свойства, имеющиеся в этой части, представляющей собой десять *сфирот*, дают мне имя Творца.

Сам свет я не знаю и не понимаю, и никогда не узнаю и не пойму. Я всегда буду ощущать его только через свое подобие ему. Сделав из себя что-то определенное и уловив этим свет, я могу сказать, что эти свойства, в которых я его уловил, есть в свете, и поэтому я уже приписываю их свету и называю свойствами самого света — по закону подобия. Поэтому гематрия — то есть свойства исправленного *кли*, внутрь которого входит свет, *ор пними*, — называется именем Творца, то есть Его проявлением.

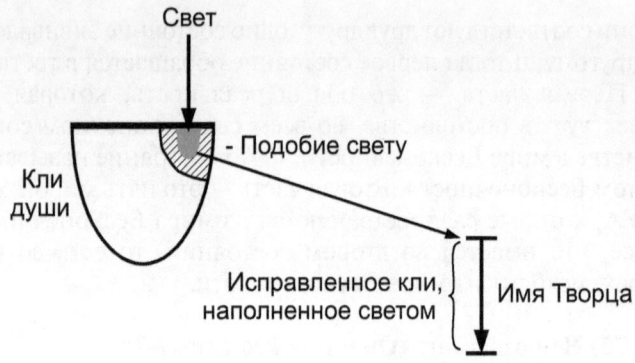

Рис. 25 *Ощущение света через подобие кли ему*

Никогда о самом свете мы не говорим, мы говорим только о том, как *кли* ощущает свои исправленные свойства. Именно они и дают нам полное представление о свете, о чем-то, что наполняет нас. То, что наполняет нас, нам не известно. Нам известны наши реакции на наполнитель.

Поэтому мы и говорим: «Он и имя Его едины», то есть свет и *кли* едины.

«Он» — указывает на свет, имеющийся в Бесконечности. «Имя Его» — указывает на находящееся в Бесконечности желание получать, называемое *малхут* Бесконечности. «Едины» — указывает, что неощутимо там какое-либо различие формы между светом, названным «Он», и *кли*, названным «имя Его», но все это — свет. Они абсолютно одинаковы по своим свойствам.

Что это значит? Все, чего достигает *кли*, — максимального исправления, максимального наполнения светом — называется полным именем Творца. А что значит: «полным именем Творца»? Если я возьму и исправлю полностью кли, во мне будет десять *сфирот*, каждая из которых имеет свое имя. Эти имена называются «десятью нестираемыми именами». Сумма этих десяти имен вместе называется «АВАЯ».

Что значит «АВАЯ»?

Черточка, с которой начинается буква *йуд*, — это корень. Затем следуют буквы *йуд, хэй, вав и хэй* — это четыре ступени. То есть так называемое «полное имя Творца» — это не более чем выход на уровень этих четырех ступеней, предваряющих все творение. Это имя никак не произносится, потому что выходит это еще до возникновения *кли*.

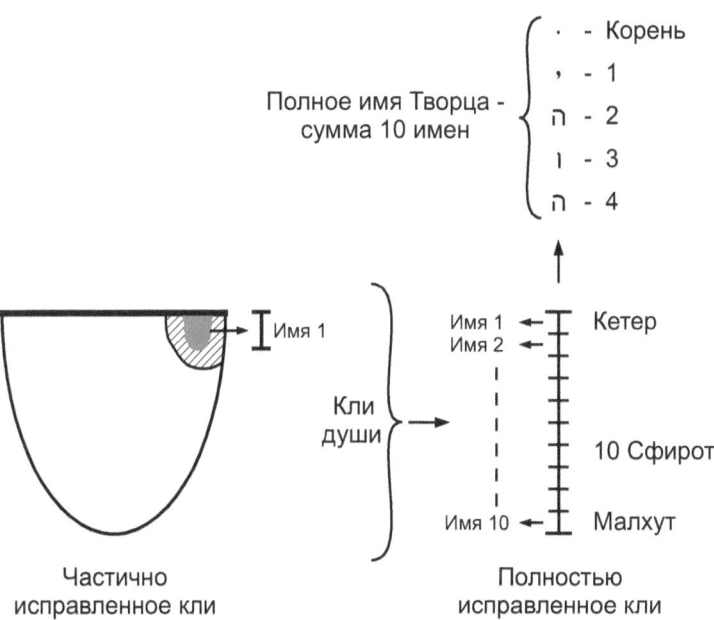

Рис. 26 *Выход кли души на уровень четырех ступеней, предваряющих все творение*

Само *кли* состоит из десяти имен, из десяти свойств от *кетер* до *малхут*, а их общая сумма, общий свет, или все общие исправленные свойства *кли*, не имеют общего имени, а только АВАЯ. То есть, они просто говорят о том свете, который приходит к ним как бы извне, о свете в четырех стадиях еще до проявления в *кли*.

76) Что означает имя «Эйн соф» (Бесконечность)?

До сокращения название «*Эйн соф*» указывает на то, что там совершенно не могут проявиться *соф* и *сиюм*[19], так как четвертая стадия тоже получает свет, и потому нет там никакой причины для прекращения света, чтобы появились *соф* и *сию́м* (глава 1, «Ор пними», п.20).

То есть до *цимцума* все четыре стадии получают свет, особенно четвертая стадия, которая получает в себя свет полностью, без всякого ограничения — и поэтому нет конца, нет ограничения, нет *«соф»*. Поэтому называется это состояние четвертой стадии *«Эйн соф»* (нет конца).

77) Что последовало из содержащегося в Бесконечности желания получать?

Сотворение миров и всего наполняющего их. Ведь для того и сократила себя в четвертой стадии, находящейся в ней, чтобы раскрыть эти миры вплоть до этого мира, так как здесь есть возможность изменить форму получения на форму отдачи (глава 1, «Ор пними», п.90 и «Внутреннее созерцание», п.17).

То есть четвертая стадия — следствие из желания получать в мире Бесконечности, и оно таково, что из этой стадии проявилось сокращение на саму себя и затем создались все миры.

* * *

Я хочу сделать небольшое отступление. Мы с вами иногда читаем материал, который нам совершенно непонятен. Есть среди нас люди, которые только-только начинают изучать. Есть люди, занимающиеся уже два-три года, для которых изучать скучно, им вроде бы уже все ясно, нет ничего особенно нового, им жалко время, нет никакого рвения, воодушевления, связи с материалом. Есть единицы, для которых то, что они изучают, точно попадает на тот уровень и на то состояние, в котором они сейчас находятся, то есть совпадает с их сегодняшним развитием.

Важно ли вообще, что изучать и на каком уровне? Каббалисты считают, что нет. Совершенно не имеет значения, каков уровень человека — выше, ниже или на уровне

---

19 Дословно: *соф* — конец, *сиюм* — окончание.

изучаемого материала. Любой изучаемый нами материал бесконечен по своей глубине. Все зависит только от того, желаете ли вы проникнуть в эту бесконечность. Мы можем взять только одно предложение и внутрь него все время проникать. Мы можем читать сложные, запутанные, технические вещи, и нам будет казаться, что мы тут что-то постигаем. На самом деле мы просто набираемся знаний, каких-то деталей, больше ничего.

Есть люди, которые стремятся вместе с учебой думать о том, для чего они учатся, то есть создать максимальное качество усилия. А качество усилия приходит только тогда, когда ты думаешь: для чего я это делаю, чего я хочу достичь в результате учебы, о чем я сейчас должен просить, о каком воздействии на себя окружающего света (*ор макиф*) я должен просить, чего я должен ждать.

Такие люди, может быть, наоборот, радуются, что есть материал более легкий, тогда им легче производить намерение, легче думать одновременно с изучением материала о том, чего они хотят с его помощью достичь. Может быть, им тяжело заниматься, и поэтому они рады тому, что их не отвлекает постижение материала — он для них слишком сложный — от мысли: «Для чего я сижу и слушаю эти непонятные вещи? Я это слушаю для того, чтобы проникнуть внутрь них, сквозь них — к Творцу, к тому, о чем они рассказывают».

В итоге мы приходим с вами к такому выводу, что совершенно неважно, что учить в каббале. Важны наши намерения, отношение к изучаемому материалу. Каббалисты и сто, и двести лет назад учились, когда не было ТЭС, не было таких интересных вещей, не было РАБАШа. И все равно те каббалисты, которые изучали по очень тяжелому материалу, проходили в высший мир.

Не имеет никакого значения, что ты учишь. Главное — учить правильную книгу, и то, с каким намерением ты эту книгу открываешь и с каким намерением ты читаешь. Неважно, что читаешь.

Наверное, многие уже говорят себе: мы это уже знаем, когда уже кончится эта первая часть ТЭС, перейдем хотя бы ко второй или к третьей части. Каждая часть «Учения десяти сфирот» вам будет казаться тяжелой, скучной. Они все так построены для того, чтобы человек ломался над ними, а не для того, чтобы с легкостью ощущал, как он все время обогащается, заглатывая информацию о строении высшего мира.

78) В чем причина сокращения света?
Действие украшения, которое усмотрела *малхут* **Бесконечности для уподобления формы Создателю, и оно может раскрыться только с помощью сотворения миров, — поэтому она сократила себя (глава 1, «Ор пними», п.40 и п.90).**

Вчитайтесь в эту фразу. Это можно выразить в десяти различных вариациях, но Бааль Сулам предпочитает именно такой вариант. Ее перевели с иврита на русский самым близким к оригиналу образом. Над ним думали много раз, прежде чем передать именно в таком виде. Какой бы неуклюжей она ни казалась — несмотря на возникающее желание перевернуть ее, не делайте этого, попытайтесь именно в таком виде ее увидеть и поместить в себя. Тогда она в вас создаст «полочку», на которую потом ляжет постижение. Именно в таком виде пусть это в вас абсорбируется.

Не переписывайте ТЭС для себя так, как вам кажется легче. Вы при этом уберете из него оригинальное мышление автора, за которым вы должны идти, и напишете книжку для себя, сегодняшнюю вашу книжку. Завтра вы ее не сможете читать, она уже будет маленькой, мелкой. Это всегда так, когда переписываешь. Поэтому я свои книги и то, что наговариваю, отдаю на редакцию людям, которые вносят в них минимальные исправления — минимальные. Даже если текст будет казаться неуклюжим, зато там будут мои мысли, а не переделанные сегодняшним умником-редактором.

Разберитесь в этой фразе: «в чем причина сокращения света?»
Действие украшения, которое усмотрела *малхут* **Бесконечности для уподобления формы Создателю, и оно может раскрыться только с помощью сотворения миров** (это является причиной *цимцум алеф*)**, — поэтому она сократила себя.**

Вопросы и ответы по выяснению понятий. Комментарии

Если мы сейчас начнем думать над этой фразой, мы будем, может быть, целый час думать о ней и увидим, насколько правильно она написана.

79) Какой вид получения будет считаться отдачей?
Когда получает только вследствие желания доставлять наслаждение Дающему (глава 1, «Ор пними», п.90, со слов «А сокращение…»).

80) С какой целью было сделано сокращение?
Чтобы обратить форму получения в форму отдачи (глава 1, «Ор пними», п.90).
Форму — то есть свойство, а не желание. Свойством является сорт, вид применения желания.

81) Почему свет удалился из центральной точки и больше не вернулся?
См. глава 1, «Ор пними», п.40 и «Внутреннее созерцание», п.22.

Напоминаю, что правильное трактование в себе каждого каббалистического понятия создает в нас иную картину, чем представляемая нами в земных свойствах. Если я буду читать то, что написано в Танахе, Торе, Библии, находясь в своих земных свойствах, то увижу только исторический рассказ. Это то, что во мне возникает.

Если я проникну в более глубокий смысл того, что там написано, то начну видеть духовный мир, внутренний смысл того, что написано, истинный смысл — то, что на самом деле подразумевали каббалисты, когда писали об этом.

Если я начну сопоставлять эти два языка, то есть эти две картины — то, что мне видится в моих сегодняшних свойствах, и то, что каббалисты мне хотели бы сказать, — то я почувствую как бы разницу между двумя этими картинами: этим миром (то, что я чувствую в этих моих свойствах), и высшим миром (то, что я чувствую, читая текст, написанный каббалистом в тех свойствах). И тогда из этих двух картин у меня внутри возникнет контраст, столкновение. Вот это столкновение, непонимание, желание войти в картину более истинную, вызовет истечение на меня свыше исправляющего света.

Поэтому нам надо обязательно изучать смысл слов и смысл понятий. Это даст нам другую картину, иную, чем ту, которую мы себе представляем. И тогда мы захотим эту картину каким-то образом понять, абсорбировать в себе, и в соответствии с этим мы притянем на себя эту картину, притянем на себя высший свет. Он нас и исправит.

То есть, без правильной трактовки каждого каббалистического понятия, каждого слова в «Учении десяти сфирот», мы не сможем правильно продвигаться, не сможем вызвать на себя правильный свет исправления. Поэтому продолжим изучение правильного толкования каждого слова или действия.

82) Почему не образовалось состояние *соф* при сокращении?

О чем здесь спрашивается? В результате сокращения свет ушел из *малхут* мира Бесконечности, она осталась пустой. Почему она просто осталась пустой? Почему свет, почему сокращение не создали в ней такого же состояния как *соф*, окончание?

Потому что сокращение не произошло вследствие изменения формы, обнаруженной в желании получать, когда оно захотело бы ее исправить, а только ради украшения — просто, без всякой необходимости и принуждения.

Сокращение в мире Бесконечности произошло не потому, что *малхут* мира Бесконечности отличалась по своим свойствам от Творца (она не отличалась, не было еще видно этого отличия, потому что ее создал такой Творец), но *малхут* мира Бесконечности просто добровольно пожелала быть полностью подобной Творцу, поэтому в ней произошло сокращение. И поэтому это сокращение было равномерным, абсолютно равноправным по отношению ко всем остальным желаниям и не было вызвано какой-либо необходимостью или принуждением.

Поэтому не создалось никаких разделений на *соф, тох* и *рош*. Не было никаких побуждений или причин для того, чтобы получился у нас *парцуф* с градацией: сверху — *рош*, чуть ниже — *тох*, и еще ниже, в конце — *соф*.

Внутри *соф* — там вообще находятся точка нашего мира, *клипот* и прочее. Но этого еще нет, потому что в *малхут* мира Бесконечности все желания равны, никто и ничто не хочет получать. А весь *цимцум* и последующая работа производятся только для того, чтобы себя еще больше приукрасить.

83) Почему во время сокращения свет ушел из всех четырех стадий?

Ведь мы говорим о том, что свет наполнял нулевую, первую, вторую, третью и четвертую — все пять стадий. Почему он исчез из всех пяти стадий? Ведь только последняя стадия, стадия 4, почувствовала, что желает сокращения света, что не желает ощущать себя получающей. Почему же свет исчез из всех стадий?

Потому что частичное не имеет места в духовном (глава 1, «Ор пними», п.70).

Что значит «частичное действие в духовном»? Из Творца исходит свет. Этот свет в итоге четырех стадий своего развития строит под себя *кли*, которое желает его получить. Если бы из Творца исходил другой свет, он бы построил под себя другое *кли*, которое бы желало получить именно его.

Не может быть такого, чтобы были четыре стадии и за ними *малхут*, пятая, и чтобы можно было бы эту *малхут* менять, а четыре стадии при этом оставались бы сами собой, как бы неизменными. И в любом *парцуфе* есть девять первых *сфирот* и есть *малхут*. Эти девять первых *сфирот* определяют *малхут*, и *малхут* определяется так, что получает от них и подобна им.

Нет частичного в духовном. На иврите это звучит так: «Эйн микцат бэ-руханиёт» («эйн» — нет, «микцат» — немножко, «бэ-руханиют» — в духовном) — не бывает в духовном «немножко». Почему? Потому что надо заново выстроить все кли под свет, который должен раскрыться, и только таким образом можно этот свет получить. И все четыре предварительные стадии (*бхинот*) или *сфирот*: *кетер, хохма, бина, зеир анпин* — все они работают для малхут.

И только в зависимости от того, как изменяется *малхут*, изменяются они. *Малхут* их определяет, они ее первые, предварительные свойства.

Это означает, что нет в духовном частичного действия, потому что кли само в себе цельно, постоянно. *Малхут* соответствуют определенные девять первых *сфирот*, и не может быть по-другому.

Поэтому взаимодействие света и *кли* происходит следующим образом: уход света из *кли*; исчезновение полностью из всего *кли*; приход света в *кли*; *зивуг дэ-акаа*, то есть ударное сочетание; потом проникновение — свет от этого *зивуга дэ-акаа* проходит внутрь *кли* и заполняет все *кли*, он не может заполнить часть *кли* так, а часть — по-другому.

84) Почему не были различимы четыре стадии как ступени одна под другой в период сокращения до прихода линии?

То есть почему до *цимцума алеф*, включая *цимцум алеф*, мы изображаем четыре стадии в виде окружностей (*игулим*), а после *цимцума алеф* — в виде линии (*кав*) или прямой (*ешер*). Почему это так?

До свечения линии еще не определялась сама четвертая стадия как грубая и низменная, что выяснилось в вопросе 83, и поэтому еще не обозначились для нее ступени (глава 1, «Ор пними», п.90)

То есть пока не началось получение в виде линии, когда чем больше экран, тем *кли* выше, а чем меньше экран, тем *кли* ниже, — пока не обозначились эти разделения, были окружности. Как только началось разделение по *авиюту* — *шореш, алеф, бет, гимел, далет* — то сразу же из их соотношений образовалась линия — сверху вниз. И только в ней находятся все миры, и только в ней находится человек.

То, что находится вне линии, — это *лев а-э́вен*, который нам еще предстоит исправить в конце исправления. Представляете себе, сколько нам предстоит исправить, после того как мы достигнем конца исправления, если это весь круг по сравнению с тонким сегментом, называемым прямой линией? Только она и является вместилищем всего света, который мы получаем в течение шести тысяч лет, — тонкая-тонкая линия.

85) Почему не огрубела стадия 4 тут же с сокращением света, а остались все четыре стадии равнозначными?
Это уже вопрос о том, почему *цимцум* произошел во всех стадиях равномерно. Мы говорим о том, что равномерным было сжатие света, и затем равномерно свет удалился в стороны. Почему это так произошло?
Так как сокращение не было следствием отличия формы (глава 1, «Ор пними», п.90).
То есть и решение света сократиться, и сокращение света, и уход света — все это было целиком и полностью добровольно, ни в коем случае не в виде принуждения со стороны света, то есть высшей ступени. И поэтому все, что происходило до первого экрана, — это были только действия в *игулим*, то есть в окружностях, где совершенно нет никакого предпочтения одного другому.

86) Какая стадия остается опустошенной от света?
Только лишь четвертая стадия (глава 2, «Ор пними», п.2).
Мы уже знаем, что только четвертая стадия (*бхина далет*) остается пустой, без света.
А из остальных стадий свет не исчезает?
Конечно же, свет исчезает и из предыдущих стадий, но в эти предыдущие стадии он затем возвращается. И только в последнюю, четвертую стадию он не попадает, потому что она, хоть и сократила себя и изгнала свет из себя, но не может сама исправиться и обрести экран.
Итак, у нас есть четыре стадии прямого света. Четвертая стадия в себя получает весь свет и называется «миром Бесконечности». Затем она сокращает себя, свет из нее исчезает, и она остается пустой. А затем она решает, что она будет получать свет только в предыдущие три стадии — все они находятся над *табуром*, а четвертая стадия под *табуром*, поэтому она будет называться «*соф*». «*Тох*» — это место, где можно будет получать свет, и «*рош*» — где будут решаться вопросы, каким образом получить.

Учение десяти сфирот. Часть 1

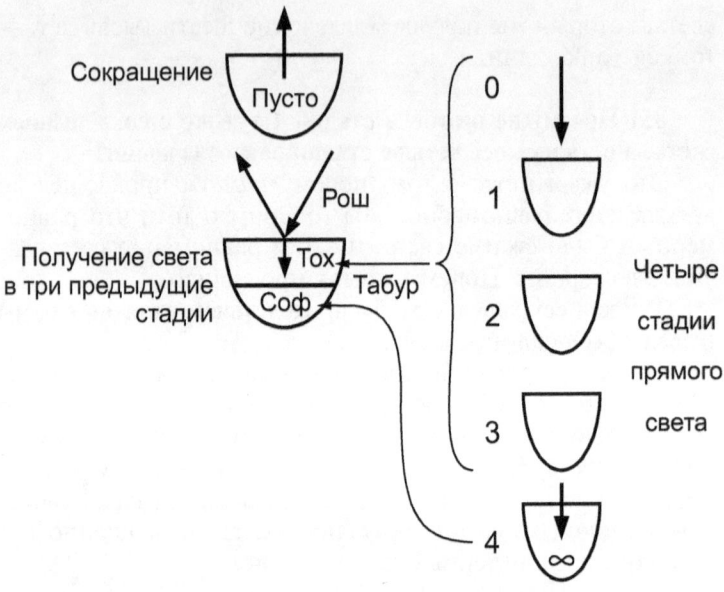

Рис. 27 Неполучение света в четвертую стадию после сокращения

Четвертая стадия решила свет не принимать. Если она решила свет не принимать (а ведь именно она и является принимающей свет от всех остальных стадий), то, естественно, свет удалился и из них. Потому что как раз она является *кли* на получение света.

Затем она решает: «Я буду получать в себя свет не полностью от всех окружностей, а только по определенному закону». И тогда по этому закону она получает свет во всех стадиях. Так образуются миры: Адам Кадмон, Ацилут, Брия, Ецира, Асия.

А весь свет, который получают эти миры, находится только внутри этих миров. И называется *ор яшар* — прямой свет, потому что получаем он по прямой линии. А сама четвертая стадия внутрь себя ничего не получает. Свет, который должен быть в четвертой стадии, но не входит в нее, находится вне этой линии. Если эта линия, допустим, 1% света, то снаружи остается 99% света. «Конец исправления» *(гмар тикун)* означает, что мы исправляемся и получаем этот 1%. А затем, когда исправляется *лев а-эвен*, получаются еще 99%.

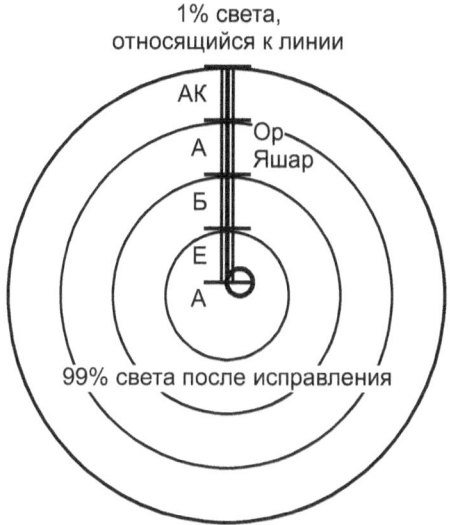

Рис. 28 Получение света до "гмар тикун" и после исправления "лев а-эвен"

И все, о чем мы с вами говорим, — подъем по духовным мирам, получение света на протяжении подъема духовных миров, огромные духовные света — это все только лишь один процент. Это огромные наслаждения и постижения по сравнению с нашим миром, но все равно это всего лишь тонкая линия, как говорит АРИ в первой части ТЭС. Тонкая линия внутри огромного круга. Весь этот распределенный по окружностям свет, кроме тонкого сегмента, тонкой линии, — это и есть тот свет, который предназначен для *лев а-эвен*, для настоящей *малхут*.

87) Когда четвертая стадия тоже наполнится от высшего света?

Когда получающие *келим* приобретут форму отдачи (глава 1, «Ор пними», п.40).
Это в самом конце исправления.

88) Чем вызвано сотворение миров?
В находящемся там желании получать было обязательным стремление украситься и полностью уподобиться форме света, и это стало «побудительным фактором» сотворения миров (глава 1, «Ор пними», п.90).

Вопрос очень интересный. Откуда в сотворенном Творцом желании насладиться появилась причина того, что это желание насладиться, *малхут* мира Бесконечности, разделилось на миры и душу — разбило эти миры, создало систему миров исправления, затем создало душу, совершило разбиение души, создало систему чистых и нечистых сил, эгоистических и альтруистических — и все это привело в конце концов к исправлению? Откуда в создании, в творении есть для этого предпосылки?

Бааль Сулам говорит, что в желании получать есть стремление исправиться — *решимо* (впечатление) от света, которое заставляет его полностью уподобиться свойствам света.

То есть Творец, создавая желание насладиться, творение, предусмотрел, чтобы в этом творении, внутри желания насладиться, было желание постичь Его — Творца, стать таким, как Он, и насладиться не просто наполнением, а насладиться уровнем Творца, Его статусом, став таким, как Он.

89) Каков желаемый результат от Торы и хороших действий?
То есть какую вообще преследует собой цель каббала? Тора — это каббала.

Изменить *келим* получения так, чтобы они были ради отдачи («Внутреннее созерцание», п.22).

Больше и добавить нечего. То есть вся наша работа ради одного результата — чтобы получение стало отдачей.

Естественно, если мы совершаем какое-то действие, то мы перед этим действием должны обязательно предусмотреть: для чего мы это делаем. Иначе действие будет совершенно неосознанным, так же, как мы в этом мире живем неосознанно. Чем отличается действие нашего мира от действия духовного? Тем, что все духовные действия построены на стремлении к отдаче.

Мы в сегодняшнем нашем состоянии, находясь в группе или где-то еще, во время учебы или в другое время, должны помнить о том, что все наши действия должны привести нас к отдаче. Пусть это будет для меня чисто символическим и внутри я не буду с этим согласен, но мне нужно просто иногда напоминать себе об этом вопросе: каков желаемый результат от занятий каббалой и действий отдачи? А ответ на него: изменить получающее *кли* так, чтобы оно действовало ради отдачи.

Бааль Сулам пишет очень четко. Еще раз внимательно прочитайте вопрос: каков желаемый результат от Торы и хороших действий?

У нас есть два средства для того, чтобы выйти в высший мир, исправиться, достичь совершенства — это занятия каббалой и действия отдачи (в группе, как мы указываем). И желательный результат от обоих — изменить получающее *кли* на отдающее.

90) Что представляет собой чудо раскрытия святых имен?
Что означает «раскрытие имен Творца»? Раскрытие Его проявлениий, законов, воздействий на человека. Что при этом достигается?

Их чудодействие только в одном — обратить форму получения в отдачу (глава 1, «Ор пними», п.90).

При раскрытии имен Творца изменяется *кли* человека с получения на отдачу.

Как открываются святые имена? Видите, какие у нас вдруг получаются простые объяснения того, что такое святые имена, гематрии и так далее, все, что звучало как абракадабра. Все это имена Творца. Раскрываются они в мере исправления свойств получения на свойства отдачи.

91) Как раскрываются святые имена?

Усилиями в Торе и хороших действиях (глава 1, «Ор пними», п.40).
Посредством усилий в каббале и делах отдачи — то есть в учебе и работе в группе.

92) Что такое конец исправления?
Когда обратятся келим получения к форме отдачи (глава 1, «Ор пними», п.40).
Тогда это и называется полным исправлением, конечным исправлением — когда получающие *келим* обратятся в свойство отдачи.

Обычно мы убегаем от этих формулировок, пытаемся подменить эти действия какими-то другими, якобы более красивыми, мистическими, романтическими. Мы не понимаем, конечно, истинного смысла отдачи. Просто отдача нам кажется чем-то отталкивающим, неважным и нежелательным.

93) Что является корнем всех испорченностей?
Отличие формы, находящейся в «желании получать», от Создателя («Внутреннее созерцание», п.18).
Это корень всех несовершенств и в этом причина всех наших страданий.

94) Почему невозможно обратить *келим* получения в отдачу иначе как здесь, в этом мире, но не в высших мирах?
Вы видите, Бааль Сулам задает вопросы, от которых некуда убежать. Он задает вопросы и дает ответы на них, четко расставляет все точки, чтобы не было никаких сомнений и неправильных трактовок. Своими вопросами он желает навести нас отчетливо и остро только на одно — на исправление — и объяснить, в чем оно заключается.

Почему невозможно изменить получающее *кли* на отдающее иначе как только в условиях этого мира, а не в высших мирах? Поэтому мы и находимся в этом мире. Итак, почему? Он отвечает: **Испорченность и исправление в одном объекте имеют место только в этом мире («Внутреннее созерцание», п.20, со слов «Итак...»).**

Мы в этом мире состоим из двух точек, из двух качеств — эгоистического и альтруистического, соединенных в нас таким замечательным образом. У Творца решение очень простое: есть животное тело с его животными желаниями получить, насытить себя всем, что оно ощущает в этом мире на своем животном уровне, тем, что видит, слышит, воспринимает запахи и так далее, и есть в этом животном теле точка, устремленная вверх, к духовному. То есть два совершенно противоположных свойства от двух различных, противоположных миров: высшего, вечного, совершенного и низшего, ущербного, преходящего, исчезающего.

И он говорит:

Испорченность и исправление в одном объекте имеют место только в этом мире.

95) Какие два качества различаются в свете?
Свет *хохма* и свет *хасадим* (глава 1, «Ор пними», п.50).
Два свойства в свете.

Есть свет. *Кли* согласно своим свойствам получать или отдавать выявляет — свет *хохма* или свет *хасадим*. Но в самом свете, приходящем к нам, нет деления на *хохма* и *хасадим*. Это мы своей направленностью внутрь или наружу соответственно ощущаем высший свет: как *хохма*, если получаем его в себя, или как *хасадим*, когда отталкиваем его от себя.

96) Что заключено в распространении света от Создателя?
То есть, каким образом можно распространить свет от Творца? Каким образом можно из Творца вытянуть свет? Каким образом можно вобрать его в себя, наполнить им себя? Бааль Сулам говорит:

Желание отдавать и желание получать (глава 1, «Ор пними», п.50).

Они должны быть вместе, они должны работать одновременно, тогда свет будет распространяться в мере желания получать с намерением отдавать.

97) Какой свет раскрывается с усилением «желания отдавать»?

Свет *хасадим* (глава 1, «Ор пними», п.50).

98) Какие два света содержатся в каждом создании?
Свет *хохма* и свет *хасадим* (глава 1, «Ор пними», п.50).

99) Почему свет *хасадим* слабее, чем свет *хохма*?
Он считается более тусклым, более слабым — ощущается нами так.

Потому что он извлечен усилением желания самого создания (глава 1, «Ор пними», п.50).

То есть свет *хохма* мы получаем, раскрывая наши *келим*, чувствуем его просто «до мозга костей». А свет *хасадим* — он притягивается посредством наших искусственных усилий, против эгоистических желаний и поэтому в итоге он ощущается намного слабее.

100) Когда завершилось *кли* получения?
После того как проявилась стадия 4 желания, являющаяся наибольшей величиной желания получить (глава 1, «Ор пними», п.50).

То есть *кли* получения заканчивается, само *кли* как таковое, когда в нем развивается огромное, самое большое желание.

101) В чем различие между получающим внутри себя и получающим вне себя, как в Бесконечности?
Получающий внутри себя — такое *кли* ограничивает своим размером удерживаемый свет. А получающий вне себя — такое *кли* не ограничивает удерживаемый свет, и у него нет установленного размера (глава 1, «Ор пними», п.50).

Мы об этом еще будем говорить, что значит «получение внутрь себя». Это как *тох парцуфа*. И получение «снаружи от себя» — это особый вид получения, это *макифи́м*, мы будем еще это изучать.

102) Что такое *сфирот а-игули́м (сфирот кругов)*?
Когда нет различия «верх — низ» между имеющимися в желании четырьмя стадиями, они считаются четырьмя круга-

ми — один в другом, подобно слоям луковиц (глава 1, «Ор пними», п.100).

То есть как шары, находящиеся один в другом. Четыре таких шара. Почему они в виде шара? Потому что они равнозначны внутри себя, а различие между ними подобно причине и следствию.

Почему причина и следствие? Потому что шар, который снаружи, возник раньше, а тот, который внутри, позже — как причина и следствие. Кроме того, наверное, один лучше, а другой хуже? Нет, не лучше и не хуже. Именно поэтому мы и рисуем их как окружности. Ведь у окружности все точки равноудалены от центра, и у той окружности, верхняя точка которой выше всех, нижняя — ниже всех.

Окружность практически со всех сторон себя перекрывает: в ней абсолютно четко нейтрализуются, нивелируются понятия «верх — низ», «выше — ниже» или «лучше — хуже». Все находящиеся в окружности точки абсолютно равноценны. А одна окружность относительно другой определяется нами как «причина — следствие».

103) Почему не различаются ступени в *игулим* как одна ниже другой до прихода линии?

До того как появилась линия, все эти окружности были абсолютно равноценны. После того как приходит линия, они уже становятся неравноценными, потому что привязываются к линии, которая их пересекает.

Бааль Сулам пишет:

Потому что сокращение не произошло из-за ущербности различия формы (глава 1, «Ор пними», п.100).

Сокращение было сделано потому, что *кли* пожелало стать подобным Творцу. Без всякого ощущения ущербности. Оно пожелало, как там сказано, «приукрасить себя», подняться еще выше того состояния Бесконечности, в котором находилось.

Вы только представьте себе, чем вообще руководствовалось *кли*, совершившее *цимцум алеф*. Как там сказано: «Все было заполнено этим бесконечным простым светом», и тогда оно пожелало, и не просто пожелало, в тексте АРИ:

«ала бэ-рецоно а-пашут» — «поднялось в простом своем желании», то есть поднялось в своем простом устремлении.

То есть недостаточно было *кли* оставаться совершенно наполненным светом в мире Бесконечности, оно захотело быть еще совершеннее, устремилось еще выше этого — не получать бесконечно от Дающего, а стать подобным Ему, стать как Дающий.

Поэтому и сказано, что сокращение было сделано не по причине отличия, ухудшения свойств, а именно вследствии желания еще больше возвыситься. Не возвыситься эгоистически, а возвыситься до уровня Дающего.

И это является отличием состояния *кли* в мире Бесконечности до *цимцума* по сравнению с состоянием *кли* в мире Бесконечности в *гмар тикун* (в конечном исправлении). Когда *кли* в полностью исправленном состоянии возвращается в мир Бесконечности, оно получает там *НАРАНХАЙ дэ-НАРАНХАЙ*, а до этого получало, по сравнению с этим, *нефеш дэ-нефеш*. То есть, оно поднимается на уровень Творца, поднимается как бы с нижней точки *малхут — сиюм а-парцуф —* до наивысшей точки.

Малхут, которая была точкой, расширяется, поднимается наверх и заполняет все. То есть весь этот объем, где она встречается с Творцом, становится ее объемом. Это ее душа, ее наполнение.

104) Существует ли понятие «зло» в «желании получать» с точки зрения сущности его создания?

Опять-таки все вопросы направлены на то, чтобы определить, что желание само по себе — это не зло. Зло — намерение, то, каким образом мы используем наше желание.

Бааль Сулам отвечает:

Нет в нем никакой ущербности с точки зрения сущности его создания, и не проявилась бы в нем также никакая ущербность, если бы на него не было сокращения («Внутреннее созерцание», п.19, со слов «Но тогда...»).

То есть желание получать, наслаждаться само по себе ни в коем случае не плохое и не низкое. Оно является плохим только потому, что это желание изолирует от

Творца. Если мы желаем достичь Творца, тогда оно плохое. А если бы мы не желали достичь Творца, могли бы пользоваться им как угодно.

В городах Содом и Гоморра было разрешено убивать слабых, не подавать нищему (пусть умирает с голоду) и так далее. Там в чистом виде действовал закон самого желания получать, без всякого исправления.

Содом и Гоморра — это *келим*, действующие исключительно эгоистически, ничего альтруистического в них нет, и запрещено любое свойство *бины* присоединять к *малхут*. Действовать только как *малхут* — это и есть законы Содома и Гоморры. То есть «старых, слабых — убивай», «сильный слабого — покоряй», «нищему — ничего не давай». Действовать только по эгоистическим желаниям, без всякого сострадания, без какой бы то ни было примеси *бины*, отдачи.

Но даже такое состояние, если в нем мы не будем связаны с Творцом, нельзя трактовать как плохое, потому что тогда у нас нет никакой шкалы отсчета — относительно чего мы оцениваем его как плохое или хорошее.

И поэтому, как вы помните, Авраам ушел из Содома, но он просил Творца: «Не уничтожай их, если там есть хотя бы 50 праведников... хотя бы 10 праведников». То есть это минимальная доза *бины*, которая находится внутри, когда *кли* все-таки имеет возможность себя исправить.

Поскольку и этого не было, Авраам перестал упрашивать Творца пощадить Содом и Гоморру. Было ясно, что такое желание не поддается никакому исправлению, потому что нет в нем никакой искры от *бины*. И тогда он ушел оттуда, взяв с собой Лота — своего племянника.

Все это мы будем с вами проходить, но здесь Бааль Сулам желает подчеркнуть, что само желание получать по своей природе не ущербно, а оно ущербно, если только преследует эгоистическую цель, которая во вред ему. Что значит «во вред ему»? Самому этому желанию, так как не позволяет ему достичь уровня Творца.

105) Что означает непрямое получение от Создателя? См. «Внутреннее созерцание», п. 19.

* * *

На этом мы с вами закончили разбор вопросов и ответов, относящихся к первой части «Учения десяти сфирот».

В «Предисловии к Учению десяти сфирот» поясняется, какое намерение нам необходимо перед занятиями. Там на примере, взятом из Вавилонского Талмуда, показано, что все зависит от того, о чем будет думать человек. Он должен думать о том, что все его занятия — только ради его исправления.

И поэтому было написано: «Мир свой узришь в этой жизни, но получишь в будущей жизни». То есть, вся наша дорога в этой жизни, сейчас, согласно моим действиям, — в темноте, когда я иду, желая раскрыть эту темноту. Это означает — «увидишь в этой жизни». А получишь все вознаграждение в конце исправления — в *гмар тикун*, где вообще достигается полное вознаграждение. То есть, кроме тонкой линии — все в *гмар тикун*. Эта цель должна быть у нас перед тем, как мы раскрываем книгу. Не сами занятия, не сами знания, а свет, который нисходит во время этих занятий — он мне необходим.

Внутреннее созерцание

Прежде всего необходимо знать, что когда речь идет о понятиях духовных, отвлеченных от времени, места и движения, не говоря уже о божественном, нет у нас слов, с помощью которых мы могли бы высказываться и объясняться, ибо весь наш словарный запас взят из мнимых ощущений органов чувств. Как же можно полагаться на них там, где чувство и воображение не властны? Например, если возьмешь даже самое тонкое слово, такое как «свет», то и оно ассоциируется и заимствовано от света солнца или ощущаемого света вдохновения и т.п. Если так, то как можно ими объяснить вопросы божественного — ведь понятно, что они не предоставят изучающему ничего истинного? Не говоря уже о том месте, где надо в письменном изложении, в книге, раскрыть с помощью этих слов предмет споров и соглашений в этой науке, как это принято в исследованиях любой науки. Ибо, если мы допускаем ошибку даже в одном слове, не достигающем своей цели, сразу же запутается изучающий и не найдет путеводную нить во всем предмете целиком. И поэтому выбрали каббалисты особый язык, который можно назвать «языком ветвей», поскольку нет у нас никакой сущности или управления какой-либо сущностью в этом мире, которое не исходило бы из своего корня, находящегося в высшем мире. И более того, любая имеющаяся в этом мире реалия берет начало из высшего мира, а затем нисходит в этот мир. Поэтому без затруднений нашли для себя каббалисты готовый язык, которым могли бы передавать друг другу свои постижения устно и письменно, из поколения в поколение, взяв имена ветвей в этом мире, так что каждое имя выясняет себя, словно указывая пальцем на свой высший корень в системе высших миров.

И это разрешит твое недоумение, когда во многих случаях обнаружишь в книгах по каббале странные выражения и даже чуждые иногда общепринятым нормам. Дело в том, что после того, как они уже выбрали для себя этот язык, чтобы объясняться с его помощью, — то есть «язык ветвей», — как могут пропустить на своем пути какую-то ветвь, не используя ее по причине ее низменности, и не выразить ею желаемое понятие.

Ведь не найдется в нашем мире никакой иной ветви, которую можно было бы взять вместо нее. И подобно тому, как два волоса не питаются из одного отверстия, так же нет у нас двух ветвей, которые бы относились к одному корню. И в таком случае совершенно недопустимо уничтожать слово науки, нуждающееся в этом низменном выражении. И мало того, это уничтожение причинит ущерб и внесет большую путаницу во все области этой науки, ибо нет другой науки среди всех наук мира, где понятия были бы настолько переплетены между собой связями причины и следствия, побудительной силы и произведенного ею, как в науке каббала, в которой понятия объединены и взаимосвязаны от ее начала и до конца, словно одна длинная цепь.

И поэтому нельзя здесь самовольно изменять и подменять «плохие» выражения «хорошими». Но мы обязаны всегда приводить в точности ту самую ветвь, которая указывает перстом на свой высший корень, а также подробно ее разъяснять, чтобы предоставить точное определение внимательному взору изучающих.

Однако не прозревшие еще в видении высшего и не сведущие в отношениях ветвей этого мира к их корням в высших мирах, находятся здесь в положении слепых, ощупывающих стену, потому что не поймут ни одного слова в его истинном смысле — ведь каждое слово представляет собой имя ветви, которое относится к ее корню. Разве что получат пояснение из уст выдающегося мудреца, открывающего в себе возможность объяснить это понятие на разговорном языке, что является совершенно необходимым, как при переводе с языка на язык — с языка ветвей на разговорный язык, ибо тогда он сможет объяснить духовное понятие, как оно есть.

И это то, о чем я заботился в этом своем разъяснении — объяснить десять *сфирот* согласно переданному нам божественным мудрецом АРИ, в их духовной чистоте, когда они абстрагированы от всех чувственных представлений, так чтобы любой начинающий мог подступиться к этой науке и не впасть ни в какую материализацию и заблуждение. А с пониманием этих десяти *сфирот* раскроется возможность также всмотреться и узнать, как разобраться в остальных вопросах этой науки.

Глава 1

Знай, что прежде, чем были созданы создания и сотворены творения, простой высший свет наполнял всю реальность и т.д. («Эц хаим», шаар 1, эйхал 1).

Эти слова требуют пояснения. Ведь прежде, чем были созданы миры — как могло быть там место реальности, которое целиком заполнял простой свет? А также по поводу подъема желания сократиться, чтобы вывести на свет совершенство Его действий: из слов книги якобы следует, что был уже там какой-то недостаток. Также по вопросу центральной точки в *самой* середине Бесконечности, где было явление сокращения: очень удивляет следующее — ведь уже сказал он, что нет там *рош* и *соф*, и в таком случае как может быть середина? Но в словах этих содержится величайшая глубина, и поэтому я должен расширить объяснение.

Нет ничего во всей реальности, что не содержалось бы в Бесконечности. Противоположные у нас понятия содержатся в ней в виде «Один, Единственный, Единый»

1) Знай, что не найдешь ты во всем реально существующем в мире — как в ощущаемом нашими органами чувств, так и в воспринимаемом нами умозрительно — никакой сущности, которая не содержалась бы в Творце: ведь все это исходит к нам от Него. Разве найдешь ты дающего то, что не находится в нем? И этот вопрос уже подробно разъяснен в книгах, однако следует уяснить, что понятия, являющиеся для нас разделенными и противоположными, — например, понятие «мудрость» рассматривается иначе, чем понятие «сладость», так что «мудрость» и «сладость» являются двумя отделенными друг от друга понятиями; и также понятие «действующий», несомненно, отличается от понятия «действие», где «действующий» и «его действие» обязательно являются двумя отделенными друг от друга понятиями; тем более, противоположные понятия, и такие, как «сладость», и «горечь» и тому подобное, — безусловно, каждое из этих понятий распознается по-своему; однако у Творца будут «мудрость», и «наслаждение», и «сладость», и «едкость», и «действие», и «действующий», и подобные им,

относящиеся к различным и противоположным формам понятия включены все как одно целое в Его простой свет, абсолютно без всякого различия и разделения между ними, но только в виде «Один, Единственный, Единый».

«Один» — указывает, что Он совершенно однороден.

«Единственный» — указывает на исходящее из Него, что и все эти множества находятся у Него в форме единственности, как и Его суть.

И «Единый» — указывает, что хотя Он и производит множество действий, однако одна сила производит их все, и все они снова возвращаются и соединяются в форме единственности так, что форма эта единственная поглощает все формы, представляющиеся в Его действиях.

И это очень тонкое понятие, и не всякий разум способен постигнуть это.

И РАМБАН так поясняет нам в своем комментарии на книгу Ецира (ч.1, 47) суть Его единства в значении «Один, Единственный, Единый»: «Есть отличие между Один, и Единственный, и Единый. Творец, когда Он соединяется, чтобы действовать одной силой, называется «Единый». А когда Он разделяется, чтобы произвести свое действие, каждая Его часть называется «Единственный». А когда Он абсолютно однороден, называется «Один». (И это слово в слово его возвышенный язык).

Объяснение: «Он соединяется, чтобы действовать одной силой» — он желает этим сказать, что Он действует, совершая добро, как и подобает Его единству. И нет изменения в Его действиях.

«А когда Он разделяется, чтобы произвести свое действие», — то есть когда Его действия отличаются одно от другого, и может ошибочно представляться, словно действующий хорошо и действующий плохо, называется «Единственный», поскольку у всех Его различных действий имеется единственный результат — несение добра. И выходит, что Он единственный в каждом действии и не меняется в своих различных действиях.

И когда Он абсолютно однороден, называется «Один». То есть «Один» указывает на Его сущность — что у Него все виды противоположностей совершенно равнозначны.

И как пишет РАМБАМ, у Него познавший и познаное и познание — это одно, потому что мысли Его намного выше наших мыслей, и пути Его — наших путей.

Две особенности высшего воздействия: до постижения его получающим и после

2) Сделай вывод из примера вкушающих *ман*. *Маном* называется «хлеб с неба», потому что он не материализовался в облачении своем в этот мир. Сказали мудрецы, что каждый испытывал в нем тот вкус, который желал. А, следовательно, обязательно было в нем от противоположных форм, то есть один чувствовал в нем сладкий вкус, а другой чувствовал в нем вкус едкий и горький, тогда как сам *ман* обязательно состоял из двух противоположностей вместе — ведь разве найдешь ты дающего то, чего в нем нет. А если так, то как такое возможно, чтобы две противоположности были в одном объекте? Однако сам он, безусловно, прост и абстрагирован от двух этих вкусов и только состоит он из них так, что материальный получатель может различить для себя тот вкус, который он желает.

И так понимай любую духовную сущность, которая сама по себе единственна и проста, хотя состоит из всего множества форм, имеющихся в мире, но с приходом ее к получателю материальному и ограниченному, образует в ней этот получатель одну форму, обособленную от всего множества форм, соединяющихся в эту духовную сущность.

Поэтому всегда нужно различать в воздействии Творца два вида. Первый — форма высшей сути наполнения до прихода ее к получающему, представляющая собой свет, пока еще простой и общий. Второй — после прихода наполнения к получающему, в результате чего оно приобрело одну обособленную и частичную форму, соответствующую свойству получающего.

Как можно понять, что душа — это часть Творца?

3) Таким образом, мы придем к пониманию того, что говорят каббалисты о сущности души.

Они утверждают, что душа является действительно частью Творца свыше и нет в ней абсолютно никакого отличия от «все». Но в чем же эта душа часть, а не «все»? И это подобно камню, отколотому от горы, когда сущность горы и сущность камня одинаковы и нет никакого различия между камнем и горой, кроме того что камень — лишь часть от этой горы, а гора является категорией «все».

Таковы вкратце слова мудрецов. И на первый взгляд слова эти очень удивляют, а сложнее всего понять, как можно говорить о категории «отличие и часть от божественного», да еще уподобить это камню, отколотому от горы. Ну, камень, допустим, откалывается от горы с помощью топора и молота, но в божественном, казалось бы, как и чем они будут отделены друг от друга?

Духовное разделяется силой отличия формы, подобно материальному, разделяющемуся с помощью топора

4) Прежде, чем мы приступим к выяснению этого вопроса, объясним суть явления разделения, происходящего в духовных объектах.

Знай, что находящиеся в духовном отделяются друг от друга лишь только по мере отличия формы, а это значит, что если один духовный объект приобретает сам по себе две формы, то это уже не один объект, а два.

Объясню тебе это на примере человеческих душ, которые тоже духовны. И этот сформулированный в простом виде духовный закон известен: есть, безусловно, множество душ, соответствующее числу тел, в которых эти души светят, но они отделены одна от другой отличием формы, присущим каждой из них. Сказали мудрецы: насколько их облики несхожи, настолько не похожи их мнения. И тело способно разделять формы душ настолько, что можно различить каждую душу саму по себе: это хорошая душа, а эта — плохая, и тому подобное, в разделенных формах.

И теперь ты видишь, что так же, как материальный объект разделяется и рассекается и отделяется топором и движением по отдалению места одной части от другой, так и духовный объект разделяется и рассекается и отделяется вследствие отличия формы одной части от другой. И, в соответствии с мерой этого отличия, будет также измеряться расстояние от одной части до другой. И хорошо запомни это.

Как представить отличие формы в творении от Бесконечности

5) Однако пока это укладывается в нашем понимании лишь относительно этого мира, человеческих душ, но в отношении души, о которой говорится, что она часть Творца свыше, пока еще не выяснено, как отделяется она от божественного, настолько, чтобы стало возможным назвать ее частью Творца. И нельзя сказать, что отделяется «изменением формы», — это утверждение ошибочно. Ведь мы уже выяснили, что божественное является простым светом, содержащим все имеющееся в мире множество форм и их противоположностей в своем простом единстве, выражаемом понятием Один, Единственный, Единый. А раз так, как же нам представить категорию «отличие формы» в душе, чтобы была отличающейся от божественного, и вследствие этого была бы отделенной, называясь «часть от Него»?

Но на самом деле наиболее остро встает это затруднение в отношении света Бесконечности до *цимцума*, так как предстающая перед нами действительность, — все миры, высшие и низшие вместе, — распознается в двух состояниях. Первое состояние — это форма всей этой действительности, каковой она является до сокращения, когда все было без границы и конца. И это состояние называется «свет Бесконечности». Второе состояние — это форма всей действительности, которая устанавливается уже после сокращения и ниже, когда все находится в границе и мере. И это состояние называется четырьмя мирами — Ацилут, Брия, Ецира и Асия.

Известно, что Его суть никакая мысль вообще не способна постичь, и нет для нее никакого имени и названия: ибо все, что не постигнуто, — как может быть определено именем? Ведь любое имя означает постижение, указывающее на то, что постигнуто нами в качестве этого имени. А потому, несомненно, что у сути Его нет вообще никакого имени и названия, но все имена и названия только относительно света, исходящего из Него. И распространение Его света до сокращения, неограниченно и бесконечно наполнявшее всю действительность, называется именем Бесконечность. Следовательно, нужно понять: как определяется сам по себе «свет Бесконечности», и как он вышел из категории «суть Творца» *(Ацмуто)* настолько, что мы можем определить его именем, аналогично затруднению в вопросе о душе.

> **Выяснение сказанного мудрецами: «Поэтому уготована работа и усилия за вознаграждение душам — ведь тот, кто ест не свое, стыдится смотреть в лицо дающему»**

6) Чтобы хоть что-то понять в месте этом возвышенном, необходимо подробно обсудить это. Исследуем исходную точку всей предстающей перед нами действительности и ее общую цель, разве найдешь ты действующего без цели? Но что же тогда представляет собой эта цель, ради которой Творец создал всю эту находящуюся перед нами в высших мирах и в низших мирах действительность? Правда, уже указали нам мудрецы во многих местах, что абсолютно все миры были созданы не иначе, как для Израиля, выполняющих Тору и заповеди и так далее. И это общеизвестно.

Но здесь нужно разобраться в вопросе, поставленном мудрецами: если намерение создания миров — «насладить свои творения», зачем тогда было Ему создавать этот материальный мир, грязный и полный страданий? Он мог ведь и без этого вроде бы наслаждать души сколько пожелает, — зачем же поместил Он душу в это столь грязное и скверное тело?

И ответили на это, что «тот, кто ест не свое, стыдится смотреть в лицо дающему». Объяснение: в любом даровом подношении находится изъян стыда и, чтобы предохранить души от этого изъяна, создал Он этот мир, где существует реальность работы, и найдут наслаждение в будущем от труда рук своих, ибо получают тогда свое вознаграждение от Совершенного взамен своих усилий и избавлены тем самым от изъяна стыда.

Какое отношение имеет работа в течение 70 лет к вечному наслаждению — ведь не найти дарового подношения большего, чем это!

7) Эти слова мудрецов во всех отношениях очень непонятны. Прежде всего — неясно, ведь главное в нашем устремлении и в нашей молитве — «от сокровищницы даровых подношений убереги нас». Но сказали мудрецы, что «сокровищница даровых подношений» уготована лишь для самых великих душ в мире.

И непонятнее всего основа их разъяснения. Они объясняют, что в даровом подношении содержится большой недостаток, и это — открывающийся каждому, принимающему даровое подношение, стыд, для компенсации которого Творец предуготовил этот мир, в котором существует действительность усилий и работы, чтобы получили они в будущем мире вознаграждение взамен стараний и труда рук своих.

И их объяснение очень удивляет. Ведь на что это похоже — на человека, говорящего своему другу: «Поработай со мной одно краткое мгновение, и за это я воздам тебе всеми мирскими удовольствиями и сокровищами во все дни жизни твоей». Но нет большего дарового подношения, чем это, поскольку такое вознаграждение совершенно несоизмеримо с работой. Ведь работа в этом мире, мире преходящем, никак не сравнима с вознаграждением и наслаждением мира вечного — ибо какова может быть ценность у количества мира преходящего относительно количества мира вечного, не говоря уже о качестве усилий, никак несравнимом с качеством вознаграждения?

Как сказали мудрецы: «В будущем дарует Творец каждому праведнику 310 миров» и так далее. И нельзя сказать, что Творец воздает за их усилия малую часть награды, а остальное вручает даром, так как в таком случае, какой был бы прок в указании мудрецов, ведь остался бы изъян чувства стыда в оставшемся подарке. Но слова их не следует понимать буквально, так как в них заключен глубокий смысл.

Одной мыслью создана и сотворена вся действительность, и она является действующей, и она является сущностью действия, и она есть предмет ожидаемого вознаграждения, и она является сутью приложения усилий

8) Прежде, чем мы приступим к выяснению сказанного мудрецами, необходимо понять Его замысел сотворения миров и находящейся перед нами реальности: ведь не создались они перед Ним посредством множества мыслей, как это происходит у нас. Потому что Он — «Один, Единственный и Единый». И поскольку Он простой, то исходящие от Него света просты и едины, без всякой множественности форм. Как сказано: «Мои мысли — не ваши мысли, и ваши пути — не Мои пути».

И потому пойми и познай, что все имена и названия, и все высшие и низшие миры — все это один простой свет, единственный и единый; что у Творца и исходящий свет, и мысль, и действие, и действующий, и все, о чем сердце может думать и помышлять, все это у Него в действительности одно.

Следовательно, разберись и познай, что одной мыслью создана и сотворена эта действительность — высшие и низшие вместе, вплоть до завершения всего в окончательном исправлении. И эта единственная мысль производит все, и она является сущностью действия, и она получает завершение, и она является сутью приложения усилий, и она сама — реальность всего совершенства и ожидаемая награда. Так истолковывает Рамбан внутренний смысл сказанного «Один, Единственный и Единый».

Понятие «сокращение» проясняет, как из совершенного Действующего вышло несовершенное действие

9) АРИ очень подробно освещает в первых главах этой книги тему первого сокращения, так как вопрос этот чрезвычайно серьезный, поскольку неизбежно следует, что как испорченности, так и все виды несовершенств проистекают и приходят от Творца. Так и написано: «Производит свет и творит тьму». Но ведь испорченности и тьма являются подлинной противоположностью Ему — как же возможно, чтобы одно

исходило из другого, и как приходят они вместе со светом и наслаждением, которые содержатся в замысле творения?

И нельзя сказать, что это две мысли, обособленные одна от другой, ведь говорить и помышлять подобное является опасным заблуждением, как уже сказано. Но как же тогда все это исходит из Творца — включая этот мир, полный нечистоты, страданий и огромной скверны — как уживаются они вместе в единственной этой мысли?

Глава 2
Выяснение замысла творения

10) Теперь приступим к выяснению формы замысла творения. Несомненно, что результат действия изначально присутствует в замысле, так как даже у человека материального, обладающего множеством мыслей, результат действия тоже будет изначально присутствовать в его замысле.

К примеру, человек занят строительством своего дома. Мы понимаем, что самой первой мыслью в этом его занятии была мысль о форме дома, в котором он поселится, и поэтому завершение дома предваряют еще множество мыслей и действий, пока не завершит он исходную форму, задуманную вначале, и эта форма приходит к нему в конце всех его действий. Итак, ты видишь, что результат действия изначально присутствует в замысле.

И вот конец действия — это и исходная точка и цель, ради которых все это было создано, а именно: «чтобы насладить свои творения», как написано в Зоаре.

Известно, что мысль Творца завершается и действует немедленно — ведь не человек Он, чтобы нуждаться в средствах действия, но одна лишь мысль завершает все действие тотчас и незамедлительно.

И, согласно сказанному, ясно, что тотчас с Его мыслью о сотворении — «насладить свои творения» — сразу же вышел и распространился этот свет из Него во всем своем многообразии и величии, и во всей возвышенности задуманных им наслаждений, и все это включено в ту самую мысль, которую мы называем «замыслом творения».

И хорошо пойми это, так как в этом месте следует сократить объяснение. И знай, что этот замысел творения мы называем «светом Бесконечности», потому что в отношении самой сути Творца нет у нас никакого звука и слова, чтобы назвать Его каким-нибудь именем. И помни это.

В силу желания давать в Создателе обязательно рождается желание получать в создании, и оно является тем кли, в которое создание принимает Его изобилие

11) И именно так сказано у АРИ, что вначале свет Бесконечности заполнял всю реальность.

Пояснение: поскольку Творец задумал насладить творения и свет распространился от Него и выступил, как бы, перед Ним, то сразу же было заложено в этом свете желание получить Его наслаждение. И разберись также в том, что это желание является всей мерой количества распространяющегося света, то есть мера Его света и наполнения соответствует размеру желания насладиться — не менее и не более того. И вдумайся в это.

И потому мы называем сущность желания получать, заложенного в этом свете в силу замысла Творца, именем «место». Например, когда мы говорим, что у одного человека есть место для приема пищи размером в фунт хлеба, а другой не может съесть больше, чем полфунта хлеба, — о каком месте мы говорим? Не о величине его органов пищеварения, а только о величине его стремления и желания есть.

Итак, ты видишь, что величина места приема хлеба зависит от размера желания и стремления к еде. Тем более в духовном, где само желание получения наполнения является местом наполнения, а наполнение измеряется мерой желания.

Желание получить, включенное в замысел творения, вывело его из *Ацмуто* в состояние, называемое «Бесконечность»

12) И сейчас мы можем понять, каким образом свет Бесконечности вышел из категории «*Ацмуто*», относительно ко-

торой нет у нас ни звука и ни слова, и стал называться именем «свет Бесконечности». А причиной этому, как уже было сказано, послужило то, что в этом свете содержится желание получать от *Ацмуто*, являющееся новой формой, не содержащейся ни в коем случае в *Ацмуто*. Ведь от кого Ему получать? И эта форма — она также вся мера этого света, как уже сказано. И вдумайся, так как невозможно здесь продолжать объяснение.

До сокращения отличие формы в желании получать не было различимым

13) Однако, во всемогуществе Его не распознавалась эта новая форма как отличие от света Творца. И это внутренний смысл сказанного в «Пиркей де рабби Элиэзер», что до сотворения мира был Он един и имя Его едино. «Он» — означает свет, имеющийся в Бесконечности, а «имя Его» — означает место, то есть содержащееся в свете Бесконечности желание получить от *Ацмуто*. И это поясняет нам, что Он и имя Его едины. Другими словами, в «Его имени» (означающем *малхут* Бесконечности, то есть желание, а точнее — желание получать, заложенное во всю включенную в замысел творения реальность до сокращения) неразличимо никакое изменение формы и отличие от света, находящегося в нем, но свет и место представляют собой действительно одно целое. Ведь если бы там — внутри этого места — было хоть какое-то различие и ущербность относительно света Бесконечности, тогда, безусловно, там было бы два свойства, как уже объяснялось. И вдумайся.

«Сокращение» означает, что *малхут* Бесконечности уменьшила имеющееся в ней желание получать, и тогда свет исчез, так как нет света без *кли*

14) И в этом заключается сокращение: *малхут* Бесконечности — так называется желание получать, содержащееся в свете Бесконечности, — которая представляет собой замысел творения в Бесконечности и заключает в себе всю реаль-

ность, украсилась, чтобы самостоятельно подняться и привести свою форму к максимальному подобию *Ацмуто*. И поэтому убавила свое желание, чтобы не получать наполнение Творца в четвертой стадии желания (как это будет объяснено далее) с таким намерением, чтобы благодаря этому создались и сотворились миры вплоть до этого мира, и таким образом станет исправленой форма желания получать и возвратится к форме отдачи и, тем самым, придет в этом уподоблении формы к Создателю.

И вот, после того, как она убавила в желании получать, разумеется, ушел оттуда свет, поскольку известно уже, что свет зависит от желания, и желание — «место» этого света. Ведь нет принуждения в духовном.

Глава 3
Выяснение «откалывания души»

15) И теперь прояснится вопрос откалывания души, о которой сказано, что она «часть Творца свыше» — тот вопрос, которым мы уже задавались ранее: как и чем будет отличаться форма души от Его простого света настолько, что будет этим отделена от «Все»?

Теперь понятно, что, в самом деле, произошло в ней большое изменение формы, ведь хотя Творец и включает все те формы, о которых только возможно думать и размышлять, тем не менее после всего вышесказанного ты находишь одну форму, не включенную в Него, а именно форму желания получать. Ведь от кого Ему получать?

Однако все сотворение душ — это следствие желания Творца их насладить, и в этом заключается замысел творения. Поэтому необходимо, чтобы отпечатался в душах этот закон — желать и стремиться получить Его наполнение. Но тем самым они оказываются отделенными от Творца, поскольку их форма стала отличной от Него. Ведь выяснилось уже, что материальная сущность разделяется и разъединяется силой движения и отдалением места, а духовная сущность разделяется и разъединяется изменением формы. И по величине отличия по форме друг от друга будет измеряться расстояние между ними. А если отличие по форме дойдет до действительно крайней противоположности, происходит отсечение и полное разделение, настолько, что не смогут питаться друг от друга, так как считаются чуждыми друг другу.

Глава 4

После сокращения желания получать и образования на него экрана, оно не пригодно быть кли получения, и вышло из системы святости, и вместо него отраженный свет используется в качестве получающего кли, а кли желания получать отдано системе нечистых сил

16) После сокращения и образования экрана на это *кли*, называемое «желанием получать», оно аннулировалось, и отделилось, и вышло из всей системы святости, и вместо него был установлен отраженный свет, чтобы быть получающим *кли*.

И знай, что в этом все различие между АБЕА *де-кдушá* и АБЕА *де-тумá*. Потому что получающие *келим* миров АБЕА *де-кдуша* происходят из отраженного света, исправленного уподоблением по форме Бесконечности. А АБЕА *де-тума* пользуются желанием получать, которое сократилось, и это форма, противоположная Бесконечности. И этим они отрезаются и отделяются от Источника жизни, от Бесконечности.

Человек питается осадками от клипот и поэтому пользуется желанием получать, как они

17) Отсюда пойми корень испорченностей, который изначально содержится в замысле творения, состоящем в наслаждении Его созданий. Ведь после всего нисхожденения пяти всеобщих миров Адам Кадмон и АБЕА, и проявления при этом *клипот* в четырех мирах АБЕА *де-тума*, как сказано: «Одно против другого сделал Творец», предстает пред нами грязное материальное тело, о котором говорится, что наклонности человеческого сердца дурны смолоду, поскольку с молодости человек питается лишь осадками от *клипот*. Ибо все простра-

стия *клипот* и духовной нечистоты суть одно — содержащаяся в них форма «желание только получать», и нет в них абсолютно ничего от желания отдавать. И тем самым они оказываются противоположными Творцу — потому что у Него, несомненно, вообще нет никакого желания получать, а все желание Его — лишь наслаждать и наполнять. И поэтому называются *клипот* мертвыми, так как противоположностью своей формы Источнику жизни оказываются отрезанными от Него, и нет у них от изобилия Творца ничего. Поэтому и тело, питаемое осадками *клипот*, также оказывается отрезанным от жизни, и оно полно скверны. И все это из-за заключенного в нем «желания только получать», а не давать. Ведь его желание всегда раскрыто, чтобы заполучить в свое чрево мир со всем, что в нем есть.

И поэтому грешники еще при жизни называются «мертвыми», так как вследствие изменения их формы до крайней противоположности корню, когда у них нет ничего от свойства отдачи, они отрезаны от Творца и действительно мертвы. И хотя может показаться, что у грешников тоже есть что-то от отдачи, дескать, дают милостыню и тому подобное, однако уже сказано о них в Зоаре, что «любое благодеяние совершают ради себя», ведь их намерение в основе своей — для себя и ради почестей.

Но праведники, занимающиеся Торой и заповедями не с целью получения награды, а для того чтобы доставить радость своему Создателю, очищают этим свое тело и обращают свое *кли* получения в свойство отдачи.

Как сказал Рабейну а-Кадош: «Раскрыто и известно... что даже на мизинец я не взял для себя наслаждения». И тем самым оказываются действительно слитыми с Ним, поскольку форма их совершенно равна Создателю, без всякого отличия по форме.

Мудрецы фразу «и сказать Сиону: «ты — Мой народ *(ами)*» в предисловии «Книги Зоар» (п. 67) комментируют следующим образом: «читай ее — со Мной *(ими)* вы в сотрудничестве». Имеется в виду, что праведники являются партнерами Творца, поскольку Он начал творение, а праведники завершают его, обращая *келим* получения в *келим* отдачи.

Вся действительность включена в Бесконечность и выходит, происходя из существующего, и лишь желание получать является новым и выходит, появляясь из ничего

18) Знай, что вся суть новшества, задуманного Творцом в этом творении, о котором мудрецы сказали, что Он вызвал его к существованию из ничего, — в том, что новизна эта приходится только лишь на форму желания наслаждаться, заложенного в каждом творении. А сверх этого не возникло ничего нового в акте творения. В этом смысл высказывания: «производит свет и творит тьму». РАМБАН объясняет, что слово «творит» указывает на новизну, то есть на то, чего не было прежде. Ты видишь, не говорится: «и творит свет» — именно потому, что нет в нем новизны, как в случае создания чего-то из ничего. Потому что свет и все содержащееся в свете, представляющее собой все самые приятные в мире ощущения и постижения, — все это выходит, происходя из существующего — словом, они уже содержатся в Творце. И в таком случае нет в них признака новизны, и поэтому сказано: «производит свет», чтобы указать, что нет в нем признака новизны и сотворения.

Но о тьме, заключающей в себе все самые неприятные ощущения и познания, сказано: «и творит тьму», потому что Он создал их действительно появляющимися из ничего. То есть, безусловно, нет этого в реальности Творца совсем, но обновление происходит сейчас, ибо корнем их всех является форма «желания наслаждаться», включенного в света, распространяющиеся от Творца. Так что сначала она только темнее высшего света, и поэтому называется «тьмой» относительно света. Но в конце из-за нее распространяются и появляются *клипот*, *си́тра а́хра* и грешники, которые окончательно отрезаются ею от корня жизни. И это внутренний смысл фразы: «Ногами она нисходит в смерть». Объяснение. Слово «ноги» указывает на конец чего-либо и означает ноги *малхут*, которая представляет собой желание насладиться, присутствующее в распространении света Творца, от которой в конце нисходит смерть к *си́тра а́хра*, а также к питающимся и тянущимся за *си́тра а́хра*.

Поскольку мы ветви, исходящие из Бесконечности, то находящееся в нашем корне — в удовольствие нам, а то, чего нет в нашем корне, будет для нас обузой и страданиями

19) Но тогда возникает вопрос: поскольку это отличие формы желания получать обязано быть в творениях (иначе, как бы они могли произойти от Него и выйти из категории «Творец» в категорию «творение», что возможно представить лишь посредством отличия формы), и, более того, эта форма желания наслаждаться является основой природы всего творения, так как замысел творения порождает ее, и она является также мерой количества добра и наслаждения (потому и называется «местом») — как же говорится о ней, что она называется «тьмой» и простирается до состояния «смерть», поскольку создает в низших получающих состояние разрыва и отделения от Источника жизни? И еще необходимо понять: в чем причина того сильного трепета, который приходит к получающим вследствие отличия этой формы от *Ацмуто*, и почему обрушился на нее великий этот гнев?

И чтобы в достаточной мере разъяснить тебе эти тонкие понятия, необходимо прежде выяснить происхождение всей совокупности наслаждений и страданий, ощущаемых в нашем мире. Осмысли это, зная, что природа любой ветви придет к подобию своему корню, а поэтому все имеющееся в корне будет принято также и ветвью — она это полюбит и будет сильно это желать. А от всего отсутствующего в корне также и ветвь отдаляется, не потерпит и возненавидит это. И непреложный этот закон действует в любом корне и его ветви.

И поскольку именно Творец является корнем всех созданных Им творений, то все находящееся в Нем и исходящее к нам от Него прямым продолжением, придется по вкусу и будет нам приятным, так как нашей природе близок наш корень. А все вещи, отсутствующие в Нем, и исходящие к нам не напрямую от Него, а в силу полярной противоположности самого творения, будут противны нашей природе, и будет трудно нам их терпеть. Так, мы любим покой и чрезвычайно ненавидим все, относящееся к движению, настолько, что не совершаем никакого движения иначе, чем ради достижения покоя. И это результат того, что нашему корню не свойственно движение, а свойственен покой, и в нем вообще не происходит никакого движения, поэтому это также против нашей природы и движение нам ненавистно. И точно так же мы любим мудрость, мужество, богатство и все прочие достоинства именно потому, что они содержатся в Нем, в нашем корне. И мы сильно ненавидим их противоположности, такие как невежество, слабость, бедность, презрение и тому подобное — именно вследствие того, что они полностью отсутствуют в нашем корне, поэтому они нестерпимо отвратительны и ненавистны нам.

Но необходимо исследовать, как возможно какое-либо продолжение, которое происходило бы не напрямую от Него, а из полярной противоположности самого творения?

С чем это можно сравнить? С богачом, который зовет человека с рынка, и кормит его, и поит его, и одаривает серебром и золотом изо дня в день, и с каждым днем все больше. И заметь, что этот человек различает в бесчисленных подарках богача два разных вкуса одновременно. Потому что, с одной стороны, он испытывает бесконечно большое наслаждение в силу многочисленности его подарков. Но, с другой стороны, тяжело ему вынести избыток благодеяния, и он стыдится в момент его получения, и это возрастающее с каждым разом число подарков невыносимо для него.

И, конечно же, наслаждение, получаемое от подарков, исходит к нему напрямую от дающего богача, но ощущаемая в подарках нестерпимость исходит не от дающего богача, а из сущности самого получающего, когда в нем пробуждается стыд вследствие получения и невозмещенности подношения. Но на самом деле, и это, разумеется, подстраивает ему богач, но только не напрямую.

> Поскольку желание получить отсутствует в нашем корне, мы испытываем в нем стыд и нетерпимость. И потому сказали мудрецы, что для исправления этого Он «уготовил» нам в этом мире приложение усилий в Торе и заповедях, чтобы обратить желание получать в желание отдавать

20) Из всего сказанного нам становится ясно, что во всех формах, исходящих к нам от Него не напрямую, будет при-

сутствовать трудность терпения. И это против нашей природы.

Таким образом, пойми, что эта новая форма, образовавшаяся в получающем, то есть «желание наслаждаться», в действительности не является какой-либо ущербностью или недостатком со стороны Творца, а наоборот — это основа замысла Его творения, так как без этого нет здесь творения вообще, как уже сказано. Однако получающий, который является носителем этой формы, испытывает в ней чувство нестерпимости из-за себя самого, то есть потому, что эта форма отсутствует в его корне. И вдумайся в сказанное.

Итак, нам удалось понять смысл высказывания мудрецов о том, что этот мир сотворен потому, что «тот, кто ест не свое, стыдится смотреть в лицо дающему». Как выяснилось выше, это очень удивляет при поверхностном рассмотрении. Однако теперь их слова становятся очень приятны нам. Ибо они указывают на отличие формы этого «желания насладиться», которое неизбежно присутствует в душах потому, что «тот, кто ест не свое, стыдится смотреть в лицо дающему». Иными словами, каждый получающий дар испытывает в момент получения стыд именно вследствие отличия формы от корня, в котором нет этой формы получения. И чтобы исправить это, Он создал этот мир, в котором душа принимает эту форму и облачается в тело, — но с помощью занятий Торой и заповедями ради доставления радости Создателю преобразуются получающие *келим* души в *келим* отдачи. Это значит, что со своей стороны она не стремилась бы получить возвышенное наслаждение, а получает это наслаждение только с целью доставить удовольствие своему Создателю, желающему, чтобы души насладились Его изобилием. А так как чиста она от желания получать для себя, то больше не стыдится смотреть Ему в лицо, и тем самым раскрывается верх совершенства творения. И мы еще выясним необходимость и обязательность далекого нисхождения до этого мира, поскольку эту огромную работу по обращению формы получения в форму отдачи невозможно представить иначе, как только в этом мире.

Грешников сокруши двойным сокрушением, а праведники унаследуют вдвое

21) Приди к этому и убедись воочию: что касается грешников — «сокруши их двойным сокрушением», потому что удерживают веревку с двух сторон, — ведь этот мир создан с недостатком и лишенным всего обилия добра, и для приобретений требуется движение. Но известно, что человека огорчает преумножение движения, поскольку оно является непрямым следствием сущности Творца. Однако и оставаться ненаполненным приобретениями и благом тоже невозможно, — ибо это тоже противоречит корню, ведь корень этот наполнен всем добром — и поэтому предпочитают страдание от умножения движения для достижения полноты приобретений. Но поскольку все их приобретения и собственность исключительно для себя, ведь «имеющий сотню хочет две», то отсюда следует, что «не умирает человек, удовлетворив даже наполовину свою страсть». Таким образом, терпят они с двух сторон — и от страданий увеличения движения, и от страданий недостатка приобретений, так как не получают даже половины их.

Однако праведники «в земле своей унаследуют вдвое». То есть после того, как обращают свое «желание получать» в желание отдавать, и все получаемое ими — ради отдачи, тогда унаследуют вдвое, потому что, помимо достижения ими совершенства наслаждения и самых лучших приобретений, они достигают также подобия по форме с ее Создателем, тем самым оказываясь в истинном слиянии. И тогда они находятся также в постижении покоя, когда наполнение приходит к ним само по себе, без всякого движения и труда.

Глава 5

Замысел творения обязывает все части мироздания исходить друг из друга вплоть до конца исправления

22) А теперь, когда мы выяснили все вышесказанное, нам станет хоть немного понятнее сила единственности Творца. Ведь мысли Его — не наши мысли. И все множество постигаемых нами понятий и форм, во всей находящейся перед нами действитель-

ности, все это соединяется у Него в одной единственной мысли, являющейся замыслом творения: «чтобы насладить Его творения». Эта единственная мысль охватывает всю действительность совершенным единством до окончания исправления, потому что она, как уже сказано, — вся цель творения.

И она — «действующий», аналогично силе, действующей в объекте воздействия. Ибо то, что у Творца является лишь мыслью, обязано стать в творениях непреложным законом. И поскольку Он думал о нас — насладить нас, это неизбежно запечатлено в нас — стать получающими Его доброе наполнение.

И она же — «действие». Это значит, что после того как заложен в нас этот закон желания получать наслаждения, мы сами определяемся именем «действие», когда по причине отличия этой формы мы выходим из категории «Творец» в категорию «творение» и из категории «действующий» в категорию «действие», как уже объяснялось.

И она же — «усилие и работа», так как из-за силы, действующей в объекте воздействия, количество содержащегося в нас стремления к получению увеличивается и доходит, путем нисхождения миров, до состояния отделенного тела в этом мире (то есть до полной противоположности по форме Источнику жизни), в рамки понятий которого не входит отдача вне себя. И это несет телам смерть, а душе всевозможные страдания и тяжелый труд, как будет выяснено далее.

В этом заключается «работа Творца» в Торе и в заповедях. Так как благодаря свечению линии в сократившемся месте простираются святые имена, Тора и заповеди. А благодаря труду в Торе и заповедях с намерением доставить радость Создателю постепенно превращаются получающие *келим*, содержащиеся в нас, в *келим* отдачи. И это для нас вся желанная награда.

Ведь пока не исправлены получающие *келим*, мы не можем даже питать надежду получить Его изобилие как раз из-за боязни отличия формы, о чем сказано: «тот, кто ест не свое, стыдится смотреть в лицо дающему». Ведь по этой причине и произошло первое сокращение. Но когда мы исправляем наше получающее *кли*, чтобы оно было ради отдачи, мы тем самым приводим *келим* в соответствие их Создателю, и становимся достойными получать Его наполнение неограниченно.

Итак, ты видишь, что все эти противоположные формы во всем предстающем перед нами творении: форма «действующий» и «приводимый в действие», форма «испорченности» и «исправления», форма «работа» и «вознаграждение за нее» и прочие — все это содержится, причем в предельной простоте, в одной-единственной Его мысли — в точности как написано: «насладить творения», не больше и не меньше. И точно так же включено в эту мысль все многообразие понятий, как понятий Торы, так и внешних наук, и все многообразие творений и миров, и различие управлений в каждом из них. Все они исходят и следуют только из этой единственной мысли, и далее я буду разъяснять их по мере необходимости.

«*Малхут* Бесконечности» означает, что *малхут* не образует там состояния «конец»

23) Из вышесказанного становится понятной фраза, приводимая в Тикуним Зоара относительно *малхут* Бесконечности: «сотряслись пороги от голоса удивленных», дескать, допустимо ли давать имя «*малхут*» в Бесконечности, ведь в таком случае там должны быть и девять первых *сфирот*? Однако в сказанном нами отчетливо проясняется, что само желание получить, которое непременно заключено в свете Бесконечности, называется «*малхут* Бесконечности», но там *малхут* еще не образует состояния «конец» и «граница» на свет Бесконечности, поскольку не проявилось еще в ней отличие по форме из-за желания получать. Поэтому и называется она «Бесконечность». То есть *малхут* не образует там состояние «конец», тогда как после *цимцума* и ниже образовалось состояние «конец» в каждой *сфире* и каждом *парцуфе* силой этой *малхут*.

Глава 6

Желание получить не может проявиться в какой-либо сущности иначе, чем по четырем стадиям, представляющим собой 4 буквы АВАЯ

24) Рассмотрим немного подробнее этот вопрос, чтобы лучше понять состояние *соф*, образовавшееся в *малхут*.

Но сначала выясним то, что определено каббалистами и приводится в Зоар и Тикуним: «Не найдешь ты никакого света — большого или малого, как в высших мирах, так и в низших, не выстроенного в порядке четырехбуквенного имени АВАЯ».

И это согласуется с правилом, приводимым в книге «Древо Жизни»: не может быть света в мирах, который не был бы облачен в *кли*.

Объяснение. Я уже пояснил различие между *Ацмуто* и светом, распространяющимся от Него, и единственной причиной этого различия является желание насладиться, которое содержится в распространяющемся свете Его, а это — отличие формы от *Ацмуто*, так как, ни в коем случае, нет этого желания в Нем самом. И поэтому этот распространяющийся свет определяется именем «создание», так как по причине изменения этой формы выходит этот свет из категории «Создатель» в свойство «создание».

И выяснено также, что желание наслаждаться, содержащееся в свете Творца, является также мерой величия света, которая называется «местом света», то есть, принимающим наполнение Творца согласно мере своего желания получить и стремления — не менее и не более того.

Также выяснилось, что это понятие «желание получить» и является всей новизной, возникающей при сотворении миров посредством создания сущего действительно из ничего, поскольку только лишь эта форма вообще не содержится в *Ацмуто*, и лишь сейчас создал ее Творец для творения, о чем сказано: «и творит тьму». Ибо форма эта — корень тьмы, вследствие существующего в ней отличия. И поэтому она темнее света, распространяющегося внутри нее и благодаря ей.

Из этого пойми, что в любом распространяющемся от Творца свете сразу же выявляются два состояния. Первое — сущность распространяющегося света до раскрытия в нем этой формы желания насладиться. Второе — после того, как проявилась в свете форма желания насладиться, когда он приобретает *авиют* и затемняется немного, вследствие обретения отличия формы. И вот, первое состояние называется в каббале светом, а второе — *кли*.

Поэтому в любом распространяющемся свете различаются четыре стадии относительно реакции *кли*. Ибо форма желания получать, которая называется «*кли* для распространяющегося света», не завершается за один раз, а путем «действующий и приводимый в действие».

И есть две стадии в «действующем», и две стадии в «приводимом в действие». Они называются «потенциал» и «его проявление» в действущем, и «потенциал» и «действие» в приводимом в действие, и являются четырьмя стадиями.

> Желание получить устанавливается в создании не иначе, как его пробуждением к получению собственными силами

25) Дело в том, что *кли* — корень тьмы, так как оно противоположно свету, и поэтому оно должно приводиться в действие постепенно, ступень за ступенью, причинно-следственным путем, и в этом смысл сказанного: «воды зачали и породили тьму» (*Мидраш Раба*, раздел *Шмот*, п.22). Так как тьма является порождением самого света и приводится им в действие путем созревания и рождения, что и означает «потенциал и реализация». То есть обязательно во всем распространяющемся свете сразу же должно содержаться свойство «желание получить», однако оно еще не именуется отличием формы, пока не установится в свете это желание явно. А для этого недостаточно качества желания получать, включенного в свет со стороны Создателя, но создание обязано само проявить имеющееся в нем желание получить в действии, со своей стороны. Иначе говоря, оно обязано привлечь своим желанием наполнение большее, чем мера распространяющегося в нем света со стороны Создателя. И после того, как создание собственными силами включается в действие по увеличению меры своего желания, устанавливаются в нем стремление и желание получить, и тогда свету можно облачаться в это *кли* постоянно.

Правда и то, что свет Бесконечности распространяется, вроде бы, также и по четырем вышеупомянутым стадиям до меры большого желания со стороны самого создания, что и является четвертой стадией. Так как и без этого не вышел бы он вообще из категории *Ацмуто*, чтобы определяться собственным именем «Бесконечность». Однако, в силу всемогущества Творца, совершенно не изменилась эта форма из-за желания получить, и не ощущаемо там никакое различие между светом и местом этого света, то есть желанием насладиться, и они действительно одно целое. Об этом сказано в «Пиркей де рабби Элиэзер»: «До сотворения мира был Он один и имя Его одно». Однако на самом деле трудна эта удвоенность в выражении — «Он» и «имя Его», ибо до сотворения мира, что означает там Его имя? Следовало бы ему сказать: «До сотворения мира был Он один». Но имеется в виду свет Бесконечности, который был до *цимцума*, так как, хотя есть там понятие «место» и понятие «желание получать наполнение от *Ацмуто*», однако без всякого изменения и различия между светом и местом. И «Он один» означает свет Бесконечности, а «имя Его одно» означает желание наслаждаться, содержащееся там без какого-либо отличия вообще. И пойми, что подразумевали мудрецы, указавшие, что *шмо* (имя Его) в гематрии *рацон* (желание) — «желание наслаждаться».

Совокупность всех содержащихся в замысле творения миров называется светом Бесконечности, а общность имеющихся там получающих называется *малхут* Бесконечности

26) По поводу выражения «окончание действия изначально находится в замысле» было уже выяснено, что говорится о замысле творения, распространившемся из *Ацмуто*: «чтобы насладить творения». И выяснилось, что у Творца замысел и свет, в сущности, то же самое. Отсюда понятно, что свет Бесконечности, распространяющийся от *Ацмуто*, содержит всю находящуюся перед нами действительность вплоть до предстоящего конца исправления, который является окончанием действия. Ибо у Творца уже завершены все создания во всем их совершенстве и наслаждении, которыми Он пожелал их наполнить. И вот эта полная всего необходимого действительность называется светом Бесконечности, а общность всех созданий называется *малхут* Бесконечности.

Глава 7

Хотя сократила себя только на четвертую стадию, удалился свет также из трех первых стадий

27) И мы уже выяснили, что центральная точка, то есть итоговая точка замысла творения, а именно — желание насладиться в нем, украсило себя для уподобления своей формы Создателю в большей степени. И несмотря на то, что со стороны Создателя в этом желании наслаждаться нет никакого отличия формы, в силу Его всемогущества, однако точка желания почувствовала в этом как бы непрямое получение от сущности Творца, как в вышеприведенном примере с богачом. И поэтому уменьшила свое желание на последнюю стадию, представляющую собой предельную величину желания наслаждаться, чтобы прибавить в слиянии прямым получением от сущности Творца, как выяснилось выше.

И тогда ушел свет из всех стадий места, то есть из всех четырех ступеней, имеющихся в месте. И хотя она уменьшила свое желание только на четвертую стадию, но духовное по природе своей не делится на части.

Затем снова протянулась линия света от первых трех стадий, а стадия 4 осталась свободным пространством

28) И после этого протянулся снова свет Бесконечности к месту, которое опустошилось, однако не наполнил это место во всех его четырех стадиях, а лишь на три, каковым было желание точки сокращения. Таким образом, сократившаяся центральная точка осталась полой и опустошенной, потому что свет дошел только до стадии 4, не включая ее саму, и прервался там свет Бесконечности.

И далее будет выяснено понятие взаимного включения всех стадий, происходящего в высших мирах. Разобравшись в этом, ты поймешь, что четыре стадии состоят друг из друга, так что и в самой четвертой стадии имеются также все четыре стадии. Мы видим, что также и в стадии 4 пришел свет Бесконечности в три первые стадии в ней самой. И лишь последняя стадия четвертой стадии в ней осталась пустой без света. И запомни это.

Глава 8

Хохма называется светом, а *хасадим* — водой. *Бина* называется высшими водами, а *малхут* — нижними

29) А теперь мы выясним суть четырех стадий причины и следствия, необходимых для приведения в действие завершенной формы желания получать. Что, как мы уже выяснили, выражается фразой: «Воды зачали и породили тьму».

Потому что в созданном есть два вида света. Один вид называется «свет», и это *хохма*, а второй — «вода», и это *хасадим*. Потому что первый вид простирается сверху вниз без содействия со стороны нижнего, а второй вид простирается при содействии со стороны нижнего, поэтому называется водой — ибо природа света такова, что его основа вверху, и природа воды такова, что ее основа внизу. И вдумайся.

И в самой воде тоже есть два вида, а именно: высшие воды, соответствующие второй из четырех стадий, и нижние воды, соответствующие четвертой стадии из четырех.

Выяснение распространения света Бесконечности по четырем стадиям для раскрытия *кли*, которым является желание получить

30) И поэтому в любом распространении света Бесконечности имеются десять *сфирот*. Так как Бесконечность, то есть корень и создатель, называется *кетер*, а сам свет распространения называется *хохма*, и это — вся мера распространения света сверху, из Бесконечности. И в любом распространении света сверху, как мы знаем, содержится желание получить, но форма желания получить не проявляется в действии, пока создание не пробудится желать и притягивать свет больший, чем мера его распространения. В таком случае, поскольку в потенциале желание получить сразу же содержится в распространяющемся свете, свет обязан привести этот потенциал в действие. И поэтому пробуждается свет к притяжению дополнительного наполнения, больше меры, содержащейся в его распространении со стороны Бесконечности. Благодаря этому раскрывается в этом свете желание получить в действии и приобретает форму обновления посредством небольшого изменения формы, потому что тем самым становится темнее света, так как получило *авиют* (огрубилось) вследствие вышеупомянутого обновления формы, и часть эта, получившая *авиют*, называется «*бина*». И это внутренний смысл фразы «*Ани бина ли гвура*» (я — разум, у меня — сила), так как, на самом деле, *бина* — это часть *хохмы*, то есть сущности света распространения Бесконечности. Но поскольку она усилилась в желании и притянула наполнение больше имеющейся в ней меры распространения из Бесконечности, то вследствие этого приобрела отличие формы и стала немного грубее света и вышла под своим собственным именем «*сфира бина*».

И вот сущность этого дополнительного наполнения, которое притянула *сфира бина* из Бесконечности вследствие усиления ее желания, называется светом *хасадим* или высшими водами, так как свет этот не простирается напрямую от Бесконечности, как свет *хохма*, а при содействии создания, усилившегося в желании, и поэтому она поднимается в собственном имени, называясь «светом *хасадим*» или «водой».

Итак, ты видишь теперь, что в *сфире бина* содержится три разновидности светов. Первая — свет сущности *бины*, и это часть от света *хохма*. Вторая — это увеличение *авиюта* и изменение формы в ней самой, которое она приобрела благодаря усилению желания. И третья — свет *хасадим*, пришедший к ней вследствие собственного притяжения из Бесконечности.

Однако не завершилось еще на этом получающее *кли* во всей его полноте, став *биной* из очень возвышенной сущности света *хохма*, являющегося прямым распространением из света Бесконечности. Поэтому раскрывается в *бине* лишь только корневая стадия получающего *кли* и стадия реализации действия *кли*, ибо затем тот самый свет *хасадим*, который притянула она благодаря своему усилению, вновь распространился от нее, и добавилось небольшое свечение от света *хохма*. Распространение этого света *хасадим* называется *зеир анпин*, или *ХаГаТ*, что будет далее рассмотрено на своем месте. И вот, этот свет распространения тоже усилился в своем желании притянуть новое наполнение, большее, чем мера свечения *хохмы*, содержащаяся в его распространении из *бины*. Поэтому подразделяется это распространение в свою очередь на два этапа: сам распространяющийся свет называется *зеир анпин*, или *ВаК*, а стадия происходящего в нем усиления называется *малхут*.

И это внутренний смысл десяти *сфирот*.

Кетер означает Бесконечность.

Хохма — это свет распространения из Бесконечности.

Бина означает свет *хохма*, который усилился, чтобы получить дополнительное наполнение, вследствие чего он огрубился.

Зеир анпин, включающий *ХаГаТ НэХИ*, означает свет *хасадим* со свечением *хохма*, который распространяется из *бины*.

Малхут означает второе усиление для получения дополнительного свечения *хохма*, большего, чем имеется в *зеир анпине*.

Четыре стадии, имеющиеся в желании, это внутренний смысл четырех букв АВАЯ, и они представляют собой КаХаБ ТуМ *(кетер, хохма, бина, тиферет и малхут)*

31) И вот внутренний смысл 4 букв четырехбуквенного имени. Кончик буквы *йуд* означает Бесконечность, или действующую силу, содержащуюся в замысле творения: «чтобы доставить наслаждение Его творениям». И это — *кли кетер*. *Йуд* — *хохма*, или стадия 1, представляющая собой силу в действующем, сразу же включенную в свет распространения Бесконечности. Первая *хей* означает *бину*, или стадию 2, то есть этап выхода этой силы в стадию действия. Иными словами, это свет, приобретший *авиют* больший, чем у *хохмы*. *Вав* — *зеир анпин*, или *ХаГаТ НеХИ*, то есть распространение света *хасадим*, вышедшего при посредстве *бины*, и это стадия 3, или потенциал для проявления действия. Нижняя *хей* в АВАЯ означает *малхут*, то есть стадию 4 — стадию проявления действия в завершении *кли* получения, которое усилилось, чтобы привлечь дополнительное наполнение, больше меры его распространения из *бины*. И тем самым установилась форма желания получать в окончательном виде, и свет облачается в свое *кли* — желание получить, заканчивающееся только лишь в этой четвертой стадии, и не раньше.

Из этого пойми просто, что нет у тебя в высших и нижних мирах света, который бы не был выстроен в порядке четырехбуквенного имени, обозначающего четыре вышеуказанных стадии, поскольку без этого не устанавливается желание получать, обязанное присутствовать в любом свете. Так как желание это является местом и мерой света.

Буквы *йуд* и *вав* имени АВАЯ тонкие, потому что являются лишь стадиями силы

32) Но может возникнуть вопрос: *йуд* ведь указывает на *хохму*, а *хей* — на *бину*, при этом вся сущность света, который только содержится в десяти *сфирот*, находится в *сфире хохма*, а *бина, зеир анпин* и *малхут* только одеяния относительно *хохмы* — в таком случае *хохма* должна была бы взять себе самую большую букву в четырехбуквенном имени?

Но дело в том, что буквы четырехбуквенного имени не показывают и не намекают на величину и количество света в десяти *сфирот*, а показывают степени реагирования *кли*. Так, белый цвет на пергаменте Торы указывает на свет, а черный, то есть буквы Торы, указывает на качество *келим*.

Поэтому *кетер*, являясь лишь стадией *шореш де-шореш* (досл. корень корня) для *кли*, означается только кончиком буквы *йуд*. *Хохма* представляет собой силу до ее проявления в действии, потому обозначается она самой малой из букв, а именно *йуд*. А *бина*, в которой вышла и проявилась эта сила в действии, обозначается широкой буквой *хей*. *Зеир анпин*, являясь ничем иным как силой для проявления действия, обозначен буквой длиной и тонкой — *вав*. Эта тонкость показывает, что пока еще реальность *кли* затаена в нем в скрытой силе. Удлиненность же линии показывает, что в конце ее распространения раскрывается благодаря ей законченное и полное *кли*, так как *хохма* еще не успела своим распространением раскрыть полное *кли*, ведь *бина* еще не является *кли* в полном смысле этого слова, а только этапом образования *кли*. И потому «ножка» у *йуд* короткая, чтобы показать, что пока еще эта линия коротка, так как она еще не раскрыла, благодаря таящейся в ней силе и вследствие своего распространения, состояние завершенного *кли*. И *малхут* тоже обозначается буквой *хей*, как и сфира *бина*, — широкой буквой, раскрывающейся в завершенности формы.

И пусть не смущает тебя, что и у *бины*, и у *малхут* одинаковые буквы. Именно потому, что в мире исправления они действительно похожи одна на другую и одалживают свои *келим* друг другу, как написано «и пойдут они вдвоем». И это будет выяснено далее.

Глава 9
Духовное движение означает появление изменения формы

33) Еще осталось выяснить понятия «время» и «движение», с которыми мы сталкиваемся в этой науке почти на каждом слове. Так знай, что духовное движение не является осязаемым движением из одного места в другое, но здесь имеется в виду обновление формы, и любое изменение формы мы называем словом «движение». Потому что это обновление, то есть отличие новой формы в духовном объекте от предыдущей общей формы в том же объекте, определяется как ее отделение и отдаление от этого духовного объекта и как выход под своим собственным именем и управлением. И тем самым она полностью подобна материальной сущности, когда какая-то часть отделилась и перемещается, переходя сама с места на место. И поэтому это обновление формы называется словом «движение».

Духовное время означает определенное число появлений следующих одно из другого изменений форм.
«Прежде и затем» означают «причина и следствие»

34) А по поводу термина «время» в его духовном определении пойми, что вся основа понятия «время» у нас является ничем иным, как ощущением движений. Потому что сравнивающий человеческий разум рисует и выстраивает определенное число движений, прошедших в ощущениях одно за другим, и переводит их в образ определенного «времени». Так, что если бы человек относительно своего окружения находился в состоянии абсолютного покоя, то не знал бы совершенно ничего о понятии времени.

Точно так же и в духовном называют словом «время» определенную сумму обновлений форм, считающихся духовными движениями, связанных друг с другом в виде «причина и следствие». А отношение «прежде и затем» истолковывается всегда как «причина и следствие».

Глава 10

Вся материя, относимая к созданию, — это желание получать, а все, кроме этого, что имеется в нем, относится к Создателю

35) И знай, что свойство желания получать в создании, которое, как выяснилось досконально, является *кли* в нем, это также и вся общая материя, относимая к созданию. Таким образом, что все существующее кроме этого относится к Создателю.

Желание получать является первой формой любой сути, а первую форму мы определяем именем «материя», так как суть нами не постигается

36) Хотя свойство «желание получать» понимается нами вроде бы проявлением и формой сути, как же при этом оно все-таки воспринимается нами материалом самой сути?

Однако так же и в близких нам сущностях принято первую форму сути называть первой материей этой сути, потому что нет у нас вообще постижения и восприятия какой бы то ни было материи. Ведь все пять органов наших чувств не готовы к этому, ибо и зрение, и слух, и обоняние, и вкус, и осязание предлагают рациональному уму только простые формы проявлений сути, рисующиеся нам благодаря взаимодействию с нашими чувствами. Например, если возьмем даже находящиеся в первоосновах любой сущности микроскопически малые атомы, выделенные с помощью химического воздействия, даже они — ничто иное, как простейшие формы, так представляющиеся нашим глазам. Точнее, они познаваемы и различаемы нами сообразно путям «желания получать и быть полученным», которые мы обнаруживаем в этих формах, так как, по закону этих действий можно в них распознавать и выделять эти разнообразные атомы, вплоть до стадии первой материи этой сути. Но ведь и тогда они — только силы, принадлежащие сути, а не материя. Таким образом, ты обнаруживаешь, что и в материальном у нас нет иной возможности разобраться в исходной материи, как только допустив, что первая форма является первой материей, несущей в себе все остальные приходящие вслед за ней проявления и формы, не говоря уже о мирах духовных, в которых вовсе нет ощущаемого и воображаемого.

Внутреннее созерцание

А теперь мы перейдем к разделу, который называется «Внутреннее созерцание». Во многих из 16 частей ТЭС есть этот раздел. В последующих частях в нем приводится описание причинно-следственного развития событий и есть много дополнений, но раздел «Внутреннее созерцание» первой части ТЭС очень важен, так как он дает понимание общей картины действительности и закладывает в нас фундамент правильного отношения ко всему мирозданию.

***

Прежде всего необходимо знать, что когда речь идет о понятиях духовных, отвлеченных от времени, места и движения, не говоря уже о божественном, нет у нас слов, с помощью которых мы могли бы высказываться и объясняться, ибо весь наш словарный запас взят из мнимых ощущений органов чувств. Как же можно полагаться на них там, где чувство и воображение не властны? Например, если возьмешь даже самое тонкое слово, такое как «свет», то и оно ассоциируется и заимствовано от света солнца или ощущаемого света вдохновения и т.п. Если так, то как можно ими объяснить вопросы божественного — ведь понятно, что они не предоставят изучающему ничего истинного? Не говоря уже о том месте, где надо в письменном изложении, в книге, раскрыть с помощью этих слов предмет споров и соглашений в этой науке, как это принято в исследованиях любой науки. Ибо, если мы допускаем ошибку даже в одном слове, не достигающем своей цели, сразу же запутается изучающий и не найдет путеводную нить во всем предмете целиком. И поэтому выбрали каббалисты особый язык, который можно назвать «языком ветвей», поскольку нет у нас никакой сущности или управления какой-либо сущностью в этом мире, которое не исходило бы из своего корня, находящегося в высшем мире. И более того, любая имеющаяся в этом мире реалия берет начало из высшего мира, а затем нисходит в этот мир. Поэтому без затруднений нашли для себя каббалисты готовый язык, которым могли бы передавать друг другу свои постижения устно и письменно, из поколения в поколение, взяв имена ветвей в этом мире, так что каждое имя выясняет себя, словно указывая пальцем на свой высший корень в системе высших миров.

И это разрешит твое недоумение, когда во многих случаях обнаружишь в книгах по каббале странные выражения и даже чуждые иногда общепринятым нормам. Дело в том, что после того, как они уже выбрали для себя этот язык, чтобы объясняться с его помощью, — то есть «язык ветвей», — как могут пропустить на своем пути какую-то ветвь, не используя ее по причине ее низменности, и не выразить ею желаемое понятие. Ведь не найдется в нашем мире никакой иной ветви, которую можно было бы взять вместо нее. И подобно тому, как два волоса не питаются из одного отверстия, так же нет у нас двух ветвей, которые бы относились к одному корню. И в таком случае совершенно недопустимо уничтожать слово науки, нуждающееся в этом низменном выражении. И мало того, это уничтожение причинит ущерб и внесет большую путаницу во все области этой науки, ибо нет другой науки среди всех наук мира, где понятия были бы настолько переплетены между собой связями причины и следствия, побудительной силы и произведенного ею, как в науке каббала, в которой понятия объединены и взаимосвязаны от ее начала и до конца, словно одна длинная цепь.

И поэтому нельзя здесь самовольно изменять и подменять «плохие» выражения «хорошими». Но мы обязаны всегда приводить в точности ту самую ветвь, которая указывает перстом на свой высший корень, а также подробно ее разъяснять, чтобы предоставить точное определение внимательному взору изучающих.

Однако не прозревшие еще в видении высшего и не сведущие в отношениях ветвей этого мира к их корням в высших мирах, находятся здесь в положении слепых, ощупывающих стену, потому что не поймут ни одного слова в его истинном смысле — ведь каждое слово представляет собой имя ветви, которое относится к ее корню. Разве что получат пояснение из уст выдающегося мудреца, открывающего в себе возможность объяснить это понятие на разговорном языке, что является совершенно необходимым, как при переводе с языка на язык — с языка ветвей на разговорный язык, ибо тогда он сможет объяснить духовное понятие, как оно есть.

И это то, о чем я заботился в этом своем разъяснении — объяснить десять *сфирот* согласно переданному нам божественным мудрецом АРИ, в их духовной чистоте, когда они абстрагированы от всех чувственных представлений, так чтобы любой начинающий мог подступиться к этой науке и не впасть ни в какую материализацию и заблуждение. А с пониманием этих десяти *сфирот* раскроется возможность также всмотреться и узнать, как разобраться в остальных вопросах этой науки.

Прежде всего необходимо знать, что когда речь идет о понятиях духовных, — «духовных» значит **отвлеченных от времени, места и движения,** — от всего того, что определяет наш мир...

Если бы мы не ощущали времени, места и движения, мы бы вообще не ощущали ничего — и себя в том числе, потому что мы и себя тоже ощущаем двигающимися, занимающими место, существующими. У нас бы все это отсутствовало, то есть нас бы не было. Нас — имеется в виду все, что относится к нашему биологическому телу, к нашим пяти органам чувств.

Если пять наших органов чувств лишить возможности анализа по этим трем параметрам — время, место, движение — то они просто ничего не будут воспринимать. Потому что все воспринимаемое нами представляет собой давление на нас всевозможных элементов окружающего мира. Это вызывает какую-то нашу внутреннюю реакцию, и эта внутренняя реакция рисует нам окружающий мир.

Итак, **прежде всего необходимо знать, что когда речь идет о понятиях духовных** (то есть не о том, что воспринимается нашими пятью органами чувств), **отвлеченных от времени, места и движения,** — то есть речь идет о духовных понятиях, о которых у нас нет, естественно, сейчас никакого представления, — **не говоря уже о божественном...**

Божественное — это даже не то, что может представить себе любой человек или даже всякий каббалист, но только достигший ступеней *ГАР*[20], где существует свет *хохма*, полное раскрытие Творца — это называется божественным.

...Нет у нас (это он говорит о каббалистах) **слов, с помощью которых мы могли бы высказываться и объясняться** — высказать и выразить все те понятия, которые мы, каббалисты, ощущаем, — **ибо весь наш словарный запас** (словарный запас обычного человека) **взят из мнимых ощущений органов чувств.** Все это является нашим воображением, и этим нашим воображаемым ощущениям мы даем какие-то определения, названия, навешиваем ярлыки.

Как же можно полагаться на них (на эти слова) **там, где чувство и воображение не властны?**

Наши пять органов чувств никоим образом не помогут нам ощутить высший мир. Воображение никак не сможет представить, что такое высший мир. Максимум, что мы можем — рисовать себе каких-то ангелов, страшных змеев или еще что-то, совершенно не соответствующее ничему истинно духовному. Мы в своем воображении все сводим к месту, времени или движению.

Например, если возьмешь даже самое тонкое слово, такое как «свет», то и оно ассоциируется и заимствовано от света солнца или ощущаемого света вдохновения и т.п.

То есть неважно, на каких уровнях восприятия, но все равно это что-то земное. Как же мы можем говорить о свете в духовном?

Если так, то как можно ими (этими словами) **объяснить вопросы божественного** — тем более, вопросы божественного, полностью оторванного от наших ощущений и даже от *масаха*[21] обычного каббалиста, все это находится вне пределов его *масаха*, — **ведь понятно, что они не предоставят изучающему ничего истинного?**

---

20 *ГАР* — аббревиатура слов «*гимел ришонот*», в переводе — «три первые», то есть три высшие ступени любого *парцуфа (кетер, хохма, бина)*.
21 *Масах* — досл. экран. Сила отражения высшего света, которая не позволяет этому свету наполнять неисправленные пока еще желания. (См. термин «*масах*», который Бааль Сулам поясняет в 43 пункте раздела «вопросы и ответы», во второй части ТЭС).

То есть земными словами мы никак не можем отобразить духовное.

Не говоря уже о том месте, где надо в письменном изложении, в книге, раскрыть с помощью этих слов предмет споров и соглашений в этой науке, как это принято в исследованиях любой науки.

Не непосредственно своему находящемуся близко ученику, а может быть, через тысячелетия передать какую-то информацию. Как мы можем трансформировать эти понятия из духовной науки в земную?

Ибо, если мы допускаем ошибку даже в одном слове, не достигающем своей цели, сразу же запутается изучающий и не найдет путеводную нить во всем предмете целиком.

Вы видите, насколько он заботится о точности изложения науки каббала.

И поэтому выбрали каббалисты особый язык для своей науки, который можно назвать «языком ветвей», поскольку нет у нас никакой сущности или управления какой-либо сущностью в этом мире, которое не исходило бы из своего корня, находящегося в высшем мире.

Есть соответствие между высшим миром и нашим миром: нет ничего в нашем мире, чего бы не было в высшем мире, что исходило бы не из него, существовало бы само по себе и не управлялось бы из высшего мира, постоянно оживляясь, подвергаясь воздействию, — но только из высшего мира на наш мир.

И более того, любая имеющаяся в этом мире реалия берет начало из высшего мира, а затем нисходит в этот мир — ступенчато огрубляясь. Поэтому без затруднений нашли для себя каббалисты готовый язык, которым могли бы передавать друг другу свои постижения устно и письменно, из поколения в поколение...

Бааль Сулам подчеркивает: «друг другу» — а не нам, находящимся под *махсомом*. Если я, каббалист, исследую что-то в высшем мире, я могу записать на определенном языке мои исследования и передать тебе. И через несколько поколений, если ты каббалист, ты сможешь прочесть мои исследования и правильно их понять. Каким образом?

...Взяв имена ветвей в этом мире (в «животном» мире, в котором существуем мы под *махсомом*), **так что каждое имя выясняет себя, словно указывая перстом на свой высший корень в системе высших миров.**

Скажем, я беру в нашем мире какой-то объект, допустим, пробку. Я называю его «пробка». Если я найду в высшем мире корень, который в нашем мире создал эту пробку, то я этот духовный корень также назову «пробка». Хотя он ничего общего с пробкой в нашем мире не имеет, ведь в духовном мире он представляет собой духовную силу, духовный вектор, духовное свойство, слияние с Творцом какого-то желания. Но я называю этот духовный объект «пробка», потому что в нашем мире он дает такое следствие.

И это разрешит твое недоумение, когда во многих случаях обнаружишь в книгах по каббале странные выражения и даже чуждые иногда общепринятым нормам.

То есть мы в каббале абсолютно точно используем все слова, которые в нашем мире приняты для выражения определенных действий. И ни в коем случае при этом не занимаемся подстановкой слов. Если допустим, в нашем мире существует такое взаимодействие между *парцуфим*, как половой акт — я его так и называю *зивуг*, поцелуй — я его так и называю *нэшика*, объятие — я его так и называю *хибук*, и так далее. И есть даже более «грубые» слова, которые в нашем мире приобрели какой-то грубый, «животный» смысл, но мы их, все равно, в духовном смысле употребляем, потому что именно определяемый этим словом смысл они имеют в духовном мире. И в каббале они употребляются точно в таком виде, как они есть, потому что именно эти слова исходят из этого духовного корня и указывают на то действие, которое реализуется.

Каббалисты настойчиво и очень старательно сохраняют чистое понятие, название объекта в нашем мире, не подменяя его никаким другим, может быть, более красивым словом, более приятным нашему слуху, — потому что им важна чистота языка, чтобы он не исказился и чтобы обязательно называть корень по его земному следствию.

Внутреннее созерцание. Комментарии

Дело в том, что после того, как уже выбрали для себя этот язык, чтобы объясняться с его помощью, то есть «язык ветвей», — **как могут они пропустить на своем пути какую-то ветвь,** то есть, взаимосвязь между духовным корнем и следствием, **не воспользовавшись ею по причине ее низменности, и не выразить ею желаемое понятие.** Ведь не найдется в нашем мире никакой иной ветви, которую можно было бы взять вместо нее. И подобно тому, как два волоса не питаются из одного отверстия, а обязательно из двух отверстий, **так же нет у нас двух ветвей,** — допустим, пробка и ручка — **которые бы относились к одному корню,** а обязательно в духовном мире для ручки есть свой корень, а для пробки свой корень.

И в таком случае совершенно недопустимо уничтожать слово науки, нуждающееся в этом низменном выражении. Бааль Сулам все время представляет каббалу как науку.

И мало того, это уничтожение причинит ущерб и внесет большую путаницу во все области этой науки, ибо нет другой науки среди всех наук мира, где понятия были бы настолько переплетены между собой связями причины и следствия, побудительной силы и произведенного ею, как в науке каббала, в которой понятия объединены и взаимосвязаны от ее начала и до конца, словно одна длинная цепь.

Мы понимаем сами, что все, что мы изучаем — это, практически, одна лишь малхут мира Бесконечности, которая производит в себе все эти медленные, постепенные преобразования, чтобы привести себя к подобию корню. И поэтому очень важно, чтобы во всех стадиях, на всех ступенях, где бы мы ни работали с нашим языком, мы сохраняли одни и те же определения слов.

И поэтому нельзя здесь самовольно изменять и подменять «плохие» выражения «хорошими». Но обязаны всегда приводить в точности ту самую ветвь, которая указывает перстом на свой высший корень, а также подробно ее разъяснять, чтобы предоставить точное определение внимательному взору изучающих.

Однако не прозревшие еще в видении высшего и не сведущие в отношениях ветвей этого мира к их корням в высших мирах находятся здесь в положении слепых, ощупывающих стену...

То есть они чувствуют то, что есть в нашем мире, вокруг нас, но то, что находится за каждым предметом, его корень, который им управляет, который движет им, воодушевляет его, оживляет — этого люди не ощущают — потому и называются «слепыми, ощупывающими стену». То есть перед ними находится только «стена» из этих ветвей: пробка, бутылка, бумага, стол.

А что за ними, за каждым из этих объектов, существует? Я не могу этого знать. Это все для меня как стена, за эти объекты я не проникаю.

А те, кто не проникает за эти объекты, говорит Бааль Сулам, **находятся здесь в положении слепых, ощупывающих стену, потому что не поймут ни одного слова в его истинном смысле — ведь каждое слово представляет собой имя ветви, которое относится к ее корню.**

То есть мы, читая книги, будем представлять себе объекты нашего мира, ветви, но ни в коем случае не то, что за ними — корни. А ведь каббалисты подразумевают корни, когда употребляют слова нашего мира. Они нам описывают потусторонний мир названиями наших объектов, но мы видим только наши объекты по этим названиям, а потустороннего мира за этими объектами не видим.

Что же нам делать?

Если мы во время учебы пытаемся сквозь эти слова, сквозь эти объекты проникать, устремляться к их корню, что означает устремляться к раскрытию того, что мы хотим (как пишет Бааль Сулам в «Предисловии к ТЭС», пункт 155: «желать постичь то, что изучаешь»), тогда мы прорываемся — как бы постепенно долбим, пока не прорвемся за эту стену, состоящую из объектов нашего мира, чтобы сквозь них вырваться к корням, которые за ними стоят, к духовным силам, которые изнутри ими управляют.

Разве что получат пояснение из уст выдающегося мудреца, открывающего в себе возможность объяснить это понятие на разговорном языке, что является совершенно необходимым, как при переводе с языка на язык — с языка ветвей на разговорный язык, ибо тогда он сможет объяснить духовное понятие, как оно есть.

Постепенно и мы выясняем это в вопросах и ответах по терминам и понятиям, находящихся в конце каждой части ТЭС.

И это то, о чем я заботился в этом своем разъяснении — объяснить десять *сфирот* согласно переданному нам божественным мудрецом АРИ, в их духовной чистоте, когда они абстрагированы от всех чувственных представлений, так чтобы любой начинающий мог подступиться к этой науке и не впасть ни в какую материализацию и заблуждение. А с пониманием этих десяти *сфирот* раскроется возможность также всмотреться и узнать, как разобраться в остальных вопросах этой науки.

Бааль Сулам везде называет каббалу наукой. Именно та точность, которую он стремится вложить в свое объяснение, в свой духовный анализ, преподнося его нам, и дает легитимацию каббале как науке.

Глава 1

Знай, что прежде, чем были созданы создания и сотворены творения, простой высший свет наполнял всю реальность и т.д. («Эц хаим», шаар 1, эйхал 1).

Эти слова требуют пояснения. Ведь прежде, чем были созданы миры — как могло быть там место реальности, которое целиком заполнял простой свет? А также по поводу подъема желания сократиться, чтобы вывести на свет совершенство Его действий: из слов книги якобы следует, что был уже там какой-то недостаток. Также по вопросу центральной точки в *самой* середине Бесконечности, где было явление сокращения: очень удивляет следующее — ведь уже сказал он, что нет там *рош* и *соф*, и в таком случае как может быть середина? Но в словах этих содержится величайшая глубина, и поэтому я должен расширить объяснение.

Знай, что прежде, чем были созданы создания и сотворены творения, простой высший свет наполнял всю реальность... С этих слов начинается книга «Эц хаим».

Эти слова требуют пояснения. Ведь прежде, чем были созданы миры — как могло быть там место реальности, которое целиком заполнял простой свет? А также по поводу подъема желания сократиться, чтобы вывести на свет совершенство Его действий: из слов книги якобы следует, что был уже там какой-то недостаток.

...Вывести на свет совершенство Его действий. Значит, до этого сокращения, до *цимцум алеф* мир Бесконечности был несовершенен, если надо показать совершенство Его действий? То есть, существует какое-то состояние, которое на самом деле несовершенно?

Также по вопросу центральной точки в с*а*мой середине Бесконечности, где было явление сокращения: очень удивляет следующее — ведь уже сказал он, что нет там *рош* и *соф*, и в таком случае как может быть середина?

«...И не было в нем ни начала *(рош)*, ни конца *(соф)*, а все было одним простым, полностью однородным светом», — так написано у АРИ в его знаменитом стихе. А если так — откуда взялась середина? Как же он говорит, что «тогда сократила Бесконечность себя в точке центральной своей, в самой середине»? Следовательно, есть конец и начало, в противном случае — что значит середина?

Сейчас мы приступаем к объяснению Бааль Суламом слов АРИ.

Нет ничего во всей реальности, что не содержалось бы в Бесконечности. Противоположные у нас понятия содержатся в ней в виде «Один, Единственный, Единый»

1) Знай, что не найдешь ты во всем реально существующем в мире — как в ощущаемом нашими органами чувств, так и в воспринимаемом нами умозрительно — никакой сущности, которая не содержалась бы в Творце: ведь все это исходит к нам от Него. Разве найдешь ты дающего то, что не находится в нем? И этот вопрос уже подробно разъяснен в книгах, однако следует уяснить, что понятия, являющиеся для нас разделенными и противоположными, — например, понятие «мудрость» рассматривается иначе, чем понятие «сладость», так что «мудрость» и «сладость» являются двумя отделенными друг от друга понятиями; и также понятие «действующий», несомненно, отличается от понятия «действие», где «действующий» и «его действие» обязательно являются двумя отделенными друг от друга понятиями; тем более, противоположные понятия, и такие, как «сладость», и «горечь» и тому подобное, — безусловно, каждое из этих понятий распознается по-своему; однако у Творца будут «мудрость», и «наслаждение», и «сладость», и «едкость», и «действие», и «действующий», и подобные им, относящиеся к различным и противоположным формам понятия включены все как одно целое в Его простой свет, абсолютно без всякого различия и разделения между ними, но только в виде «Один, Единственный, Единый».

«Один» — указывает, что Он совершенно однороден.

«Единственный» — указывает на исходящее из Него, что и все эти множества находятся у Него в форме единственности, как и Его суть.

И «Единый» — указывает, что хотя Он и производит множество действий, однако одна сила производит их все, и все они снова возвращаются и соединяются в форме единственности так, что форма эта единственная поглощает все формы, представляющиеся в Его действиях.

И это очень тонкое понятие, и не всякий разум способен постигнуть это.

И РАМБАН[22] так поясняет нам в своем комментарии на книгу Ецира (ч.1, 47) суть Его единства в значении «Один, Единственный, Единый»: «Есть отличие между Один, и Единственный, и Единый. Творец, когда Он соединяется, чтобы действовать одной силой, называется «Единый». А когда Он разделяется, чтобы произвести свое действие, каждая Его часть называется «Единственный». А когда Он абсолютно однороден, называется «Один». (И это слово в слово его возвышенный язык).

Объяснение: «Он соединяется, чтобы действовать одной силой» — он желает этим сказать, что Он действует, совер-

---

[22] РАМБАН — рабби Моше Бен Нахман (1194—1270) — выдающийся каббалист.

шая добро, как и подобает Его единству. И нет изменения в Его действиях.

«А когда Он разделяется, чтобы произвести свое действие», — то есть когда Его действия отличаются одно от другого, и может ошибочно представляться, словно действующий хорошо и действующий плохо, называется «Единственный», поскольку у всех Его различных действий имеется единственный результат — несение добра. И выходит, что Он единственный в каждом действии и не меняется в своих различных действиях.

И когда Он абсолютно однороден, называется «Один». То есть «Один» указывает на Его сущность — что у Него все виды противоположностей совершенно равнозначны.

И как пишет РАМБАМ[23], у Него познавший и познаное и познание — это одно, потому что мысли Его намного выше наших мыслей, и пути Его — наших путей.

Нет ничего во всей реальности, что не содержалось бы в Бесконечности. Противоположные у нас понятия содержатся в ней в виде «Один, Единственный, Единый»

Все существует в мире Бесконечности. Но там все, что здесь кажется нам совершенно противоположным, несовместимым, абсолютно антагонистичным — там все это соединяется в простом единстве.

Души в мире Бесконечности, в мире Ацилут, соединяются вместе в одну. В нашем же мире — насколько они противоположны, насколько они ненавистны друг другу!

1) Знай, что не найдешь ты во всем реально существующем в мире — как в ощущаемом нашими органами чувств, так и в воспринимаемом нами умозрительно — никакой сущности, которая не содержалась бы в Творце: ведь все это исходит к нам от Него. Разве найдешь ты дающего то, что не находится в нем?

Все, чем мы обладаем, — все исходит из Творца, кроме материала нашего *кли*, желания. Все, что находится в нем, —

---

23 РАМБАМ — рабби Моше Бен Маймон (1138—1204) — выдающийся каббалист.

это, по сути дела, Творец, ощущаемый нами в зависимости от подобия Ему по свойствам.

И этот вопрос уже подробно разъяснен в книгах, однако следует уяснить, что понятия, являющиеся для нас разделенными и противоположными, — например, понятие «мудрость» рассматривается иначе, чем понятие «сладость», так что «мудрость» и «сладость» являются двумя отделенными друг от друга понятиями; одно — в голове, в разуме, другое — в чувствах. Они не только противоположны, а вообще взяты из полностью разделенных между собой категорий.

...И также понятие «действующий», несомненно, отличается от понятия «действие», где «действующий» и «его действие» обязательно являются двумя отделенными друг от друга понятиями; тем более, противоположные понятия, и такие, как «сладость», и «горечь» и тому подобное, — безусловно, каждое из этих понятий распознается по-своему; однако у Творца будут «мудрость», и «наслаждение», и «сладость», и «едкость», и «действие», и «действующий», и подобные им, относящиеся к различным и противоположным формам понятия включены все как одно целое в Его простой свет, абсолютно без всякого различия и разделения между ними, но только в виде «Один, Единственный, Единый».

«Один» — указывает, что Он совершенно однороден.

Нет никаких в Нем переливов, каких-то изменений — просто один. Нет больше ничего, чтобы можно было сказать: «А здесь, хоть чуть-чуть, ну какое-то маленькое отличие от того или от другого». Один!

«Единственный» — указывает на исходящее из Него, что и все эти множества находятся у Него в форме единственности, как и Его суть.

То есть, «Один» указывает на Него самого, «Единственный» указывает на то, что все нисходит из Него. В Нем самом это абсолютно едино, а когда нисходит из Него, где-то низшими может восприниматься как угодно различно. Но в Нем это все едино, объединено в Нем, в Его сущности.

И «Единый» — указывает, что хотя Он и производит множество действий (если бы это было одно и то же, это было бы не множество, а просто одно действие), однако одна сила производит их все (то есть один замысел, одна цель), **и все они снова возвращаются и соединяются в форме единственности** после того как достигают своей полной реализации **так, что форма эта единственная поглощает все формы, представляющиеся в Его действиях.**

То есть, когда человек подтягивается вверх, входит в «Единый», он видит, что все, что ниже, исходит только из одного-единственного намерения и одной-единственной силы, а внизу, в низших иногда проявляется совершенно противоположным образом.

И это очень тонкое понятие, и не всякий разум способен постигнуть это.

И РАМБАН так поясняет нам в своем комментарии на книгу Ецира (ч.1, 47) суть Его единства в значении «Один, Единственный, Единый»: «Есть отличие между Один, и Единственный, и Единый. Почему мы говорим о Творце в трех этих категориях, а не в одной? **Творец, когда Он соединяется, чтобы действовать одной силой, называется «Единый».** То есть, когда происходит соединение противоположных действий в одно. **А когда Он разделяется, чтобы произвести Свое действие, каждая Его часть называется «Единственный».** А когда Он абсолютно однороден — внутри себя, уже в завершении — **называется «Один».** (И это слово в слово его возвышенный язык).

Это философские понятия, которыми занимался РАМБАН — каббалист, живший в XIII веке. Он был и каббалистом, и философом. У него есть много трудов, философских и каббалистических одновременно. И эти понятия скорее философские.

Объяснение: «соединяется, чтобы действовать одной силой» — он желает этим сказать, что Он действует, совершая добро, как и подобает Его единству. И нет изменения в Его действиях.

То есть все Его действия исходят из одного-единственного корня — желания насладить, и поэтому Он называется «Один».

«А когда Он разделяется, чтобы произвести свое действие», — то есть когда Его действия отличаются одно от другого, и может ошибочно представляться, словно действующий хорошо и действующий плохо, то именно потому, что все эти действия исходят из одного замысла, Он называется «Единственный», поскольку у всех Его различных действий, хороших и злых — абсолютно противоположных, имеется единственный результат — несение добра. И выходит, что Он единственный в каждом действии и не меняется в своих различных действиях.

Но поскольку Он проявляется в совершенно противоположных формах, то называется «Единственный», чтобы подчеркнуть, что и зло, и добро совершенно одинаково исходят из Него и имеют одну и ту же цель.

И когда Он абсолютно однороден, называется «Один». То есть «Один» указывает на Его сущность — что у Него все виды противоположностей совершенно равнозначны.

То есть Он совершенно не разделяется относительно своего замысла, относительно своих действий, а воспринимается так только нижестоящими. В зависимости от их свойств их надо так подтолкнуть, или так ущипнуть, или так погладить, или так приманить. Именно в нижестоящих творениях Его свойства воспринимаются как различные.

И как пишет РАМБАМ, у Него познавший и познаное и познание — это одно, то есть, это все совершенно едино в Творце.

Все эти понятия «Один», «Единый», «Единственный» связаны в самом Творце вместе, там нет никакого разделения на три этих параметра, **потому что мысли Его намного выше наших мыслей, и пути Его — наших путей.**

Две особенности высшего воздействия: до постижения его получающим и после

2) Сделай вывод из примера вкушающих *ман*. Маном называется «хлеб с неба», потому что он не материализовался в облачении своем в этот мир. Сказали мудрецы, что каждый испытывал в нем тот вкус, который желал. А, следовательно, обязательно было в нем от противоположных форм, то есть один чувствовал в нем сладкий вкус, а другой чувствовал в нем вкус едкий и горький, тогда как сам *ман* обязательно состоял из двух противоположностей вместе — ведь разве найдешь ты дающего то, чего в нем нет. А если так, то как такое возможно, чтобы две противоположности были в одном объекте? Однако сам он, безусловно, прост и абстрагирован от двух этих вкусов и только состоит он из них так, что материальный получатель может различить для себя тот вкус, который он желает.

И так понимай любую духовную сущность, которая сама по себе единственна и проста, хотя состоит из всего множества форм, имеющихся в мире, но с приходом ее к получателю материальному и ограниченному, образует в ней этот получатель одну форму, обособленную от всего множества форм, соединяющихся в эту духовную сущность.

Поэтому всегда нужно различать в воздействии Творца два вида. Первый — форма высшей сути наполнения до прихода ее к получающему, представляющая собой свет, пока еще простой и общий. Второй — после прихода наполнения к получающему, в результате чего оно приобрело одну обособленную и частичную форму, соответствующую свойству получающего.

Две особенности высшего воздействия: до постижения его получающим и после

Существует творение. Есть изобилие, свет, который нисходит свыше, до получения его внутрь *кли*, и свет, когда он уже ощущается внутри *кли*. Есть разница между светом, который находится вне *кли*, и светом, который находится внутри *кли*.

Об этом и говорит Бааль Сулам, что есть две отличительные особенности во влиянии свыше: до его постижения получающими и после получения.

2) **Сделай вывод из примера вкушающих** *ман*[24]. **Маном**, который описывается в Торе, **называется «хлеб с неба»**, потому что он не материализовался в облачении своем в этот мир.

---

24 То же, что и «манна».

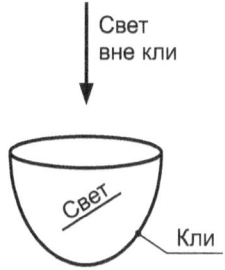

Рис. 29 Свет до получения его внутрь кли и после

Он приводит такой пример просто потому, что, к сожалению, в нашем мире мало тому примеров. *Ман* — это иносказание, но оно хорошо подходит для примера. Рассказывается, что когда народ путешествовал по пустыне сорок лет после выхода из Египта, то, естественно, нечего было есть, нечего было пить. Но каждый день, каждый выходящий из своего шатра обнаруживал вокруг него белые хлопья, и они назывались *ман*. И говорится, что каждый, собирающий этот *ман* и вкушающий его, чувствовал в нем такой вкус, который желал чувствовать.

Сказали мудрецы, что каждый испытывал в нем тот вкус, который желал. А, следовательно, обязательно было в нем от противоположных форм, то есть один чувствовал в нем сладкий вкус, а другой чувствовал в нем вкус едкий и горький, тогда как сам *ман* обязательно состоял из двух противоположностей вместе — ведь разве найдешь ты дающего то, чего в нем нет. А если так, то как такое возможно, чтобы две противоположности были в одном объекте?

Но эти противоположности обязательно там были, иначе как мог бы один ощутить горечь, второй — сладость, третий — вкус соли, а четвертый — еще что-то? Каждый ощущал согласно своему *кли*, согласно тому, что он желал ощутить. Однако все эти вкусы есть в этом *мане* до получения каждым.

Допустим, есть много различных *келим*-душ, и нисходит один свет. Каждая душа получает этот свет в соответствии со своим *кли*. Таким образом, изначально есть в этом свете, внутри него, все свойства, все категории, и каждое *кли* расшифровывает их для себя по-своему.

Однако сам он, — этот *ман*, высший свет, который доходит до *кли*, — **безусловно, прост и абстрагирован от двух этих вкусов и только состоит он из них так, что материальный получатель** — то есть тот, кто получает в желание насладиться, — **может различить для себя тот вкус, который он желает.**

И так понимай любую духовную сущность, которая сама по себе единственна и проста, хотя состоит из всего множества форм, имеющихся в мире, но с приходом ее к получателю материальному и ограниченному, образует в ней этот получатель — в приходящем к нему изобилии, абсолютно простом, — **одну форму,** соответствующую ему, **обособленную от всего множества форм, соединяющихся в эту духовную сущность.**

Поэтому всегда нужно различать в воздействии Творца два вида. Первый — **форма высшей сути наполнения до прихода ее к получающему, представляющая собой свет, пока еще простой и общий.** Просто высший свет, каков он сам по себе, до получения его внутрь *кли*. **Второй — после прихода наполнения к получающему, в результате чего оно приобрело одну обособленную и частичную форму, соответствующую свойству получающего.**

Каждый из нас выделяет из высшего света то свойство, в котором он сейчас сам находится, а в самом свете этих свойств нет. Таким образом, мы сами, своими свойствами рисуем, воображаем, что это есть в том, что приходит к нам.

Это подобно тому, как фильм проецируется на экран. Есть свет, абсолютно белый, несоставной; ничего в нем нет — просто свет от лампы. Этот свет проходит сквозь пленку, становится цветным, отображается на экране, и мы видим на экране различные цвета. Так вот, свет лампы соответствует высшему свету, экран является получающим — *малхут*, а пленка является свойствами этой *малхут*.

Таким же образом представляется нам сейчас наш мир. Мы находимся в океане высшего света, он абсолютно простой вокруг нас. Наши свойства рисуют, проецируют с помощью этого высшего света картину, которую мы называем «наш мир». Если бы у нас были другие свойства, мы бы весь этот мир видели совершенно по-другому. Мы бы строили его вокруг нас, изменяли бы его совершенно иначе.

Таким образом, есть только простой свет — Творец — и желание. И вот это желание, тем, что оно меняется — этим оно меняет мир, свой мир. Этот мир существует только субъективно относительно этого желания — и больше никак.

У нас возникает иногда такое ощущение, что мы никак не можем понять другого человека. У него свой мир, свои желания, свои вопросы, свои взгляды, у меня — свои. И мы никак не можем понять друг друга. Наши проекции на окружающее совсем разные. Мы должны очень четко понимать, что только в зависимости от исправления наших *келим* изменится в нас вся картина нашего мира. И тогда мы будем видеть совершенно другое «кино».

Об этом и говорит Бааль Сулам: «Поэтому всегда нужно различать в воздействии Творца два вида. Первый — форма высшей сути наполнения до прихода ее к получающему, представляющая собой свет, пока еще простой и общий. Второй — после прихода наполнения к получающему, в результате чего оно приобрело одну обособленную и частичную форму, соответствующую свойству получающего».

И тогда на этот простой, общий свет накладывается эта частичная форма, то есть проецируется картина мира, состоящая практически из наших свойств. Мы видим мир таким, какие мы внутри.

Как можно понять, что душа — это часть Творца?

3) Таким образом, мы придем к пониманию того, что говорят каббалисты о сущности души.

Они утверждают, что душа является действительно частью Творца свыше и нет в ней абсолютно никакого отличия от «все». Но в чем же эта душа часть, а не «все»? И это подобно камню, отколотому от горы, когда сущность горы и сущность камня одинаковы и нет никакого различия между

камнем и горой, кроме того что камень — лишь часть от этой горы, а гора является категорией «все».

Таковы вкратце слова мудрецов. И на первый взгляд слова эти очень удивляют, а сложнее всего понять, как можно говорить о категории «отличие и часть от божественного», да еще уподобить это камню, отколотому от горы. Ну, камень, допустим, откалывается от горы с помощью топора и молота, но в божественном, казалось бы, как и чем они будут отделены друг от друга?

Как можно понять, что душа — это часть Творца?

Мы знаем, что есть *кли*, в это *кли* входит свет. Этот свет находится внутри *кли* и каким-то образом заполняет его, частично заполняет. Что здесь является душой — что является частью Творца?

Свет — это Творец. А та часть *кли*, которая может принять этот свет, согласно подобию своих свойств свойству света, и если она действительно наполнена этим свойством, называется «душой».

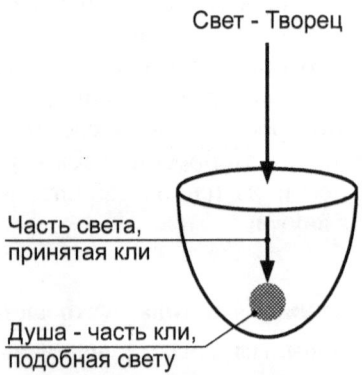

Рис. 30 Душа - часть Творца

Если действительно душа — это часть Творца, то это значит, что если сегодня в нас не существует еще никакого свойства отдачи, мы бездушны, в нас нет души.

3) Таким образом, мы придем к пониманию того, что говорят каббалисты о сущности души.

Они утверждают, что душа является действительно частью Творца свыше и нет в ней абсолютно никакого отличия от «все». Но в чем же эта душа часть, а не «все»? То есть отличие души от Творца в том, что она — часть от целого. Но по свойству — это одно и то же. **И это подобно камню, отколотому от горы, когда сущность горы и сущность камня одинаковы и нет никакого различия между камнем и горой, кроме того что камень — лишь часть от этой горы, а гора является категорией «все».**

То есть, если во мне возникнет какое-то свойство, подобное свойству Творца — отдаче, то это свойство будет называться во мне «душа». Если во мне это свойство не возникнет, значит во мне души, части Творца, нет. Когда мы говорим о душе, мы сразу же должны воспринимать это, переводить для себя, как свойство отдачи.

Таковы вкратце слова мудрецов. И на первый взгляд слова эти очень удивляют, а сложнее всего понять, как можно говорить о категории «отличие и часть от божественного», да еще уподобить это камню, отколотому от горы. Ну, камень, допустим, откалывается от горы с помощью топора и молота, но в божественном, казалось бы, как и чем они будут отделены друг от друга?

Что значит «часть от целого» в духовном мире? Это в нашем мире мы можем отколоть, распилить, разбить. А в духовном мире, как мы можем это сделать? Как можно сделать так, чтобы одна часть и другая были отделены друг от друга и в то же время оставались одинаковыми?

Ведь мы говорим, что в духовном мире нет расстояния. Я не могу взять одно свойство, разбить его пополам и разделить его на два, отдалить одно от другого. Если это одно и то же свойство, значит, все находится вместе. Оно не может быть отдалено само от себя, если это одно и то же свойство. А если свойства разные, то это различие как бы взаимно отдаляет их. Я могу находиться рядом с другим человеком, но мы с ним совсем далеки друг от друга — по своим мыслям, желаниям.

И Бааль Сулам спрашивает: что же это за состояние в духовном мире, когда душа — часть Творца, абсолютно такая же, как Он — существует отдельно от Него? Ведь если нет расстояний физических, а все построено только на подобии свойств, значит, она должна существовать только в Творце, только вместе, как скала, от которой невозможно отколоть камень. Если ты его откалываешь, значит, он уже не похож по своим свойствам на те камни, из которых состоит скала. А мы говорим, что это одно и то же. Как же это может быть, ведь одно противоречит другому? Далее он на это отвечает.

Духовное разделяется силой отличия формы, подобно материальному, разделяющемуся с помощью топора

4) Прежде, чем мы приступим к выяснению этого вопроса, объясним суть явления разделения, происходящего в духовных объектах.

Знай, что находящиеся в духовном отделяются друг от друга лишь только по мере отличия формы, а это значит, что если один духовный объект приобретает сам по себе две формы, то это уже не один объект, а два.

Объясню тебе это на примере человеческих душ, которые тоже духовны. И этот сформулированный в простом виде духовный закон известен: есть, безусловно, множество душ, соответствующее числу тел, в которых эти души светят, но они отделены одна от другой отличием формы, присущим каждой из них. Сказали мудрецы: насколько их облики несхожи, настолько не похожи их мнения. И тело способно разделять формы душ настолько, что можно различить каждую душу саму по себе: это хорошая душа, а эта — плохая, и тому подобное, в разделенных формах.

И теперь ты видишь, что так же, как материальный объект разделяется и рассекается и отделяется топором и движением по отдалению места одной части от другой, так и духовный объект разделяется и рассекается и отделяется вследствие отличия формы одной части от другой. И, в соответствии с мерой этого отличия, будет также измеряться расстояние от одной части до другой. И хорошо запомни это.

Духовное разделяется силой отличия формы, подобно материальному, разделяющемуся с помощью топора — физической разделяющей силы.

В нашем мире можно отсечь часть от целого при помощи какого-нибудь инструмента, орудия, средства. В духовном мире «отделение» означает «изменение свойств». Но если отделение означает изменение свойств, то если что-то изменилось — это уже не часть целого, это уже нечто совсем другое. Посмотрим. Интересное сочетание. Как вообще какая-то часть Творца может быть в ком-то другом — отделиться от Творца и поместиться в кого-то другого?

4) Прежде, чем мы приступим к выяснению этого вопроса, объясним суть явления разделения, происходящего в духовных объектах.

Знай, что находящиеся в духовном отделяются друг от друга лишь только по мере отличия формы, а это значит, что если один духовный объект приобретает сам по себе две формы, то это уже не один объект, а два.

Объясню тебе это на примере человеческих душ, которые тоже духовны. И этот сформулированный в простом виде духовный закон известен: есть, безусловно, множество душ, соответствующее числу тел, в которых эти души светят, но они отделены одна от другой отличием формы, присущим каждой из них. Сказали мудрецы: насколько их облики несхожи, настолько не похожи их мнения. И тело способно разделять формы душ настолько, что можно различить каждую душу саму по себе: это хорошая душа, а эта — плохая, и тому подобное, в разделенных формах.

И теперь ты видишь, что так же, как материальный объект разделяется и рассекается и отделяется топором и движением по отдалению места одной части от другой, так и духовный объект разделяется и рассекается и отделяется вследствие отличия формы одной части от другой. И, в соответствии с мерой этого отличия, будет также измеряться расстояние от одной части до другой. И хорошо запомни это.

Бааль Сулам говорит о том, что хоть эта душа и является частью Творца, но она, очевидно, претерпела какие-то изменения, поэтому отделилась от Него, и сейчас она как часть сама по себе.

Как представить отличие формы в творении от Бесконечности

5) Однако пока это укладывается в нашем понимании лишь относительно этого мира, человеческих душ, но в отношении души, о которой говорится, что она часть Творца свыше, пока еще не выяснено, как отделяется она от божественного, настолько, чтобы стало возможным назвать ее частью Творца. И нельзя сказать, что отделяется «изменением формы», — это утверждение ошибочно. Ведь мы уже выяснили, что божественное является простым светом, содержащим все имеющееся в мире множество форм и их противоположностей в своем простом единстве, выражаемом понятием Один, Единственный, Единый. А раз так, как же нам представить категорию «отличие формы» в душе, чтобы была отличающейся от божественного, и вследствие этого была бы отделенной, называясь «часть от Него»?

Но на самом деле наиболее остро встает это затруднение в отношении света Бесконечности до *цимцума*, так как предстающая перед нами действительность, — все миры, высшие и низшие вместе, — распознается в двух состояниях. Первое состояние — это форма всей этой действительности, каковой она является до сокращения, когда все было без границы и конца. И это состояние называется «свет Бесконечности». Второе состояние — это форма всей действительности, которая устанавливается уже после сокращения и ниже, когда все находится в границе и мере. И это состояние называется четырьмя мирами — Ацилут, Брия, Ецира и Асия.

Известно, что Его суть никакая мысль вообще не способна постичь, и нет для нее никакого имени и названия: ибо все, что не постигнуто, — как может быть определено именем? Ведь любое имя означает постижение, указывающее на то, что постигнуто нами в качестве этого имени. А потому, несомненно, что у сути Его нет вообще никакого имени и названия, но все имена и названия только относительно света, исходящего из Него. И распространение Его света до сокращения, неограниченно и бесконечно наполнявшее всю действительность, называется именем Бесконечность. Следовательно, нужно понять: как определяется сам по себе «свет Бесконечности», и как он вышел из категории «суть Творца» *(Ацмуто)* настолько, что мы можем определить его именем, аналогично затруднению в вопросе о душе.

Как представить отличие формы в творении от Бесконечности

5) Однако пока это укладывается в нашем понимании лишь относительно этого мира, человеческих душ, — имеется в виду, что в каждом из нас свойства неодинаковы, и этим люди отличаются друг от друга, — **но в отношении души, о которой говорится, что она часть Творца свыше, пока еще не выяснено, как отделяется она от божественного, настолько, чтобы стало возможным назвать ее частью Творца. И нельзя сказать, что отделяется «изменением формы»,** — это утверждение ошибочно. Ведь мы уже выяснили, что божественное является простым светом, содержащим все имеющееся в мире множество форм и их противоположностей в своем простом единстве, выражаемом понятием Один, Единственный, Единый.

Речь идет о двух категориях — «Творец» и «творение», «Он» и «я» — которые мне надо выяснить. Без этого я все равно не смогу: убежать от себя я не смогу — мне это необходимо. А для того чтобы выяснить, кто «я», я должен в первую очередь выяснить, кто «Он», потому что Он мой корень и Он создал меня.

Так в чем все-таки вопрос? Допустим, это свойство, которое в Творце, изменилось и вошло в меня, и во мне оно уже немного другое. Ну и что с того, что оно во мне другое? Почему оно называется во мне «частью Творца», ведь в Творце все эти свойства находятся во всех возможных состояниях, иначе как они проявились бы во мне в каких-то своих частных видах?

А раз так, как же нам представить категорию «отличие формы» в душе, чтобы была отличающейся от божественного, и вследствие этого была бы отделенной, называясь «часть от Него»?

Сейчас он задает другой вопрос. Если в Творце все это уже существует изначально во всех своих противоположных видах, каков смысл того, что сейчас один из видов существует отдельно? Он и в Творце так отдельно существует, наряду со всеми, почему же он тогда вдруг стал называться частью?

Но на самом деле наиболее остро встает это затруднение в отношении света Бесконечности до *цимцума*, **так как предстающая перед нами действительность, — все миры, высшие и низшие вместе, — распознается в двух состояниях.**

То есть все что существует, — он говорит, — миры, души, наш мир, все можно условно разделить на два состояния, на два вида.

Первое состояние — это форма всей этой действительности, каковой она является до сокращения, до *цимцум алеф*, **когда все было без границы и конца. И это состояние называется «свет Бесконечности».** То есть все, что и у нас, и во всех мирах, и везде — только в Бесконечности это все было без ограничения, без условий.

Второе состояние, второй вид существования всех этих свойств — **это форма всей действительности, которая устанавливается уже после сокращения и ниже, когда все находится в границе и мере. И это состояние называется четырьмя мирами — Ацилут, Брия, Ецира и Асия.**

Что значит «после сокращения и ниже»? Есть безграничное существование, и есть существование ограниченное, в определенных рамках. Безграничное — это выше мира Ацилут, а ограниченное — начиная с мира Ацилут и ниже, под *парсой*.

Известно, что Его суть никакая мысль вообще не способна постичь, и нет для нее никакого имени и названия: ибо все, что не постигнуто, — как может быть определено именем? Ведь любое имя означает постижение, указывающее на то, что постигнуто нами в качестве этого имени.

Почему мы не можем постичь Его суть — *Ацмуто*? У нас для этого нет никаких свойств, *келим*, мы не можем быть в подобии этому. Мы можем постигнуть только различные проявления свойств Творца, различные категории, в зависимости от того, чему мы можем уподобиться. В итоге всех этих частичных уподоблений Творцу, мы сможем достичь постижения Его полного имени.

А потому, несомненно, что у сути Его, у Него самого, **нет вообще никакого имени и названия,** потому что мы не можем достичь этого, не можем в Нем ничего найти, определить, **но все имена и названия только относительно света, исходящего из Него.** Есть Творец, свет и наше наполнение светом. **И распространение Его света до сокращения, неограниченно и бесконечно наполнявшее всю действительность, называется именем Бесконечность. Следовательно, нужно понять: как определяется сам по себе «свет Бесконечности», и как он вышел из категории «суть Творца»** *(Ацмуто)* **настолько, что мы можем определить его именем, аналогично затруднению в вопросе о душе.**

Бааль Сулам говорит о категориях умозрительных, отвлеченных, очень далеких от нас. Но дело в том, что когда мы говорим о своем отличии от Творца и уподоблению себя Ему, мы при этом вызываем на себя колоссальный исправляющий свет. Поэтому пытайтесь каждую минуту максимально эффективно представлять себя получающими высший исправляющий свет. И тогда каждая минута действительно будет уходить по назначению. Неважно, что вы при этом будете меньше понимать.

У меня этот вопрос к моему учителю был очень четко сформулирован, потому что я пришел к нему как исследователь, как желающий постигать, ощущать, познавать, раскрывать. А тут, оказывается, я должен что-то изучать, и самым лучшим результатом учебы является то, насколько в течение занятия я думал о том, как этот свет меня изменит.

Не то, как я впитаю этот материал, не то, как он «оденется в меня», как я буду представлять его в себе, как начну его анализировать, каким образом вообще смогу с ним работать, управлять им, разбираться дальше в том, что есть вокруг меня, — все это не главное. Главное — все ли минуты я слышал своего учителя. Он с другого уровня рассказывает мне и этим помогает мне привлечь на себя высший свет. Я его немножечко привлекаю, а мой учитель — еще больше мне помогает, и причем осознанно, с еще более высокой ступени. Мы же вместе с ним читаем Бааль Сулама — он с более высокой ступени тянет свет через себя на меня. И достаточно ли я каждую секунду в этом процессе участвовал — как маленький, который хочет уподобиться большому? Если да, то для меня такие тексты будут самыми эффективными.

Важно пойти по пути исправления себя и передачи методики исправления всему миру, для того чтобы достичь действительно хорошего, свободного, безопасного существования в полном объеме мироздания, в ощущении истинной цели жизни.

Выяснение сказанного мудрецами: «Поэтому уготована работа и усилия за вознаграждение душам — ведь тот, кто ест не свое, стыдится смотреть в лицо дающему»

6) Чтобы хоть что-то понять в месте этом возвышенном, необходимо подробно обсудить это. Исследуем исходную точку всей предстающей перед нами действительности и ее общую цель, разве найдешь ты действующего без цели? Но что же тогда представляет собой эта цель, ради которой Творец создал всю эту находящуюся перед нами в высших мирах и в низших мирах действительность? Правда, уже указали нам мудрецы во многих местах, что абсолютно все миры были созданы не иначе, как для Израиля, выполняющих Тору и заповеди и так далее. И это общеизвестно.

Но здесь нужно разобраться в вопросе, поставленном мудрецами: если намерение создания миров — «насладить свои творения», зачем тогда было Ему создавать этот материальный мир, грязный и полный страданий? Он мог ведь и без этого вроде бы наслаждать души сколько пожелает, — зачем же поместил Он душу в это столь грязное и скверное тело?

И ответили на это, что «тот, кто ест не свое, стыдится смотреть в лицо дающему». Объяснение: в любом даровом подношении находится изъян стыда и, чтобы предохранить души от этого изъяна, создал Он этот мир, где существует реальность работы, и найдут наслаждение в будущем от труда рук своих, ибо получают тогда свое вознаграждение от Совершенного взамен своих усилий и избавлены тем самым от изъяна стыда.

Выяснение сказанного мудрецами: «Поэтому уготована работа и усилия за вознаграждение душам — ведь тот, кто ест не свое, стыдится смотреть в лицо дающему»

Мы вообще не представляем себе, насколько мы «умные». Сколько есть в мире так называемых «методик», «идей», «догадок» о том, каким образом мы существуем.

«Мы работаем в этом мире для того, чтобы получить в следующем мире» — самая обычная, самая распространенная ошибка. То есть в этом мире мы с вами в течение семидесяти-восьмидесяти лет совершаем какие-то благие действия, а затем, когда умираем, получаем вознаграждение.

Кто сказал, что «этот мир» и «будущий мир» означают «до смерти» и «после смерти»? Но люди так воспринимают. Кто сказал, что благие действия в нашем мире означают подаяние, милостыню, заботу о животных, заботу о людях? Мы так расшифровываем это в своем понимании. Но разве это верно? Может быть, состояние, в котором мы находимся, таково, что Творец все портит, а мы, якобы, исправляем испорченное им и пытаемся каким-то образом это скомпенсировать?

Правильное отношение к понятиям «наш мир», «будущий мир», «наша работа» и «вознаграждение за нее» приводит нас к совершенно другому взгляду, к совершенно другому отношению к нашим силам, к тому, как их реализовать и правильно отнестись к тому, что находится перед нами.

И Бааль Сулам приводит высказывание мудрецов: «Поэтому уготована работа и усилия за вознаграждение душам — ведь тот, кто ест не свое, стыдится смотреть в лицо дающему».

Это не просто философская выдумка, но, поскольку она кажется таковой, нам в данном случае без философии не обойтись. Мы развиваемся всесторонне. Хотим мы того или нет, мы должны заниматься всеми видами внутреннего образования, развития души. Их нам поставляет каббала. Это и чувственное, и умственное развитие, это накопление опыта, знаний, а также чисто механических, теоретических данных. Все это в итоге, поскольку мы состоим из множества слоев, и создаст в нас общее духовное кли.

И ничего не значит то обстоятельство, что кому-то легче, а кому-то труднее воспринимать эти духовные категории, — мы просто должны их проходить, пропускать через себя, как через мясорубку. Неважно, что ничего не остается. Не надо ничего запоминать, надо лишь немного думать об этом во время учебы, в основном же думать о том, что я требую от учебы.

6) Чтобы хоть что-то понять в месте этом возвышенном — для чего нам нужна вообще вся эта жизнь с вознаграждением, наказанием для души и так далее — понятия, над которыми человечество тысячи лет бьется и не может их разрешить, — **необходимо подробно обсудить это. Исследуем исходную точку всей предстающей перед нами действительности и ее общую цель, разве найдешь ты действующего без цели?** Если уж Творец создал все, то, естественно, Он создал это с определенной целью, которая и определяет, в принципе, все действие и его конец. **Но что же тогда представляет собой эта цель, ради которой Творец создал всю эту находящуюся перед нами в высших мирах и в низших мирах действительность?** Для чего она создана? Сказано, что мир создан для Израиля *(Исраэль)*, выполняющего Тору. «Мир создан» — означает возвышение на уровень Творца, подъем на высший уровень. Это возможно только для *Исраэль* — для того, кто направлен прямо на Творца. «Исра-Эль» — прямо к Творцу. И «выполняющий» Тору означает исправивший себя, свои желания.

Правда, уже указали нам мудрецы во многих местах, что абсолютно все миры были созданы не иначе, как для Израиля, выполняющих Тору и заповеди и так далее. И это общеизвестно.

Но здесь нужно разобраться в вопросе, поставленном мудрецами: если намерение создания миров — «насладить свои творения», зачем тогда было Ему создавать этот материальный мир, грязный и полный страданий? — Если Он хотел создать творение, чтобы насладить, зачем Ему нужен был этот мир? Он мог ведь и без этого вроде бы наслаждать души сколько пожелает, — зачем же поместил Он душу в это столь грязное и скверное тело, если Он желает насладить?

И ответили на это мудрецы, что «тот, кто ест не свое, — если бы мы получили все это даром, в готовом виде, — стыдится смотреть в лицо дающему» — возникло бы такое чувство стыда.

Объяснение: в любом даровом подношении находится изъян стыда — стыд перед дающим — и, чтобы предохранить души от этого изъяна, создал Он этот мир, где существует реальность работы, и найдут наслаждение в будущем от труда рук своих, ибо получают тогда свое вознаграждение от Совершенного взамен своих усилий и избавлены тем самым от изъяна стыда, то есть аннулируют его.

Такая работа может быть проведена только в нашем мире — низком, удаленном, самом-самом плохом. Но почему не в другом виде? Почему в этом мире мы обязательно должны находиться в биологических телах, а не существовать на каком-то другом уровне — там, где мы могли бы «работать с экраном[25]» и действительно совершать какие-то действия?

> Какое отношение имеет работа в течение 70 лет к вечному наслаждению — ведь не найти дарового подношения большего, чем это!

7) Эти слова мудрецов во всех отношениях очень непонятны. Прежде всего — неясно, ведь главное в нашем устремлении и в нашей молитве — «от сокровищницы даровых подношений убереги нас». Но сказали мудрецы, что «сокровищ-

---

[25] Работа, которую каббалист совершает над своим «желанием получать», сначала отражая приходящий к нему высший свет, а затем принимая его только в исправленные желания.

ница даровых подношений» уготована лишь для самых великих душ в мире.

И непонятнее всего основа их разъяснения. Они объясняют, что в даровом подношении содержится большой недостаток, и это — открывающийся каждому, принимающему даровое подношение, стыд, для компенсации которого Творец предуготовил этот мир, в котором существует действительность усилий и работы, чтобы получили они в будущем мире вознаграждение взамен стараний и труда рук своих.

И их объяснение очень удивляет. Ведь на что это похоже — на человека, говорящего своему другу: «Поработай со мной одно краткое мгновение, и за это я воздам тебе всеми мирскими удовольствиями и сокровищами во все дни жизни твоей». Но нет большего дарового подношения, чем это, поскольку такое вознаграждение совершенно несоизмеримо с работой. Ведь работа в этом мире, мире преходящем, никак не сравнима с вознаграждением и наслаждением мира вечного — ибо какова может быть ценность у количества мира преходящего относительно количества мира вечного, не говоря уже о качестве усилий, никак несравнимом с качеством вознаграждения?

Как сказали мудрецы: «В будущем дарует Творец каждому праведнику 310 миров» и так далее. И нельзя сказать, что Творец воздает за их усилия малую часть награды, а остальное вручает даром, так как в таком случае, какой был бы прок в указании мудрецов, ведь остался бы изъян чувства стыда в оставшемся подарке. Но слова их не следует понимать буквально, так как в них заключен глубокий смысл.

Какое отношение имеет работа в течение 70 лет к вечному наслаждению — ведь не найти дарового подношения большего, чем это!

Мы затрагиваем очень серьезные вопросы, на которые ни атеистическая, ни религиозная философии ответить не могут. Религиозные философы утверждают: трудись в этом мире — получишь вознаграждение в будущем мире. А у каббалы есть на это совершенно другой ответ: нет никакой связи между жизнью и работой человека в этом мире и вознаграждением в будущем мире. Ничего после смерти не получают.

Каббалой называется методика раскрытия Творца творениям, живущим в этом мире, а не находящимся за пределами этой жизни и этого мира. То есть никогда и нигде мы не говорим о том, что происходит с нами после смерти. Этим каббала не занимается. Мы занимаемся только тем, как постичь Творца в этой жизни: насколько мы Его постигнем — таким и будет в нас это постижение. Если мы не постигнем Его в этой жизни, ничего у нас не будет: мы просто возвращаемся в существование в виде «точки[26]», как сейчас у нас в «сердце[27]». То есть, если мы не достигнем разбухания этой точки, расширения ее до размеров сосуда (маленького, большого — неважно), то останемся точкой.

Если мы в течение этой жизни создаем какой-то сосуд *(кли)* подобия Творцу и получаем в него высший свет, то это остается в нас, в этом мы живем и после биологической смерти. Если же мы этого не достигаем, то остаемся тем же семенем, которое сейчас Творец сажает в нас для того, чтобы мы его взрастили. И не имеет значения, каковы ваши намерения и действия — благие или нет. Все зависит только от расширения желания к Творцу, которым является точка в сердце, и обретения на нее экрана.

Попробуем разобраться в этом. Вопрос очень простой: **какое отношение имеет работа в течение 70 лет** (жизнь человека в этом мире) **к вечному наслаждению,** которое нам потом сулят?

Если мы говорим, что человек должен работать, потому что ему стыдно бесплатно получать, и этот мир создан для того, чтобы я в нем своими трудами заработал себе рай, то как я могу, даже тяжело работая, за какие-то 30 лет заработать Вечность, Вечное Совершенство? Ведь из тех 70 лет, о которых говорит Бааль Сулам, 20-30 лет — это период взросления, последние 20 лет — дряхлость, а вся моя разумная жизнь — это 20-30 лет посередине. Какое же может

---

26 Точка — неразвитое духовное желание в человеке.
27 Сердце — желания к материальному.

быть соответствие между моей работой и оплатой? Разве от такого несоответствия не возникает ощущение стыда, бесплатного подарка, подачки?

7) Эти слова мудрецов во всех отношениях очень непонятны. Прежде всего — неясно, ведь главное в нашем устремлении и в нашей молитве — **«от сокровищницы даровых подношений убереги нас».** То есть для чего мы об этом просим? Чтобы мы действительно заработали сами — сами взошли бы на духовный уровень и раскрыли весь духовный мир. **Но сказали мудрецы, что «сокровищница даровых приношений» уготована лишь для самых великих душ в мире.**

И непонятнее всего основа их разъяснения. Они объясняют, что в даровом подношении содержится большой недостаток, и это — открывающийся каждому, принимающему даровое подношение, стыд, для компенсации которого — чтобы мы не испытывали стыд — Творец предуготовил этот мир, в котором существует действительность усилий и работы, чтобы получили они в будущем мире вознаграждение взамен стараний и труда рук своих.

И их объяснение очень удивляет. Почему? Бааль Сулам поясняет. **Ведь на что это похоже — на человека, говорящего своему другу: «Поработай со мной одно краткое мгновение, и за это я воздам тебе всеми мирскими удовольствиями и сокровищами** (выполнением всех твоих желаний) **во все дни жизни твоей».** Но нет большего дарового подношения, чем это, поскольку такое вознаграждение совершенно несоизмеримо с работой. Ведь работа в этом мире, мире преходящем, никак не сравнима с вознаграждением и наслаждением мира вечного — ибо какова может быть ценность у количества мира преходящего относительно количества мира вечного, не говоря уже о качестве усилий, никак несравнимом с качеством вознаграждения?

То есть как бы я ни сопоставлял свои усилия в этом мире, они все равно ничтожны по сравнению с вечным вознаграждением.

Как сказали мудрецы: «В будущем дарует Творец каждому праведнику 310 миров» и так далее. И нельзя сказать, что Творец воздает за их усилия малую часть награды, а остальное вручает даром (довесок, как бы), так как в таком случае, какой был бы прок в указании мудрецов, ведь остался бы изъян чувства стыда в оставшемся подарке.

И совершенно нам непонятно, каким образом можно, работая в нашем мире, заработать высокое, абсолютное, бесконечное состояние? Что значит «работа» и «заработать»? Как я могу вообще заработать что-то вечное за 70 лет? И за 50 раз по 70 лет я это не заработаю! Что же все-таки означает, что наш мир создан для работы, чтобы мы заработали высшее состояние?

Бааль Сулам говорит: **Но слова их не следует понимать буквально, так как в них заключен глубокий смысл.**

И далее он это объяснение развивает.

> Одной мыслью создана и сотворена вся действительность, и она является действующей, и она является сущностью действия, и она есть предмет ожидаемого вознаграждения, и она является сутью приложения усилий

8) Прежде, чем мы приступим к выяснению сказанного мудрецами, необходимо понять Его замысел сотворения миров и находящейся перед нами реальности: ведь не создались они перед Ним посредством множества мыслей, как это происходит у нас. Потому что Он — «Один, Единственный и Единый». И поскольку Он простой, то исходящие от Него света просты и едины, без всякой множественности форм. Как сказано: «Мои мысли — не ваши мысли, и ваши пути — не Мои пути».

И потому пойми и познай, что все имена и названия, и все высшие и низшие миры — все это один простой свет, единственный и единый; что у Творца и исходящий свет, и мысль, и действие, и действующий, и все, о чем сердце может думать и помышлять, все это у Него в действительности одно.

Следовательно, разберись и познай, что одной мыслью создана и сотворена эта действительность — высшие и низшие вместе, вплоть до завершения всего в окончательном исправлении. И эта единственная мысль производит все, и она является сущностью действия, и она получает завершение, и она является сутью приложения усилий, и она сама — реальность всего совершенства и ожидаемая награда. Так истолковывает Рамбан внутренний смысл сказанного «Один, Единственный и Единый».

      Одной мыслью создана и сотворена вся действительность, и она является действующей, и она является сущностью действия, и она есть предмет ожидаемого вознаграждения, и она является сутью приложения усилий

То есть существует только одна мысль — замысел Творца, одно Его желание. Только этот замысел вообще и существует — ничего больше нет.

Мы должны себе представить, что есть нечто, называемое *Ацмуто*, о чем мы ничего не знаем, и есть мысль, вышедшая из Него, которая называется «замыслом творения». Все, что мы себе представляем — свет, *кли*, все миры, все души — все это включено в замысел творения, кроме которого ничего нет.

Поэтому Бааль Сулам говорит: **Одной мыслью создана и сотворена вся действительность, и она является действующей, и она является сущностью действия, и она есть предмет ожидаемого вознаграждения, и она является сутью приложения усилий.**

Абсолютно все — она. А где мы? А мы нигде. Мы внутри этого замысла, внутри этой мысли. Есть ли что-то, кроме этого? Кроме этого нет ничего.

8) Прежде, чем мы приступим к выяснению сказанного мудрецами, необходимо понять Его замысел сотворения миров и находящейся перед нами реальности: ведь не создались они перед Ним посредством множества мыслей, как это происходит у нас. Потому что Он — «Один, Единственный и Единый». И поскольку Он простой (в Нем есть только одно, Он несоставной), то исходящие от Него света просты и едины, без всякой множественности форм. То есть, нет никаких двуликих, трехликих или еще каких-то проявлений — все бьет только в одну точку.

Как сказано: «Мои мысли — не ваши мысли, и ваши пути — не Мои пути».

Потому что наши замыслы, мысли, желания всегда запутаны и в то же время разбросаны по разным направлениям. У Творца этого нет. И у человека, который поднимается к Творцу, все это тоже постепенно начинает сходиться и концентрироваться в одну только мысль. Ведь в чем, по сути дела, заключается наш подъем к Творцу? В постепенном уподоблении нашей мысли, нашего замысла Его замыслу, когда все наше естество превращается в одну только мысль и включается в Его мысль. И кроме этого вообще ничего нет, все остальное пропадает.

И поэтому пойми и познай, что все имена и названия, и все высшие и низшие миры, все это один простой свет, единственный и единый; что у Творца и исходящий свет, и мысль, и действие, и действующий, и все, о чем сердце может думать и помышлять, все это у Него в действительности одно.

Следовательно, разберись и познай, что одной мыслью создана и сотворена эта действительность — высшие и низшие вместе, вплоть до завершения всего в окончательном исправлении. Это все окружено только одной мыслью, заключается только в одной мысли. И эта единственная мысль производит все, и она является сущностью действия, и она получает завершение, и она является сутью приложения усилий, и она сама — реальность всего совершенства и ожидаемая награда. Так истолковывает Рамбан внутренний смысл сказанного «Один, Единственный и Единый».

Единение с этой мыслью, вход в нее и является ощущением истинного наслаждения. Кстати говоря, современные философы и особенно ученые-физики начинают понимать, что за пределами нашего мира находится какая-то одна мысль, которая только относительно нас проявляется в виде предстающих перед нами объектов, условий, различных явлений, особенностей, свойств, стилей, а на самом деле — это только одна мысль. Это то, что хотел найти Эйнштейн — единую теорию, единое поле, единую силу. Конечно, это были примитивные рассуждения на материальном уровне. Но вообще-то, на высоких уровнях познания, даже материального познания нашего мира, человек уже начинает ощущать, что за всем этим существует одна единая мысль.

Это пока не дает нам ответа на вопрос: «почему мы существуем именно в этом мире?», а только указывает нам на то, что мы тоже включены в эту мысль, исходящую из замысла творения. Но почему это так создано в нас, и где соответствие между нашими усилиями и вознаграждением? Этот вопрос остается пока открытым.

Понятие «сокращение» проясняет, как из совершенного Действующего вышло несовершенное действие

9) АРИ очень подробно освещает в первых главах этой книги тему первого сокращения, так как вопрос этот чрезвычайно серьезный, поскольку неизбежно следует, что как испорченности, так и все виды несовершенств проистекают и приходят от Творца. Так и написано: «Производит свет и творит тьму». Но ведь испорченности и тьма являются подлинной противоположностью Ему — как же возможно, чтобы одно исходило из другого, и как приходят они вместе со светом и наслаждением, которые содержатся в замысле творения?

И нельзя сказать, что это две мысли, обособленные одна от другой, ведь говорить и помышлять подобное является опасным заблуждением, как уже сказано. Но как же тогда все это исходит из Творца — включая этот мир, полный нечистоты, страданий и огромной скверны — как уживаются они вместе в единственной этой мысли?

9) АРИ очень подробно освещает в первых главах этой книги тему первого сокращения, так как вопрос этот чрезвычайно серьезный, поскольку неизбежно следует, что как испорченности, так и все виды несовершенств (как мы потом увидим) проистекают и приходят от Творца. Так и написано: «Производит свет и творит тьму». Но ведь испорченности и тьма являются подлинной противоположностью Ему — как же возможно, чтобы одно исходило из другого, и как приходят они вместе со светом и наслаждением, которые содержатся в замысле творения?

И нельзя сказать, что это две мысли (то есть свет — тьма, Творец — творение), **ведь говорить и помышлять подобное является опасным заблуждением,** потому что это все исходит из единого Источника, как уже сказано. Но как же тогда все это исходит из Творца — из единого Абсолюта — включая этот мир, полный нечистоты, страданий и огромной скверны — как уживаются они вместе в единственной этой мысли?

То есть, проблема — в единстве мира: как он может быть единым, если есть такие слои, где все абсолютно противоположно друг другу?

Глава 2

Выяснение замысла творения

10) Теперь приступим к выяснению формы замысла творения. Несомненно, что результат действия изначально присутствует в замысле, так как даже у человека материального, обладающего множеством мыслей, результат действия тоже будет изначально присутствовать в его замысле.

К примеру, человек занят строительством своего дома. Мы понимаем, что самой первой мыслью в этом его занятии была мысль о форме дома, в котором он поселится, и поэтому завершение дома предваряют еще множество мыслей и действий, пока не завершит он исходную форму, задуманную вначале, и эта форма приходит к нему в конце всех его действий. Итак, ты видишь, что результат действия изначально присутствует в замысле.

И вот конец действия — это и исходная точка и цель, ради которых все это было создано, а именно: «чтобы насладить свои творения», как написано в Зоаре.

Известно, что мысль Творца завершается и действует немедленно — ведь не человек Он, чтобы нуждаться в средствах действия, но одна лишь мысль завершает все действие тотчас и незамедлительно.

И, согласно сказанному, ясно, что тотчас с Его мыслью о сотворении — «насладить свои творения» — сразу же вышел и распространился этот свет из Него во всем своем многообразии и величии, и во всей возвышенности задуманных им наслаждений, и все это включено в ту самую мысль, которую мы называем «замыслом творения».

И хорошо пойми это, так как в этом месте следует сократить объяснение. И знай, что этот замысел творения мы называем «светом Бесконечности», потому что в отношении самой сути Творца нет у нас никакого звука и слова, чтобы назвать Его каким-нибудь именем. И помни это.

Выяснение замысла творения

10) Теперь приступим к выяснению формы замысла творения. Несомненно, что результат действия изначально присутствует в замысле, так как даже у человека материального, обладающего множеством мыслей, результат действия тоже будет изначально присутствовать в его замысле.

К примеру, человек занят строительством своего дома. Мы понимаем, что самой первой мыслью в этом его занятии была мысль о форме дома, в котором он поселится, и поэтому завершение дома предваряют еще множество мыслей и действий, пока не завершит он исходную форму, задуманную вначале, и эта форма приходит к нему в конце всех его действий. Итак, ты видишь, что результат действия изначально присутствует в замысле.

То есть я заранее вижу то, к чему должен прийти. Передо мной умозрительно предстает то состояние, в котором я хочу находиться, и я как бы возвращаюсь оттуда обратно к себе. Что же я должен сделать для того, чтобы достичь этого конечного состояния?

Со стороны Творца это, естественно, запрограммировано, и поэтому в Его ви́дении мы уже изначально существуем в самом последнем, в самом совершенном состоянии. Понятно, что Он может все, и поэтому для Него нет промежуточных и начальных состояний, а есть просто замысел и сразу же — его исполнение. И поскольку проблемы движения, исправления для Него не существует, Он тотчас видит нас исправленными.

Это можно уподобить тому, как вы, глядя на ребенка, который учится в школе или, допустим, на первом-втором курсе института, уже заранее радуетесь тому, что он будет большим ученым, а он совершенно этого не понимает и страдает. Вы уже видите его будущее состояние и поэтому все его страдания и усилия в учебе воспринимаете, как естественные. Они для вас не являются страданиями, они осознаются вами, как необходимые состояния для достижения конечного состояния — как совершенно оправданные и ни в коем случае не отрицательные.

Бааль Сулам говорит, что у человека, задумавшего построить дом, **самой первой мыслью в этом его занятии была мысль о форме дома, в котором он поселится, и поэтому завершение дома предваряют еще множество мыслей и действий, пока не завершит он исходную форму, задуманную вначале, и эта форма приходит к нему в конце всех его действий. Итак, ты видишь, что результат действия изначально присутствует в замысле.**

И вот конец действия — это и исходная точка и цель, ради которых все это было создано, а именно: «чтобы насладить свои творения», как написано в Зоаре.

То есть, если Творец изначально желает нас видеть в каком-то состоянии, значит, все промежуточные состояния, какими бы они ни были, от самого начала и до самого конца, необходимы для того, чтобы привести нас к окончательному состоянию. Наше отношение к миру, к жизни в любом состоянии должно быть очень простым: всякое состояние необходимо.

Известно, что мысль Творца завершается и действует немедленно — ведь не человек Он, чтобы нуждаться в средствах действия, но одна лишь мысль завершает все действие тотчас и незамедлительно.

И, согласно сказанному, ясно, что тотчас с Его мыслью о сотворении — «насладить свои творения» — сразу же вышел и распространился этот свет из Него во всем своем многообразии и величии, и во всей возвышенности задуманных им наслаждений, и все это включено в ту самую мысль, которую мы называем «замыслом творения».

То есть «замыслом творения» называется не просто исходная мысль, а та мысль, которая изначально включает в себя конечный результат и все то, что необходимо для приведения начального замысла к конечному результату. Другими словами, замысел творения включает в себя абсолютно все.

И хорошо пойми это, так как в этом месте следует сократить объяснение. И знай, что этот замысел творения мы называем «светом Бесконечности», потому что в отношении самой сути Творца нет у нас никакого звука и слова, чтобы назвать Его каким-нибудь именем. И помни это.

Мы, совершенно разные люди из разных стран, собираемся вместе ради одной цели — распространения, то есть привнесения в этот мир его окончательной цели. Если весь мир будет знать, для чего он существует, то больше не нужны никакие усилия — только одно это знание спасло бы весь мир от войн. Оно не исправило бы его, не сделало бы его подобным Творцу, но по крайней мере уже не дало бы людям возможности вредно, неправильно, вопреки этой цели поступать.

Поэтому наша главная задача на сегодня — показать человечеству конечную цель, объяснить, для чего оно существует, показать неотвратимость достижения этой цели. Она все равно будет достигнута, надо только сделать так, чтобы это произошло хорошим путем, а не плохим. Как это сделать?

Мы должны стремиться разработать идеологию человечества — каким образом прийти к тому, к чему оно поневоле обязано прийти. Ведь мы идем вместе и идем впервые, мы — первопроходцы в этом деле. И на нас возложена эта обязанность — увлечь за собой весь мир, преподнести это миру, избавить его таким образом от страданий и поднять до духовного уровня.

В силу желания давать в Создателе обязательно рождается желание получать в создании, и оно является тем *кли*, в которое создание принимает Его изобилие

11) И именно так сказано у АРИ, что вначале свет Бесконечности заполнял всю реальность.

Пояснение: поскольку Творец задумал насладить творения и свет распространился от Него и выступил, как бы, перед Ним, то сразу же было заложено в этом свете желание получить Его наслаждение. И разберись также в том, что это желание является всей мерой количества распространяющегося света, то есть мера Его света и наполнения соответствует размеру желания насладиться — не менее и не более того. И вдумайся в это.

И потому мы называем сущность желания получать, заложенного в этом свете в силу замысла Творца, именем «место». Например, когда мы говорим, что у одного человека есть место для приема пищи размером в фунт хлеба, а другой не может съесть больше, чем полфунта хлеба, — о каком месте мы говорим? Не о величине его органов пищеварения, а только о величине его стремления и желания есть.

Итак, ты видишь, что величина места приема хлеба зависит от размера желания и стремления к еде. Тем более в духовном, где само желание получения наполнения является местом наполнения, а наполнение измеряется мерой желания.

> В силу желания давать в Создателе обязательно рождается желание получать в создании, и оно является тем *кли*, в которое создание принимает Его изобилие

Поскольку Творец желает отдавать, это желание отдавать рождает желание получать. И это желание получать и есть то место, в котором мы ощущаем наслаждение или его отсутствие, что является страданием.

11) И именно так сказано у АРИ, что вначале свет Бесконечности заполнял всю реальность.

Пояснение: поскольку Творец задумал насладить творения и свет распространился от Него и выступил, как бы, перед Ним, то сразу же было заложено в этом свете желание получить Его наслаждение. И разберись также в том, что это желание является всей мерой количества распространяющегося света, то есть мера Его света и наполнения соответствует размеру желания насладиться — не менее и не более того. И вдумайся в это.

Бааль Сулам даже добавляет: «И вдумайся в это». Почему «мера Его света и наполнения соответствует размеру желания насладиться»? Потому что свет находится в абсолютном покое. А что значит — свет «вышел» из Творца, «распространился» — ведь о самом свете мы говорить не можем, потому что воспринимаем все через *келим*?

«Распространением» света называется расширение, увеличение желания. Когда в увеличивающемся желании увеличивается свет, мы говорим, что свет распространяется. Он не распространяется, просто я его сильнее ощущаю, потому что мои желания увеличиваются.

Обратите внимание, насколько обычный язык путает нас. Свет не увеличивается и не уменьшается, не поднимается и не опускается, не входит и не выходит. Это *кли* таким образом действует, изменяясь в себе, изменяя свое желание. И при этом оно ощущает свет меняющимся. Нам необходимо постоянно помнить об этом. Это исключит всевозможные неправильные наши действия, ненужные просьбы и молитвы, когда мы, не осознавая смысла обращения, вдруг начнем просить: «Почему Ты мне не даешь свет?». Да причем тут свет?! Или: «Почему Ты не даешь мне исправленное *кли*, а свет, естественно, я в нем и сам ощущу?», или: «Почему у меня мало света?».

Выразите эту просьбу по-другому: «Почему у меня малое *кли*?», «Почему свет ко мне не приходит?», «Почему мое *кли* не расширяется?» и так далее. То есть переводите все с языка света на язык *кли*. И тогда вы сразу увидите, что и как вы должны делать, вместо того чтобы ожидать чего-то от другой стороны.

Поэтому Бааль Сулам обращает наше внимание: **«И вдумайся в это»**. Во что? **Поскольку Творец задумал насладить творения и свет распространился от него и выступил, как бы, перед Ним,** — он образно это говорит, — **то сразу же было заложено в этом свете желание получить Его наслаждение.**

Создавшееся желание как бы всасывает, как бы втягивает в себя из Творца свет, как бы выпивает его. То есть что бы мы ни говорили, мы должны всегда говорить с точки зрения *кли*.

И потому мы называем сущность желания получать, заложенного в этом свете в силу замысла Творца, именем «место». Например, когда мы говорим, что у одного человека есть место для приема пищи размером в фунт хлеба, а другой не может съесть больше, чем полфунта хлеба, — о каком месте мы говорим? Не о величине его органов пищеварения, а только о величине его стремления и желания есть.

Мы знаем по себе: бывает так, что я не поел, но у меня все равно нет аппетита и я не могу ничего есть. Желудок пустой, место вроде бы физическое есть, но желания, места в желании — нет.

Итак, ты видишь, что величина места приема хлеба зависит от размера желания и стремления к еде. Тем более в духовном, где само желание получения наполнения является местом наполнения, а наполнение измеряется мерой желания.

То есть все ощущается только в *кли*, измеряется только в *кли*, зависит только от *кли*. Ни в коем случае мы не должны просить о чем-то вне *кли*. Поэтому все наши обращения, молитвы, намерения, стремления, требования — какие бы они ни были — должны быть обращены только к нашему *кли*. Обращайтесь к Творцу, чтобы Он исправил, но исправил именно *кли*. Не надо просить свет — свет находится везде, и внутри нас тоже. Мы его ощутить не можем по той причине, что отсутствует в нас «место» — желание.

Желание получить, включенное в замысел творения, вывело его из *Ацмуто* в состояние, называемое «Бесконечность»

12) И сейчас мы можем понять, каким образом свет Бесконечности вышел из категории «*Ацмуто*», относительно которой нет у нас ни звука и ни слова, и стал называться именем «свет Бесконечности». А причиной этому, как уже было сказано, послужило то, что в этом свете содержится желание получать от *Ацмуто*, являющееся новой формой, не содержащейся ни в коем случае в *Ацмуто*. Ведь от кого Ему получать? И эта форма — она также вся мера этого света, как уже сказано. И вдумайся, так как невозможно здесь продолжать объяснение.

Желание получить, включенное в замысел творения, вывело его из *Ацмуто* в состояние, называемое «Бесконечность»

Тем, что это желание извлекает наслаждение из Творца в себя, образуется состояние Бесконечности.

12) И сейчас мы можем понять, каким образом свет Бесконечности вышел из категории *«Ацмуто»*, относительно которой нет у нас ни звука и ни слова...

Мы не можем ничего сказать о Творце, о Нем самом. Но о свете, выходящем из Него, мы говорим, мы уже можем как-то его измерять, ощущать.

...И стал называться именем «свет Бесконечности». Мы не говорим об *Ацмуто*, потому что мы ничего там не понимаем, а говорим о свете Бесконечности. Хотя это слово якобы и указывает на то, что мы не можем никак этот свет охватить, потому что он бесконечный, — но тем не менее мы определяем его, измеряем его, и только после этого говорим, что он бесконечный. То есть название «Бесконечность» требует анализа и определения, иначе поднявшиеся по ступеням духовного постижения не могли бы так ее назвать.

А причиной этому, как уже было сказано, послужило то, что в этом свете содержится желание получать от *Ацмуто*, являющееся новой формой, не содержащейся ни в коем случае в *Ацмуто*. Ведь от кого Ему получать? И эта форма — то есть желание получать — **она также вся мера этого света, как уже сказано.**

Это желание получать является мерой света. Оно бесконечно, ничем не ограничено. И потому это неограниченное место определяет свет, его наполняющий, как свет Бесконечности.

И вдумайся, так как невозможно здесь продолжать объяснение.

То есть не может быть больше объяснений, потому что объяснения выше этого уже выходят за рамки Бесконечности, выше уровня которой мы ничего не можем сказать.

Значит, в данном случае то, что мы говорим о свете, даже о свете в состоянии Бесконечности, относится в первую очередь к размерам, к свойствам *кли*, в котором этот свет проявляется как Бесконечность.

До сокращения отличие формы в желании получать не было различимым

13) Однако, во всемогуществе Его не распознавалась эта новая форма как отличие от света Творца. И это внутренний смысл сказанного в «Пиркей де рабби Элиэзер», что до сотворения мира был Он един и имя Его едино. «Он» — означает свет, имеющийся в Бесконечности, а «имя Его» — означает место, то есть содержащееся в свете Бесконечности желание получить от *Ацмуто*. И это поясняет нам, что Он и имя Его едины. Другими словами, в «Его имени» (означающем *малхут* Бесконечности, то есть желание, а точнее — желание получать, заложенное во всю включенную в замысел творения реальность до сокращения) неразличимо никакое изменение формы и отличие от света, находящегося в нем, но свет и место представляют собой действительно одно целое. Ведь если бы там — внутри этого места — было хоть какое-то различие и ущербность относительно света Бесконечности, тогда, безусловно, там было бы два свойства, как уже объяснялось. И вдумайся.

До сокращения отличие формы в желании получать не было различимым

Желание получать состоит из пяти свойств: «0», «1», «2», «3», «4». Так вот, до сокращения не было различимо отличие свойств в желании получать, свет Бесконечности наполнял все желания — все круги, все эти концентрические окружности, как мы себе это представляем — и наполнял их равномерно. Поскольку свет их все наполнял, то это желание было подавлено светом, и не ощущалось различие между этими желаниями, между этими стадиями.

Например, собрались несколько человек, одному из которых нравится салат, другому — мясо, третьему — хлеб, четвертому — молочные продукты. Все они получили, сколько хотели, и чувствуют себя одинаково насытившимися. Разницы нет, потому что конечное чувство — предельное наполнение.

13) Однако, во всемогуществе Его (что значит «Его всемогущество»: то, что свет — высший, а *кли* — низшее) **не**

распознавалась эта новая форма — желание насладиться — как отличие от света Творца. И это внутренний смысл сказанного в «Пиркей де рабби Элиэзер», что до сотворения мира был Он един и имя Его едино (*йуд кей вав кей* — четырехбуквенное имя). «Он» — означает свет, имеющийся в Бесконечности, а «имя Его» — означает место, то есть содержащееся в свете Бесконечности желание получить от Ацмуто. И это поясняет нам, что Он и имя Его едины. Другими словами, в «Его имени» (означающем *малхут* Бесконечности, *кли,* то есть желание, а точнее — желание получить, заложенное во всю включенную в замысел творения реальность до сокращения — до цимцум *алеф)* неразличимо никакое изменение формы и отличие от света, находящегося в нем, в этом желании, но свет и место представляют собой действительно одно целое. Ведь если бы там — внутри этого места — было хоть какое-то различие и ущербность относительно света Бесконечности, тогда, безусловно, там было бы два свойства, как уже объяснялось. И вдумайся.

То есть если бы желание было и ощущалось не соответствующим свету, то эти два понятия — «Он» и «имя Его» — не трактовались бы как одно, как состояние Бесконечности. Когда свет целиком наполняет *кли,* он создает в *кли* условие абсолютного совершенства.

Кстати, это имя, эти четыре буквы вы можете увидеть во всех религиях именно как символ наивысшего уровня Творца. Их можно встретить в христианском храме, в мусульманском, в иудейском. Эти четыре буквы являются как бы надрелигиозными, как бы святыми для всех. Речь идет о состоянии уровня мира Бесконечности. Это очень интересно. Неожиданно обнаруживаешь, что христианский архитектор изобразил их в каком-то храме. Изучающему каббалу понятно — почему.

> «Сокращение» означает, что *малхут* Бесконечности уменьшила имеющееся в ней желание получать, и тогда свет исчез, так как нет света без *кли*

14) И в этом заключается сокращение: *малхут* Бесконечности — так называется желание получать, содержащееся в

Внутреннее созерцание. Глава 2. Комментарии

свете Бесконечности, — которая представляет собой замысел творения в Бесконечности и заключает в себе всю реальность, **украсилась, чтобы самостоятельно подняться и привести свою форму к максимальному подобию** *Ацмуто*. И поэтому убавила свое желание, чтобы не получать наполнение Творца в четвертой стадии желания (как это будет объяснено далее) с таким намерением, чтобы благодаря этому создались и сотворились миры вплоть до этого мира, и таким образом станет исправленой форма желания получать и возвратится к форме отдачи и, тем самым, придет в этом уподоблении формы к Создателю.

И вот, после того, как она убавила в желании получать, разумеется, ушел оттуда свет, поскольку известно уже, что свет зависит от желания, и желание — «место» этого света. Ведь нет принуждения в духовном.

«Сокращение» означает, что *малхут* Бесконечности уменьшила имеющееся в ней желание получать, и тогда свет исчез, так как нет света без *кли*

14) И в этом заключается сокращение: *малхут* **Бесконечности — так называется желание получать, содержащееся в свете Бесконечности, — которая представляет собой замысел творения в Бесконечности и заключает в себе всю реальность, украсилась...** Вот это слово «украсилась» надо объяснить: украсила себя, **чтобы самостоятельно подняться и привести свою форму к максимальному подобию** *Ацмуто*. То есть *малхут* мира Бесконечности сделала на себя сокращение — *цимцум алеф*, и это действие мы называем «украшением». Это произошло в ней не вследствие необходимости, а только из желания себя приукрасить. Действие сокращения не было вынужденным, не ощущалось как принуждение со стороны Творца, но *малхут* лишь пожелала себя приукрасить, уподобить Творцу. Это очень важно понять.

От Творца изначально, как ощущают это каббалисты, к нам нисходит только одно-единственное желание — насладить нас. Неважно в каких обстоятельствах и при каких условиях — будь ты последним эгоистом. Поэтому наше желание уподобиться Ему называется «украшением».

Творец не принуждает нас к отдаче, само *кли* начинает осознавать свою ущербность в сравнении со светом, свою противоположность, и поэтому делает «*цимцум алеф*», затем «экран» и «исправление на себя». Но в мире Бесконечности *кли* этой ущербности совершенно не ощущает.

Со стороны Творца — мы должны это понять — не существует никакого принуждающего воздействия на нас. Творец не требует, чтобы мы занимались исправлением созданного Им желания, это желание абсолютно и совершенно.

Здесь необходимо немножко подумать над этими определениями. Посмотрите, ведь не случайно каббалисты называют действие «*цимцум алеф*» «украшением», которое *кли* сделало на себя.

И поэтому убавила свое желание, чтобы не получать наполнение Творца в четвертой стадии желания (как это будет объяснено далее) с таким намерением, чтобы благодаря этому создались и сотворились миры вплоть до этого мира, и таким образом станет исправленой форма желания получать и возвратится к форме отдачи и, тем самым, придет в этом уподоблении формы к Создателю.

И вот, после того, как она убавила в желании получать, то есть сделала *цимцум*... Что значит «убавила в желании получать»?

Свет естественным образом перестает ощущаться, он как бы уходит, исчезает. То есть опять-таки *кли* является начальным, причиной, а свет является вторичным, следствием. Поэтому ни в коем случае не следует беспокоиться о свете — мы должны думать только о нашем *кли*.

...Разумеется, ушел оттуда свет, поскольку известно уже, что свет зависит от желания, и желание — «место» этого света. Ведь нет принуждения в духовном.

Глава 3

Выяснение «откалывания души»

15) И теперь прояснится вопрос откалывания души, о которой сказано, что она «часть Творца свыше» — тот вопрос, которым мы уже задавались ранее: как и чем будет отличаться форма души от Его простого света настолько, что будет этим отделена от «Все»?

Теперь понятно, что, в самом деле, произошло в ней большое изменение формы, ведь хотя Творец и включает все те формы, о которых только возможно думать и размышлять, тем не менее после всего вышесказанного ты находишь одну форму, не включенную в Него, а именно форму желания получать. Ведь от кого Ему получать?

Однако все сотворение душ — это следствие желания Творца их насладить, и в этом заключается замысел творения. Поэтому необходимо, чтобы отпечатался в душах этот закон — желать и стремиться получить Его наполнение. Но тем самым они оказываются отделенными от Творца, поскольку их форма стала отличной от Него. Ведь выяснилось уже, что материальная сущность разделяется и разъединяется силой движения и отдалением места, а духовная сущность разделяется и разъединяется изменением формы. И по величине отличия по форме друг от друга будет измеряться расстояние между ними. А если отличие по форме дойдет до действительно крайней противоположности, происходит отсечение и полное разделение, настолько, что не смогут питаться друг от друга, так как считаются чуждыми друг другу.

Выяснение «откалывания души»

15) **И теперь прояснится вопрос откалывания души** (что значит «откалывание души»: есть душа и она от чего-то отделяется?), **о которой сказано, что она «часть Творца свыше»** — тот вопрос, которым мы уже задавались ранее: как и чем будет отличаться форма души от Его простого света настолько, что будет этим отделена от «Все»?

Получается так, что есть как бы огромный свет, называемый «Творец», и вдруг этот свет отделяется от Творца, делится на какие-то свои части. Что делит этот свет на части?

Теперь понятно, что, в самом деле, произошло в ней большое изменение формы, ведь хотя Творец и включает все те формы, о которых только возможно думать и размышлять, тем не менее после всего вышесказанного ты находишь одну форму, не включенную в Него, а именно форму желания получать. Ведь от кого Ему получать?

Однако все сотворение душ — это следствие желания Творца их насладить (поэтому создал их в желании получать), и в этом заключается замысел творения. Поэтому необходимо, чтобы отпечатался в душах этот закон — желать и стремиться получить Его наполнение. Но тем самым они оказываются отделенными от Творца, поскольку их форма стала отличной от Него.

То есть отличия нашего желания от желания Творца (Его желание — отдавать, а наше желание — получать) и являются разделяющими между нами.

Каким же образом, не изменяя по сути нашей природы, мы можем сделать так, чтобы природа, которая есть в нас, и природа, которой является Он, смогли бы стать одинаковыми, подобными, равными, равноценными? Это возможно только, если мы «наденем» на нашу природу намерение. Саму природу мы изменить не можем, поэтому мы ничего не должны делать со своими желаниями. Мы должны только изменить наши намерения, выбрать — «ради себя» или «ради Него». И вопрос сводится к тому, чтобы сконцентрироваться не на том, что я хочу, а на том, для чего я это хочу, кто от этого получит наслаждение, кто от этого получит наполнение, на что направлено мое действие, во имя чего я желаю, кого я хочу наполнить? Человек не должен ограничивать свои желания, он вообще на сами желания не должен обращать внимание.

Поэтому есть закон в духовном: «*Эйн кфия́ бэ-руханию́т*» — нет диктатуры, принуждения, ограничения в духовном. На сами желания ограничений нет никаких, есть только исправление намерения, с которым используются желания. И любое желание, кажущееся нам сегодня самым варварским, жестоким, антиальтруистическим, если правильно его применять (не меняя это различие в природе между человеком и Творцом, потому что природу изменить нельзя), станет обратным себе.

Поэтому Бааль Сулам говорит, что мы должны сопоставлять себя с Творцом в нашем намерении, а не в самом желании.

Ведь выяснилось уже, что материальная сущность разделяется и разъединяется силой движения и отдалением места, а духовная сущность разделяется и разъединяется изменением формы. И по величине отличия по форме друг от друга будет измеряться расстояние между ними. А если отличие по форме дойдет до действительно крайней противоположности, происходит отсечение и полное разделение, настолько, что не смогут питаться друг от друга, так как считаются чуждыми друг другу.

Наша природа такова, что подобие сближает между собой отдающего и отдающего, получающего и получающего. Поэтому мы в своем первоначальном состоянии крайне отдалены от Творца — своей природой получающего от природы Дающего.

Глава 4

После сокращения желания получать и образования на него экрана, оно не пригодно быть *кли* получения, и вышло из системы святости, и вместо него отраженный свет используется в качестве получающего *кли*, а *кли* желания получать отдано системе нечистых сил

16) После сокращения и образования экрана на это *кли*, называемое «желанием получать», оно аннулировалось, и отделилось, и вышло из всей системы святости, и вместо него был установлен отраженный свет, чтобы быть получающим *кли*.

И знай, что в этом все различие между АБЕА *де-кдуша́* и АБЕА *де-тума́*. Потому что получающие *келим* миров АБЕА *де-кдуша* происходят из отраженного света, исправленного уподоблением по форме Бесконечности. А АБЕА *де-тума* пользуются желанием получать, которое сократилось, и это форма, противоположная Бесконечности. И этим они отрезаются и отделяются от Источника жизни, от Бесконечности.

После сокращения желания получать и образования на него экрана, оно не пригодно быть *кли* получения, и вышло из системы святости, и вместо него отраженный свет используется в качестве получающего *кли*, а *кли* желания получать отдано системе нечистых сил

Очень сложный текст, но легче, проще не скажешь. Устно это выражается более простыми словами, но лишь потому, что при этом многое подразумевается между словами.

16) После сокращения и образования экрана на это *кли*, называемое «желанием получать», оно аннулировалось (потому что произошло сокращение, то есть прошлое желание выходит из употребления в том виде, в котором оно использовалось)**, и отделилось, и вышло из всей системы святости, и вместо него был установлен отраженный свет, чтобы быть получающим *кли*.**

И знай, что в этом все различие между АБЕА *де-кдуша́* (досл. святости) и АБЕА *де-тума́* (досл. нечистых сил). Потому что получающие *келим* миров АБЕА *де-кдуша* происходят из отраженного света, исправленного уподоблением по форме Бесконечности. А АБЕА *де-тума* пользуются желанием получать, которое сократилось...

То есть, вопреки закону «*цимцум алеф*», нечистые силы используют это желание. Они могут при этом получить? Нет! Но они стремятся получить всевозможными способами — в этом и заключаются уловки нечистых миров АБЕА.

...И это форма, противоположная Бесконечности. И этим они отрезаются и отделяются от Источника жизни, от Бесконечности.

В чем же коренное отличие этих двух систем, между которыми мы существуем, — «нечистой» и «чистой»? Эти две системы управления исходят из одного источника. Они оказывают на нас противоположные воздействия. И мы, благодаря этим противоположным воздействиям, можем расти: использовать свойство положительно против его же использования отрицательного. Используя их в противопоставлении, ощущая на себе их воздействия, мы и ощущаем тьму против света, свет против тьмы в каждом из своих желаний.

Таким образом существуют, развиваются в нас пограничные ощущения. Если бы не граница между двумя противоположными свойствами, в нас не развились бы никакие ощущения. Эти ощущения, рождающиеся в нас на границе между «чистой» и «нечистой» системами управления, строят в нас именно те свойства, с которыми мы начинаем постигать высший мир, Творца, становиться равными Ему.

То есть существование этих двух систем и их воздействие на нас именно в противоположном виде — один раз подъем, другой раз спуск, бросания из стороны в сторону, колебания, всевозможные возмущения, которые происходят в нас — все это необходимо для нашего духовного продвижения.

Весь вопрос в том, насколько правильно мы будем отслеживать источник воздействия на нас этих двух сил. Для чего происходит воздействие на нас двух сил, причем попеременно — то с одной стороны, больше или меньше, то с другой, — и к тому же в различных аспектах? Для того, чтобы мы, не теряясь во всем этом водовороте, в котором мы закручены, все время улавливали бы связь с Творцом, то есть, несмотря на всю эту стихию, каждый раз находили бы путь прямо к Нему.

Это и означает подъем по ступеням лестницы. А ступенями они являются именно потому, что созданы из попеременного воздействия этих двух противоположных сил.

Человек питается осадками от *клипот* и поэтому пользуется желанием получать, как они

17) Отсюда пойми корень испорченностей, который изначально содержится в замысле творения, состоящем в наслаждении Его созданий. Ведь после всего нисхожденения пяти всеобщих миров Адам Кадмон и АБЕА, и проявления при этом *клипот* в четырех мирах АБЕА *де-тума*, как сказано: «Одно против другого сделал Творец», предстает пред нами грязное материальное тело, о котором говорится, что наклонности человеческого сердца дурны смолоду, поскольку с молодости человек питается лишь осадками от *клипот*. Ибо все пристрастия *клипот* и духовной нечистоты суть одно — содержащаяся в них форма «желание только получать», и нет в них абсолютно ничего от желания отдавать. И тем самым они оказываются противоположными Творцу — потому что у Него, несомненно, вообще нет никакого желания получать, а все желание Его — лишь наслаждать и наполнять. И поэтому называются *клипот* мертвыми, так как противоположностью своей формы Источнику жизни оказываются отрезанными от Него, и нет у них от изобилия Творца ничего. Поэтому и тело, питаемое осадками *клипот*, также оказывается отрезанным от жизни, и оно полно скверны. И все это из-за заключенного в нем «желания только получать», а не давать. Ведь его желание всегда раскрыто, чтобы заполучить в свое чрево мир со всем, что в нем есть.

И поэтому грешники еще при жизни называются «мертвыми», так как вследствие изменения их формы до крайней противоположности корню, когда у них нет ничего от свойства отдачи, они отрезаны от Творца и действительно мертвы. И хотя может показаться, что у грешников тоже есть что-то от отдачи, дескать, дают милостыню и тому подобное, однако уже сказано о них в Зоаре, что «любое благодеяние совершают ради себя», ведь их намерение в основе своей — для себя и ради почестей.

Но праведники, занимающиеся Торой и заповедями не с целью получения награды, а для того чтобы доставить радость своему Создателю, очищают этим свое тело и обращают свое *кли* получения в свойство отдачи.

Как сказал Рабейну а-Кадош: «Раскрыто и известно... что даже на мизинец я не взял для себя наслаждения». И тем самым оказываются действительно слитыми с Ним, поскольку форма их совершенно равна Создателю, без всякого отличия по форме.

Мудрецы фразу «и сказать Сиону: «ты — Мой народ *(ами)*» в предисловии «Книги Зоар» (п. 67) комментируют следующим образом: «читай ее — со Мной *(ими)* вы в сотрудничестве». Имеется в виду, что праведники являются партнерами Творца, поскольку Он начал творение, а праведники завершают его, обращая *келим* получения в *келим* отдачи.

> Человек питается осадками от *клипот* и поэтому пользуется желанием получать, как они

17) Отсюда пойми корень испорченностей, который изначально содержится в замысле творения, состоящем в наслаждении Его созданий. Ведь после всего нисхождения пяти всеобщих миров Адам Кадмон и АБЕА, и проявления при этом *клипот* в четырех мирах АБЕА *де-тума*, как сказано: «Одно против другого сделал Творец», — то есть когда мы имеем «одно против другого» — всю систему четырех миров Ацилут, Брия, Ецира, Асия чистых сил против системы миров Ацилут, Брия, Ецира, Асия нечистых сил, — **предстает пред нами грязное материальное тело, о котором говорится, что наклонности человеческого сердца дурны смолоду, поскольку с молодости человек питается лишь осадками от** *клипот*.

Человек уже изначально рождается эгоистом, находящимся под влиянием «нечистой» системы АБЕА. То есть мы — в нашем мире, под *махсомом* — находимся под влиянием «нечистой» системы миров. Есть Ацилут, Брия, Ецира, Асия «чистые», Ацилут, Брия, Ецира, Асия «нечистые», и мы находимся ниже «нечистых» сил. Над нами находится система четырех «нечистых» миров, которая питает нас, оживляет, держит.

Представляете теперь нашу работу: мы, находясь под *махсомом* и под влиянием четырех таких огромных «нечистых» миров — Ацилут, Брия, Ецира, Асия, должны выйти из нашего мира в «чистый» духовный мир, в «чистый» мир Асия. И затем, несмотря на то, что мы питаемся всегда только от «нечистой» системы АБЕА, мы должны пройти, подняться по «чистой» системе АБЕА наверх. Какую антиэгоистическую работу должен произвести в себе человек.

Итак, человек рождается абсолютно «нечистым» и получает силы от нечистых миров, от «желания только получать». **Ибо все пристрастия** *клипот* **и духовной нечистоты суть одно — содержащаяся в них форма «желание только получать», и нет в них абсолютно ничего от желания отдавать. И тем самым они оказываются противоположными Творцу —** потому что у Него, несомненно, вообще нет никакого желания получать, а все желание Его — лишь наслаждать и наполнять.

И поэтому называются *клипот* («нечистые» силы) **мертвыми**, так как противоположностью своей формы Источнику жизни *(хаей а-хаим)* оказываются отрезанными от Него, и нет у них от изобилия Творца ничего.

Он называет здесь свойства Творца *«хаей а-хаим»* — жизнь жизней, что означает «живой», «дарующий жизнь».

Поэтому и тело (наши эгоистические желания), питаемое осадками *клипот*, **также оказывается отрезанным от жизни, и оно полно скверны. И все это из-за заключенного в нем «желания только получать», а не давать. Ведь его желание всегда раскрыто, чтобы заполучить в свое чрево мир со всем, что в нем есть.**

И поэтому грешники — то есть, стремящиеся насладиться ради себя, как-нибудь себя наполнить, без всякой связи с Творцом — **еще при жизни называются «мертвыми», так как вследствие изменения их формы до крайней противоположности корню, когда у них нет ничего от свойства отдачи, они отрезаны от Творца и действительно мертвы. И хотя может показаться, что у грешников тоже есть что-то от отдачи, дескать, дают милостыню и тому подобное...**

Бааль Сулам приводит тут пример того, что в нашем мире считается благодеянием, добром, проявлением добрых свойств. Так мы оцениваем человека, думая, что это свидетельствует о его духовности. Мы считаем праведниками людей, которые дают большие пожертвования, заботятся друг о друге, просто красиво относятся друг к другу. Мы не понимаем, что и это тоже происходит от «нечистых сил». Он говорит: **...Однако уже сказано о них в Зоаре, что «любое благодеяние совершают ради себя», ведь их намерение в основе своей — для себя и ради почестей.**

Но праведники, занимающиеся Торой и заповедями не с целью получения награды, а для того чтобы доставить радость своему Создателю, очищают этим свое тело — очищают свои желания от намерений «ради себя», **и обращают свое** *кли* **получения в свойство отдачи.**

Как сказал Рабейну а-Кадош: «Раскрыто и известно... что даже на мизинец я не взял для себя наслаждения» в течение всей этой жизни.

То есть ничего не взял себе, даже самым маленьким пальцем. Рука человека символизирует *кли* — то, что он желает получить от этого мира. Есть такое образное выражение: даже одним пальцем я ничего не загреб для себя из этого мира.

И тем самым оказываются действительно слитыми с Ним, поскольку форма их совершенно равна Создателю, без всякого отличия по форме.

Мудрецы фразу «и сказать Сиону: «ты — Мой народ *(ами)*» в предисловии «Книги Зоар» (п. 67) комментируют следующим образом: «читай ее — со Мной *(ими)* вы в сотрудничестве». Имеется в виду, что праведники являются партнерами Творца, поскольку Он начал творение, а праведники завершают его, обращая *келим* получения в *келим* отдачи.

Вся действительность включена в Бесконечность и выходит, происходя из существующего, и лишь желание получать является новым и выходит, появляясь из ничего

18) Знай, что вся суть новшества, задуманного Творцом в этом творении, о котором мудрецы сказали, что Он вызвал его к существованию из ничего, — в том, что новизна эта приходится только лишь на форму желания наслаждаться, заложенного в каждом творении. А сверх этого не возникло ничего нового в акте творения. В этом смысл высказывания: «производит свет и творит тьму». РАМБАН объясняет, что слово «творит» указывает на новизну, то есть на то, чего не было прежде. Ты видишь, не говорится: «и творит свет» — именно потому, что нет в нем новизны, как в случае создания чего-то из ничего. Потому что свет и все содержащееся в свете, представляющее собой все самые приятные в мире ощущения и постижения, — все это выходит, происходя из существующего — словом, они уже содержатся в Творце. И в таком случае нет в них признака новизны, и поэтому сказано: «производит свет», чтобы указать, что нет в нем признака новизны и сотворения.

Но о тьме, заключающей в себе все самые неприятные ощущения и познания, сказано: «и творит тьму», потому что

Он создал их действительно появляющимися из ничего. То есть, безусловно, нет этого в реальности Творца совсем, но обновление происходит сейчас, ибо корнем их всех является форма «желания наслаждаться», включенного в света, распространяющиеся от Творца. Так что сначала она только темнее высшего света, и поэтому называется «тьмой» относительно света. Но в конце из-за нее распространяются и появляются *клипот*, *ситра áхра* и грешники, которые окончательно отрезаются ею от корня жизни. И это внутренний смысл фразы: «Ногами она нисходит в смерть». Объяснение. Слово «ноги» указывает на конец чего-либо и означает ноги *малхут*, которая представляет собой желание насладиться, присутствующее в распространении света Творца, от которой в конце нисходит смерть к *ситра áхра*, а также к питающимся и тянущимся за *ситра áхра*.

> Вся действительность включена в Бесконечность и выходит, происходя из существующего, и лишь желание получать является новым и выходит, появляясь из ничего

Все творение состоит из двух частей. Из желания получать, которое родилось из ничего, и его наполнения, исходящего из самого Творца.

18) Знай, что вся суть новшества, задуманного Творцом в этом творении, о котором мудрецы сказали, что Он вызвал его к существованию из ничего, — в том, что новизна эта приходится только лишь на форму желания наслаждаться (всевозможные формы желания и его виды), заложенного в каждом творении. А сверх этого не возникло ничего нового в акте творения. В этом смысл высказывания: «Производит свет и творит тьму».

Тьма — это творение, сотворенное, а свет излучается, исходит из Творца.

РАМБАН объясняет, что слово «творит» указывает на новизну, то есть на то, чего не было прежде, до нее. Ты видишь, не говорится: «и творит свет» — именно потому, что нет в нем новизны, как в случае создания чего-то из ничего.

Потому что свет и все содержащееся в свете (вся информация, всевозможные виды наслаждения — все, что несет в себе свет), **представляющее собой все самые приятные в мире ощущения и постижения, — все это выходит, происходя из существующего** (вечно существующего Творца) — словом, они уже содержатся в Творце. И в таком случае нет в них признака новизны, и поэтому сказано: «производит свет», чтобы указать, что нет в нем признака новизны и сотворения.

Но о тьме, заключающей в себе все самые неприятные ощущения и познания, сказано: «и творит тьму», потому что Он создал их действительно появляющимися из ничего. То есть, безусловно, нет этого в реальности Творца совсем, но обновление происходит сейчас, ибо корнем их всех является форма «желания наслаждаться», включенного в света, распространяющиеся от Творца.

От Творца исходит свет. Происходит это потому, что в свете, как бы вне Творца, появляется всего лишь одно микроскопическое желание насладиться. Эта точка вне Творца, называемая *еш ми айн* (нечто из ничего), расширяясь, увеличиваясь как желание получить, как бы «высасывает» свет из Творца, наполняется им — и создается мир Бесконечности.

Так что сначала она только темнее высшего света — как, допустим, первая, вторая, третья стадии относительно света — **и поэтому называется «тьмой» относительно света. Но в конце** — когда эти стадии развиваются, а затем переходят в миры — **из-за нее распространяются и появляются** (в результате разбиения) **клипо́т, си́тра а́хра и грешники, которые окончательно отрезаются ею от корня жизни.** «*Ситра ахра*» — это «обратная сторона» на арамейском языке: *ситра* — сторона, *ахра* — обратная. И появляются также грешники, или *келим*, которые полностью отключены от света.

Есть два вида *келим*: внешние и внутренние. *Келим* внешние — это стадии 0, 1, 2, 3. Внутренние *келим* — это стадия 4.

Соответственно этим четырем стадиям образуются духовные миры и все, кто в них находится. Духовные миры — из нулевой стадии. Все, кто в них находится, — из первой, второй и третьей стадии. Из стадии 1 образуются неживые духовные свойства, из стадии 2 — растительные духовные свойства, из стадии 3 — животные духовные свойства. Человек, душа, образуется из четвертой стадии. Она внутренняя относительно миров и внутреняя относительно тех духовных растений и животных, которые в этих мирах находятся. Миры есть чистые, то есть стадии 0, 1, 2, 3 с намерением «ради Творца» и есть нечистые, подобные соответствующим стадиям 0, 1, 2, 3, но только с намерением «ради себя».

В мирах есть «ангелы», духовные растения и духовные животные. Это все — силы. Чистые — в чистых мирах. Нечистые — в нечистых мирах, и называются уже «черти», «ведьмы» — «нечистые ангелы», как бы. Ангелом называется высшая сила. Ни в коем случае не надо представлять себе в высших мирах какие-то образы, подобные существующим в нашем мире, подобные растениям или животным. Имеется в виду только градация сил. И среди этих сил, в центре, находится душа, с одной стороны от нее нечистые миры, с другой стороны — чистые миры. Сначала душа проходит все свои исправления на неживом уровне. На следующей стадии души, расположенной таким образом относительно миров, все повторяется точно так же на растительном уровне, и далее на следующей, животной стадии.

Это изучается в третьей части «Учения десяти сфирот».

Миры чистые, их неживая, растительная, животная части — 0, 1, 2, 3. Душа — это четвертая часть, внутренняя часть, с правой и с левой стороны которой — чистые и нечистые миры. Если мы берем малхут мира Бесконечности и все ее уровни — 0, 1, 2, 3, 4, то из четвертого уровня происходит душа человека, а из остальных уровней — миры и их населяющие.

И все это исходит из Творца: желание, которое делится на миры и душу — и все это наполняется светом Творца. Причем, все это исходит и распространяется из Творца настолько далеко, что после «разбиения *келим*», эти *келим* и наполняющий их свет создают объемы мироздания, которые называются нечистыми, противоположными Творцу, эгоистическими, совершенно отключенными от корня жизни.

```
Стадия 0 ⎫
Стадия 1 ⎪  Внешние келим -
Стадия 2 ⎬    миры и их
Стадия 3 ⎭   населяющие

Стадия 4 ⎬  Внутренние келим -
                душа
```

Рис. 31 *Деление малхут на внешние и внутренние келим*

Поэтому сказано:

И это внутренний смысл фразы: «Ногами она нисходит в смерть». Объяснение. Слово «ноги» указывает на конец чего-либо — конец всего распространения — и означает ноги *малхут*, которая представляет собой желание насладиться, присутствующее в распространении света Творца, от которой в конце нисходит смерть к *си́тра а́хра*, а также к питающимся и тянущимся за *си́тра а́хра*.

То есть в конце концов развиваются в них свойства, противоположные Творцу, которые уже называются смертью для тех, кто устремляется к этим свойствам.

Поскольку мы ветви, исходящие из Бесконечности, то находящееся в нашем корне — в удовольствие нам, а то, чего нет в нашем корне, будет для нас обузой и страданиями

19) Но тогда возникает вопрос: поскольку это отличие формы желания получать обязано быть в творениях (иначе, как бы они могли произойти от Него и выйти из категории «Творец» в категорию «творение», что возможно представить лишь посредством отличия формы), и, более того, эта форма желания наслаждаться является основой природы всего творения, так как замысел творения порождает ее, и она является также мерой количества добра и наслаждения (потому и называется «местом») — как же говорится о ней, что она называется «тьмой» и простирается до состояния «смерть», поскольку создает в низших получающих состояние разрыва и отделения от Источника жизни? И еще необходимо понять: в

чем причина того сильного трепета, который приходит к получающим вследствие отличия этой формы от *Ацмуто*, и почему обрушился на нее великий этот гнев?

И чтобы в достаточной мере разъяснить тебе эти тонкие понятия, необходимо прежде выяснить происхождение всей совокупности наслаждений и страданий, ощущаемых в нашем мире. Осмысли это, зная, что природа любой ветви придет к подобию своему корню, а поэтому все имеющееся в корне будет принято также и ветвью — она это полюбит и будет сильно это желать. А от всего отсутствующего в корне также и ветвь отдаляется, не потерпит и возненавидит это. И непреложный этот закон действует в любом корне и его ветви.

И поскольку именно Творец является корнем всех созданных Им творений, то все находящееся в Нем и исходящее к нам от Него прямым продолжением, придется по вкусу и будет нам приятным, так как нашей природе близок наш корень. А все вещи, отсутствующие в Нем, и исходящие к нам не напрямую от Него, а в силу полярной противоположности самого творения, будут противны нашей природе, и будет трудно нам их терпеть. Так, мы любим покой и чрезвычайно ненавидим все, относящееся к движению, настолько, что не совершаем никакого движения иначе, чем ради достижения покоя. И это результат того, что нашему корню не свойственно движение, а свойственен покой, и в нем вообще не происходит никакого движения, поэтому это также против нашей природы и движение нам ненавистно. И точно так же мы любим мудрость, мужество, богатство и все прочие достоинства именно потому, что они содержатся в Нем, в нашем корне. И мы сильно ненавидим их противоположности, такие как невежество, слабость, бедность, презрение и тому подобное — именно вследствие того, что они полностью отсутствуют в нашем корне, поэтому они нестерпимо отвратительны и ненавистны нам.

Но необходимо исследовать, как возможно какое-либо продолжение, которое происходило бы не напрямую от Него, а из полярной противоположности самого творения?

С чем это можно сравнить? С богачом, который зовет человека с рынка, и кормит его, и поит его, и одаривает серебром и золотом изо дня в день, и с каждым днем все больше. И заметь, что этот человек различает в бесчисленных подарках богача два разных вкуса одновременно. Потому что, с одной стороны, он испытывает бесконечно большое наслаждение в силу многочисленности его подарков. Но, с другой стороны, тяжело ему вынести избыток благодеяния, и он стыдится в момент его получения, и это возрастающее с каждым разом число подарков невыносимо для него.

И, конечно же, наслаждение, получаемое от подарков, исходит к нему напрямую от дающего богача, но ощущаемая в подарках нестерпимость исходит не от дающего богача, а из сущности самого получающего, когда в нем пробуждается стыд вследствие получения и невозмещенности подношения. Но на самом деле, и это, разумеется, подстраивает ему богач, но только не напрямую.

> Поскольку мы ветви, исходящие из Бесконечности, то находящееся в нашем корне — в удовольствие нам, а то, чего нет в нашем корне, будет для нас обузой и страданиями

В любом состоянии — в противоположном Творцу, в подобном Творцу, до *махсома*, после, над *махсомом* — неважно, где и каким образом проявляются эти состояния, в каких бы состояниях наших частных подъемов и спусков мы ни находились — все равно мы исходим из Бесконечности. Там наш дом, и все, что находится там, для нас приятно. А все, что там отсутствует, для нас неприятно, вплоть до страданий и смерти.

19) Но тогда возникает вопрос: поскольку это отличие формы желания получать обязано быть в творениях (иначе, как бы они могли произойти от Него и выйти из категории «Творец» в категорию «творение», что возможно представить лишь посредством отличия формы)...

Вопрос вот в чем: как можно создать из Творца свойство, которое было бы Ему противоположно, создать свойство, желающее получить то, что исходит из Него, и чтобы оно было создано к тому же выходом из Творца? Как это возможно — ведь мы такого в нашем мире не наблюдаем? И как изменить первоначальное свойство отдачи, чтобы из него вышло получение?

...И, более того, эта форма желания наслаждаться является основой природы всего творения, так как замысел творения порождает ее, и она является также мерой количества добра и наслаждения (потому и называется «местом») — как же говорится о ней, что она называется «тьмой» и простирается до состояния «смерть», поскольку создает в низших получающих состояние разрыва и отделения от Источника жизни?

Если желание наслаждаться — общее и единственное свойство всего творения, как же оно развивается или, наоборот, деградирует до такого состояния, когда становится смертью, полностью отрываясь от Творца?

И еще необходимо понять: в чем причина того сильного трепета, который приходит к получающим вследствие отличия этой формы от *Ацмуто*, и почему обрушился на нее великий этот гнев?

И чтобы в достаточной мере разъяснить тебе эти тонкие понятия, необходимо прежде выяснить происхождение всей совокупности наслаждений и страданий, ощущаемых в нашем мире. Осмысли это, зная, что природа любой ветви придет к подобию своему корню, — ведь все, что произрастает, исходит из своего корня и подобно корню, в котором заложена информация о будущих плодах и ветвях, а поэтому все имеющееся в корне будет принято также и ветвью — она это полюбит и будет сильно это желать.

Мы это знаем по себе. Когда что-то в нашей жизни напоминает нам о том, к чему мы привыкли в детстве у мамы, у бабушки, — нам это приятно. Почему? Что в этом такого особенного, что так умиляет нас, дает нам тепло, радость? Это закон природы: то, что находится в корне, воспринимается ветвью как наслаждение.

А от всего отсутствующего в корне также и ветвь отдаляется, не потерпит и возненавидит это. И непреложный этот закон действует в любом корне и его ветви. Это создано Творцом и не меняется нигде и никогда.

И поскольку именно Творец является корнем всех созданных Им творений, то все находящееся в Нем и исходящее к нам от Него прямым продолжением, придется по вкусу и будет нам приятным, так как нашей природе близок наш корень. А все вещи, отсутствующие в Нем, и исходящие к нам не напрямую от Него, а в силу полярной противоположности самого творения, будут противны нашей природе, и будет трудно нам их терпеть (мы будем испытывать страдание).

Так, мы любим покой и чрезвычайно ненавидим все, относящееся к движению, настолько, что не совершаем никакого движения иначе, чем ради достижения покоя. И это результат того, что нашему корню не свойственно движение, а свойственен покой, и в нем вообще не происходит никакого движения, поэтому это также против нашей природы и движение нам ненавистно. И точно так же мы любим мудрость, мужество, богатство и все прочие достоинства именно потому, что они содержатся в Нем, в нашем корне. И мы сильно ненавидим их противоположности, такие как невежество, слабость, бедность, презрение и тому подобное — именно вследствие того, что они полностью отсутствуют в нашем корне, поэтому они нестерпимо отвратительны и ненавистны нам.

Вроде бы, понятно. Все, что есть в Творце, должно быть приятно нам. Все, чего в Нем нет, — нам неприятно. Что дальше? С этим законом мы можем согласиться. **Но необходимо исследовать,** то есть понять, **как возможно какое-либо продолжение, которое происходило бы не напрямую от Него, а из полярной противоположности самого творения?**

Вопрос стоит так: как в нас может возникнуть что-то не прямым путем от Творца? Как может быть что-то, что находится только в нас и является присущим только нам? Понятно уже, о чем идет речь — об эгоизме. Не просто о желании насладиться. Творец тоже желает насладиться — Он создал нас, потому что это дает Ему наслаждение. Но эгоистического намерения к желанию наслаждаться в Нем нет, а в нас есть.

В результате развития этого желания получать — после «прегрешения Адама», после «разбиения сосудов» — мы становимся противоположными Творцу, и в нас возникает эгоизм — то, чего нет в Нем, в мире Бесконечности этого не было. Поэтому все, что связано с эгоизмом, с желанием получить ради себя — хотя это желание находится в нас не по нашей воле — властвует над нами, и мы ничего с этим поделать не можем. Настолько, что не можем даже представить себе, как можно обойтись без него.

Как иногда находишься в каком-то помутнении или под властью какой-то мысли, идеи или каких-то людей и не можешь выйти, не можешь представить себе, что вне этого может быть что-то еще. Потом, когда выходишь, возникает невероятное чувство, что ты даже не представлял себе возможность существовать вне этого. Вот так и мы, существуем в таком замкнутом эгоистическом объеме и не представляем себе, насколько мы находимся под этой властью. И отсюда все наши страдания, потому что этот наш эгоистический объем совершенно отсутствует в нашем корне.

Говорит Бааль Сулам:

С чем это можно сравнить? С богачом, который зовет человека с рынка, и кормит его, и поит его, и одаривает серебром и золотом изо дня в день, и с каждым днем все больше. И заметь, что этот человек **различает** изо дня в день, все больше и больше, в бесчисленных подарках богача два разных вкуса одновременно. Потому что, с одной стороны, он испытывает бесконечно большое наслаждение в силу многочисленности его подарков. Но, с другой стороны, тяжело ему вынести избыток благодеяния, и он стыдится в момент его получения, и это возрастающее с каждым разом число подарков невыносимо для него.

И, конечно же, наслаждение, получаемое от подарков, исходит к нему напрямую от дающего богача, но ощущаемая в подарках нестерпимость исходит не от дающего богача (имеется в виду, что богач делает это абсолютно бескорыстно, никоим образом для себя ничего из этого не извлекая), **а из сущности самого получающего, когда в нем пробуждается стыд вследствие получения и невозмещенности подношения. Но на самом деле, и это, разумеется, подстраивает ему богач, но только не напрямую.**

Потому что богач, одаривая его, поневоле возбуждает в нем ощущение получающего. Вы скажете: «Но Творец же все может. Он мог бы сделать в нас такое качество, чтобы мы получали и не ощущали себя получающими». На самом деле так и происходит. Творец так и сделал, только сделал это на предварительных стадиях развития творения: неживая природа, растительная природа и животная природа себя получающими не ощущают, а поэтому не ощущают и дающего. Творец, наоборот, скрывается от нас для того, чтобы не возбуждать в нас чувство стыда. Однако при прохождении *махсома* мы вступаем в такое состояние, когда мы действительно сгораем от стыда и пытаемся это ощущение стыда немедленно компенсировать. Но не ради избавления от стыда, а для того чтобы этот стыд сделать правильным орудием в наших руках — чтобы уподобиться Творцу. Мы благодарим Творца за это непрямое воздействие на нас, потому что оно помогает нам стать подобными Ему.

Я надеюсь, что здесь у вас возникнет много вопросов, на которые вы получите ответы в будущем.

Поскольку желание получить отсутствует в нашем корне, мы испытываем в нем стыд и нетерпимость. И потому сказали мудрецы, что для исправления этого Он «уготовил» нам в этом мире приложение усилий в Торе и заповедях, чтобы обратить желание получать в желание отдавать

20) Из всего сказанного нам становится ясно, что во всех формах, исходящих к нам от Него не напрямую, будет присутствовать трудность терпения. И это против нашей природы.

Таким образом, пойми, что эта новая форма, образовавшаяся в получающем, то есть «желание наслаждаться», в действительности не является какой-либо ущербностью или недостатком со стороны Творца, а наоборот — это основа замысла Его творения, так как без этого нет здесь творения вообще, как уже сказано. Однако получающий, который является носителем этой формы, испытывает в ней чувство нестерпимости из-за себя самого, то есть потому, что эта форма отсутствует в его корне. И вдумайся в сказанное.

Итак, нам удалось понять смысл высказывания мудрецов о том, что этот мир сотворен потому, что «тот, кто ест не свое, стыдится смотреть в лицо дающему». Как выяснилось выше, это очень удивляет при поверхностном рассмотрении. Однако теперь их слова становятся очень приятны нам. Ибо они указывают на отличие формы этого «желания насладиться», которое неизбежно присутствует в душах потому, что «тот, кто ест не свое, стыдится смотреть в лицо дающему». Иными словами, каждый получающий дар испытывает в момент получения стыд именно вследствие отличия формы от корня, в котором нет этой формы получения. И чтобы исправить это, Он создал этот мир, в котором душа принимает эту форму и облачается в тело, — но с помощью занятий Торой и заповедями ради доставления радости Создателю преобразуются получающие *келим* души в *келим* отдачи. Это значит, что со своей стороны она не стремилась бы получить возвышенное наслаждение, а получает это наслаждение только с целью доставить удовольствие своему Создателю, желающему, чтобы души насладились Его изобилием. А так как чиста она от желания получать для себя, то больше не стыдится смотреть Ему в лицо, и тем самым раскрывается верх совершенства творения. И мы еще выясним необходимость и обязательность далекого нисхождения до этого мира, поскольку эту огромную работу по обращению формы получения в форму отдачи невозможно представить иначе, как только в этом мире.

> Поскольку желание получить отсутствует в нашем корне, мы испытываем в нем стыд и нетерпимость. И потому сказали мудрецы, что для исправления этого Он «уготовил» нам в этом мире приложение усилий в Торе и заповедях, чтобы обратить желание получать в желание отдавать

Речь идет о всевозможных средствах для того, чтобы обратить желание получать в желание отдавать.

Любое наше действие, которое помогает нам преобразовать намерение «ради себя» в намерение «ради Творца», называется «заповедью». А сила, которая приходит свыше и помогает это действие реализовать, называется «светом», или «Торой». Поэтому и говорится, что исправление достигается усилиями в Торе и заповедях. Под «заповедью» имеется в виду следующее: я вижу свое желание, я его хорошо прорабатываю, чувствую в деталях, систематизирую, я ощущаю его как нехорошее и должен из него выйти, изменить его. Все эти мои предпосылки я должен свести к работе с группой, к усилиям во время учебы. На что я направляю свою учебу? На что я направляю свое отношение к товарищам? После того, как я все это проделал, это должно привести меня к молитве Творцу. О чем? О том, чтобы Он раскрыл мне Себя, Свое величие. Потому что Его величие даст мне силы самому подняться выше этих злых, эгоистических желаний. Это впечатление от света, который я получаю от Творца, называется «верой», а свет исправления, который я при этом получаю, называется «Торой».

20) Из всего сказанного нам становится ясно, что во всех формах, исходящих к нам от Него не напрямую, будет присутствовать трудность терпения. И это против нашей природы.

Таким образом, пойми, что эта новая форма, образовавшаяся в получающем, то есть «желание наслаждаться», в действительности не является какой-либо ущербностью или недостатком со стороны Творца, а наоборот — это основа замысла Его творения, так как без этого нет здесь творения вообще, как уже сказано. Однако получающий, который является носителем этой формы, испытывает в ней чувство нестерпимости из-за себя самого, то есть потому, что эта форма отсутствует в его корне. И вдумайся в сказанное.

Итак, нам удалось понять смысл высказывания мудрецов о том, что этот мир сотворен потому, что «тот, кто ест не свое, стыдится смотреть в лицо дающему». Как выяснилось выше, это очень удивляет при поверхностном рассмотрении. Однако теперь их слова становятся очень приятны нам. Ибо они указывают на отличие формы этого «желания насладиться», которое неизбежно присутствует в душах потому, что «тот, кто ест не свое, стыдится смотреть в лицо дающему».

Начиная с уровня разбиения сосудов и далее, души находятся в противоположном от Творца состоянии. А мы, начиная наше развитие снизу вверх, достигаем «точки в сердце» и развиваем ее до такого состояния, когда начинаем ощущать стыд относительно Творца. Это уже на духовных ступенях, над *махсомом*.

Иными словами, каждый получающий дар испытывает в момент получения стыд именно вследствие отличия формы от корня, в котором нет этой формы получения. И чтобы исправить это, — чтобы мы могли исправить это с самого начала — **Он создал этот мир, в котором душа принимает эту форму и облачается в тело,** — но с помощью занятий Торой и **заповедями** — то есть при помощи всевозможных усилий в том, что называется «группа, книги, учитель», **ради доставления радости Создателю** (с намерением ради Творца) преобразуются получающие *келим* души в *келим* отдачи — меняется намерение «ради себя» на «ради Творца». Это значит, что со своей стороны она не стремилась бы получить возвышенное наслаждение, а получает это наслаждение только с целью доставить удовольствие своему Создателю, желающему, чтобы души насладились Его изобилием. А так как чиста она от желания получать для себя, то больше не стыдится смотреть Ему в лицо, и тем самым раскрывается верх совершенства творения. И мы еще выясним необходимость и обязательность далекого нисхождения до этого мира, поскольку эту огромную работу по обращению формы получения в форму отдачи невозможно представить иначе, как только в этом мире.

Мы, со своей стороны, должны устремиться к такому состоянию, которое существует в Творце, — к состоянию отдачи, — ведь ничего иного в Творце не существует. И тогда душа достигает своего исправления и совершенства. Чтобы достичь этого, нам приходится проделывать огромную работу: обратить намерение «ради себя» в намерение «ради Творца», свойство получения в свойство отдачи. Возможность сделать это существует только в нашем мире. Бааль Сулам говорит об этом в следующем пункте.

Грешников сокруши двойным сокрушением, а праведники унаследуют вдвое

21) Приди к этому и убедись воочию: что касается грешников — «сокруши их двойным сокрушением», потому что удерживают веревку с двух сторон, — ведь этот мир создан с недостатком и лишенным всего обилия добра, и для приобретений требуется движение. Но известно, что человека огорчает преумножение движения, поскольку оно является непрямым следствием сущности Творца. Однако и оставаться ненаполненным приобретениями и благом тоже невозможно, — ибо это тоже противоречит корню, ведь корень этот наполнен всем добром — и поэтому предпочитают страдание от умножения движения для достижения полноты приобретений. Но поскольку все их приобретения и собственность исключительно для себя, ведь «имеющий сотню хочет две», то отсюда следует, что «не умирает человек, удовлетворив даже наполовину свою страсть». Таким образом, терпят они с двух сторон — и от страданий увеличения движения, и от страданий недостатка приобретений, так как не получают даже половины их.

Однако праведники «в земле своей унаследуют вдвое». То есть после того, как обращают свое «желание получать» в желание отдавать, и все получаемое ими — ради отдачи, тогда унаследуют вдвое, потому что, помимо достижения ими совершенства наслаждения и самых лучших приобретений, они достигают также подобия по форме с ее Создателем, тем самым оказываясь в истинном слиянии. И тогда они находятся также в постижении покоя, когда наполнение приходит к ним само по себе, безо всякого движения и труда.

Грешников сокруши двойным сокрушением, а праведники унаследуют вдвое

21) Приди к этому и убедись воочию: что касается грешников — «сокруши их двойным сокрушением», потому что удерживают веревку с двух сторон (что это значит?), — ведь этот мир создан с недостатком и лишенным всего обилия добра, и для приобретений требуется движение. Но известно,

что человека огорчает преумножение движения, поскольку оно является непрямым следствием сущности Творца.

То, что отсутствует в Творце, воспринимается нами как неприятное, а то, что есть в Нем — как приятное, как свет, как наслаждение. Поэтому — так как в духовном мире, в Творце, движения нет — то и ощущение движения нами воспринимается как неприятное.

Однако и оставаться ненаполненным приобретениями и благом тоже невозможно, — ибо это тоже противоречит корню, ведь корень этот наполнен всем добром...

Вследствие этого мы и ощущаем отсутствие наполнения как страдание. И поэтому из двух зол — страдание от опустошения или страдание от движения — мы выбираем меньшее.

...И поэтому предпочитают страдание от умножения движения для достижения полноты приобретений. Но поскольку все их приобретения и собственность исключительно для себя, ведь «имеющий сотню хочет две»...

Если бы действительно, при помощи движения достигали бы наслаждений, хотя оно и доставляет нам страдания, тогда все было бы нормально. Как в нашем мире: прилагаешь усилия, платишь — и получаешь вознаграждение. Но проблема еще и в том, что поскольку приобретения и богатства — с намерением «только ради себя», то получается, что чем больше я мечусь и пытаюсь приобрести, тем больше отрицательное, более опустошенное кли-желание во мне возникает.

Получается, что, если у меня раньше было 100, то я начинаю желать 200. А если я приложил огромные усилия и наполнил себя на 200, то при этом во мне образуется 400 опустошенных ячеек. А если я обрету наполнение на 400 опустошенных ячеек, во мне образуется 800. Потому что наполнение ради себя вызывает кли в два раза большее, так как к отсутствию наполнения добавляется еще и то усилие, которое я произвел, чтобы достичь предыдущего наполнения.

То есть закон очень жесткий, и в нашем мире он соблюдается так же, как и в духовном. Так, если мы стараемся эгоистически себя наполнить, то каждое следующее наполнение, якобы наполнение, будет порождать в нас в два раза больший *хисарон* — недостаток, в два раза большую пустоту. И мы это видим по себе — чем больше есть у человека, тем больше он желает.

Мы только не представляем, что значит «вдвойне», потому что это характеристика качественная, а не количественная. Она может выражаться, например, таким образом: я хотел быть хозяином дома, а теперь я желаю быть великим артистом, даже без денег. То есть меняется качество желания, появляется тщеславие и желание известности. Мы не можем эти желания сопоставлять и точно исчислять, но духовный закон действует только таким образом — если я эгоистически стараюсь себя наполнить, я в себе все время создаю *кли* в два раза более пустое, чем в прошлый раз, при каждом своем эгоистическом наполнении.

И «**не умирает человек, удовлетворив даже наполовину свою страсть**». **Таким образом, терпят они** (грешники — те, кто ради себя пытаются наполниться) **с двух сторон — и от страданий увеличения движения, и от страданий недостатка приобретений, так как не получают даже половины их.**

И движение к цели, и сама опустошившаяся цель, которую они вот-вот, якобы, достигнут, дают им сейчас это двойное опустошение. Таким образом, им недостает в следующий раз всегда половины желаемого. Получается жуткое состояние — каждый раз, если я достигаю что-то, я достигаю в два раза меньше, чем я хотел бы, и в итоге, остаюсь вдвойне пустым.

Еще раз поясню это на примере.

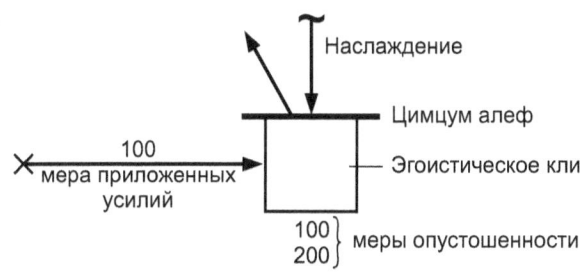

Рис. 32 Увеличение опустошенности в эгоистическом кли

Я желал чего-то. Приложил к этому определенное количество усилий. Допустим, «100» — числовое измерение этого наслаждения. Я приложил к этому сто единиц усилий, достиг этого состояния, ко мне должно спуститься наслаждение. Оно мне светит, но не входит в мое *кли*, потому что здесь есть *махсом* — преграда — *цимцум алеф*. Наслаждение в эгоистическое *кли* не входит. В итоге получается, что у меня *кли* становится опустошенным на 200 единиц наслаждения. И я уже к нему начинаю стремиться, и тогда ощущаю себя в два раза более опустошенным. Только на мгновение я могу почувствовать, максимум на мгновение, что я наполняюсь, когда мне светит это наполнение. Но оно тут же наталкивается на преграду и уходит обратно.

Что значит «на мгновение»? Скажем, я много лет копил на автомобиль, и вот я его покупаю. Через некоторое время наслаждение от его покупки полностью уходит, и я начинаю стремиться к чему-то другому. Все наслаждение исчезает, ничего не остается: я уже не насыщаюсь от того, что у меня есть автомобиль, — использую его, но наслаждения нет.

Если бы мы наслаждались аккумулятивно, то в течение своей жизни постоянно все больше, больше и больше наполнялись бы приобретаемыми наслаждениями. Вы представляете? Сколько раз в жизни я вкусно ел, сколько раз в жизни испытывал животные наслаждения, сколько раз в жизни испытывал разные душевные наслаждения, человеческие. А где они все? Если бы наслаждения все время собирались во мне, и я ощущал бы постоянно все большее их обретение, накопление — вы представляете, каким я был бы наполненным и счастливым каждую секунду своей жизни? Почему же это во мне не так, почему это должно исчезать?

Потому что в эгоистическом желании света быть не может — он может только столкнуться с эгоистическим желанием и сразу же исчезнуть. Но как только я меняю намерение на обратное, свет входит в меня. Он остается, и каждый раз добавляется. Все больше и больше. Поэтому я начинаю расти, поднимаясь по ступеням своего постижения и собирая в себе света. И поэтому любое духовное состояние — какое бы оно ни было — это всегда воодушевление, всегда сила, устремление, жизнь. И всегда следующее состояние выше — то есть плюс к предыдущему — по своему наполнению. Поэтому и говорится, что грешники проигрывают дважды, а праведники вдвойне выигрывают от метода своего наполнения:

Однако праведники «в земле своей унаследуют вдвое». То есть после того, как обращают свое «желание получать» в желание отдавать, и все получаемое ими — ради отдачи, тогда унаследуют вдвое, потому что, помимо достижения ими совершенства наслаждения и самых лучших приобретений, они достигают также подобия по форме с ее Создателем (то есть у них есть еще дополнительное вознаграждение — они обретают уровень Творца), **тем самым оказываясь в истинном слиянии. И тогда они находятся также в постижении покоя, когда наполнение приходит к ним само по себе, безо всякого движения и труда.**

Когда человек входит в работу с духовными своими категориями — с намерением на отдачу — движение прекращается. Все движение — внутри, это движение света и экрана. И оно постоянное, все время восходящее.

Глава 5

Замысел творения обязывает все части мироздания исходить друг из друга вплоть до конца исправления

22) А теперь, когда мы выяснили все вышесказанное, нам станет хоть немного понятнее сила единственности Творца. Ведь мысли Его — не наши мысли. И все множество постигаемых нами понятий и форм, во всей находящейся перед нами действительности, все это соединяется у Него в одной единственной мысли, являющейся замыслом творения «чтобы насладить Его творения». Эта единственная мысль охватывает всю действительность совершенным единством до окончания исправления, потому что она, как уже сказано, — вся цель творения.

И она — «действующий», аналогично силе, действующей в объекте воздействия. Ибо то, что у Творца является лишь мыслью, обязано стать в творениях непреложным законом. И поскольку Он думал о нас — насладить нас, это неизбежно запечатлено в нас — стать получающими Его доброе наполнение.

И она же — «действие». Это значит, что после того как заложен в нас этот закон желания получать наслаждения, мы сами определяемся именем «действие», когда по причине отличия этой формы мы выходим из категории «Творец» в категорию «творение» и из категории «действующий» в категорию «действие», как уже объяснялось.

И она же — «усилие и работа», так как из-за силы, действующей в объекте воздействия, количество содержащегося в нас стремления к получению увеличивается и доходит, путем нисхождения миров, до состояния отделенного тела в этом мире (то есть до полной противоположности по форме Источнику жизни), в рамки понятий которого не входит отдача вне себя. И это несет телам смерть, а душе всевозможные страдания и тяжелый труд, как будет выяснено далее.

В этом заключается «работа Творца» в Торе и в заповедях. Так как благодаря свечению линии в сократившемся месте простираются святые имена, Тора и заповеди. А благодаря труду в Торе и заповедях с намерением доставить радость Создателю постепенно превращаются получающие *келим*, содержащиеся в нас, в *келим* отдачи. И это для нас вся желанная награда.

Ведь пока не исправлены получающие *келим*, мы не можем даже питать надежду получить Его изобилие как раз из-за боязни отличия формы, о чем сказано: «тот, кто ест не свое, стыдится смотреть в лицо дающему». Ведь по этой причине и произошло первое сокращение. Но когда мы исправляем наше получающее *кли*, чтобы оно было ради отдачи, мы тем самым приводим *келим* в соответствие их Создателю, и становимся достойными получать Его наполнение неограниченно.

Итак, ты видишь, что все эти противоположные формы во всем представшем перед нами творении: форма «действующий» и «приводимый в действие», форма «испорченности» и «исправления», форма «работа» и «вознаграждение за нее» и прочие — все это содержится, причем в предельной простоте, в одной-единственной Его мысли — в точности как написано: «насладить творения», не больше и не меньше. И точно так же включено в эту мысль все многообразие понятий, как понятий Торы, так и внешних наук, и все многообразие творений и миров, и различие управлений в каждом из них. Все они исходят и следуют только из этой единственной мысли, и далее я буду разъяснять их по мере необходимости.

Замысел творения обязывает все части мироздания исходить друг из друга вплоть до конца исправления

Вот это очень интересно:

Замысел творения обязывает — желаем мы того или нет — все части творения, независимо от того, человек это или последний камень (обо всем, кроме Творца, можно говорить, как о творении), достичь окончательного, полного исправления.

22) А теперь, когда мы выяснили все вышесказанное, нам станет хоть немного понятнее сила единственности Творца. Ведь мысли Его — не наши мысли. И все множество постигаемых нами понятий и форм, во всей находящейся перед нами действительности, все это соединяется у Него в одной единственной мысли, являющейся замыслом творения: «чтобы насладить Его творения». Эта единственная мысль охватывает всю действительность совершенным единством до окончания исправления, потому что она, как уже сказано, — вся цель творения.

И она — «действующий», аналогично силе, действующей в объекте воздействия. Ибо то, что у Творца является лишь мыслью, обязано стать в творениях непреложным законом. И поскольку Он думал о нас — насладить нас, это неизбежно запечатлено в нас — стать получающими Его доброе наполнение.

Со стороны Творца существует одно желание — насладить. Со стороны творения есть только одно желание — насладиться. Больше ничего.

И она же — «действие». Это значит, что после того как заложен в нас этот закон желания получать наслаждения, мы сами определяемся именем «действие», когда по причине отличия этой формы мы выходим из категории «Творец» в категорию «творение» и из категории «действующий» в категорию «действие», как уже объяснялось.

И она же — «усилие и работа», так как из-за силы, действующей в объекте воздействия, количество содержащегося в нас стремления к получению увеличивается и доходит, путем нисхождения миров, до состояния отделенного тела в этом мире (то есть до полной противоположности по форме Источнику жизни), в рамки понятий которого не входит отдача вне себя. И это несет телам смерть, а душе всевозможные страдания и тяжелый труд, как будет выяснено далее.

В этом заключается «работа Творца» в Торе и в заповедях. Так как благодаря свечению линии в сократившемся месте простираются святые имена, Тора и заповеди. А благодаря труду в Торе и заповедях с намерением доставить радость Создателю постепенно превращаются получающие *келим*, содержащиеся в нас, в *келим* отдачи.

Наши *келим* находятся в таком состоянии, что только посредством каббалистической методики — посредством свечения световой линии из мира Бесконечности через многие-многие сокращения — свет воздействует на это противоположное Творцу желание, и мы, с помощью определенных усилий, называемых «Тора и заповеди», исправляем себя под воздействием света.

И это для нас вся желанная награда.

Ничего нам, кроме этого, не надо. Ни о чем другом мы думать не должны. Все остальное, о чем бы мы ни подумали, не будет в точности соответствовать цели, не будет точно направлено на цель творения. И никогда Высший не ответит нам на эту молитву. Мы должны направлять себя только на это — обратить наше желание в подобие Творцу.

Ведь пока не исправлены получающие *келим*, мы не можем даже питать надежду получить Его изобилие как раз из-за боязни отличия формы, о чем сказано: «тот, кто ест не свое, стыдится смотреть в лицо дающему». Ведь по этой причине и произошло первое сокращение.

Это исходит из высшего принципа: не позволить дойти до чувства стыда, которое является самым страшным из чувств. Для нас оно не является страшным, потому что стыд мы не ощущаем. Если бы мы чувствовали Хозяина, дающего нам, и себя — получающими от Него, то тогда мы ощутили бы стыд таким испепеляющим огнем, что мы готовы были бы на любые страдания, только бы не ощущать его.

Поэтому Творец скрывается от нас — чтобы не вызывать в нас чувство стыда.

Для того, чтобы избавить творение от такого сильного, страшного ощущения стыда, Творец вызвал в *малхут* в мире Бесконечности первое сокращение — *цимцум алеф*. Начиная с этого момента и далее *малхут*, будучи освобожденной от этого чувства стыда, может постепенно себя исправлять. Иначе, находясь под властью этого огромного, уничтожающего, страшного ощущения, она не смогла бы ничего делать.

Но когда мы исправляем наше получающее *кли*, чтобы оно было ради отдачи, мы тем самым приводим *келим* в соответствие их Создателю, и становимся достойными получать Его наполнение неограниченно.

Итак, ты видишь, что все эти противоположные формы во всем предстающем перед нами творении: форма «действующий» и «приводимый в действие», форма «испорченности» и «исправления», форма «работа» и «вознаграждение за нее» и прочие — все это содержится, причем в предельной простоте, в одной-единственной Его мысли — в точности как написано: «насладить творения», не больше и не меньше. И точно так же включено в эту мысль все многообразие понятий, как понятий Торы, так и внешних наук, и все многообразие творений и **миров** (в которых существуют и другие замыкающиеся на нас творения), **и различие управлений в каждом из них. Все они исходят и следуют только из этой единственной мысли** — насладить каждого из нас, находящихся в абсолютном, совершенном состоянии, **и далее я буду разъяснять их по мере необходимости.**

Почему это так происходит?

Потому что само состояние вечности в Творце действует на нас таким образом. Мы находимся с вами в состоянии «мир Бесконечности», оно называется «состояние 1». Из этого мира Бесконечности (точка в центре и остальные стадии), из этого состояния мы проходим с вами исправление и приходим к такому же состоянию Бесконечности. Эти два состояния отличаются только тем, что в новом состоянии есть у нас еще экран, то есть намерение ради Творца. Это состояние называется «состояние 3». А в «состоянии 2» происходят исправления.

Как действует Творец? Творец действует на нас, исходя из 3-го состояния (для Него 3-е и 1-е состояния абсолютно равнозначны), в котором мы находимся вместе с Ним в Его ощущениях, поэтому относительно нас Он абсолютно добр. Он видит нас в этом состоянии. Исходя из этого 3-го состояния, Он воздействует на нас и вызывает в нас все действия, которые мы проходим — то есть, это действия Творца.

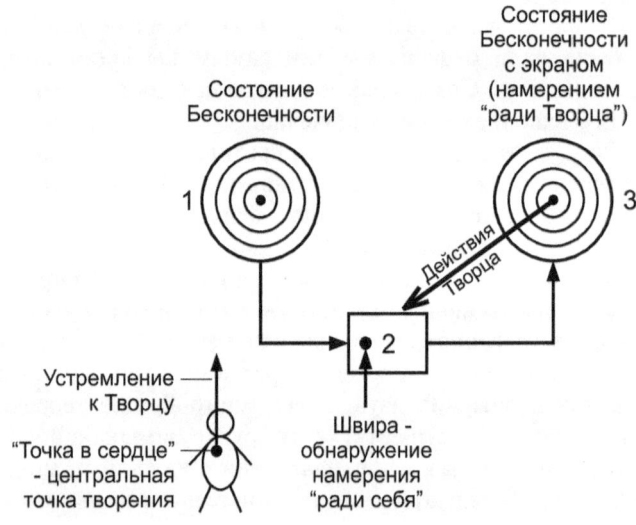

Рис. 33 Достижение творением намерения "ради Творца"

И поэтому все наши состояния содержат абсолютно необходимые элементы движения к Нему, так как они определяются нашим конечным состоянием — состоянием 3. Мы всегда с вами движемся в наших ощущениях, в наших понятиях: из состояния 1 — через 2 — к состоянию 3. Творец же относится к нам совсем по-другому: Он тянет нас к Себе из состояния 3, подтягивает к Себе. А так как Творец видит нас в совершенном виде, то Он относится к нам абсолютно идеально, и оттуда, из совершенства, тянет нас к Себе. А мы всегда ощущаем себя несовершенными, и только раскрывая Его действие, мы раскрываем совершенство.

Поэтому мы говорим, что существует только один замысел: наполнить творение абсолютным наслаждением, потому что относительно Творца это все уже на самом деле существует. Мы находимся перед Ним в абсолютно исправленном, вечном и совершенном состоянии. Эта схема позволяет нам объяснить еще очень многие процессы и дать ответы на многие вопросы, которые у нас возникают. Например: а как могло произойти разбиение *келим*? Как может быть, чтобы совершенный Творец вдруг сделал что-то несовершенное? Можно даже спросить: каким образом Творец вообще мог об этом подумать?

А все потому, что для достижения намерения «ради Творца» необходимо, чтобы сначала во мне было намерение «ради себя», чтобы я определил намерение «ради Творца» из противоположного свойства. Но намерения «ради себя» у меня в состоянии 1 нет. Значит, оно должно быть в состоянии 2: здесь, во втором состоянии, должна быть *швира́* (разбиение).

А затем, постепенно, — исправление. Причем *швира* должна быть в мирах и *швира* должна быть в душах. А почему разбиение должно происходить и в душах, и в мирах, почему творение должно делиться на эти два состояния? Да потому, что намерение ради Творца может ощущаться только в самой центральной точке творения, а в остальных точках — не может. Почему? Потому, что одна из них — неживая, вторая — растительная, третья — животная и только четвертая точка — это человек. Это такая чувствительная точка, которая, в отличие от всех остальных, ощущает своего хозяина, и поэтому только она развивается. Так, если мы исследуем человека в нашем мире, то увидим: ничего в нем не меняется, кроме «точки в сердце». Даже наши желания не изменяются — меняется только наше устремление к Творцу. То есть, эта «точка в сердце» является самой центральной точкой в творении.

Если мы во всех действиях Творца относительно нас не будем забывать, что это Он тянет нас к тому состоянию, в котором мы уже существуем в полном слиянии с Ним, нам будет очень легко ответить на многие вопросы. У нас не будет проблем: как это вдруг что-то случается — вдруг *швира*, вдруг какие-то отрицательные, нехорошие воздействия Его на нас? Эти нехорошие действия определяются заранее.

Например, передо мной стоит стол, уставленный яствами. Для того, чтобы мне действительно насладиться едой, мне нужно сначала прогуляться, мне надо «нагулять аппетит». То есть, исходя из совершенства и выявляется потребность в предварительных несовершенных ощущениях.

«*Малхут* Бесконечности» означает, что *малхут* не образует там состояния «конец»

23) Из вышесказанного становится понятной фраза, приводимая в Тикуним Зоара относительно *малхут* Бесконечности: «сотряслись пороги от голоса удивленных», дескать, допустимо ли давать имя *«малхут»* в Бесконечности, ведь в таком случае там должны быть и девять первых *сфирот*? Однако в сказанном нами отчетливо проясняется, что само желание получить, которое непременно заключено в свете Бесконечности, называется «*малхут* Бесконечности», но там *малхут* еще не образует состояния «конец» и «граница» на свет Бесконечности, поскольку не проявилось еще в ней отличие по форме из-за желания получить. Поэтому и называется она «Бесконечность». То есть *малхут* не образует там состояние «конец», тогда как после *цимцума* и ниже образовалось состояние «конец» в каждой сфире и каждом *парцуфе* силой этой *малхут*.

«Малхут Бесконечности» означает, что малхут не образует там состояния «конец»

Нет конца — бесконечность.

23) Из вышесказанного становится понятной фраза, приводимая в Тикуним Зоара (очень важный, очень сложный раздел в «Книге Зоар», говорящий о самых последних состояниях *малхут* перед ее окончательным исправлением), относительно *малхут* Бесконечности: «сотряслись пороги от голоса удивленных», дескать, допустимо ли давать имя «*малхут*» в Бесконечности, ведь в таком случае там должны быть и девять первых *сфирот* — то есть всевозможные разделения?

Однако в сказанном нами отчетливо проясняется, что само желание получить, которое непременно заключено в свете Бесконечности, называется «*малхут* Бесконечности». Она не потому называется *малхут* мира Бесконечности, что бесконечна по своим размерам, **но там *малхут* еще не сделала состояния «конец» и «граница» на свет Бесконечности.**

А почему она такая — *малхут* мира Бесконечности в первом состоянии? — **Поскольку не проявилось еще в ней отличие формы из-за желания получить. Поэтому называется она «Бесконечность».** То есть *малхут* не образует там состояние «конец», тогда как после *цимцума* и ниже **образовалось состояние конец** (*соф*) **в каждой *сфире* и каждом *парцуфе*** (в каждом мире и в частных, и в глобальных его проявлениях) **силой этой *малхут*.**

Именно поэтому она называется «*малхут* мира Бесконечности».

В состоянии 1 *малхут* мира Бесконечности не ощущает своей противоположности Творцу. Не ощущает — поэтому она бесконечна. А в состоянии 3 *малхут* действительно будет находиться в состоянии Бесконечности, потому что в состоянии 2 вследствие разбиения она ощутит свою противоположность Творцу, а затем исправит себя так, чтобы с помощью экрана неограниченно уподобиться Творцу. И вот тогда она на самом деле станет «*малхут* мира Бесконечности». Таким образом, здесь мы говорим о состоянии до *цимцума*, которое, допустим, будет называться «нулевым» состоянием творения. В таком случае состояние 3 становится четвертым состоянием. То есть «нулевое» состояние — это неосознанное состояние. А в *Гмар Тикун* (в полном исправлении) оно полностью осознано.

Глава 6

Желание получить не может проявиться в какой-либо сущности иначе, чем по четырем стадиям, представляющим собой 4 буквы АВАЯ

24) Рассмотрим немного подробнее этот вопрос, чтобы лучше понять состояние *соф*, образовавшееся в *малхут*.

Но сначала выясним то, что определено каббалистами и приводится в Зоар и Тикуним: «Не найдешь ты никакого света — большого или малого, как в высших мирах, так и в низших, не выстроенного в порядке четырехбуквенного имени АВАЯ».

И это согласуется с правилом, приводимым в книге «Древо Жизни»: не может быть света в мирах, который не был бы облачен в *кли*.

Объяснение. Я уже пояснил различие между *Ацмуто* и светом, распространяющимся от Него, и единственной причиной этого различия является желание насладиться, которое содержится в распространяющемся свете Его, а это — отличие формы от *Ацмуто*, так как, ни в коем случае, нет этого желания в Нем самом. И поэтому этот распространяющийся свет определяется именем «создание», так как по причине изменения этой формы выходит этот свет из категории «Создатель» в свойство «создание».

И выяснено также, что желание наслаждаться, содержащееся в свете Творца, является также мерой величия света, которая называется «местом света», то есть, принимающим наполнение Творца согласно мере своего желания получить и стремления — не менее и не более того.

Также выяснилось, что это понятие «желание получить» и является всей новизной, возникающей при сотворении миров посредством создания сущего действительно из ничего, поскольку только лишь эта форма вообще не содержится в *Ацмуто*, и лишь сейчас создал ее Творец для творения, о чем сказано: «и творит тьму». Ибо форма эта — корень тьмы, вследствие существующего в ней отличия. И поэтому она темнее света, распространяющегося внутри нее и благодаря ей.

Из этого пойми, что в любом распространяющемся от Творца свете сразу же выявляются два состояния. Первое — сущность распространяющегося света до раскрытия в нем этой формы желания насладиться. Второе — после того, как проявилась в свете форма желания насладиться, когда он приобретает *авиют* и затемняется немного, вследствие обретения отличия формы. И вот, первое состояние называется в каббале светом, а второе — *кли*.

Поэтому в любом распространяющемся свете различаются четыре стадии относительно реакции *кли*. Ибо форма желания получать, которая называется «*кли* для распространяющегося света», не завершается за один раз, а путем «действующий и приводимый в действие».

И есть две стадии в «действующем», и две стадии в «приводимом в действие». Они называются «потенциал» и «его проявление» в действущем, и «потенциал» и «действие» в приводимом в действие, и являются четырьмя стадиями.

Желание получить не может проявиться в какой-либо сущности иначе, чем по четырем стадиям, представляющим собой 4 буквы АВАЯ

Мы с вами не раз уже говорили, что свет, распространяясь, создает *кли*, и распространение его в *кли* происходит обязательно по четырем стадиям.

Рассмотрим подробней, как свет создает желание в четырех стадиях своего развития?

24) Рассмотрим немного подробнее этот вопрос, чтобы лучше понять состояние *соф*, образовавшееся в *малхут*.

Но сначала выясним то, что определено каббалистами и приводится в Зоар и Тикуним: «Не найдешь ты никакого света — большого или малого, как в высших мирах, так и в низших, не выстроенного в порядке четырехбуквенного имени АВАЯ».

«Имена», мы знаем, — это проявления света относительно нас. Свет рисует себя на наших желаниях, исправленных, неисправленных, полуисправленных. Мы воспринимаем его проявление на наших желаниях как буквы. Они находятся внутри нас, в наших *келим*, поэтому проявление света внутри этих наших желаний называется «четырехбуквенным именем Творца»[28].

И это согласуется с правилом, приводимым в книге «Древо Жизни»: не может быть света в мирах, который не был бы облачен в *кли*.

Объяснение. Я уже пояснил различие между *Ацмуто* и светом, распространяющимся от Него, и единственной причиной этого различия является желание насладиться (то есть, желание насладиться, творение, словно присосавшись, вытягивает из Творца этот свет, вбирая его в себя), которое содержится в распространяющемся свете Его, а это — отличие формы от *Ацмуто*, так как, ни в коем случае, нет этого желания в Нем самом. И поэтому этот распространяющийся свет определяется именем «создание», так как по причине изменения этой формы выходит этот свет из категории «Создатель» в свойство «создание».

И выяснено также, что желание наслаждаться, содержащееся в свете Творца, является также мерой величия света, которая называется «местом света», то есть, принимающим наполнение Творца согласно мере своего желания получить и стремления — не менее и не более того.

Также выяснилось, что это понятие «желание получить» и является всей новизной, возникающей при сотворении миров посредством создания сущего действительно из ничего...

То есть, единственное, что создал Творец из ничего — желание насладиться. И как Он относится к желанию насладиться? С единственным желанием — насладить. И кроме этих двух желаний — желания насладиться и желания насладить — нет ничего. Ощущение желания Творца «насладить» в желании творения «насладиться» называется светом. Ощущается этот свет в мере подобия Творца и творения.

...Поскольку только лишь эта форма вообще не содержится в *Ацмуто*, и лишь сейчас создал ее Творец для творения,

---

28 Четыре буквы — по числу стадий, поскольку градуируется наше желание, в основном, по четырем стадиям — 1, 2, 3, 4. Нулевая не берется в расчет, потому что она является желанием Творца. Относительно нас счет начинается с первой стадии.

о чем сказано: «и творит тьму». **Ибо форма эта — корень тьмы, вследствие существующего в ней отличия. И поэтому она темнее света, распространяющегося внутри нее и благодаря ей.**

Эта форма называется тьмой в сравнении со светом, потому что тьма исходит из созданного, а свет распространяется из вечно существующего.

Из этого пойми, что в любом распространяющемся от Творца свете сразу же выявляются два состояния. Первое — сущность распространяющегося света — свет, который выходит из Ацмуто. Свет вне Ацмуто — это не суть Творца, это просто распространяющееся свойство Творца. Что значит «распространяющееся»? — **до раскрытия в нем этой формы желания насладиться.** Свет распространяется от Творца до тех пор, пока в нем, в этом свете, не возникает желание наслаждаться, проходящее последовательно через четыре стадии проявления себя в свете.

Второе — после того, как проявилась в свете форма желания насладиться, когда он приобретает *авиют* **и затемняется немного, вследствие обретения отличия формы. И вот, первое состояние называется в каббале светом, а второе —** *кли*.

То есть, *кли* — это особое свойство, которое в обязательном порядке возникает в свете, распространяющемся от Творца.

Поэтому в любом распространяющемся свете различаются четыре стадии относительно реакции *кли*. **Ибо форма желания получать, которая называется** «*кли* **для распространяющегося света», не завершается за один раз, а путем «действующий и приводимый в действие».**

Не сразу в свете возникает *кли*, а только в виде постепенного действия. Эти действия — четыре стадии прямого света — делятся на две группы: два действия «в проявлении» и два действия «в потенциале». Итого, четыре стадии.

Эти четыре действия мы с вами обязаны будем пройти, потому что именно из этих четырех действий можно понять строение духовных миров.

Кетер — это нулевая стадия, из нее исходит свет.

Теперь рассмотрим стадии 1, 2, 3, 4, называемые *хохма, бина, зеир анпин* и *малхут*.

Бина и *малхут* подобны друг другу, также *хохма* и *зеир анпин* являются подобием друг друга. *Хохма* впоследствии называется *арих анпин* (*арих анпин* переводится «большое лицо», а *зеир анпин* — «маленькое лицо»), *бина* называется «высшим геройством», а *малхут* — «нижним геройством». Геройство — это доблесть, проявление себя против находящейся во мне силы. Почему не только в *малхут*, но и в *бине* есть эта сила «против»? Потому что первая стадия *авиюта* находится в *бине*, внутри *бины*, и она является желанием получать в *бине*.

Мы увидим, что есть у нас два желания — *хохма* и *зеир анпин*, которые находятся, что называется, «в потенциале», и два желания «в действии» — *бина* и *малхут*. А затем эти четыре желания во всем мироздании проявятся нам в виде миров, в виде *парцуфим*, в виде наших свойств. Мы с вами узнаем и поймем, почему из этих четырех корней создается все наше мироздание и наши свойства в нем именно в таком виде.

И есть две стадии в «действующем», и две стадии в «приводимом в действие». Они называются «потенциал» и «его проявление» в действущем, и «потенциал» и «действие» в приводимом в действие, и являются четырьмя стадиями.

Желание получить устанавливается в создании не иначе, как его пробуждением к получению собственными силами

25) Дело в том, что *кли* — корень тьмы, так как оно противоположно свету, и поэтому оно должно приводиться в действие постепенно, ступень за ступенью, причинно-следственным путем, и в этом смысл сказанного: «воды зачали и породили тьму» (*Мидраш Раба*, раздел *Шмот*, п.22). Так как тьма является порождением самого света и приводится им в действие путем созревания и рождения, что и означает «потенциал и реализация». То есть обязательно во всем распространяющемся свете сразу же должно содержаться свойство «желание получить», однако оно еще не именуется отличием формы, пока не установится в свете это желание явно. А для этого недостаточно качества желания получать, включенного в свет со стороны Создателя, но создание обязано само проявить имеющееся в нем желание получить в действии, со своей стороны. Иначе говоря, оно обязано привлечь своим желанием наполнение большее, чем мера распространяющегося в нем света со стороны Создателя. И после того, как создание собственными силами включается в действие по увеличению меры своего желания, устанавливаются в нем стремление и желание получить, и тогда свету можно облачаться в это *кли* постоянно.

Правда и то, что свет Бесконечности распространяется, вроде бы, также и по четырем вышеупомянутым стадиям до меры большого желания со стороны самого создания, что и является четвертой стадией. Так как и без этого не вышел бы он вообще из категории *Ацмуто*, чтобы определяться собственным именем «Бесконечность». Однако, в силу всемогущества Творца, совершенно не изменилась эта форма из-за желания получить, и не ощущаемо там никакое различие между светом и местом этого света, то есть желанием насладиться, и они действительно одно целое. Об этом сказано в «Пиркей де рабби Элиэзер»: «До сотворения мира был Он один и имя Его одно». Однако на самом деле трудна эта удвоенность в выражении — «Он» и «имя Его», ибо до сотворения мира, что означает там Его имя? Следовало бы ему сказать: «До сотворения мира был Он один». Но имеется в виду свет Бесконечности, который был до *цимцума*, так как, хотя есть там понятие «место» и понятие «желание получать наполнение от *Ацмуто*», однако без всякого изменения и различия между светом и местом. И «Он один» означает свет Бесконечности, а «имя Его одно» означает желание наслаждаться, содержащееся там без какого-либо отличия вообще. И пойми, что подразумевали мудрецы, указавшие, что *шмо* (имя Его) в гематрии *рацон* (желание) — «желание наслаждаться».

Желание получить устанавливается в создании не иначе, как его пробуждением к получению собственными силами

25) Дело в том, что *кли* — корень тьмы, так как оно противоположно свету, и поэтому оно должно приводиться в

действие постепенно, ступень за ступенью, причинно-следственным путем, и в этом смысл сказанного: «воды зачали и породили тьму» (*Мидраш Раба*, раздел *Шмот*, п.22). Так как тьма является порождением самого света и приводится им в действие путем созревания и рождения, что и означает «потенциал и реализация». То есть обязательно во всем распространяющемся свете сразу же должно содержаться свойство «желание получить», однако оно еще не именуется отличием формы, пока не установится в свете это желание явно. А для этого недостаточно качества желания получать, включенного в свет со стороны Создателя, но создание обязано само проявить имеющееся в нем желание получить в действии, со своей стороны. Иначе говоря, оно обязано привлечь своим желанием наполнение большее, чем мера распространяющегося в нем света со стороны Создателя. И после того, как создание собственными силами включается в действие по увеличению меры своего желания, устанавливаются в нем стремление и желание получить, и тогда свету можно облачаться в это *кли* постоянно.

Если мы действительно посмотрим вокруг себя и начнем с помощью этого правила проверять, кто является творением, то в нашем мире любые желания, запрограммированные свыше законами природы, — все, что в окружающих, и все, что в нас, — творениями не являются. Это включенные в Творца, полностью подчиненные Ему наши желания насладиться, но не нашими усилиями созданные, как бы обратная сторона Творца — только Его скрытие порождает такое желание к наполнению, и больше ничто.

Творением называется дополнительное желание, не созданное Творцом, а появляющееся в человеке, создаваемое человеком в себе с нуля. Нам ниоткуда не надо его ждать, и не надо обращать внимание ни на кого вокруг. Если есть какие-то предварительные заготовки, предпосылки к этому желанию, то оно уже не является творением. Это еще не мы. «Я», «мое я», появляется только в той мере, в которой я могу устоять перед Творцом, отвергнуть Его, поставить экран на себя, сделать на себя сокращение, противопоставить себя Творцу, создать свое личное отношение к Нему, независимо от того, к чему Его свет или желание, которое Он во мне возбуждает, вынуждают меня.

Без *цимцума* на свои желания я не стану самостоятельным относительно Творца, то есть, не буду творением — я буду куклой в Его руках. Это не называется быть творением. А о том, что я делаю, будучи куклой, нельзя сказать, что это делаю я. Поэтому с людьми, не начавшими свой духовный путь, у Творца нет никакого расчета, потому что у них нет ни одного самостоятельного желания. Он просто играет с ними, как с ребенком: немножко с отрицательной стороны, немножко с положительной, таким образом создавая в них то приятные, то неприятные ощущения.

Создавая такие ощущения попеременно, Он их взращивает потихонечку, подготавливает к тому, чтобы в них появились четкие предпосылки для создания личностного желания к Нему. И это личностное желание появляется в человеке, когда он желает сделать сокращение на управление Творцом, чтобы ни через эгоизм, ни через желания, отрицательные или положительные, то есть через свет, Творец не смог на него воздействовать.

«Я не хочу слепо следовать Его управлению, я хочу быть самостоятельным», — с этого начинается человек, с этого начинается рождение, выход человека, его души, его осознания. Как рождается плод, выходя из матки под давлением, так и человек таким же образом рождается изнутри Творца и выходит, становясь самостоятельным, то есть он уже в некотором виде отрицает Творца, как полного хозяина своего состояния. И Творец радуется этому.

Как мы знаем, в каббале есть много выражений, отображающих каждое духовное состояние. Одно из них, «*ницхуни банай*», переводится «победили меня сыновья мои», то есть они становятся самостоятельными, независимыми от меня. И в нашем мире мы видим, насколько родители рады, когда дети растут и становятся самостоятельными, зрелыми. И какое это несчастье, если дети будут не в состоянии достичь зрелости и самостоятельности и не смогут существовать независимо от родителей. Это как корень и его следствие в нашем мире. То же самое происходит и с душой относительно Творца.

Такая самостоятельность достигается именно через развитие желания по четырем стадиям, которые называются стадии АВАЯ. А цельное имя АВАЯ на самом деле находится только в мире Бесконечности, потому что только там проявляется полное воздействие Творца, полное Его отношение к желанию, только там проявляется полная *малхут* — полное желание. А в дальнейшем *малхут* делает на себя сокращение и начинает уже выбирать состояния, в которых она могла бы реализовать свою свободу воли. Что это значит: свобода воли? Свобода от чего? От своего эгоизма или, можно сказать, и от желания, и от наслаждения, то есть и от *кли*, и от света — от воздействия Творца либо светом со стороны Его лица *(паним)*, либо тьмой с обратной стороны *(ахораим)* на наш эгоизм. То есть *цимцум* — это желание творения не быть под влиянием Творца, или, что то же самое, не быть под влиянием своей собственной природы, создать в себе совершенно иные побудительные причины поступков.

И только тогда творение применяет желания, когда по мере вырабатывания в себе абсолютно другой программы действий оно начинает заново адаптировать в себе эти желания и к свету, и к наслаждению, применяя желание со светом уже в той мере, в которой может сделать это правильно, согласно выбранному пути.

Действием в третьей линии называется такое действие, когда, с одной стороны, в моем распоряжении желания, с которыми я могу делать все, что хочу, но я делаю на них сокращение и они находятся под моей властью, с другой стороны, у меня есть свойства света, Творца, но я делаю на них сокращение и не испытываю соблазна насладиться ими. На страдания и на наслаждения я могу сделать сокращение-*цимцум*, как будто они на меня не воздействуют, и выбрать собственную линию поведения. Она называется средней, потому что в ней я начинаю применять и свои желания, и наслаждения, и таким образом подниматься.

И тогда то, что будет во мне произрастать, то, что я буду в себе создавать, будет называться творением. Поэтому процесс создания нами творения — это рождение в себе человека. Тогда мы в той мере, в которой рождаем в себе человека, становимся равными самому Творцу, а не тому, что Он дает или получает, или тому, что я даю или получаю. Мы становимся создателями.

В некоторых своих письмах и статьях Бааль Сулам относительно нашей духовной работы употребляет именно это слово — «создаем». Так же, как о Творце говорится, что Он создал творение, так и о человеке можно сказать, что он создает творение. И поэтому, когда мы полностью реализуем желания, наслаждения и создаем из них полное собрание в третьей линии, то мы называемся «сотворившими человека».

Тогда мы, в итоге, и достигаем полного слияния, совпадения, подобия именно Творцу — не тому, что Он нам посылает, и не Его действиям, а именно Ему самому. Тогда мы и достигаем Его статуса — того, что стоит за нулем, — над первой стадией. И в этом заключается весь замысел Творца — создать нас такими, чтобы мы могли максимально реализовать себя и создать совершенно новые желания, при этом совершенно самостоятельно, не находясь ни под каким Его воздействием. Создать нас такими, чтобы мы могли реализовать этот замысел.

В нашем мире это реализуется с помощью группы, потому что на группе, как на чужом относительно себя элементе, я могу отработать все, что может быть независимо как от моих желаний, так и от моих наслаждений, как от страданий, так и от приятных ощущений. Группа находится вне меня и является абсолютно не ощущаемым мной объектом, я выполняю вместе с подобными мне товарищами именно это условие работы. Мы вместе, помогая друг другу, строим такое поле деятельности, которое никоим образом не затрагивает наше нутро, естественную животную суть. Мы можем отрешиться от себя, быть вне себя и строить, таким образом, на своих отношениях в группе именно этот образ человека, относительно которого я выступаю как Творец.

Это возможно только тогда, когда мы полностью делаем на себя *цимцум* и начинаем творить в группе. А группа представляет для меня абсолютно нейтральное поле деятельности, лабораторный стол, независимый от моих положительных и отрицательных ощущений.

По этой причине человек создан не один, он создан с возможностью организовать для себя такую работу. Поэтому сказано: «Возлюби ближнего, как самого себя» — это общее правило света, Торы, достижения совершенства, подобия Творцу. Потому что под фразой «возлюби ближнего» подразумевается — «начинай работать вне себя». «Возлюби ближнего, как самого себя» значит быть в отрыве от себя, перенести туда, вне себя, все свои действия, все свои намерения. Тогда ты там сделаешь человека, уподобишься Творцу — тому, как Он независимо от себя создает творения.

Правда и то, что свет Бесконечности распространяется, вроде бы, также и по четырем вышеупомянутым стадиям до меры большого желания со стороны самого создания, что и является четвертой стадией. Так как и без этого не вышел бы он вообще из категории *Ацмуто*, чтобы определяться собственным именем «Бесконечность». Однако, в силу всемогущества Творца, совершенно не изменилась эта форма из-за желания получить, и не ощущаемо там никакое различие между светом и местом этого света, то есть желанием насладиться, и они действительно одно целое. Об этом сказано в «Пиркей де рабби Элиэзер»: «До сотворения мира был Он один и имя Его одно». Однако на самом деле трудна эта удвоенность в выражении — «Он» и «имя Его», ибо до сотворения мира, что означает там Его имя? Следовало бы ему сказать: «До сотворения мира был Он один». Но имеется в виду свет Бесконечности, который был до *цимцума*, так как, хотя есть там понятие «место» и понятие «желание получать наполнение от *Ацмуто*», однако без всякого изменения и различия между светом и местом. И «Он один» означает свет Бесконечности, а «имя Его одно» означает желание наслаждаться, содержащееся там без какого-либо отличия вообще. И пойми, что подразумевали мудрецы, указавшие, что *шмо* (имя Его) в *гематрии* (гематрия — суммарное числовое значение букв) *рацон* (желание), — «желание наслаждаться».

Совокупность всех содержащихся в замысле творения миров называется светом Бесконечности, а общность имеющихся там получающих называется *малхут* Бесконечности

26) По поводу выражения «окончание действия изначально находится в замысле» было уже выяснено, что говорится о замысле творения, распространившемся из *Ацмуто*: «чтобы насладить творения». И выяснилось, что у Творца замысел и свет, в сущности, то же самое. Отсюда понятно, что свет Бесконечности, распространяющийся от *Ацмуто*, содержит всю находящуюся перед нами действительность вплоть до предстоящего конца исправления, который является окончанием действия. Ибо у Творца уже завершены все создания во всем их совершенстве и наслаждении, которыми Он пожелал их наполнить. И вот эта полная всего необходимого действительность называется светом Бесконечности, а общность всех созданий называется *малхут* Бесконечности.

Глава 7

Хотя сократила себя только на четвертую стадию, удалился свет также из трех первых стадий

27) И мы уже выяснили, что центральная точка, то есть итоговая точка замысла творения, а именно — желание насладиться в нем, украсило себя для уподобления своей формы Создателю в большей степени. И несмотря на то, что со стороны Создателя в этом желании наслаждаться нет никакого отличия формы, в силу Его всемогущества, однако точка желания почувствовала в этом как бы непрямое получение от сущности Творца, как в вышеприведенном примере с богачом. И поэтому уменьшила свое желание на последнюю стадию, представляющую собой предельную величину желания насладиться, чтобы прибавить в слиянии прямым получением от сущности Творца, как выяснилось выше.

И тогда ушел свет из всех стадий места, то есть из всех четырех ступеней, имеющихся в месте. И хотя она уменьшила свое желание только на четвертую стадию, но духовное по природе своей не делится на части.

*Затем снова протянулась линия света от первых трех стадий, а стадия **4** осталась свободным пространством*

28) И после этого протянулся снова свет Бесконечности к месту, которое опустошилось, однако не наполнил это место во всех его четырех стадиях, а лишь на три, каковым было желание точки сокращения. Таким образом, сократившаяся центральная точка осталась полой и опустошенной, потому что свет дошел только до стадии 4, не включая ее саму, и прервался там свет Бесконечности.

И далее будет выяснено понятие взаимного включения всех стадий, происходящего в высших мирах. Разобравшись в этом, ты поймешь, что четыре стадии состоят друг из друга, так что и в самой четвертой стадии имеются также все четыре стадии. Мы видим, что также и в стадии 4 пришел свет Бесконечности в три первые стадии в ней самой. И лишь последняя стадия четвертой стадии в ней осталась пустой без света. И запомни это.

Глава 8

Хохма называется светом, а хасадим — водой. Бина называется высшими водами, а малхут — нижними

29) А теперь мы выясним суть четырех стадий причины и следствия, необходимых для приведения в действие завершенной формы желания получать. Что, как мы уже выяснили, выражается фразой: «Воды зачали и породили тьму».

Потому что в созданном есть два вида света. Один вид называется «свет», и это *хохма*, а второй — «вода», и это *хасадим*. Потому что первый вид простирается сверху вниз без содействия со стороны нижнего, а второй вид простирается при содействии со стороны нижнего, поэтому называется водой — ибо природа света такова, что его основа вверху, и природа воды такова, что ее основа внизу. И вдумайся.

И в самой воде тоже есть два вида, а именно: высшие воды, соответствующие второй из четырех стадий, и нижние воды, соответствующие четвертой стадии из четырех.

Выяснение распространения света Бесконечности по четырем стадиям для раскрытия *кли*, которым является желание получить

30) И поэтому в любом распространении света Бесконечности имеются десять *сфирот*. Так как Бесконечность, то есть корень и создатель, называется *кетер*, а сам свет распространения называется *хохма*, и это — вся мера распространения света сверху, из Бесконечности. И в любом распространении света сверху, как мы знаем, содержится желание получить, но форма желания получить не проявляется в действии, пока создание не пробудится желать и притягивать свет больший, чем мера его распространения. В таком случае, поскольку в потенциале желание получить сразу же содержится в распространяющемся свете, свет обязан привести этот потенциал в действие. И поэтому пробуждается свет к притяжению дополнительного наполнения, больше меры, содержащейся в его распространении со стороны Бесконечности. Благодаря этому раскрывается в этом свете желание получить в действии и приобретает форму обновления посредством небольшого изменения формы, потому что тем самым становится темнее света, так как получило *авиют* (огрубилось) вследствие вышеупомянутого обновления формы, и часть эта, получившая *авиют*, называется «*бина*». И это внутренний смысл фразы «*Ани бина ли гвура*» (я — разум, у меня — сила), так как, на самом деле, *бина* — это часть *хохмы*, то есть сущности света распространения Бесконечности. Но поскольку она усилилась в желании и притянула наполнение больше имеющейся в ней меры распространения из Бесконечности, то вследствие этого приобрела отличие формы и стала немного грубее света и вышла под своим собственным именем «*сфира бина*».

И вот сущность этого дополнительного наполнения, которое притянула *сфира бина* из Бесконечности вследствие усиления ее желания, называется светом *хасадим* или высшими водами, так как свет этот не простирается напрямую от Бесконечности, как свет *хохма*, а при содействии создания, усилившегося в желании, и поэтому она поднимается в собственном имени, называясь «светом *хасадим*» или «водой».

Итак, ты видишь теперь, что в *сфире бина* содержится три разновидности светов. Первая — свет сущности *бины*, и это часть от света *хохма*. Вторая — это увеличение *авиюта* и изменение формы в ней самой, которое она приобрела благодаря усилению желания. И третья — свет *хасадим*, пришедший к ней вследствие собственного притяжения из Бесконечности.

Однако не завершилось еще на этом получающее *кли* во всей его полноте, став *биной* из очень возвышенной сущности света *хохма*, являющегося прямым распространением из света Бесконечности. Поэтому раскрывается в *бине* лишь только корневая стадия получающего *кли* и стадия реализации действия *кли*, ибо затем тот самый свет *хасадим*, который притянула она благодаря своему усилению, вновь распространился от нее, и добавилось небольшое свечение от света *хохма*. Распространение этого света *хасадим* называется *зеир анпин*, или *ХаГаТ*, что будет далее рассмотрено на своем месте. И вот, этот свет распространения тоже усилился в своем желании притянуть новое наполнение, большее, чем мера свечения *хохмы*, содержащаяся в его распространении из *бины*. Поэтому подразделяется это распространение в свою очередь на два этапа: сам распространяющийся свет называется *зеир анпин*, или *ВаК*, а стадия происходящего в нем усиления называется *малхут*.

И это внутренний смысл десяти *сфирот*. *Кетер* означает Бесконечность. *Хохма* — это свет распространения из Бесконечности.

Бина означает свет *хохма*, который усилился, чтобы получить дополнительное наполнение, вследствие чего он огрубился.

Зеир анпин, включающий *ХаГаТ НэХИ*, означает свет *хасадим* со свечением *хохма*, который распространяется из *бины*.

Малхут означает второе усиление для получения дополнительного свечения *хохма*, большего, чем имеется в *зеир анпине*.

Четыре стадии, имеющиеся в желании, это внутренний смысл четырех букв АВАЯ, и они представляют собой *КаХаБ ТуМ (кетер, хохма, бина, тиферет и малхут)*

31) И вот внутренний смысл 4 букв четырехбуквенного имени. Кончик буквы *йуд* означает Бесконечность, или действующую силу, содержащуюся в замысле творения: «чтобы доставить наслаждение Его творениям». И это — *кли кетер*. *Йуд* — *хохма*, или стадия 1, представляющая собой силу в действующем, сразу же включенную в свет распространения Бесконечности. Первая *хей* означает *бину*, или стадию 2, то есть этап выхода этой силы в стадию действия. Иными словами, это свет, приобретший *авиют* больший, чем у *хохмы*. *Вав* — *зеир анпин*, или *ХаГаТ НеХИ*, то есть распространение света *хасадим*, вышедшего при посредстве *бины*, и это стадия 3, или потенциал для проявления действия. Нижняя *хей* в АВАЯ означает *малхут*, то есть стадию 4 — стадию проявления действия в завершении *кли* получения, которое усилилось, чтобы привлечь дополнительное наполнение, больше меры его распространения из *бины*. И тем самым установилась форма желания получить в окончательном виде, и свет облачается в свое *кли* — желание получить, заканчивающееся только лишь в этой четвертой стадии, и не раньше.

Из этого пойми просто, что нет у тебя в высших и нижних мирах света, который бы не был выстроен в порядке четырехбуквенного имени, обозначающего четыре вышеуказанных стадии, поскольку без этого не устанавливается желание получать, обязанное присутствовать в любом свете. Так как желание это является местом и мерой света.

Буквы *йуд* и *вав* имени АВАЯ тонкие, потому что являются лишь стадиями силы

32) Но может возникнуть вопрос: *йуд* ведь указывает на *хохму*, а *хей* — на *бину*, при этом вся сущность света, который только содержится в десяти *сфирот*, находится в *сфире хохма*, а *бина, зеир анпин* и *малхут* только одеяния относительно *хохмы* — в таком случае *хохма* должна была бы взять себе самую большую букву в четырехбуквенном имени?

Но дело в том, что буквы четырехбуквенного имени не показывают и не намекают на величину и количество света в десяти *сфирот*, а показывают степени реагирования *кли*. Так, белый цвет на пергаменте Торы указывает на свет, а черный, то есть буквы Торы, указывает на качество *келим*.

Поэтому *кетер*, являясь лишь стадией *шореш де-шореш* (досл. корень корня) для *кли*, означается только кончиком буквы *йуд*. *Хохма* представляет собой силу до ее проявления в действии, потому обозначается она самой малой из букв, а именно *йуд*. А *бина*, в которой вышла и проявилась эта сила в действии, обозначается широкой буквой *хей*. *Зеир анпин*, являясь ничем иным как силой для проявления действия, обозначен буквой длиной и тонкой — *вав*. Эта тонкость показывает, что пока еще реальность *кли* затаена в нем в скрытой силе. Удлиненность же линии показывает, что в конце ее распространения раскрывается благодаря ей законченное и полное *кли*, так как *хохма* еще не успела своим распространением раскрыть полное *кли*, ведь *бина* еще не является *кли* в полном смысле этого слова, а только этапом образования *кли*. И потому «ножка» у *йуд* короткая, чтобы показать, что пока еще эта линия коротка, так как она еще не раскрыла, благодаря таящейся в ней силе и вследствие своего распространения, состояние завершенного *кли*. И *малхут* тоже обозначается буквой *хей*, как и сфира *бина*, — широкой буквой, раскрывающейся в завершенности формы.

И пусть не смущает тебя, что и у *бины*, и у *малхут* одинаковые буквы. Именно потому, что в мире исправления они действительно похожи одна на другую и одалживают свои *келим* друг другу, как написано «и пойдут они вдвоем». И это будет выяснено далее.

Глава 9

Духовное движение означает появление изменения формы

33) Еще осталось выяснить понятия «время» и «движение», с которыми мы сталкиваемся в этой науке почти на каждом слове. Так знай, что духовное движение не является осязаемым

движением из одного места в другое, но здесь имеется в виду обновление формы, и любое изменение формы мы называем словом «движение». Потому что это обновление, то есть отличие новой формы в духовном объекте от предыдущей общей формы в том же объекте, определяется как ее отделение и отдаление от этого духовного объекта и как выход под своим собственным именем и управлением. И тем самым она полностью подобна материальной сущности, когда какая-то часть отделилась и перемещается, переходя сама с места на место. И поэтому это обновление формы называется словом «движение».

> Духовное время означает определенное число появлений следующих одно из другого изменений форм. «Прежде и затем» означают «причина и следствие»

34) А по поводу термина «время» в его духовном определении пойми, что вся основа понятия «время» у нас является ничем иным, как ощущением движений. Потому что сравнивающий человеческий разум рисует и выстраивает определенное число движений, прошедших в ощущениях одно за другим, и переводит их в образ определенного «времени». Так, что если бы человек относительно своего окружения находился в состоянии абсолютного покоя, то не знал бы совершенно ничего о понятии времени.

Точно так же и в духовном называют словом «время» определенную сумму обновлений форм, считающихся духовными движениями, связанных друг с другом в виде «причина и следствие». А отношение «прежде и затем» истолковывается всегда как «причина и следствие».

Глава 10

> Вся материя, относимая к созданию, — это желание получать, а все, кроме этого, что имеется в нем, относится к Создателю

35) И знай, что свойство желания получать в создании, которое, как выяснилось досконально, является *кли* в нем, это

также и вся общая материя, относимая к созданию. Таким образом, что все существующее кроме этого относится к Создателю.

Желание получать является первой формой любой сути, а первую форму мы определяем именем «материя», так как суть нами не постигается

36) Хотя свойство «желание получать» понимается нами вроде бы проявлением и формой сути, как же при этом оно все-таки воспринимается нами материалом самой сути?

Однако так же и в близких нам сущностях принято первую форму сути называть первой материей этой сути, потому что нет у нас вообще постижения и восприятия какой бы то ни было материи. Ведь все пять органов наших чувств не готовы к этому, ибо и зрение, и слух, и обоняние, и вкус, и осязание предлагают рациональному уму только простые формы проявлений сути, рисующиеся нам благодаря взаимодействию с нашими чувствами. Например, если возьмем даже находящиеся в первоосновах любой сущности микроскопически малые атомы, выделенные с помощью химического воздействия, даже они — ничто иное, как простейшие формы, так представляющиеся нашим глазам. Точнее, они познаваемы и различаемы нами сообразно путям «желания получать и быть полученным», которые мы обнаруживаем в этих формах, так как, по закону этих действий можно в них распознавать и выделять эти разнообразные атомы, вплоть до стадии первой материи этой сути. Но ведь и тогда они — только силы, принадлежащие сути, а не материя. Таким образом, ты обнаруживаешь, что и в материальном у нас нет иной возможности разобраться в исходной материи, как только допустив, что первая форма является первой материей, несущей в себе все остальные приходящие вслед за ней проявления и формы, не говоря уже о мирах духовных, в которых вовсе нет ощущаемого и воображаемого.

Ответы на вопросы читателей

К нам приходят по Интернету вопросы от изучающих по всему миру. Ответы на них, которые могут дополнить изучаемый в книге материал, приведены в этом разделе.

Вопрос: Как начать желать не ради себя?

Начать желать не ради себя необходимо с возвеличивания Цели и осознания своего эгоизма как зла. Чтобы начать желать не ради себя, необходимо прежде всего убедиться в том, что желать ради себя — это самое плохое наше качество.

Вопрос: Что делать, когда чувствуешь со временем «притупленность» в раскрытии духовного, когда пропадает ощущение «первооткрывателя»?

Это говорит о приближении следующей ступени, которую вы можете достичь, если приложите усилия, несмотря на ощущение притупленности, отчаяния и пр. Иначе в таком состоянии вы можете пробыть месяцы и годы или вообще вернуться к животной жизни.

Вопрос: Как называется то, что остается от *кли* с экраном после его разбиения?

Келим *швури́м* (разбитые *келим*), *нецуци́м* (искры) и пр.

Вопрос: Существует ли «обратная сторона» Творца, то есть желания отдавать, еще в чем-то, кроме нашего неисправленного восприятия?

Все, что происходит, — происходит только в нашем восприятии, только о нем мы и говорим: кроме нас, больше нет никого в мироздании. Все вокруг — это детали мироздания, отражения наших желаний на уровнях «неживое», «растительное», «животное», которые так рисуются в нашем сознании.

Вопрос: Как объяснить аббревиатуру АВАЯ? Откуда она образовалась?

Из 4-х стадий прямого света: первая стадия называется буквой *«йуд»*, вторая стадия называется буквой *«хей»*, третья стадия — буквой *«вав»* (часто применяется как обозначение маленького *парцуфа*) и последняя стадия тоже обозначается буквой *«хей»*.

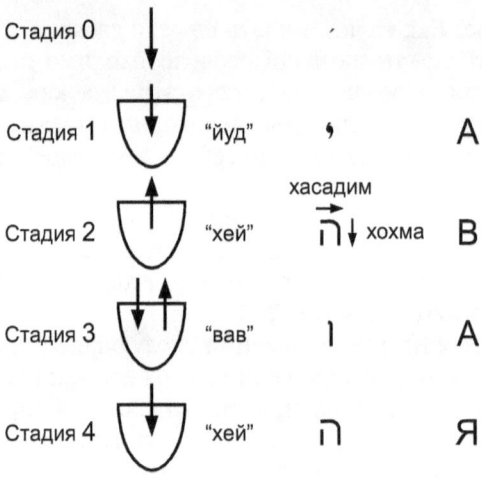

Рис. 34 Соответствие букв имени АВАЯ четырем стадиям прямого света

Почему при обозначении используются такие буквы? Потому что таким образом *кли* рисует свои свойства на фоне белого света. Распространение вширь называется *«хасадим»*. Распространение вниз или вверх — это распространение *«хохма»*, зависит от силы экрана. А сочетание *хасадим* и *хохма* создает в нас определенные ячейки, определенные штампы, которые называются буквами. Вместе эти буквы никак не читаются, просто они так называются — «АВАЯ», то есть это код, набор букв.

Например, мы видим какое-то желание в каком-то состоянии, в каком-то месте духовного пространства. Если это желание на самом деле законченное, ощущающее себя, то внутри него есть все эти стадии развития. И последняя стадия — это там, где оно ощущает себя относительно Творца.

Поэтому, если возникает внутри нас какое-то желание, какое-то ощущение относительно Творца, знайте, что это потому, что свет свыше прошел через все свои миры, через все свои ослабления — сверху вниз, достиг вашего желания, прошел через него, создав в нем все предпосылки АВАЯ, для того чтобы в конечном итоге вы ощутили себя — какую-то мысль, какое-то чувство в себе — относительно Творца.

Поэтому Бааль Сулам говорит, что нет ничего в нас, в нашем мире, что бы не происходило внутри этого четырехбуквенного имени АВАЯ, нет никакого света в мирах, который не был бы облачен в *кли*. Потому что мы сам по себе свет не ощущаем, он становится ощущаемым только тогда, когда наполняет наши желания, наши свойства, наши сенсоры. Он может нами ощутиться только на своей последней, четвертой стадии.

Вопрос: Что значит «непроизносимое имя Творца»?

Так как еще нет букв, нет обратного постижения — из творения к Творцу, то нельзя ничего постичь, ощутить, осознать, нельзя ничего произнести. Таким образом, четыре стадии прямого света (сверху — вниз) являются четырехбуквенным непроизносимым именем Творца.

Вопрос: Как возникает правильная, совершенная молитва?

Правильная, совершенная молитва возникает из правильного, совершенного желания.

Вопрос: Что будет с человеком, который отрывается от своего корня, ввиду недостаточного изучения каббалы?

Он не станет человеком. Слово *«адам»* — человек — происходит от слова *«эдамэ»* — уподоблюсь (Творцу), как сказано: «Сделаем человека по образу и подобию...».

Вопрос: Как определить, какие поступки продвигают меня к Творцу, а какие являются прегрешениями? На какие действия я должен «надевать» мысль «ради Творца»?

Какие поступки продвигают меня к Творцу? Те, на которые я могу «надеть» мысль «ради Творца», или перед которыми я пытаюсь ощутить Творца как Определяющего все и Управляющего всем.

А какие поступки являются прегрешениями? Те, о которых я думаю, что делаю их без Творца.

На какие поступки я должен «надевать» мысль «ради Творца»? На все!

Вопрос: Что делать, если возникает желание убежать не от занятий каббалой, а наоборот, от всего что есть, кроме каббалы?

Это естественно: большее желание подавляет меньшие и диктует человеку, чем и как жить. Но обязанность жить в этом мире остается. Поэтому необходимо строго держать себя в рамках работы (любой, лучше простой) и семьи. И группа, в которой человек изучает науку каббала, обязана строго следить за поведением своих членов: чтобы все работали и вели семейный образ жизни. Это нелегко, но именно из этого мы поднимаемся, потому что принятие на себя этих обязанностей (мук!) создает нам основу для использования этого мира в целях духовного подъема. Ведь не зря же Творец создал нас именно в таком виде.

Вопрос: Подъемы и падения следуют с возрастающей амплитудой. Значит ли это, что во время следующего падения человек теряет все свои предыдущие достижения, исправления, к тому же еще и прибавляется испорченность к его прежним наихудшим свойствам?

В каждом падении человеку кажется, что он потерял все и никогда не обретет. А иначе, если не теряешь все — это не падение. Ведь падение должно дать человеку ощущение пустоты и своей отдаленности от духовных свойств.

Вопрос: На каком этапе в человеке возникает *кли*? Что есть у человека до возникновения *кли*?

У человека есть животное тело, как у животного, а в нем — уровни развития: «неживой», «растительный», «животный», которые так называются, потому что подобны развитию неживой, растительной и животной природы.

Кроме того, у человека есть особые свойства, которых нет у животных: зависть, желание насладиться, желание почета, славы. Человек не знает, как правильно поступать с этими тремя склонностями, поэтому они и являются источниками всех зол и страданий.

Ведь обычно человек применяет их с намерением «только для своей пользы» (ради себя). Но поскольку общим законом мироздания на уровне «человек» является закон отдачи — не «ради себя», а «ради Творца», то получается, что все поступки, кроме чисто животных, поступки, совершаемые человеком из зависти, желания насладиться, желания почета, славы, обращаются ему во вред.

Однако человек не знает этого. Он не видит, не ощущает этого закона. Видит следствия, но не понимает их причины. Видит, что не может никак насладиться, но не обнаруживает, почему. Только каббала раскрывает ему глаза, и тогда человек начинает явно видеть и уже не может поступать не «ради Творца», то есть начинает выполнять закон природы на уровне «человек» и таким образом достигает совершенного и вечного существования.

Вопрос: Желание уподобиться Творцу по свойствам — это чистое или грубое желание?

Желание уподобиться Творцу по свойствам — это самое чистое и самое грубое одновременно, потому что я хочу уподобиться свойствам отдачи. То есть я ощущаю, что это свойство, с одной стороны, самое чистое, с другой стороны — как я могу этому самому чистому свойству уподобиться? Я для этого должен быть самым-самым грязным и исправиться. Тогда я стану самым-самым чистым.

Ведь, в принципе, мы постигаем не сам свет, а свое относительное отличие от него. Только на перепаде между тем, кто мы такие сегодня и кем мы будем завтра или в конце творения, — только на этом перепаде мы почувствуем, что такое Творец. Этот перепад и будет емкостью нашего *кли*. Поэтому надо быть как можно более эгоистичным, грубым, грязным — и как можно более альтруистичным, чистым, светлым. И вот эта разница между этими свойствами, когда она полностью будет работать на отдачу, она и сделает нас подобными Творцу.

Нет большего эгоистического желания, чем в *малхут* мира Бесконечности. Поэтому достичь *малхут* мира Бесконечности мы можем только в конце, когда уже обретем абсолютно полный экран.

Вопрос: Вы говорите, что неживой уровень *(доме́м)* — **самый низкий, однако, называете его** *малхут***, то есть четвертой стадией, самым большим желанием. Я говорю про «этот мир»** *(олам а-зе)***. Как же разрешить это противоречие?**
Существует обратная зависимость кли и света, толщины эгоизма и силы отдачи.

Вопрос: Что значит обратиться к группе из «точки в сердце»?
Так же, как вы, желая сближения с Творцом, нашли эту группу, так и к этому желанию всей группы «сближения с Творцом» вы обращаетесь — из своей точки в сердце в групповую точку в сердце. Группа, так же как один человек, имеет «сердце» и «точку в нем».

Вопрос: Ограничение должно быть не на желание, а на намерение. Но если я считаю, что какой-то набор желаний несовместим с правильным намерением, то есть невозможно сделать это ради Творца, — как быть?
Если у человека есть желания, в которых он не может быть мыслями с Творцом, то в этих желаниях ему не стоит находиться. И так следует делать каждый раз.

Вопрос: Что значит «нанести вред духовному»?
Это значит — самому себе нанести вред на своем духовном пути.

Вопрос: Написано, что как только человек хочет нанести вред духовному, тут же оно опережает его и тут же удаляется от человека. Я понял, что описываемое состояние — это состояние падения, и возникает оно как раз на подъеме. Но

как человек на подъеме может пожелать нанести вред духовному? Неосознанно? Исчерпав силы получить «ради Творца»?

Нанести вред духовному невозможно. Всегда говорится относительно человека, а не в абсолютном виде. Поэтому «вред духовному» — в себе: как только человек начинает желать получать «ради себя», то его достижения, появившиеся благодаря намерению «ради Творца», его постижения, ощущения, мера сближения с Творцом тут же улетучиваются, и он не может наслаждаться высшим светом «ради себя». Таким образом, человек не разрушает свое кли, а только падает вниз, падает в намерение «ради себя», не более, то есть ему не трудно снова исправиться. Выходит, что исчезновение духовного — для блага человека.

Это подобно тому, как если бы человек находился в непосредственной близости от денег (допустим в банке) и был честен. Но к нему бы вдруг пришло желание украсть, а деньги в тот же момент исчезли. Как бы это помогло человеку? Он бы не попал в тюрьму и мог бы быстрее исправиться, потому что прегрешил не в действии, а только в намерении.

Вопрос: Почему *малхут* называется конечным состоянием, конечной стадией творения? Почему после *малхут* ничего дальше не развивается?

Мы с вами изучали, что из Творца выходит свет — это нулевая стадия. Свет строит под себя желание — это стадия 1. Желание «получить свет как наслаждение» затем ощущает внутри себя нулевую стадию и хочет стать подобным ей, то есть отдавать, — это стадия 2. Так же, как нулевая стадия отдает, так и вторая стадия, возникающая из ощущения нулевой стадии внутри первой, тоже желает отдавать. Она ощущает внутри себя свое желание отдавать, потому что чувствует то, что Творец ей дает, и внутри себя ощущает также и Его.

Стадия 2 начинает оценивать свое состояние: «Я отдаю, я подобна Творцу по отдаче. Но отдаю ли я в действительности? Я подобна Ему только по намерению, но не по действию. Разве я Его наполняю? Чем я могу Его наполнить, если я только желаю отдать? А как я могу на самом деле отдать?». То есть, вторая стадия сравнивает себя с нулевой и видит, что у нее нет действия отдачи. И тогда она решает: «Я действительно должна получать. Почему Творец меня создал получающей? Потому что Он желает отдать - если я не буду получать, я не дам Ему возможности отдавать, то есть не дам Ему этого удовольствия. Ведь все Его удовольствие — от отдачи. Значит, я сейчас должна в себе создать новое желание — получать, потому что этого желает Он».

Рис. 35 Возникновение "желания получать" и "желания отдавать" из нулевой стадии

И тогда в этой второй стадии возникает новое желание, третье, которое затем реализуется. Оно реализуется уже в том, что возникает желание «получать, потому что желает отдавать», равное первому желанию получать. Поэтому стадия 3 состоит как бы из двух — в голове находится решение, а в самой третьей стадии уже происходит действие.

Желание выделилось в совершенно явное, новое, поэтому образовалась отдельная, третья стадия. Из чего она состоит? Она состоит из того же желания отдавать, но для того, чтобы реализовать это желание отдачи, она получает. То есть, получает тот же свет от Творца, потому что желает отдать Ему. Но обе составляющих этого желания — и «получать», и «отдавать» — исходят от Творца.

И теперь, на третьей стадии, желание получать снова начинает оценивать свое внутреннее состояние. Что именно оно ощущает? В третьем состоянии оно ощущает, что получает. Почему оно получает? Оно получает, потому что хотело отдавать. Почему оно хотело отдавать? Потому что ощущало, что оно наполнено Тем, кто желает полностью отдавать.

Третья стадия ощущает себя так: «Я, третье состояние, по действию абсолютно подобно первому состоянию. А в чем разница, чего же мне, третьей стадии, все-таки не хватает? Я полностью подобна Ему. Не хватает только одного — я подобна Ему, но все-таки не такая, как Он. Я хочу быть не подобной Ему, а хочу находиться на Его месте, хочу получить Его статус, Его уровень».

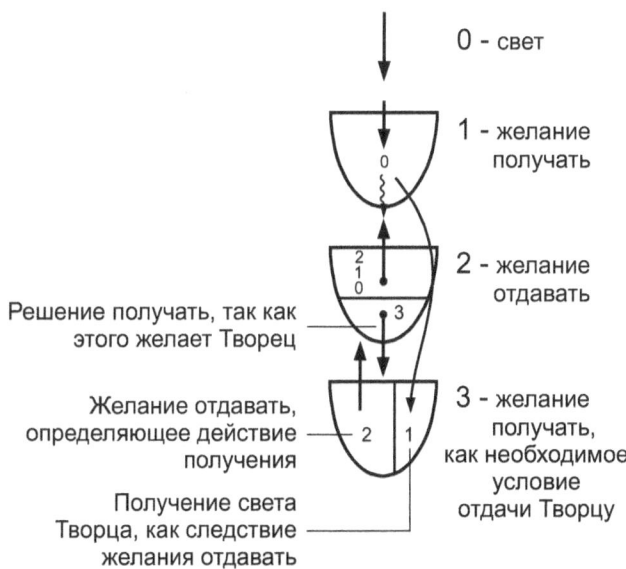

Рис. 36 Выход третьей стадии - желания "получать ради отдачи"

И вот это состояние, когда есть желание не к подобию, а к тому, чтобы быть таким, как Он, называется стадией 4 — *малхут*.

Что *малхут* желает? Она желает не просто получать от Творца наслаждение, которое исходит из Него и приходит к ней, она желает наслаждаться Им. И вот это желание — оно новое, оно не создано Творцом. Оно выбрано самим *кли*, третьей стадией, из того, что она сравняла себя по действию с Творцом. Вторая стадия сравняла себя с Творцом по намерению, а третья — по действию. И тогда четвертая стадия уже желает быть подобной самому Творцу, то есть внутренней сути нулевой стадии.

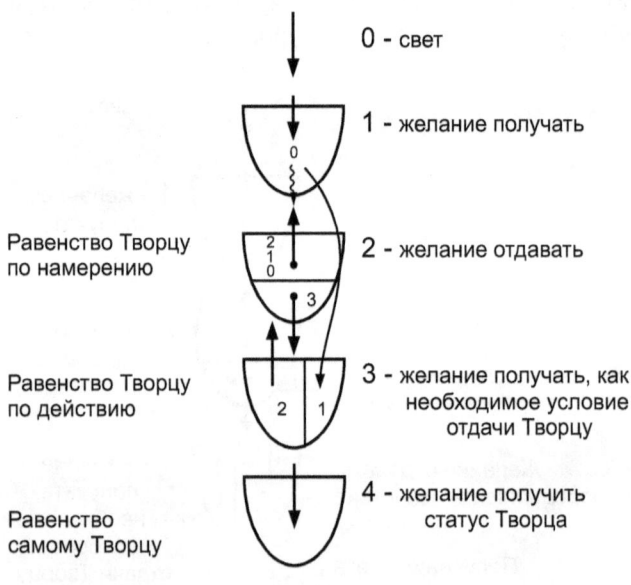

Рис. 37 Стадия 4 - желание "наслаждаться Творцом"

Такое желание из самого Творца не исходит. И поэтому душа, человек, творение, — это «*лев а-эвен*», это — «созданное из ничего», и исправить это мы не в состоянии. Единственное, что сейчас можно сделать — взять эту *мал-*

хут, то, что находится в ней до этого «*лев а-эвен*», и начать ее исследовать. Она сама тоже состоит, как мы потом выясним, из пяти частей — 0, 1, 2, 3, 4. Мы начинаем работать, исправлять эти части.

Есть части, которые мы можем уподобить Творцу как равные Ему по намерению, и есть части, уподобляющиеся Творцу как равные Ему по действию. А есть часть, называемая «*лев а-эвен*», с которой мы вообще не можем ничего сделать, не можем ее исправить, потому что приходящий к нам сверху свет, создающий в нас все эти желания, только показывает нам — кто он, что он, но сам не создает в нас это желание. Он только вызывает в нас это желание, но не создает, и поэтому нет в этом свете никакой возможности что-либо сделать в отношении *лев а-эвен*. Свет только может дать нам силы не применять *лев а-эвен*, сделать на него сокращение — *цимцум алеф*, но в свете нет силы исправить его — он изначально не делает этого.

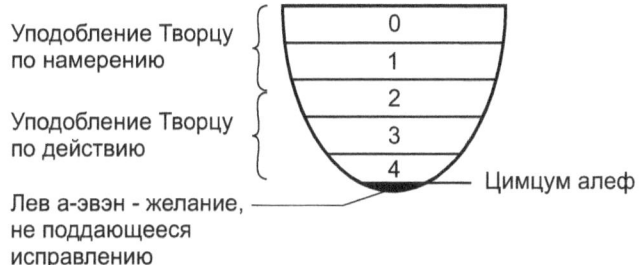

Рис. 38 Конечная стадия творения и деление его на части для исправления

Единственное, что возможно, — это после того, как мы исправляем все, на что только способны, на что свет дает нам силу (*тет ришонот* — девять первых *сфирот*), когда мы достигаем состояния своего Полного исправления *(Гмар Тикун)*, и у нас остается неисправленным только *лев а-эвен* — вот тогда и он сам тоже исправляется.

Итак, все, что можно ощутить, ощущается в этой части *малхут* только после того, как свет пройдет все предыдущие стадии и произведет все свои действия в желании — после того, как желание, которое раньше находилось только в потенциале, в замысле, в самом свете, начинает развиваться как желание получать, желание отдавать, желание получать ради отдачи и желание получить, но уже не просто получить, как в первой части, а желание получить статус Творца.

Если мы говорим о проявлении Творца относительно творений, то творение ощущает Творца только после того, как проходит все предыдущие стадии и достигает четвертой. И отсюда также видно, что эта четвертая стадия, в принципе, окончательная.

Вопрос: Каким образом в нас возникает ощущение чего-либо?

Мы можем ощущать не сам свет и не само наше желание, а только их столкновение, конфликт, какое-то их разногласие между собой — только таким образом. Это можно уподобить тому, как в полном, абсолютно заполняющем все свете мы ничего бы не смогли увидеть, как и в абсолютной, полнейшей тьме мы тоже ничего бы не ощущали.

Только когда есть определенный контраст, определенное сочетание противодействия между светом и тьмой — на их переходе, на их сочетании, на их сопряжении друг с другом только и можем мы ощущать, только так появляются у нас ощущения. Поэтому, чем ярче наш эгоизм — с одной стороны, но чем больше он имеет возможности быть связанным со светом — с другой стороны, то есть огромное желание и огромный экран, — это дает нам возможность ощущать резкие контрасты, огромные перепады между Творцом и творением, они и приводят к огромному богатству ощущений или постижений.

Поэтому сказано: «Увеличивающий знания умножает скорбь», но скорбь возникает, если ощущается только само кли, а если оно уже вместе с экраном, то ощущается постижение и наслаждение.

Вопрос: Что значит состояние «соф»?

«Соф» (досл. конец) означает, что дальше развиваться некуда. Если я уже в третьей стадии уподобился Творцу по получению ради отдачи, используя свойства отдачи, которые свет дает мне, и свойства получения, с которыми я создан, то у меня четвертая стадия — последняя. Это значит, уподобиться уже Ему самому, быть таким, как Он, подняться еще выше уровня «дающего». Дальше этого двигаться уже некуда, поэтому четвертая стадия — последняя.

Вопрос: Что значит пробуждение личного стремления к получению? Что означает — со стороны творения, а не от Творца?

Это то, что Творец создает в нас через первую, вторую, третью стадии: эти три стадии не являются творением, потому что в них совершенно не видно никакого движения со стороны созданного. Только когда есть личное движение к свету, к наслаждению светом, к тому, чтобы уподобиться Творцу, подняться к Нему, когда есть зависть к Творцу, желание ухватить Его, неважно как, даже в виде *клипот* (нечистых сил), такое желание уже является пробуждением творения в нас.

Чтобы обладать такими желаниями, надо начать ощущать свет. Ощущение Творца рождает творение. До тех пор, пока мы Его не ощутим, мы не знаем, кого желать, не знаем, кому завидовать, не знаем, на чьем месте захотеть быть. Поэтому только с пробуждением личного стремления к получению того, что Творец дает и что исходит из Него, творение может называться творением.

Поэтому творениями мы можем назвать только тех, кто вышел за *махсом*, кто находится в духовном мире, ощущает Творца, ощущает получаемое от Него и желает получить то, что приходит от Него. Это те, кто стремится к этому от себя, со своей стороны. Такие люди называются творениями, личностями, индивидуалистами, существующими как индивидуалы в мироздании, наряду с Творцом, потому что у них есть свое, поднимающееся от них желание, а не то, что Творец автоматически в них вкладывает.

Поэтому, представьте, когда сверху смотришь на наш мир, сколько ты видишь в нем творений? А все остальные, как коровки, пасутся на лугу.

Вопрос: Творение на уровне «*доме́м*» (неживое) обладает меньшей свободой воли, чем на уровне «*медабе́р*» (говорящий)?

Естественно, чем выше — тем больше свобода воли. В нашем мире у нас вообще нет свободы воли, поэтому наше состояние — ниже жизни, ниже *домем*, неживого.

Вопрос: Так что, вся наша работа в группе, работа по распространению науки каббала, вся наша работа до *махсома* полностью контролируется Творцом, и заслуги нашей здесь нет?

Не только это. В конце всего пути, в мире Бесконечности, мы постигаем, что все, происходившее в нас, с нами, над нами, все это было только в наших внутренних ощущениях, а кроме этого, ничего не происходило — все прошло только внутри нас. И прошло потому, что Творец скрыл себя и потихоньку раскрывал. А мы-то внутри себя так все переживали!.. Но, пережив все, мы получили возможность ощутить бесконечное совершенство и вечность Творца!

Вопрос: Когда человек отрицает Творца, как абсолютного хозяина его состояния, можно ли сказать, что он начинает понимать высказывания: «Если не я себе, то кто поможет мне» и «Нет никого, кроме Него»?

Конечно. Мы познаем все, только предварительно познав противоположное и раскрыв необходимость в истинном. Вначале мы представляем хозяевами себя. Затем постигаем, что в таком случае мы, будучи эгоистами, страдаем. Затем постигаем, что это эгоизм властвует над нами, а не мы его выбираем. Затем понимаем, что мы и эгоизм — две отдельные категории. Затем понимаем, что лучше всего — избавиться от эгоизма. Затем понимаем, что мозгов-то у нас тоже нет, и доходим до понимания власти Творца над нами и до понимания необходимости в Нем.

**Вопрос: Возможно ли, что именно «*лев а-эвен*» является, в глобальном смысле, нашим единственным двигателем, тем желанием, которое мы должны наполнить, а до *Гмар Тикуна* мы только выполняем дополнительные условия, чтобы, в конце концов, прийти к наполнению «*лев а-эвен*» Творцом. То есть кроме света *Эйн соф* и *кли* «*лев а-эвен*», наполненного светом, все другие состояния (миры) — промежуточные облачения, и нас толкает именно незаполненный «*лев а-эвен*», требующий исправления, а все исправление в течение 6000 лет — лишь подготовка к исправлению единственного желания — «*лев а-эвен*»?

Совершенно верно!

Приложение

Лурианская каббала

В течение тысячелетий существования нашего мира, каждое новое поколение отличается от предыдущего все более эгоистическим характером душ. Поскольку процесс роста эгоизма происходит в самой душе, то ее качественные изменения должны повлечь за собой и смену методики, необходимой каждому поколению для постижения духовных миров.

Отсюда и предназначение каббалистов, живущих в том или ином поколении, — адаптировать методику постижения Творца, каббалу, к характеру душ своих современников. Авраам, Моше, РАШБИ — каждый из них на своем этапе совершенствовал методику каббалы, приводя ее в соответствие потребностям развивающегося человечества. Необходимость в обновленном изложении методики возникла лишь в XVI в. Каббалистические книги, написанные после РАШБИ, были непростыми для восприятия. В них отсутствует последовательность изложения и единство языка. Каждый каббалист писал в собственной манере, используя самые разные способы письма и скрывая истинный смысл. Так продолжалось до времен РАМАКа[29], который попытался навести определенный порядок, но все-же не смог дать ясных и точных объяснений. Состояние запутанности в передаче каббалистического знания длилось до появления АРИ. Он основал новый метод духовного постижения для типа душ своего поколения.

АРИ (полное имя Ицхак Лурия Ашкенази, 1534—1572 гг.) родился в Иерусалиме, в раннем возрасте потерял отца, вместе с матерью перебрался в Египет, где воспитывался у

---

29 РАМАК — акроним имени рабби Моисея Кордоверо (1522—1570), каббалист из Цфата (Израиль).

дяди. В 35 лет приехал в Цфат (город на севере Израиля) и в течение полутора лет преподавал организованной им группе учеников. Его первый ученик, тогда еще совсем молодой, 28-летний Хаим Виталь[30], записал все, что услышал от АРИ за полтора года обучения. На основе его записей впоследствии было издано около 20 томов сочинений АРИ, умершего в возрасте 38 лет. Основной труд АРИ — книга «Эц Хаим» («Древо Жизни»). Кроме нее, наиболее изучаемыми являются: «Шмоне Шеарим» («Восемь врат») и «Шаар Каванот» («Врата намерений»).

АРИ был первым каббалистом, который, благодаря особенности своей души, начал по-иному излагать методику каббалы. Он обладал поистине уникальными способностями, так как его душа относилась уже к периоду окончательного развития душ. Обладая глубочайшими постижениями, он смог точно выразить и описать это знание. АРИ создал язык каббалы, он определил подход и порядок ее изучения. По сути, именно он изложил каббалу как науку.

Всё, что создавали каббалисты предыдущих поколений, предназначалось для тех, кто уже обладает духовным постижением. Форма изложения, разработанная АРИ, позволила изучать каббалу любому человеку, при этом он получает из самих текстов АРИ исправляющий высший свет, поднимающий человека до уровня познания и ощущения духовной реальности, в этом исключительная сила его сочинений. Метод постижения устройства высшего мира, предложенный АРИ, стал называться лурианским[31] и повсеместно распространился среди каббалистов.

Из поколения в поколение одни и те же души облачаются в новые тела. Нисходящие души сохраняют опыт предыдущих жизней — именно поэтому каждое следующее поколение оказывается мудрее предыдущего и устремляется в своих поисках ко все более возвышенным целям. Во времена АРИ общее развитие душ достигло уровня, когда они начали желать духовного подъема. Этим объясняется, в

---

30 Рав Хаим Виталь (сокращенно РАХУ, МАРХУ) (1542—1620 гг.) — ученик АРИ.
31 По его имени — Ицхак Лурия Ашкенази.

частности, начало эпохи Возрождения, периода реформ в религии, культуре и научном мировоззрении. В духовной сфере это выразилось в стремлении найти ответ на вопрос: «Для чего я живу?». Начиная созревать в душах, этот вопрос заставляет человека заниматься поиском источника жизни и приводит к исследованию высшего мира.

Методика АРИ предназначена не только для духовного подъема особых душ, но и для масс. В своих текстах он открыто заявляет, что, начиная с этого времени, каждый желающий, независимо от возраста, пола и происхождения, может заниматься каббалой и с помощью этой науки достичь цели творения[32].

Однако какой бы ясной ни была форма этого метода, известно, что АРИ перед смертью сказал своим ученикам, что будь они способны на большее, он бы не уходил из этого мира, а продолжил раскрытие истины. Все же следует сказать: как подошло его время, вызванное необходимостью раскрытия каббалы, так оно и закончилось — АРИ покинул этот мир.

Его произведениям предстояли такие же злоключения, какие некогда выпали на долю «Книги Зоар». Они тоже утаивались в течение многих лет, пока их не начали понемногу извлекать на свет. Часть достали из могилы АРИ, часть — из сундука, передававшегося из поколения в поколение среди родственников Хаима Виталя. Находки собирали воедино и издавали в виде книг.

---

32 Аналогичные высказывания встречаются во многих каббалистических текстах XVI в. Например: Авраам Азулай, Предисловие к книге «Ор а-Хама», ч. 1, с. 72: «И нашел я запись, где говорится, что постановление свыше о запрете открытого изучения каббалы действительно только в определенный период времени — до конца 5250 г. по иудейскому летоисчислению (что соответствует 1490 г.), и с этого времени отменяется это постановление и разрешается открыто заниматься ее изучением». А также в «Книге Зоар», статья «Рейя Меемна», указано, что, начиная с 5300 г., занятия этой мудростью считаются высшим предназначением и ею должны заниматься как взрослые, так и дети.

Приложение

Современный подход к изучению каббалы

Бааль Сулам

Обновленный подход в изложении и изучении каббалы начал формироваться в XX веке. Методику духовного постижения, соответствующую нашему времени, смог создать великий каббалист, рав Йегуда Ашлаг, получивший имя Бааль Сулам по названию своего комментария «Сулам» на Книгу Зоар.

Его труды отличает глубочайший духовный опыт, глобальный охват и широта обсуждаемых тем, приведение целого ряда впечатляющих научных фактов о строении мироздания. При этом Бааль Сулам сосредоточивает внимание исключительно на роли и предназначении человека. Будучи создателем нового подхода к трактовке работ АРИ, Бааль Сулам считается основоположником современной каббалистической науки. Им создано более десятка крупных произведений.

Йегуда Ашлаг родился в г. Луки недалеко от Варшавы 4 ноября 1885 года. С ранних лет он был отмечен учителями как человек, непрестанно стремящийся к раскрытию тайн мироздания. Он поражал своих наставников блестящим знанием основополагающих сочинений иудаизма, а также тем, что освоил труды выдающихся западных философов, в том числе Канта, Гегеля, Шопенгауэра, Ницше и Маркса. Впоследствии в своих статьях он сравнит их идеи с позицией каббалы. Еще в Польше Бааль Сулам стал известен как великий знаток каббалы, ученик мудрейших каббалистов, продолжавших цепочку передачи каббалистических знаний после Бааль Шем Това.

В 1921 году, после Первой мировой войны, Бааль Сулам покидает Польшу и перевозит свою семью в Палестину. Сразу по прибытии в Иерусалим он отправляется в каббалистическую школу «Бейт Эль», в течение 200 лет служившую центром изучения этой системы знаний. Однако Бааль Сулам быстро разочаровывается в иерусалимских каббалистах, уровне их образования и самом подходе к изучению и преподаванию этой науки.

Оценив сложившуюся ситуацию и видя духовное падение масс, он пытается изменить ход исторического развития, который не предвещает, по его мнению, ничего, кроме наступления новой катастрофы и еще более страшного периода страданий и лишений. Бааль Сулам собирает группу учеников и начинает писать книги, где ставит целью обучение методике правильного восприятия реальности и разумного существования.

В 1926 году Бааль Сулам отправляется в Лондон, где на протяжении двух лет работает над созданием комментария на книгу АРИ «Эц хаим», который называется «Паним меирот у-масбирот». Весь этот период он ведет оживленную переписку со своими учениками, объясняя им в письмах основные принципы духовной работы человека[33].

Вернувшись в Иерусалим в 1928 году, Бааль Сулам продолжает преподавать каббалу и пишет свой монументальный труд «Учение десяти сфирот», а спустя несколько лет публикует его. Десять сфирот — это внутренняя структура мироздания, включающая в себя духовный мир, наш мир и души, населяющие миры. Монография состоит из шести томов (в общей сложности свыше 2000 страниц) и включает в себя все, что было создано каббалистами на протяжении всей истории существования этой науки. В отличие от своих предшественников, Бааль Сулам составил свой труд, строго придерживаясь всех канонов академического учебника: там есть список контрольных вопросов и ответов для самопроверки, словарь определений, терминов и основных понятий, алфавитный указатель и ссылки на письменные источники.

В первой части книги Бааль Сулам излагает суть поставленной им перед собой задачи: **«И это то, о чем я заботился в этом своем разъяснении — объяснить десять сфирот согласно переданному нам божественным мудрецом АРИ, в их духовной**

---

[33] Старший сын Бааль Сулама, рав Барух Ашлаг (РАБАШ), издал эти письма в сборнике «Плоды Мудрости. Письма», в 1985 г.

чистоте, когда они абстрагированы от всех чувственных представлений, так чтобы любой начинающий мог подступиться к этой науке и не впасть ни в какую материализацию и заблуждение. А с пониманием этих десяти сфирот раскроется возможность также всмотреться и узнать, как разобраться в остальных вопросах этой науки»[34].

В своих работах Бааль Сулам неизменно стремился выразить внутреннюю суть каббалы, очистить ее от примитивных средневековых представлений, как о мистике и магии, полной чудес и абсурдных фантасмагорий. Он видел в этой науке мощное орудие, способное изменить человека и послужить его совершенствованию.

В 1940 году Бааль Сулам приступает к созданию своего комментария «Перуш Сулам» на «Книгу Зоар». Несмотря на ухудшение состояния здоровья, он в течение тринадцати лет работает по восемнадцать часов в сутки. О цели этой работы Бааль Сулам пишет в «Предисловии к Книге Зоар»:

«Из вышесказанного можно понять причину духовной тьмы и незнания, обнаруживаемых в нашем поколении: это произошло потому, что люди перестали изучать науку каббала...

Я знаю, что причина состоит в том, что упала вера, особенно вера в великих мудрецов поколений, а книги каббалы и Книга Зоар полны примеров, взятых из нашего мира. Поэтому возникает страх, что вреда будет больше, чем пользы, поскольку легко можно начать представлять себе овеществленные образы.

Это обязало меня сделать подробные комментарии на сочинения великого АРИ, а теперь и на «Зоар», и этим я полностью ликвидировал страх, потому как прояснил все духовные понятия, отделив их от какого бы то ни было материального представления, выведя их за рамки времени и пространства (как убедятся изучающие), дабы позволить любому простому человеку изучать Книгу Зоар и получать тепло ее света.

Я назвал этот комментарий «Сулам» (лестница), поскольку у него такое же предназначение, как у лестницы: если перед тобой прекрасная вершина, то, чтобы подняться к ней и

---

34 См. ТЭС, ч.1, раздел «Внутреннее созерцание», вступление.

обрести все сокровища мира, не хватает лишь лестницы. Однако сама лестница не является целью, потому что, если остановишься на ее ступенях и не будешь подниматься дальше, то не выполнишь задуманное.

Так и с моим комментарием к Зоар: объяснить всю глубину сказанного там невозможно. Я хотел лишь указать путь и сделать из этого комментария руководство к действию для каждого человека, чтобы он смог с его помощью подняться, вникнуть в глубину и увидеть суть Книги Зоар. Только в этом заключается цель моего комментария»[35].

После выхода в свет комментария на Книгу Зоар «Перуш Сулам» Й. Ашлаг получил имя «Бааль Сулам» (букв. «владеющий лестницей» в духовный мир). Так принято среди мудрецов каббалы - называть человека не по имени собственному, а по его наивысшему достижению.

Посвятив всю свою жизнь распространению каббалы и оставив после себя бесценный материал, в котором изложена вся современная каббалистическая методика, величайший каббалист XX века Бааль Сулам скончался в 1954 году. Он обработал, изложил и преподнес нам все каббалистические источники в виде, подходящем именно нам, его современникам.

Несмотря на то, что Бааль Сулам жил в наше время, с его творческим наследием происходило совершенно то же самое, что с Книгой Зоар и с трудами АРИ. Часть рукописей была собрана, часть спрятана в подвалах, часть сожжена, однако они до сих пор продолжают «всплывать» и публиковаться. По сей день остается много неизданных рукописей Бааль Сулама, которые в настоящее время готовятся к публикации.

Бааль Сулам является последним звеном в цепочке великих каббалистов всех времен, стоящим на стыке прошлого и будущего поколений.

---

[35] Ashlag Y. Hakdama le-Sefer ha-Zohar // Sefer ha-Zohar im Perush ha-Sulam. Jerusalem, S. a. Vol. 1. P. 16 (иврит). Рус. пер.: Лайтман М. Книга Зоар. М., 2003. С. 135—138.

РАБАШ

Дело отца продолжил его старший сын, Барух Шалом Ашлаг (РАБАШ, 1907—1991). Еще подростком он, вместе с отцом, переехал из Польши в Иерусалим. Всю свою жизнь он учился у него. После смерти Бааль Сулама РАБАШ издал полный комментарий «Сулам» и остальные рукописи отца, а затем сам начал писать статьи по методике внутренней работы для тех, кто стремится постичь истинную реальность. До него ни один каббалист этого не делал. В своих работах РАБАШ дал подробное описание этапов духовного пути человека. Впоследствии из его статей был составлен пятитомник «Шлавей Сулам». Кроме того, РАБАШ записал уникальнейшие объяснения духовных состояний, услышанные им от отца. Эти записи он так и назвал — «Шамати» (Услышанное). Наряду с трудами Бааль Сулама, его работы являются необходимым для человека источником изучения каббалы, который раскрывает ему истинную картину окружающей действительности и выводит его на качественно новый уровень разумного существования, в гармонии с природой, помогая ему реализовать свое высшее предназначение — постижение замысла творения.

МИХАЭЛЬ ЛАЙТМАН

Михаэль Лайтман (философия PhD, биокибернетика MSc), — всемирно известный ученый-исследователь в области классической каббалы, основатель и глава Международной академии каббалы.

М. Лайтман родился в 1946 году в г. Витебск (Беларусь). В 1970 году окончил Ленинградский политехнический институт, по специальности «Биологическая и медицинская кибернетика». В рамках обучения проводил учебную исследовательскую работу в Институте исследования крови, специализировался по электромагнитному регулированию кровоснабжения сердца и мозга. С 1973 г. живет в Израиле, женат, имеет троих детей.

В 1978 г. научные исследования привели М. Лайтмана к изучению древней науки каббала. Он стал учеником РАБАШа (1907–1991), сына и последователя величайшего каббалиста XX века Й. Ашлага (1885–1954), автора комментария «Сулам» (Лестница) на Книгу Зоар (по названию этого труда он получил имя – Бааль Сулам).

Михаэль Лайтман — автор более 70 книг, переведенных на 40 языков, являющихся углубленными комментариями к оригинальным каббалистическим источникам.

МЕЖДУНАРОДНАЯ АКАДЕМИЯ КАББАЛЫ

http://www.kabacademy.com

Учебно-образовательный Интернет-ресурс – неограниченный источник получения достоверной информации о науке каббала.

Миллионы учеников во всем мире изучают науку каббала. Выберите удобный для вас способ обучения на сайте.

УГЛУБЛЕННОЕ ИЗУЧЕНИЕ КАББАЛЫ – ЕЖЕДНЕВНЫЙ УРОК

http://www.zoar.tv/

Каждое утро на сайте ведется прямая трансляция уроков основателя и главы Международной академии каббалы Михаэля Лайтмана для всех, кто занимается углубленным, ежедневным изучением науки каббала и исследованием каббалистических первоисточников.

Видеопортал zoar.tv располагает уникальным контентом: фильмы, телевизионные и радио передачи, статьи.

**ИНТЕРНЕТ-МАГАЗИН
КАББАЛИСТИЧЕСКОЙ КНИГИ**

Россия, страны СНГ и Балтии:
http://kbooks.ru

Америка, Австралия, Азия
http://www.kabbalahbooks.info

Европа, Африка, Ближний Восток
http://www.kab.co.il/books/rus

АННОТАЦИИ К КНИГАМ

СБОРНИК ТРУДОВ БААЛЬ СУЛАМА

Бааль Сулам (Йегуда Ашлаг) является основоположником современной каббалы.

Материал подготовлена на основе статей Бааль Сулама и адаптирован М. Лайтманом и группой переводчиков Международной академии каббалы.

Публикуемые материалы содержат глубокий анализ различных общественно-политических проблем и показывает пути их решения. Это особенно актуально в наше время, когда все человечество погружается в глобальный кризис, требующий всеобъемлющего решения.

НАУКА КАББАЛА

Эта книга – базовый курс для начинающих изучать науку каббала. Главная часть книги – статья «Введение в науку каббала» – написана одним из величайших каббалистов в истории человечества, Бааль Суламом. Текст приводится на языке оригинала с переводом на русский язык и комментариями Михаэля Лайтмана – преемника и последователя школы Бааль Сулама. Рекомендована читателям, цель которых – обрести фундаментальные знания о духовных мирах и о сути высшего управления. В приложении: контрольные вопросы и ответы, альбом графиков и чертежей духовных миров.

УСЛЫШАННОЕ (ШАМАТИ)

Статьи, записанные со слов каббалиста Йегуды Ашлага (Бааль Сулама) его сыном и учеником, каббалистом Барухом Ашлагом (РАБАШем). Издание составлено под руководством Михаэля Лайтмана, ученика и ближайшего помощника РАБАШа.

Книга дает читателю возможность прикоснутся к раскрытию мира, в котором вечно существует его «я». Это мир человеческой души.

Каждая статья повествует о внутренней работе человека, вставшего на путь самопознания. Если вы взяли в руки эту книгу – она для вас. Вы не обязаны сразу понимать прочитанное, это придет постепенно. Но глубину мудрости, скрытую в книге, вы ощутите с первых ее строк.

КНИГА ЗОАР

До середины двадцатого века понять или прочесть Книгу Зоар могли лишь единицы. И это не случайно – ведь эта древняя книга была изначально предназначена для нашего поколения.

В середине прошлого века величайший каббалист XX столетия Йегуда Ашлаг (Бааль Сулам) проделал колоссальную работу. Он написал комментарий «Сулам» (лестница) и одновременно перевел арамейский язык Зоар на иврит.

Но сегодня наш современник разительно отличается от человека прошлого века. Международная академия каббалы, основанная всемирно известным ученым-исследователем в области классической каббалы М. Лайтманом, желая облегчить восприятие книги современному русскоязычному читателю, провела грандиозную работу: впервые вся Книга Зоар была обработана и переведена на русский язык в соответствии с правилами современного языка.

На начало 2020 года вышли в свет 13 томов этого издания.

ПОСТИЖЕНИЕ ВЫСШИХ МИРОВ

«Среди книг и рукописей, которыми пользовался мой учитель, рав Барух Ашлаг, была объемистая тетрадь, которую он постоянно держал при себе. В этой тетради были собраны беседы его отца – великого каббалиста Йегуды Ашлага (Бааль Суламa). Он записывал эти беседы слово в слово – так, как они были услышаны им. В настоящей книге я попытался передать некоторые из записей этой тетради, как они прозвучали во мне», – так пишет в предисловии к книге ее автор, Михаэль Лайтман.

Цель книги: дать читателю возможность познать цель творения и помочь сделать первые шаги на пути к ощущению духовных сил.

КАББАЛА. ВЫСШИЙ МИР. НАЧАЛО ПУТИ

Учебное пособие по каббале, составленно под руководством каббалиста, основателя и главы Международной академии каббалы Михаэля Лайтмана.

Этот материал впервые был опубликован в 2007 году и успешно многократно переиздавался под названием «Каббала для начинающих» в двух томах.

Каббала дает нам представление об устройстве системы сил, управляющей нашим миром, и о законах ее воздействия. Освоив представленный материал, вы получите начальные сведения о системе управления нашим миром и узнаете, каким образом органично, интегрально в нее включиться как активный элемент, способный изменить не только свое существование, но и будущее всего человечества.

ТАЙНЫ ВЕЧНОЙ КНИГИ
Каббалистический комментарий к Торе

Серия книг дает каббалистический комментарий к Торе (Пятикнижию), разворачивая перед читателем многослойное объяснение великой Книги.

Вам удастся прорваться сквозь внешние события, из которых на первый взгляд состоит повествование, к тому, о чем в ней действительно говорится: вы начнете захватывающее путишествие в свой внутренний мир.

Эти книги – путеводитель, руководство в продвижении для тех, кто задает вопросы о смысле жизни; это инструкция по открытию духовного мира, неискаженного восприятия рельности и свободы выбора, по постижению всего мироздания.

На начало 2020 года вышли в свет уже 10 томов этого издания.

КЛАССИЧЕСКАЯ КАББАЛА

БААЛЬ СУЛАМ

Учение десяти сфирот

с комментариями М. Лайтмана

Редакционный совет:
Основатель и глава Международной
академии каббалы *М. Лайтман*,
М. Санилевич, А Козлов, О. Ицексон.

ISBN 978-5-91072-088-0

Выпускающий редактор: *С. Добродуб.*

Подписано в печать 12.01.2020. Формат 60x90/16
Печ. л. 26. Тираж 500 экз. Заказ № 4857.

Отпечатано с электронного оригинал-макета,
предоставленного издательством,
в ООО «Рыбинский Дом печати»
152901, г. Рыбинск, ул. Чкалова, д. 8.
e-mail: printing@r-d-p.ru www.r-d-p.ru

www.ingramcontent.com/pod-product-compliance
Lightning Source LLC
LaVergne TN
LVHW040036080526
838202LV00045B/3361